北京信息化

年鉴

北京市经济和信息化委员会　编

2010

北京工艺美术出版社

2009年3月30日，北京市经济和信息化委员会挂牌成立

2009年5月4日，北京市工业和信息化系统贯彻落实市委十届六次全会精神大会

2009年5月4日，北京市工业和信息化系统贯彻落实市委十届六次全会精神大会

2009年12月2日，北京市经济和信息化委员会主任朱炎出席北京亦庄移动硅谷启动暨入园企业签约仪式

2009年5月5日，北京信息化基础设施提升计划联席会议

2009年9月17日，柏瑞安电子产业基地开工仪式

2009信息北京十大应用成果颁奖仪式

2009年9月30日，北京市经济和信息化委员会主任朱炎带队到国庆无线应急通讯保障现场检查指导网络与信息安全保障工作并慰问现场保障人员

2009年6月27日，北京百万家庭数字生活技能大赛

2009年7月9日，市高级法院组织召开北京法院“十二五”信息化发展战略研讨会

2009年11月1日，中关村物联网产业联盟成立大会

2009年12月3日，“感知北京”合作协议签约仪式

2009年4月21日，北京市政务地理空间信息资源共享应用培训暨研讨会

2009年2月25日，北京市电子政务运维现场会暨2009年度电子政务工作会

2009年10月22日，京津沪渝四直辖市信息化交流研讨会在北京召开

2009年7月24日，北京市网络与信息安全协调小组第八次会议暨市通信保障和应急指挥部第三次会议

2009年2月5日，小营轨道交通指挥中心线路调度台

2009年8月19日，北京市公安局公安交通管理局完成“天安门交通指挥所”建设

北京市突发公共卫生事件应急指挥中心

北京电缆网运行监控中心启用仪式

北京市公安局消防局第四代接处警系统

北京市应急指挥平台

国庆60周年庆祝活动，北京市筹委会调度中心调度运行平台

北京市海淀区教育考试指挥巡查系统

燕京啤酒MES系统

用友产业园

中科金财IT服务管理解决方案展示

首都信息监控平台

首都信息呼叫中心

首都信息发展股份有限公司首都公用信息平台，此平台承载北京社保卡政府专网等信息化系统

序

进入21世纪，信息化对经济社会发展的影响更加深刻。信息化与经济全球化相互交织，推动产业分工和经济结构调整不断深化，深刻改变着全球的生产、生活方式、思维方式和管理方式，重塑着世界经济、政治、社会、文化和军事发展的新格局。党的十七大首次提出了信息化与工业化融合发展的崭新命题，信息化被提到前所未有的战略高度，成为推动科学发展、促进“两化”融化、实现发展方式转变的重要内容。2006年，中办、国办印发《2006－2020年国家信息化发展战略》，对全国信息化建设的指导思想、战略方向、发展重点和保障措施进行了全面部署，信息化建设得到了蓬勃发展，极大促进了经济社会的发展。

北京作为首善之区，近年来信息化建设突飞猛进，取得了令人瞩目的骄人成就。2009年，在首都信息化发展史上具有重要的里程碑意义，北京市经济和信息化委员会挂牌成立，从机构和职能上完成了角色的转变，从根本上减少了部门职能的交叉，着眼“两化”融合，增强了推进信息化的力度；北京市信息化各项重大应用深入推进，取得了显著成效；全力应对国际金融危机，在全国率先提出了《信息化基础设施提升计划》，揭开了信息化建设和发展的新篇章。

由北京市经济和信息化委员会主办、北京信息化协会承办的《北京信息化年鉴 2010》，是客观记录2009年北京信息化建设的资料性、专业性工具书，自2010年起将逐年编纂、连续出版。《年鉴》编写是一项非常复杂、宏大的工作，所幸我们得到了国家和北京市信息化专家委员会、北京市地方志编纂委员会办公室等众多单位和专家的支持，在此表示感谢。由于时间和水平所限，采编收录内容难免疏漏，恳请读者批评指正。

编者

《北京信息化年鉴》编纂委员会

《北京信息化年鉴》 编辑部

编辑说明

一、《北京信息化年鉴 2010》是记述北京市信息化领域的资料性、专业性工具书，由北京市经济和信息化委员会主办，北京信息化协会承办。

二、本年鉴以邓小平理论和“三个代表”重要思想为指导，深入贯彻科学发展观，遵循实事求是的原则，科学、客观地反映实际情况。

三、本年鉴全面系统地记述 2009 年度北京信息化领域发展变化的基本情况和发生的大事、要事、新事及有影响的新建设、新成就、新进展、新经验。为各级领导决策提供参考依据，为各行各业提供有价值的资料，为各方面人士了解北京信息化建设情况提供信息。

四、本年鉴采用文章和条目两种体裁，以条目体为主，设有特载、专文、大事记、信息基础设施、信息产业、信息安全、政务领域信息化、经济领域信息化、社会领域信息化、信息化环境、区县信息化、北京信息化工作领导体系及附录 13 个一级栏目。

五、选进本年鉴的文章和条目，由相关供稿单位负责撰写部分内容，由编辑部收集整理。

六、本年鉴主要反映 2009 年 1 月 1 日至 2009 年 12 月 31 日期间情况（部分内容收录时间略有放宽）。

目　录

特　载

专　文

大事记

信息基础设施

信息产业

信息安全

政务领域信息化

经济领域信息化

社会领域信息化

信息化环境

区县信息化

北京信息化工作领导体系

附　录

北京信息化年鉴

特载

在北京市经济和信息化工作会议上的讲话提纲

北京市副市长　苟仲文

（2010 年 1 月 8 日）

同志们：

很高兴参加今天的大会。刚才，朱炎同志作了工作报告，我完全同意。这次会议非常重要，主要任务是全面贯彻党的十七大，十七届三中、四中全会，中央经济工作会议、全国工业和信息化工作会议以及市委十届七次全会，市政府有关会议精神，落实“优化一产、做强二产、做大三产”的指导思想，在新的起点上建设好“人文北京、科技北京、绿色北京”。

下面，我讲三点意见。

一、面对复杂多变的形势，全市上下共同努力，在应对金融危机、保增长方面取得了重要的阶段性成果

2008 年下半年以来，随着金融危机的不断蔓延，我市经济社会发展受到严重冲击。市委市政府坚决贯彻执行党中央、国务院作出的一系列方针政策，把保增长、调结构、保民生、保稳定作为全市工作的重中之重，采取有力措施，狠抓落实。经过全市上下共同努力，2009 年 1 - 11 月，全市国民经济增长 9.5%，完成了年初确定的“保九”目标，全年人均 GDP 有望超过一万美元，圆满实现打赢一场硬仗的目标。这些成绩的取得，来之实属不易。这是党中央国务院英明决策、市委市政府正确领导的结果，更是全市各战线同志们迎难而上、团结拼搏的结果。

市经济信息化委是这次机构改革中新组建的部门，2009 年 3 月底正式挂牌，受命于危难之际，成立时间虽然不长，但工作富有成效。一方面，按照市委、市政府的统一部署，稳步推进机构改革，顺利实现了平稳过渡；另一方面，在机构人员尚未到位的情况下，扎实有序地开展工作。从年初开始，市经济信息化委认真落实市委、市政府的精神，牵头制定了应对金融危机帮扶企业的若干意见，提出了 29 条政策措施，圆满完成了工业增长“保八”的目标，软件和信息服务业保持了两位数的高速增长势头，为全市经济目标的完成作出了贡献。

在应对金融危机、帮扶企业的过程中，市经济信息化委认真发挥牵头部门的作用，主动协调相关委办局、各区县与各开发区，制订配套措施，从政策上对工业发展资金使用进行了重大的创新突破，狠抓重大项目，扎实推进信息基础设施提升计划，全面落实市委市政府交办的各项任务。特别

是能够着眼全球产业发展的前沿，研究问题，引进项目，广泛开展国际战略合作。一年来的工作表明，市经济信息化委能够牢牢把握市委市政府的战略意图，坚持发扬奥运拼搏精神，注重提高工作效率，高标准、严要求开展工作，确实是不辱使命，成效显著。经济和信息化战线上的广大干部职工，用实际行动表明，大家确实是一支作风硬朗、素质优良、能打硬仗、善于拼搏、勇于创新的队伍。借此机会，我代表市委市政府向全市经济和信息化战线上的同志们表示衷心的感谢！

2009年是值得认真思考和好好总结的一年，我们全力以赴保障了首都经济的平稳较快发展，对首都经济和信息化工作又有了更多、更新的认识。一是二产在首都经济中具有举足轻重的地位。金融危机在北京而言，本质上是制造业危机，制造业上不去，谈不上首都经济又快又好发展。二是结构调整是推动二产发展的关键环节。去年我们取得的这些成绩，关键是我们在产业结构调整上做了大文章。无论是汽车、电子、软件等各个方面，我们在重大项目的投放上、在战略性新兴产业的前瞻布局上、在自主创新上下了大力气。三是一个高度发达的世界城市离不开高度发达的信息化基础设施和无处不在的信息技术应用。信息化上不去，首都北京很难屹立于世界城市之林。信息化能不能为老百姓带来实实在在的方便，也是衡量首善之区的重要指标。

二、努力保持首都经济平稳较快增长，加快结构调整和发展方式转变

过去几年，北京市取得了很大成绩，但是我们不能固守成绩，我们既要看到北京的优势和有利条件，又不能沾沾自喜，更不能躺在奥运和国庆活动成功筹办的成绩上睡大觉。2010年，加快首都发展和城市建设的任务依然艰巨，我们面临的形势不容乐观。我们要深刻领会刘淇同志的讲话精神，进一步解放思想，树立强烈的发展意识，积极探索首都发展的规律和特点，切实拓宽视野，勇于突破常规，努力在更高层次上推动首都经济社会又好又快发展。为此，必须要从如下方面着手，切实做好工作。

第一，要牢固树立发展是第一要务的思想意识，坚持不断解放思想，转变观念，创造性开展工作。

当前，全国各省区市都在抢抓机遇，加快发展，形势喜人，形势也逼人。前一段时期，刘淇书记带队到长三角省市进行调研，受刘淇书记委托，郭金龙市长、王安顺副书记带队到珠三角进行调研。通过调研，我们确实感到了北京在科学发展上面临的紧迫性和重要性。上海、杭州、广东、深圳、苏州、宁波等城市，经济发展形势好，发展势头好，这些城市的人均GDP都已经超过一万美元，苏州更高达1.5万美元，远远超出北京的水平，北京进一步发展的任务十分艰巨。

北京市三次产业结构较好，第三产业在全市经济中占有比例全国最高，当前首都科学发展面临的主要问题是经济总量不大和人均总量偏低。2008年，上海市国民经济生产总值达到13,000亿，比北京整整高出了3000亿，上海第三产业占全市GDP比例虽然不高，但总量与北京相等。和上海相比，北京的差距主要是在工业上，第二产业是首都经济的短板，因此发展工业，是破解北京发展问题的关键所在。近期，市委市政府反复研究北京的发展问题，达成了共识，总体基调是“优化一产、做强二产、做大三产”，这是今后全市开展工作的总方针。

我们要坚持市委市政府确定的“高端、高效、高标准”的发展战略。对高端制造业的定位要有

新认识，坚持做强目标，努力在“破解做强”命题上做文章。政策上要有新突破，把存量优化、增量扩张相结合，在培育新型产业群集的发展上取得突破性进展。

第二，要深入落实科学发展观，坚持转变发展方式，不断优化产业结构。

中央经济工作会议提出，把转变发展方式作为全国今年经济工作的主线，体现了我国政府应对气候变化的负责任的大国态度。北京作为首都，作为首善之区，在转变发展方式、调整结构上要走在全国的前列。经济和信息化战线的同志们今后一段时期的工作，要牢牢把握这一主线，大力推进节能减排、淘汰落后，努力为建设低碳城市作出贡献。

我们要根据国家的工作部署，在技术改造上加大政府资金支持力度，鼓励企业将最适用、最先进的技术引进来，提高工艺水平，改造传统业务流程，以此提升改造现有产业的竞争力和活力，带动自主创新和技术成果转化。加快推动本市企业兼并重组的步伐，深化国有企业的改革转制，增强企业活力和创新动力，培育一批千亿元企业。同时鼓励企业“走出去”，支持本市优势企业参与全国、乃至全球范围内的资源整合。

同时要坚持现代制造业和生产性服务业“双轮驱动”、融合发展的新思路，摒弃单纯就制造业而言制造业，就服务业而言服务业的传统产业划分的思维模式，形成制造业、生产性服务业相互带动、相互促进的新局面，加快促进生产性服务业的发展，努力打造新的经济增长点。

第三，集中精力和时间抓大事、抓大项目，推动重点产业的调整振兴。

全市上下，特别是经济和信息化战线的同志们，要围绕破解发展难题，在产业规划布局、重大项目引进、产业园区集聚发展等关键环节上，下大力气，做好文章。比如，在土地问题上，今年市政府安排了 1000 亿的盘子，其中就考虑了产业用地问题，会拿出一定资金推进工业开发区的一级开发问题。这个安排，一方面是要解决扩大投资问题，增加投资对全市经济的拉动作用，同时也有利于解决制约工业开发区的空间问题，有一举两得的作用。市经济信息化委要主动加强与相关委办的沟通协调。需要市领导协调的，要及时汇报，市政府将给予大力支持。

去年，市经济信息化委会同市发展改革委，研究制定了电子、汽车、装备、生物医药、新能源、都市型产业等领域的调整振兴方案，还起草了软件和信息服务业发展的政策意见，市政府已经讨论通过，即将提交市委常委会审议。这些重点产业，都是经过多年的发展沉淀，逐步形成的适合首都功能特点的经济支撑力量。这些产业发展政策描绘了未来的产业发展蓝图，今后主要任务就是做好落实。我们要以重大项目为抓手和牵引，打造专业化的产业园区，不断完善产业配套环境，形成有整体竞争力的产业链，牢牢占据产业链的高端核心环节。在重大项目引进上要有大手笔，这是解决发展后劲的关键所在。要结合落实重点产业调整振兴实施方案，进一步抓好招商引资，引进建设一批高端项目，深化产学研合作，推进科技成果产业化，高度重视与中央企业、军工企业集团的合作，加快项目对接，力争一批项目落地北京。

刚才朱炎同志在发言中提到，下一步还要研究制定发展现代制造业、培育战略性新兴产业、促进“两化”融合等政策措施，这些意见我完全赞同，同时，也希望市经济信息化委进一步按照职责定位，进一步理清相关政策制定的思路，争取在比较短的时间内，实现政策的全覆盖，努力为全市经济和信息化工作开展创造良好的发展环境。

第四，要高度重视中小企业发展促进工作，积极推进民营经济发展。

中小企业、民营经济机制灵活，创新能力强，在经济发展中地位很重要。和长三角、珠三角等国内经济发达地区比，北京市中小企业、民营经济盘子较小，数量较少，存在较大差距。北京要借鉴兄弟省市区的先进经验和成功做法，加快推进中小企业和民营经济发展。一是要加快中小企业地方立法，完善政策支持体系，进一步健全促进中小企业、民营经济发展的体制机制，落实政策，改进服务。二是要充分发挥首都的特殊优势，吸引一批有特点的中小企业、民营经济总部落户北京，帮助企业做大做强，提升首都中小企业、民营经济的发展水平、发展规模、发展质量。三是突出首都特色，发挥首都丰富的科技和智力资源优势，大力发展科技型中小企业和文化创意产业，努力形成充满活力、成长性好的产业集群，为大企业的培育奠定坚实的基础。

第五，要以实施信息化基础设施提升计划为契机，全力提升城市信息化水平，为建设世界城市贡献力量。

市委市政府提出要把北京打造成高水平的“世界城市”，其中信息化建设任务是很重的。未来的城市，一定是一个信息技术无所不在的智能化城市，信息化应用也绝不仅是互联网、数字电视、电子商务、计算机这些内容，随着信息技术的不断革新，物联网、云计算、无线城市、超大规模数据处理这些新内容，必将不断走进我们的生活。我们有理由相信，一个世界城市必然需要发达的信息基础设施和各种新技术来支撑。我赞同朱炎同志报告中提到的“信息惠民、信息强政、信息兴业”三大行动计划，支持北京市提出的信息社会行动纲要，在下一个五年规划编制过程中，站在全球信息技术发展的前端，精心设计，认真落实。

三、几点要求

（一）进一步树立责任感和使命感

组建市经济和信息化委员会，是贯彻十七大精神，推动信息化与工业化融合的重大举措。市经济信息化委是全市经济工作的重要统筹部门，在确保全市经济发展上承担着重大责任。工业在全市经济中所占比例在 20%以上，地位十分重要，要按照“做强”的要求，继续抓好发展工作。软件和信息服务业在全市经济中所占比重已经达到 10%，成为全市的支柱产业，北京在发展软件和信息服务业方面具有比较好的条件和优势，进一步发展的空间和潜力很大，要重点加快发展。中小企业占全市企业总量的 99%以上，从业人员占全市的 70%以上，应税总额占全市的 60%以上，促进中小企业发展，也承载着服务民生、繁荣民营经济的重要内涵。信息化工作全面覆盖经济和社会各个领域，去年我市推进的信息化基础设施提升计划，全年完成总投资达到 130 亿以上，对拉动全市投资、扩大内需、带动上下游产业发展发挥了重要作用。

从以上工作看，经济和信息化工作在全市经济社会发展中涉及范围很广，与三次产业、城市建设和管理都有很密切的关系，经济与信息化工作在全市经济工作中具有十分重要地位和作用。经济和信息化工作的开展，直接关系全市大局，在推动首都科学发展上承担着重大责任。

（二）进一步创新工作方式，提高工作效率

市经济信息化委工作头绪虽然多，但要始终坚持把融合发展作为第一要务，继续不断地解放思想，转变观念，创新工作思路。要努力把握职能定位，理清工作边界，探索建立履行职责的体制机制，认真总结、不断掌握经济和信息化工作的规律和方法。要立足把握全市发展大局，着眼于优化投资环境；坚持以建设服务型政府为目标，研究探索行政审批改革，促进建立绿色审批机制、长效机制，变“绿通”为“普通”；努力实现部门联动、简化流程、精减规范审批事项，为重大项目落地北京创造条件；发挥职能部门的作用，建立健全非公投资的核准、备案制度，把好市场准入关，为非公经济提供优质高效的服务。

（三）进一步理顺工作职能，加强队伍建设

市经济信息化委要着眼建设“世界城市”和“三个北京”的目标，定位在经济和信息化统筹的综合部门，不断丰富职责内涵，以“两化”融合为指引，加快职能转变。各区县要结合实际情况，积极稳妥推进机构改革，加强经济和信息化队伍机构设置和队伍建设，尽快与市经济信息化委形成工作合力。市区两级经济和信息化主管部门，要努力建设学习型组织，树立良好工作作风，加强能力建设，打造一支高素质、战斗力强的经济和信息化干部队伍，不辜负市委、市政府和全市人民的重托。

新春佳节即将到来，我代表市委市政府，提前向大家拜个早年，祝愿大家在新的一年里身体健康，工作顺利！谢谢大家！

转方式 调结构 促发展 开拓首都经济和信息化建设新局面

——在2010年北京市经济和信息化工作会议上的报告

北京市经济和信息化委员会主任　朱炎

（2010年1月8日）

同志们：

这次会议，是在我市经济处于企稳回升的关键时期召开的一次重要会议。主要任务是：全面贯彻党的十七大，十七届三中、四中全会，中央经济工作会议、全国工业和信息化工作会议以及市委十届七次全会精神，总结2009年工作，分析面临的形势，部署2010年主要工作，统一思想，明确任务，为完成今年各项工作奠定基础。下面，我代表市经济信息化委作报告。

一、2009年的主要工作

过去的一年，是首都经济和信息化建设极不平凡的一年。在国际金融危机的影响下，全市经济艰难开局，工业增速下滑至进入新世纪以来的历史低点，产品出口大幅下降，众多企业生产经营陷入困境。在党中央、国务院、市委市政府的坚强、正确领导下，围绕“打赢一场硬仗，办好一件大事”，全市经济和信息化战线坚定信心，知难而进，弘扬奥运拼搏精神，牢牢把握“保增长、保民生、保稳定、调结构、上水平”的总要求，化挑战为机遇，全市经济和信息化工作紧张有序、迅速有力展开，圆满完成了国庆60周年庆祝活动有关保障任务，并为实现全市经济增长9%的目标作出了重要贡献。

——工业增速止跌回升企稳向好。全市规模以上工业生产呈现一季度探底、二季度复苏、三季度回升的运行态势，增速分别是-3.4%、0.5%、18.6%；进入四季度，工业保持快速增长态势，1-11月规模以上工业增长7.9%，工业经济全年保八的增长目标可顺利实现，预计工业增加值占全市GDP的比重超过20%。

——软件和信息服务业继续保持高速增长。1-11月实现营业收入2150亿元，同比增长15%，全年预计实现营业收入2350亿元，其中计算机服务与软件业预计实现营业收入1800亿元，同比增长16%，约占全国比例21%。软件和信息服务业全年预计实现增加值1150亿元，同比增长16.5%，约占全市GDP的10.4%。

——工业节能减排成效显著。全年共组织 62 家“高污染、高耗能、高耗水”企业退出，每年可以节约能源 5.4 万吨标准煤，节约新鲜水 321 万立方米。前三季度，工业万元增加值水耗为 22.3 吨，规模以上工业万元增加值能耗降至 0.87 吨标准煤，同比下降 12.8%。

——中小企业不断发展壮大。全市中小企业约 25 万户，占全市企业的 99%以上，主营业务收入占 56%以上，从业人员占 70%以上，应税总额占 60%以上。镇村企业健康发展，运行态势良好，工业增速高于全市平均水平。

——信息化应用水平在全国领先的基础上进一步提升。信息化基础设施提升计划全面推动城市信息化进程，全市网民数预计达到 1100 万，占总人口的比例达到 65%，其中 2 兆及以上宽带用户达到 135 万户。全市 3G 网络用户达到 66 万，占全国的 6.7%，其中 TD 用户约 33 万，占全国 TD 用户的 8%。高清交互数字电视用户超过 7 万户。“首都之窗”连续被评为省级政府门户网站全国第一，全年电子商务预计实现交易额 2300 亿元，同比增长 15%。

一年来，重点工作如下：

（一）认真落实国家和本市应对金融危机的一揽子计划和政策措施，企业帮扶效果明显

市委市政府高度重视、沉着应对金融危机。市领导亲自挂帅、亲临一线，解决企业面临的实际困难，组建帮扶企业应对国际金融危机协调小组，多次召开工作会，积极协调、果断决策，全力开展企业帮扶工作。

帮扶工作主要围绕政策、市场、融资、减负等方面展开，市政府出台了 66 条帮扶政策，市区两级财政统筹安排帮扶资金约 100 亿元。在全国率先推出自主创新产品政府采购试点政策，完成了近 33 亿元的试点采购。积极推进“家电下乡”、“汽车退黄建绿”、“工业品下乡”等工作，我市“家电下乡”产品销售约 17 万件，以旧换新 22 万件。举办了亦庄、顺义等多场银企对接会，海淀、朝阳、顺义等区县启动投资平台改革试点，设立 21 家小额贷款公司。创新工业发展资金使用方式，支持 227 家企业获得 1.8 亿元的流动资金贴息，拉动新增流动资金贷款 113 亿元。认定高新技术企业 5226 家，数量居全国首位。对历史遗留的 45 个工业用地项目进行处理，34 个项目取得土地使用权证或签订出让合同。降低失业、工伤等保险费率，调整医疗保险缴费周期，全市受益企业近 14 万家，减轻企业负担 46 亿元。

各区县政府、中关村园区管委会、亦庄等开发区全面落实国家和本市各项举措，采取“一企一策”，有针对性地解决企业的具体问题。企业及时调整生产经营，采取保产能利用率、转入海外订单、岗位轮换等措施，不裁员、不减薪，为稳定生产、稳定就业作出了积极贡献。在全市上下的共同努力下，一系列有力的帮扶举措，在较短的时间内扭转了经济增速下滑的势头，坚定了企业战胜金融危机的信心，切实解决了困扰企业生产经营的深层次矛盾和实际问题，工作成效显著。

（二）狠抓“保增长、调结构”，增强产业可持续发展后劲

大力推进重点项目建设。市政府分别与国防科技工业九大集团、三大基础电信运营商、中石化等央企签署战略合作协议，积极争取重大项目落地北京。整合各方面资源，加大产业投资力度，我

市共获得中央财政支持13.5亿元，市经济信息化委重点推进的产业项目共201项，各方面总投资1941亿元，项目建成后预计新增销售收入5407亿元。全市开发区累计招商项目2780个，项目总投资747亿元，同比增长72.6%。一大批重点项目的陆续开工、竣工和投产，极大地鼓舞了全市经济和信息化战线的干劲与士气。

积极推进产业调整振兴。出台了电子信息、汽车、装备制造、生物医药、新能源和都市型产业等产业调整振兴实施方案。以此为契机，推进产业加速发展。一是重点推进以京东方八代线为核心的数字电视产业园建设，目前总投资280亿元的京东方八代线已动工兴建。积极推进亦庄“移动硅谷”、望京“移动谷”等专业园区建设，大力发展LED产业。二是大力支持北汽福田、北京现代等公司加紧生产，本市全年完成汽车产销12万辆，同比增长6%，约占全国的10%。启动并推进福田中重卡技改以及现代三工厂建设等一批重大项目，推动新能源汽车的研发和产业基地建设，规划建设高端汽车零部件基地，加快培育中低速磁悬浮交通设备产业。三是积极支持三一重工北京制造中心、金风风电设备产业园、中锦阳薄膜太阳能电池产业基地等项目建设，大力推动数控机床、工程机械等产业基地的建设。四是完善生物医药产业基地建设，承担肿瘤、疫苗、医疗器械等国家重大科研项目，推动“苏灵”等国家一类新药上市，力促抗肿瘤药K001等自主成果研发。五是燕房合作取得积极进展，启动建设石化新材料科技产业基地，双酚A、聚碳酸酯等一批项目相继落户。首钢京唐钢铁项目一期一步工程建成并投入试运行，形成年产485万吨钢的生产能力。六是支持都市型企业开拓市场，组织食品工业“走出去”，开展2009年北京“时装之都”活动，创新发展工艺美术事业。七是以中航发动机项目为依托，启动建设航空航天产业园，努力把握通用航空产业的发展前沿。

不断优化产业布局。积极指导工业开发区建设，明确功能定位。首钢工业区启动区规划改造工作全面展开。延庆新能源和平谷绿能产业基地先后落成，雁栖、天竺空港等开发区成为第二批市级生态试点园。我市电子信息、石化新材料和汽车产业基地成为国家新型工业化产业示范基地。发布了工业遗产保护与再利用工作导则，推进工业设计，提升工业产品核心竞争力，结合工业旅游，推动创意产业与制造业融合发展。

大力推进自主创新。以中关村国家自主创新示范区建设为契机，积极推进01－04国家科技重大专项工作，推进02专项的装备制造和工艺项目取得重要突破，修订企业技术中心认定办法，认定了54家企业技术中心，支持资金5400万元。对物联网、云计算等先进技术开展前瞻性研究，组织推进“感知北京”示范工程，研究建设超算中心。发布了信息化标准发展规划，完成电子政务运维等地方标准的起草、编制。

积极推进节能减排工作。通过实施耗能企业退出、资源再利用项目、生态工业园试点建设等措施，推进节能减排。出台“高污染、高耗能、高耗水”小水泥企业有序退出的实施意见。认真做好污染扰民企业搬迁工作，组织重点行业开展能效对标工作，完善重点用能企业在线监测平台建设，召开绿色节电、节水技术推广会，提前两年实现“十一五”确定的单位能耗、水耗分别下降30%的目标。

（三）发展环境不断优化，软件和信息服务业健康发展

自去年以来，本市软件和信息服务业管理体制得到有效整合，为产业健康发展提供了保障。积极开展“软件名城”创建，在中关村软件园开展“高端软件外包服务交付中心”建设试点。信息化基础设施提升计划的实施，有力拉动了我市软件和信息服务业需求，专门组织企业参与市场对接，3G 网络建设、数字电视推广，有效促进了手机电视、导航服务等数字内容产业的繁荣。启动建设中国动漫游戏城等重点项目。继续做好软件企业优惠政策落实，促进软件企业、产品数量双增长。继续通过企业软件正版化、政府采购等活动，支持国产基础软件发展，在电子政务、企业信息化建设中不断深化实施国产软件和服务替代工程。华胜天成、东华软件等一批企业通过兼并重组，迅速成长为新领军企业，百度搜索、金山软件、暴风影音等一大批企业不断创新产品和业务模式，在产业竞争中赢得先机。长风软件联盟不断壮大，3G 产业联盟、中关村物联网产业联盟先后成立，有效整合提高产业链竞争力。

（四）制定实施信息化基础设施提升计划，“数字北京”建设取得新进展

市委市政府根据北京发展所处的历史阶段和建设国际大都市的战略目标，提出了北京信息化基础设施提升计划。近一年来，我市信息网络水平进一步提高，无线网络城市初步建成，各运营商累计建设无线基站 1.2 万个，实现了 3G 信号平原地区的室外全覆盖。宽带信息网络建设迈上新台阶，在全市范围内实现 2M 宽带全覆盖；累计完成 28 万户光纤入户建设，使这些用户具备了 20M 宽带接入能力。吸引了电信基础设施投资超过 135 亿。在全国率先开展高清交互网络建设，有线电视网络双向改造完成 160 万户。DAB 数字多媒体广播、CMMB 移动多媒体广播等一大批项目顺利推进。创新建立区县协调、共同推进的“双进入”体制，地铁移动信号覆盖等一批长期困扰基础设施建设的问题得到了有效突破。

“信息惠民”计划在民生和社会维稳等方面取得显著进展。发行 80 万张社保卡，石景山区和西城区开展试点使用，147 家定点医院实现医保门诊社保费用的实时结算。ETC（电子收费）系统实现高速公路全覆盖，显著提高了通行效率。住房公积金信息查询、网上旅游预订、网上办理驾照等各种创新服务，极大方便市民生活。数字缴费通、无障碍网站等特别受到群众欢迎。“信息强政”计划在奥运成果基础上向纵深发展。网格化与移动视频监控相结合，从城市管理扩展到公共安全、生产安全、危险源管理等领域。流动人口信息化管理通过二期建设日趋完善，首次实现了流动人口的精细化管理。人口、法人、空间基础数据库全部建成，在全市实现了共享。积极支持金融业统一征信平台建设，推动“信用北京”不断深化。全面推进网上审批绿色通道服务，审批效率明显提高。“信息兴业”计划迎来前所未有的发展机遇。信息化基础设施建设带来的设备和应用需求，拉动了上下游产业的发展。“两化”融合深度不断加强，信息技术在金融、物流、旅游、制造业、现代农业等领域的应用不断加深。超过 10%的企业已将电子商务作为经营的主要手段，涌现了百度、慧聪、金银岛等一批行业龙头网站，神州数码等企业的 BtoB 平台带动了产业链的整合，BtoC 电子商务在金融危机下逆势上扬，京东商城、凡客诚品等企业实现 100%以上的成长，对零售、流通领域拉动效果明显，部分郊区通过网络销售特色农产品、拓展休闲旅游卓有成效。

我市高度重视信息安全工作，积极推进信息安全等级保护工作，继续推进政务网络信任体系建设，开展重点网络和信息系统的安全测评，启动了市信息安全灾难恢复中心建设。深入开展“信息安全一流的可信城市”研究，起草制定行动纲要。

（五）关心支持中小企业，逐步优化发展环境

我市积极贯彻国务院关于促进中小企业发展的若干意见，起草了实施细则，成立多部门参加的工作小组。高起点推进中小企业地方立法，建立了中小企业统计监测体系。为解决中小企业融资难的问题，我市搭建间接融资服务平台和上市融资服务平台，着力解决其股权、信贷和上市融资难题。设立初期规模8亿元的中小企业创业投资引导基金，预计可引导社会投资20亿元。设立15亿元的再担保资金，已到位10亿元，已签订再担保授信总额300亿元。建立了政府部门推动企业改制上市工作协调机制。目前我市在深交所创业板上市企业9家，占全国的21%。支持和引导14个区县建立了中小企业服务中心，为中小企业提供公益性管理咨询服务，加大宣传推介力度。在促进郊区农村城乡一体化进程中，镇村产业基地建设得到加强，发挥了重要的产业支撑作用。研究起草了促进镇村企业发展的指导意见，提出了镇村产业基地入区标准。农民培训就业工作取得显著成效，各区县共组织农村“4050”人员培训班158期，培训2万余人，其中80%实现就业。

（六）全力做好国庆60周年庆祝活动保障、防治甲流和支援什邡工作，为城市运行和公共管理作出积极贡献

积极做好国庆60周年庆祝活动各项保障工作。认真部署，狠抓落实。一是保质保量地完成国庆阅兵、指挥调度和应急通信服务保障工作。组织完成了天安门周边通信管线建设，协调建设了天安门地区阅兵图像监控系统和相关网络通讯设施，按时完成800兆无线政务网四期建设，在天安门地区实现双基站信号覆盖。二是周密防范、快速处置网络信息安全突发事件。启动建设全市政务信息安全监控系统，组织大规模的全市网络与信息系统攻击性演练，加强信息安全应急指挥，妥善处置突发事件。三是在国庆期间实施无线电管制，清理无线电台2.5万部，在国庆活动相关区域严密部署监测检测设备、车辆和人员，排查各类不明信号和可疑干扰60余起，有力防范和处置“邪教”无线插播。四是强化农药、民爆安全生产，加强重点监控化学品管理，做好核应急各项工作，面向食品生产企业加强食品安全法制宣传。较好地完成了军工科研生产服务保障，为国庆阅兵作出突出贡献。

全力组织生物医药企业投入抗甲流工作。先后支持科兴生物、金豪药业、万泰生物等企业研制生产甲流疫苗和诊断试剂，帮助洗得宝消毒液等企业做好产品储备，保证市场供应平稳。首个中药新药“金花清感方”研制取得重大阶段性成果，本市共生产甲流疫苗1600万支、甲流诊断试剂超过2万人份，为国家和本市防治甲流工作提供极大支持。

高度重视对什邡的产业援助工作，积极推动相关工作取得实质进展。加紧建设北京—什邡产业园区，基础设施项目已经开工。我市先后组织74家企业赴什邡进行投资考察并洽谈合作，共有25家签订投资协议，嘉寓集团等6家北京企业已经落户产业园，计划总投资12.8亿元，已完成投资9980万元。完成了北京—什邡产业园发展规划研究等16项智力援助课题。

（七）机构改革稳妥推进，全市经济和信息化工作格局基本形成

去年 3 月底，市经济信息化委正式挂牌，全面整合工业、信息化、乡镇企业、软件和信息服务业、中小企业等方面的管理职能。各区县政府的机构改革也正在积极推进。作为全市经济统筹的综合部门，经济工作范围涉及一二三产业，信息化推进工作全面覆盖经济和社会发展的各个领域，责任重大，使命光荣。在机构成立后，市经济信息化委迅速组织力量，努力克服困难，全力投入到抗击金融危机、稳定首都经济、做好国庆保障、防治甲流疫情等全市重大工作中去，快速调整转变政府职能，圆满完成了市委市政府交办的各项任务。在机构改革过程中，抓住作风建设年的契机，讲团结，顾大局，守纪律，做到了工作不断，思想不乱，改革、工作两不误。为在高起点上做好工作，全委着眼国内外发展趋势和首都功能定位，围绕工作目标、职责履行和队伍建设，深入开展研讨交流，注重调查研究，谋划发展战略，互相尊重学习，加速全面融合，在较短时间内，初步形成了一支战斗力强、工作效率高、精神面貌好的工作队伍，为今后发展奠定了坚实的基础。

2009 年对北京市经济和信息化战线而言，是值得总结的一年，我们取得了很多宝贵经验和体会。一是一、二、三产均衡协调发展是北京科学发展的应有之意，当前，要重点解决二产发展乏力这一突出问题，适度发展现代制造业的本质还是发展。二是产业结构调整要年年讲、天天讲，要持续进行不放松。要坚定不移地大力发展战略性新兴产业，同时要毫不放松地发展适应北京的重点产业。结构调整就是“规模、效益、就业、绿色”，必须有机统一于建设“人文北京、科技北京、绿色北京”之中。三是转变发展方式，推动经济持续增长，要综合发挥市场作用和政府作用，看不见的手和看得见的手都要“硬”。科技、人才、资金、企业家精神主要靠发挥市场配置的基础性作用，政府主要是创造环境，制定空间布局、产业、产品的市场准入规则。统筹研究产业标准、提高行政效率，扶持新产业，帮助小企业应对危机，劳动力素质的整体提高等，就是发挥政府的作用。四是要坚持“两化”融合、协调发展。这既是北京建设“世界城市”，提高城市运行、管理水平的必由之路，同时也是推动北京产业结构调整、升级的战略选择。

同志们，这一年来所取得的工作成绩来之不易，这是市委、市政府正确领导的结果，是工业和信息化部等国家部委大力支持和指导的结果，是贯彻落实科学发展观、弘扬奥运拼搏精神的结果，是全市经济和信息化战线同志们共同努力的结果，是全市人民理解关心、帮助支持的结果。在此我代表市经济信息化委，向辛勤工作在经济和信息化战线的同志们、向所有关心支持首都经济和信息化建设的各界朋友们，表示崇高的敬意和衷心的感谢！

二、当前面临的形势和 2010 年工作要求

（一）面临的形势

与建设“世界城市”的目标相比，我市经济和信息化工作还有不小的差距，发展的任务繁重，二产已经成为首都经济的短板，规模不大、产业标准不高、发展后劲不足，产业配套、空间布局和政策措施等方面呈现“碎片化”格局，土地产出率有待提高，政策需要形成合力，产业集聚度尚需提升，科技优势转变为产业优势没有很好地解决。北京信息化总体水平虽然处于全国前列，但北京

的城市化进程进入新阶段，信息化服务经济和社会的能力有待进一步增强，由于首都地位特殊以及我国在关键技术和产品上受制于人，使我们在信息安全方面面临较大挑战。

2010年是实施“十一五”规划的最后一年，也是应对国际金融危机的关键一年，更是在新的起点上，加快建设“人文北京、科技北京、绿色北京”的行动之年。从国际、国内及北京经济形势看，2010年全市经济和信息化工作总体形势是机遇挑战并存，有利条件和不利因素同时存在。

一方面，国内外宏观形势趋稳向好和本市经济所蕴含的积极因素，为实现新发展创造了条件。一是国际经济开始复苏，今年形势总体好于去年，出口市场有望进一步好转，同时全球经济结构面临调整，新技术革新带来巨大的产业发展机遇。二是国家宏观调控政策保持连续性和稳定性，全年固定资产投资大约保持去年水平，新的刺激国内消费政策陆续出台后，国内经济形势将逐步好转，城镇化的步伐进一步加快。三是市委市政府要求在更高起点、更高标准上加快发展，对实体经济发展给予高度重视，为我们做好经济和信息化工作提供了坚强保障。四是奥运后首都城市建设进入新阶段，建设中关村国家自主创新示范区、加快南城建设有助于进一步释放城市发展的势能，为首都经济和信息化建设开辟了新的空间。五是2009年国家和本市为“保增长”推出的一大批政策措施，其效应将在今年进一步显现，重大项目的推进也将初见成效。

另一方面，发展中也面临着诸多挑战，需要积极应对。一是世界经济复苏基础并不稳固，导致金融危机爆发的主要矛盾和制度性根源尚未彻底解决，国际市场自主增长能力不足，国际贸易保护主义抬头，国际资源能源价格震荡可能加剧，企业经营面临输入型通胀压力。二是国内经济的结构性矛盾突出，扩大内需是个长期的过程，部分产能过剩，企业竞争压力加大。三是区域同质化竞争加剧，长三角、珠三角、滨海新区迅速崛起，各兄弟省市都在进行产业结构调整，都在积极抢占新能源、新材料、数字电视等产业制高点，区域间的产业竞争日益激烈。四是一批重大项目尚处建设过程中，2010年还难以发挥作用。

中央经济工作会和市委十届七次全会把发展方式转变提到了新的高度，在发展中促转变，在转变中更好地发展，将成为2010年经济和信息化工作的主线。市委市政府提出，要加快把北京建成“世界城市”，明确提出了“优化一产、做强二产、做大三产”的发展思路，要求围绕做大做强实体经济，狠抓“三个一批带动工程”。为此，我们要进一步增强机遇意识、竞争意识和发展意识，树立强烈的紧迫感、责任感和使命感，加快首都科学发展思想要有新解放，推动科学发展要有大举措，自主创新要有高起点，民营经济要有大发展，努力开拓首都科学发展、社会和谐进步的新局面。

（二）2010年工作的指导思想

全面贯彻党的十七大，十七届三中、四中全会和中央经济工作会议、全国工业和信息化工作会议、市委十届七次全会精神，以邓小平理论和“三个代表”重要思想为指导，深入贯彻落实科学发展观，践行“人文北京、科技北京、绿色北京”三大理念，坚持走“高端、高效、高标准”的发展道路，加快结构调整和发展方式转变，着力抓好一批重大项目，落实产业调整振兴方案，切实提高增长的质量和效益，更加注重重点产业的加快发展，更加注重培育发展战略性新兴产业，更加注重节能减排、淘汰落后和兼并重组，更加注重技术改造和自主创新，更加注重推进“两化”融合，二、三产融合、军民融合，加快“数字北京”建设，不断开创首都经济和信息化工作新局面。

（三）2010 年的主要目标

综合考虑各方面因素，2010 年全市经济和信息化工作主要预期目标是：

——力争规模以上工业增加值增速达到 8%左右。

——软件和信息服务业营业收入增长 20%左右。

——万元工业增加值能耗、水耗降低 5%左右。

——信息化总水平继续保持全国领先，中关村国家自主创新示范区核心区等重点区域的信息化程度率先达到世界一流水平。

——经济发展要有量的增长和质的提高，在提高劳产率、土地产出水平，降低能耗、水耗等方面力争全国领先。

三、2010 年的重点任务

（一）积极采取措施，推动经济平稳较快增长

继续做好企业帮扶。协调推动国家和本市应对金融危机一揽子政策措施的深入落实，将企业帮扶工作长效化、机制化，重点推进解决土地、资金、市场等制约企业发展的难题，不断优化产业结构、增强发展后劲。

加强经济运行调控。完善经济运行监测和预警体系，及时进行产业发展分析，定期发布产业发展报告。会同有关部门加强原材料、能源、交通等方面的协调配套，组织保障重点产业、重点企业的正常生产经营，配合做好价格调控。会同相关部门对重大项目的生产安全实施督查，加强对军工产品、危险化学品、农药、民爆等市场监管，做好禁止化学武器和核应急日常工作，组织力量继续做好甲流防治工作。

增强内需对经济增长的拉动作用。促进经济增长由主要依赖投资拉动和政策支撑，向更多依靠消费需求拉动转变。充分利用城市基础设施建设、南城发展建设的重大机遇，促进装备、轨道交通等产业发展。抓住 3G 发展、宽带建设、三网融合、农村信息化、文化创意产业的市场机遇，促进信息服务消费，支持电子商务等新型消费模式。会同有关部门落实完善家电、汽车、建材、信息等下乡和以旧换新政策。

狠抓重大项目。围绕促进重点产业发展，面向国内外优势产业领域，加大招商引资力度，积极引入适合首都特点和要求的重大高端产业项目，促进投资增长。集中力量推进重大项目落地建设，全力协调项目建设中遇到的重大问题，切实解决项目落地难问题。创新项目推进服务机制，变“绿通”为“普通”，简化投资项目的审批流程，尽快形成高效便捷的项目核准、备案制度。

（二）加大产业结构调整力度，推进发展方式转变

加强产业结构调整指导。抓紧修订实施产业结构调整指导目录，严格市场准入，控制产能过剩。

根据不同行业特点，提高环保、技术、安全、资源消耗和综合利用等方面的准入门槛。

支持企业开展技术改造。应用高新技术和先进适用技术改造提升传统产业，出台企业技术改造指导意见。实施重点产业技术改造计划，政府引导，支持企业加大技术改造投资，提高企业生产能力和竞争力。同时做好相关项目的申报和组织实施工作，加强技术改造投资统计，完善项目后评价制度。

积极推进企业兼并重组。研究制定本市实施兼并重组的指导意见，会同相关部门推动国有企业的兼并重组和转型升级，支持汽车、建材、钢铁、医药、食品饮料、装备等北京优势资源参与全国企业兼并重组，将兼并重组与淘汰落后、扶优扶强、产业转移相结合，支持一批企业做大做强，培育若干个千亿级企业。

加强质量和品牌建设。研究出台重点产业的质量管理指导意见，加强企业产品质量管理体系建设，促进企业创新品种、提高质量，重点加强对食品生产企业的安全教育指导。做好工业、信息化标准化发展规划的制定和实施工作，制定、修订 5 项以上信息化地方标准，完成标龄超过 5 年的标准复审和年度执标评价工作。支持企业参与相关标准的研制和修订，推动企业贯标。完善品牌推进政策措施和机制，打造一批国家级品牌，加大力度培育世界级品牌，加强宣传推广。

加快淘汰落后产能，努力建设低碳工业。大力推进节能减排和循环经济发展，编制并组织实施推进工业节能减排指导意见。推进水泥、石灰等“三高”和“五小”企业退出。组织实施一批节能减排重点项目，开展“百家节能示范企业”活动，完善重点用能企业用能状况报告制度，推动企业自主节能。加强重点用能企业在线监测平台建设，扩大应用范围，继续做好能源监测试点工作，探索利用碳排放指标指导企业节能减排。大力推广应用工业节能新设备、新技术。积极支持工业废物处理、垃圾再利用、能源服务等新兴业态发展，走绿色发展之路。

（三）落实重点产业调整振兴方案

以重大项目为牵引，加快重点产业调整振兴方案的实施。继续推进以京东方八代线为核心的数字电视产业园建设，引进数字电视整机、TFT-LCD 制造装备、芯片设计和集成电路产业。以购买萨博汽车技术为契机，把自主品牌、自主创新和发展新能源汽车统筹起来，推出北京的乘用车自主品牌。落实越野车新产品引进生产，建设乘用车基地。继续推进福田中重卡二工厂、多功能车工厂、戴姆勒合资等五大项目。完成北京现代 10 万辆新增轿车技改，推动现代第三工厂建设项目。以福田康明斯、京西重工等项目为抓手，在关键零部件领域实现突破，促进房山高端汽车零部件基地建设。制定北京轨道交通设备产业发展实施方案，迅速做大做强城轨交通产业。推动三一重工北京制造中心、和利时控制与自动化系统产业基地等一批重大项目建成投产或达产，加快建设数控机床、工程机械等特色装备产业基地。加速推进燕房合作，尽快启动搬迁，加快建设中石化相关产业项目，完善配套产业招商。支持都市型企业集聚发展，做大做强食品产业和服装纺织产业，组织企业开拓国内外两大市场，推进时尚设计广场和工艺美术发展平台建设。继续做好什邡产业援助，推动完成北京—什邡产业园基础设施建设，达到“七通一平”条件，建设完成 8 万平方米的标准厂房，组织富亚环保涂料和申安 LED 等项目实现投产运营，推动 5 家以上企业相关项目落地建设。

（四）积极培育，促进战略性新兴产业的发展

要以国际视野和战略思维发展新兴战略性产业，抓住科技革命和产业发展机遇，着眼世界产业发展前沿，及早布局，出台促进战略性新兴产业发展的指导意见。发挥首都科技优势，重点发展信息网络、新能源、新材料、先进装备制造、生物和医药、航空航天、生产性服务业、文化创意产业等战略性新兴产业。

大力支持以 TD-SCDMA 第三代移动通信标准为核心的大唐产业园以及以京芯半导体 WCDMA 关键芯片为核心的“移动硅谷”产业园的建设。支持同方、太时芯光等一批 LED 项目，继续完善集成电路设计、封装、装备材料和封装测试产业链，鼓励大型计算、大型存储、新型显示等新兴产业的发展。加快中锦阳、天威英利太阳能、金风风电、中核科技等新能源产业基地建设，积极扶持新能源汽车发展，支持电动汽车在出租车、公务车等领域先行先试，将北京真正做成新能源产业的原始创新基地。以石化新材料产业基地为依托，大力发展新材料产业。培育国内领先的中低速磁悬浮交通设备产业，落实磁悬浮关键部件在京发展方案。推进生物医药产业跨越发展工程，提升“京药品牌”整体形象，加快化学药国际化进程，打造数字医学影像平台，推进现代中药产业集群，壮大疫苗、诊断试剂及基因药物产业规模，积极向籽种、工业生物技术等新领域、新业态渗透。以中航发动机项目为契机，加快建设航空航天产业园，培育发展通用航空产业。加快工业设计、产品研发、电子商务、现代物流、管理咨询、工业旅游等生产性服务业发展，促进规模化、品牌化、网络化经营。大力推进文化创意产业发展。

（五）做大软件和信息服务业，打造世界级软件基地

出台促进软件和信息服务业发展的意见，按照“打造一批大集团、聚集一批大总部、做强一批高端企业、培育一批高成长企业”以及培育 10 个领军企业的要求，扶持软件和信息服务业发展，继续抓好以中关村软件园、中国移动信息港、微软（中国）研发集团总部、中国动漫游戏城、密云数据中心基地、中关村核心区软件新园为代表的重点项目建设，组建软件和信息服务交易中心。支持国产基础软件的研发和产业化，推进国产化软件应用替代示范工程。在云计算、物联网、网络视频、移动互联网方面形成标志性项目，规划北京云计算产业园、物联网产业园、导航产业园等新兴产业专业园区，积极发展新型服务产业。

（六）高起点建设“数字北京”，推进“两化”融合向纵深发展

继续做好信息化基础设施建设。高水平的信息基础设施和无处不在的信息技术是世界城市的重要内涵。继续落实信息化基础设施提升计划，初步建成国内最好的 3G 网络、20M 宽带覆盖最广的信息网络以及用户最多的高清电视网络。进一步发挥各区县在双进入工作机制中的作用。将中关村国家自主创新示范区核心区、丽泽金融商务区等作为示范区，打造世界一流的区域信息化环境。将平谷、延庆等区县作为“三网融合”示范区，开展应用融合试点。提升城南地区信息基础设施水平，实施数字社区行动计划，在远郊区县开展“信息化村”试点。

继续推动“信息惠民、信息强政、信息兴业”三大行动计划，促进信息化应用迈上新台阶。利

用物联网技术在农业监测、环境气象监测、医疗卫生等领域开展试点应用。推进3G网络在医疗卫生、市政管理等重点领域开展应用，在城乡结合部、山区、旅游景区部署移动视频监控。全面推进城乡一体化医保系统和养老系统，扩大社保卡覆盖面，使其真正成为“市民卡”。完善缴费服务平台，对数字北京信息亭进行升级换代。继续举办信息化宣传普及活动，着力实施“信息化三下乡”。进一步整合首都之窗网上服务，建设网上行政服务大厅。整合政府各部门和社会信息资源，推进政务信息公开、共享。实施绿色出行信息服务工程，开放道路监控视频。推广视频会议，将网格化管理扩展到全市远郊区县，完善经济监测系统建设。继续发挥信息化基础设施建设对软件和电子信息产业的拉动作用，加大对自主创新产品的采购力度。积极推动智能卡工程，支持电子商务发展，完善支付、物流、信用等支撑平台建设，推进移动商务、电子商务产业园等一批重大项目，开展中小企业电子商务培训，做大北京电子商务市场。

做好“两化”融合试点示范。信息技术是经济增长“倍增器”、发展方式“转换器”和产业升级“助推器”。深入研究“两化”融合指标体系和服务体系。从企业层面围绕研发设计、过程控制、企业管理、物流市场、人力资源开发、新兴产业和技术改造等七个环节，支持一批试点示范企业和项目，深化基于互联网平台的中小企业信息化服务。从行业层面深入推进信息技术在现代服务业、制造业、现代农业的应用，继续开展典型经验交流和推广，重点提升装备、汽车、都市等产业的竞争力。从区域层面提升六大经济区的信息服务能力，支持开发区、产业园建设智慧园区。

持续推进社会信用体系建设。加强全市信用信息基础设施建设，逐步建成统一的信用信息共享交换系统。推动建设金融业统一征信平台，建立信用行业协会，促进信用服务业发展。加强信贷、税务、产品质量等领域的行业信用监管，推进建设项目信息公开和诚信体系建设，不断完善中小企业信用体系，加强信用宣传，提高社会信用意识，打造“信用北京”。

把维护网络和信息安全放在更加突出的位置。率先贯彻落实国家关于新时期信息安全的指导意见，继续推进信息安全一流的可信城市建设，完善信息安全的领导体制，建立信息安全管理的 长效机制。提高全民信息安全意识，推进建立健康网络文化。推进网络信任体系建设，督促企业严格落实网络信息安全责任。完善应急、监控、容灾备份等基础设施建设，确保基础信息网络和重要信息系统安全可靠运行。跟踪研究新技术新业务带来的信息安全风险，提升信息安全主动防御能力。按照“管好频率、管好台站、管好秩序”的要求，进一步加强无线管理工作。

（七）营造良好的发展环境，增强中小企业新的活力

完善政策环境。着力建立完善的政策法制环境、公平有序的市场环境和完善的公共服务环境。尽快出台落实国务院关于促进中小企业发展的实施办法，完善部门联席会议制度，保持政府经费支持的稳定增长，完善统计指标体系和跟踪监测渠道，落实各项财政税收优惠政策。

健全服务体系。加强区县两级中小企业服务机构建设，形成联动机制。建立健全中小企业社会化服务体系，开展管理咨询、人员培训等方面的服务。支持中小企业增加研发投入，加大技术改造力度，加快结构调整步伐。争取认定一批不同类型、具有示范带动作用的小企业创业基地，努力培育一批“专、特、精、新”的小巨人企业，形成一批有影响力的创新企业群。进一步完善中小企业

宣传渠道，营造有利于民营经济发展的舆论环境。

加大融资支持。以小企业为主要扶持对象，以战略性新兴产业、中关村高新技术产业、生产性服务业为重点支持方向，解决融资难题。继续加强直接、间接融资服务体系建设，积极推进中小企业集合债券、短期融资券、小额贷款公司等金融创新产品，用好中小企业创业投资基金，发挥倍增效益。建立中小企业信用贷款、信用担保风险补偿机制，将中小企业再担保资金扩大到15亿元。完善中小企业上市育成机制，支持利用创业板上市融资，争取实现20家以上企业上市目标。

支持镇村企业健康发展。配合城乡一体化进程，加快推进重点小城镇产业发展。出台推进郊区镇村企业发展的意见，加大对镇村企业的支持力度，提升镇村产业基地的水平，为大工业做好配套。积极发展山区沟域经济，支持发展农产品加工业，实现独具特色，着眼高端的发展模式。

（八）服务好首都国防科技工业，推动军民融合

国防科技工业作为国家战略性产业，是军队武器装备发展的基础，要紧紧抓住工业化、信息化发展的有利时机，以信息技术改造提升国防科技工业，要以保军品、保发展、保增长为中心，统筹军民优势资源，推动军民融合发展。保障重点武器装备、重大工程项目顺利完成。完善军民结合、寓军于民的武器装备科研生产体系。充分发挥北京军工资源优势，在中航发动机产业园、中航火箭、航天二三院军民融合产业基地、航天煤气化装备产业基地、中关村航天创新园等重大项目上深化合作。

（九）整合产业发展要素，进一步完善发展环境

科学规划产业布局。落实市委市政府关于建设北部高新技术产业带和南部现代制造业新区的部署，尽快研究出台产业布局指导意见。充分发挥城市发展新区和远郊区县的作用，逐步打造海淀—昌平、顺义—通州、亦庄—大兴、大兴—房山等四个万亿规模的现代产业增长极以及一条都市绿色产业发展带。在北部高新技术产业带大力发展软件和信息服务业、战略性新兴产业。继续推进首钢搬迁工作，推进首钢在京产业的转型发展，落实千亿产业发展规划，加快首钢工业区启动区规划改造和产业替代，支持永定河水岸经济带建设。研究制定产业项目用地政策，加强产业用地储备，拓展产业发展空间，协调有关部门提高年度土地储备计划中产业用地的储备比例。推动建立全市产业布局联席会议制度和区域统筹发展协调机制，完善产业用地管理流程，探索建立工业项目用地联审机制。大力推进开发区、专业化产业基地、生态工业园区、生态涵养发展区共建基地的建设。研究城区工业遗产资源保护、开发和再利用，推进产业替代和转型升级。

加大产业投资力度。整合全市各类产业支持资金，在政府已有各类产业发展资金的基础上，提高统筹支持的力度，加大政府在战略性新兴产业、现代制造业、软件和信息服务业、信息化方面的投资力度，加大产业投资比重，积极引导民间投资。通过贷款贴息、融资担保、资本金注入等方式，支持符合首都功能定位的产业发展。用好工业发展资金和中小企业发展资金，探索设立产业储备型基金，创新使用机制。

加强科技创新和成果转化。大力推进中关村国家自主创新示范区建设，在发展理念、政策措施、保障条件等方面，把自主创新放在更加突出的位置，重点促进突破 10 项关键技术，转化 10 项重点

科技成果，打造中关村产业品牌。协调推进物联网、超级计算中心、云计算中心等重点工程，研究制定物联网发展规划，以公共安全、食品安全、市政管理等领域应用为先导，以东城、朝阳等区域应用为突破，推进“感知北京”示范工程。组织实施好国家科技重大专项，努力推动核心技术和关键技术攻关，02 专项各项目研发与产业化要取得阶段性成果，争取 01、03、04 专项更多项目在北京落地和产业化。继续推进以企业为主体、市场为导向、产学研用联合的技术创新体系建设，召开全市科技创新工作大会。协调建立行业知识产权信息共享和预警机制，开展知识产权信息服务。继续加大对自主创新产品的采购力度。

发挥首都经济优势，推进央地合作。中央企业是首都经济的重要组成部分，服务中央企业、加强央地合作是促进首都经济发展的重要途径。进一步落实市政府与各大央企签订的战略合作协议，做好各产业专项对接，争取一批新项目尽快落户北京。形成与央企定期、长效的沟通机制。同时为央企做好服务，切实解决相关具体问题。

（十）工作保障和相关要求

加强组织领导，加快政府职能转变。全系统要着眼建设“世界城市”和“三个北京”的目标，立足奥运后北京进入新阶段的市情，加快职能转变，创新工作方式，全面履行职责。加强市区两级经济和信息化主管部门的职能对接，市经济信息化委加强对区县经济和信息化主管部门的工作指导、业务培训和实际支持。目前区县政府机构改革正在进行中，各区县经济和信息化主管部门一定要增强大局意识，做好机构设置和人员调配，适应事业发展的需要。

承前启后，做好经济和信息化发展规划工作。全面做好工业、信息化、中小企业、乡镇企业等“十一五”发展规划的落实收尾工作。超前谋划，组织研究制定“十二五”时期全市工业和信息化总规划、分行业规划、分领域规划，指导区县、开发区、行业部门开展相关规划的编制工作。

开展前瞻性研究，完善政策法规环境。加强对二、三产融合、低碳经济发展、“两化”融合等战略性问题的调查研究，组建经济和信息化专家顾问团队，强化研究支撑体系。在促进“两化”融合、推进企业兼并重组、加快技术改造等方面尽快研究制定政策。加快中小企业地方立法进程，继续做好信息安全政府规章的修订工作，积极推进无线电、信息化项目管理等方面的地方立法，完善经济和信息化政策法规体系，做好行政执法监督，推进依法行政。

加强高素质人才队伍建设。加强战略性新兴产业、城市信息化等领域的高端技术领军人才引进，深入实施“海聚工程”，加大海内外优秀人才的引进力度，组织高端产业发展专题研讨班，加强企业管理者素质培训，建设一支具有战略眼光和较强创新能力的企业家队伍。培养现代制造业中高素质的制造者，继续开展工业和信息化职业技能培训和竞赛，继续推进实施全民信息能力行动纲要。

建设学习型机关，加强作风建设。要从如下五个方面切实加强工作能力：加强班子建设、作风转变、自我调节的能力；加强宏观决策、政策设计、规划指导的能力；加强经济统筹、经济调度的能力；加强大系统、大项目指挥的能力；加强个人机关工作能力，建设一支善学习、肯奉献、素质高、能力强的经济和信息化干部队伍。以深入开展党员作风建设年活动为抓手，切实提高工作效率，加强机关党的建设，加大重大项目的监察力度，积极推进惩治和预防腐败体系建设，清正勤勉，克己奉公，建设廉洁机关。

同志们，2010 年全市经济和信息化工作面临的形势复杂，任务艰巨，让我们在市委市政府的坚强领导下，以高昂的精神状态，饱满的工作热情，扎实的工作作风，在新的起点上高标准做好各项工作，为建设“人文北京、科技北京、绿色北京”作出新的贡献！

专文

北京信息化基础设施提升计划（2009－2012年）

（京政发〔2009〕19号）

随着信息技术的快速发展和广泛应用，信息化基础设施已经成为经济社会发展的重要基础和标志。经过筹办和举办2008年北京奥运会，本市信息化基础设施建设水平大幅度提升，总体处于国内领先地位，但与国际发达城市相比还存在较大差距。为全面提升本市信息化基础设施建设水平，增强城市综合竞争力，促进首都经济平稳较快和可持续发展，特制定本计划。通过本计划的实施，推进信息化与工业化融合，促进产业结构调整，加快发展信息服务业、生产性服务业和高端制造业，扩大网络和信息消费，巩固软件业的全国领先地位，满足总部经济、金融服务业等领域和行业的发展需要。

一、总体目标和实施原则

（一）总体目标

到2012年底，力争吸引社会滚动投资1000亿元，建设符合首都功能定位，国内领先、国际先进的信息化基础设施，建成信息通信枢纽和互联网中心城市，实现网络、应用、技术和产业的良性互动，推动本市产业结构调整升级，为市民提供良好的信息服务，促进本市经济社会又好又快发展，为“人文北京、科技北京、绿色北京”和“平安北京”建设奠定坚实的基础。

1. 将北京建成城乡一体化的数字城市。在全国率先建成城乡一体化的高速宽带信息网络，到2012年底，互联网家庭入户带宽超过20兆，企业入户带宽最高达到10千兆，基本完成数字电视双向改造。

2. 将北京建成资讯获取便利的信息城市。普及信息化应用，使用户能够非常便捷地获取各种信息，提高市民生活品质、城市运行效率和企业经营效益。

3. 将北京建成移动互联的网络城市。完善第三代移动通信各项服务，达到国内领先水平，实现无线接入方便、快捷，使用户能够在任何时点访问互联网。

4. 将北京建成信息新技术、新业务试用推广的先行城市。优化政策环境，与国家及本市自主创新工程对接，争取率先试用和推广各种新技术，带动信息基础设施上下游相关产业发展，促进就业和创业。

5. 将北京建成信息安全水平一流的可信城市。加强信息安全管理和知识产权保护，提高信息服务的安全和质量保障水平。

（二）实施原则

1. 政府引导，市场运作。编制信息化基础设施的发展规划，制定相关政策、标准和规范，充分发挥企业在信息化基础设施建设中的主体作用，创造公平竞争和发展的环境。

2. 适度超前，应用带动。适度超前建设信息化基础设施，大力推进其在公共服务、电子商务、电子政务、城市管理和社会公众生活、娱乐等方面的应用，带动企业加快投资建设。

3. 集约建设，资源共享。大力推进信息化基础设施的共建共享，节约集约利用资源，减少重复建设，提高利用效率。

4. 试点示范，创新发展。大力支持泛在网络等新技术的研发、应用和试点示范，促进计算机网、通信网、广播电视网“三网融合”，为电子信息制造业、软件和信息服务业等产业提供可持续发展的动力。

二、主要任务

（一）加快推进信息化基础设施工程建设

1. 加快建设第三代、完善第二代移动通信系统。到 2012 年底，基本建成基站布局科学、通信覆盖全面，服务水平全国领先的第三代移动通信系统，同时，进一步完善第二代移动通信系统，不断提高服务质量。

2. 建设国际先进水平的城市高速信息网络。提高网络承载能力，大幅度提升互联网接入宽带标准，推进光纤到楼入户，逐步替代传统铜缆。到 2012 年底，实现进入家庭用户互联网带宽超过 20 兆，进入企业用户互联网带宽达到 100 兆，中关村国家自主创新示范区等六大高端产业功能区实现进入企业用户带宽最高达到 10 千兆，新城地区按照高标准同期规划和建设信息化基础设施。

3. 率先建成城乡一体的农村信息化基础设施。按照城镇地区水平规划建设农村地区信息化基础设施，使光缆网络到达全市各行政村，实现农村信息化基础设施的跨越式发展。采取多种技术形式实现宽带入户和“数字家园”全面宽带接入，推进农村通信信息服务站点建设，实现通过宽带网络为农民提供技术学习、医疗卫生、创业就业、农产品销售等服务的目标。

4. 加快交互式高清数字电视改造和移动多媒体系统建设。按照建设下一代广播电视网络（NGB）的相关规划，以企业投资、政府适度补贴的方式，完成全市交互式数字电视网络改造和平台建设，开展交互式数字电视业务，全面推进移动多媒体系统建设。

5. 统筹信息管道和地铁内信息化基础设施建设。由企业投资，集约建设覆盖全市的信息管道，并将其连接成网，满足各类用户的需要。统筹协调建设地铁内的信息化基础设施，满足通信网、广播电视网和政务专网的通信覆盖需求，满足城市管理、应急指挥体系和社会公众的信息通信需求。

6. 建设与第三代移动通信和固定通信相补充的宽带无线接入项目，形成可随处连接的信息网络。

7. 完善政务信息化基础设施和信息安全体系建设。高标准完成800兆无线政务网和有线政务网络改造，满足各类政务业务需要。加快政务信息安全及应急处置相关设施、视频监控系统、广电信息灾备及监控中心等项目建设。完善无线电监测网络，建设无线电发射设备检测国家实验室，做好与周边省区市无线电管理的协作配合和信息共享工作。

（二）进一步提升信息化基础设施服务能力

1. 提升信息通信枢纽和互联网中心城市能力。发挥首都总部集聚的优势，合理规划布局，推动北京信息通信和数据交换枢纽建设及超级计算中心建设，争取电信运营商在京建设面向全国和国际的数据交换中心、互联网数据中心、生产运营中心、呼叫中心、容灾备份中心。

2. 带动基于第三代移动通信系统、宽带网络和交互式数字电视业务的信息服务项目发展。政府给予政策、资金支持，吸引社会投资，扶持壮大一批专业性公共信息服务企业，引导互联网内容产业发展。整合政府和社会信息资源，推动教育、医疗、交通、旅游、金融等民生领域的公共信息服务。

3. 开展信息通信新技术的研究和试点。积极争取新一代宽带无线移动通信网、核心电子器件、高端通用芯片及基础软件产品等国家重大科技专项以及下一代互联网等相关研发项目落地，把本市建成国家信息通信领域科研创新的主要基地。开展下一代互联网、下一代广播电视网、新一代移动通信技术及泛在网络、绿色节能设施及设备的研究和试点示范，推进相关产业基地建设。

（三）拉动电子信息制造业、软件和信息服务业发展

1. 促进电子信息新产品开发和产业升级。结合本市调整和振兴电子信息产业的实施方案，由政府给予政策、资金支持，拓展电子信息产业发展空间，推动产业创新，促进信息通信产品制造等产业协同发展，积极推动北京电子信息产业结构调整升级。

2. 推进软件和信息服务业发展。制定促进本市软件和信息服务业发展的意见，给予政策、资金支持，引导和扶持企业利用信息化基础设施大力发展软件和信息服务业。与国家相关重大科技专项对接，壮大信息安全产业，保持本市软件和信息服务业的较快增长和国内领先地位。

（四）大幅度提高信息化应用水平

1. 推进“信息惠民”计划。按照国际先进城市的信息服务标准，提供全面覆盖、方便快捷的公共信息服务。提升政府在线服务能力，全面实现“一站式”网上服务；推进“校校通”工程，加强基础教育教学资源共享，构建面向社会公众服务的交互式数字化学习环境；实施“二、三级医院网上服务”行动计划，推广在线预约和面向社区、家庭的远程医疗服务；实施以电脑、宽带网络和信息下乡入户为主要内容的“信息化三下乡”工程，方便农民获取信息；实施“数字社区”行动计划，整合社区服务资源和各种支付手段，推进水电气热等公共事业信息化和“数字北京”缴费服务平台应用，方便市民缴费；推进数字博物馆、图书馆和档案馆等服务平台建设，提供免费的在线文化信息资源；扶持一批社会性公共信息服务网站，提供交通出行、文化娱乐、餐饮购物、旅游休闲等与社会公众生活密切相关的信息服务。

2. 实施“信息强政”计划。紧紧围绕“保增长、保民生、保稳定”大局，立足首都实际，着力

强化“履职效率、管理效能、服务效果、创新争优”绩效管理，遵循电子政务发展规律，用 4 年左右时间，进一步完善政务信息资源共享交换体系，实现政务信息资源应享尽享，重点完善 4 大基础数据库应用及经济运行、城市运行、应急联动、流动人口、土地房屋、食品药品、社会信用、医疗卫生、社会保障、行政执法等业务领域的信息化服务和监管，提高协同监管水平、综合决策能力和城市运行效率。

3. 加快发展电子商务。制定本市电子商务发展的指导意见，推进电子商务网络平台、信用体系、信息安全体系和支付体系建设。扶持中小企业专用电子商务平台建设，开展移动电子商务试点，引导中小企业开展电子商务，鼓励个人电子商务从业和消费，把本市建设成为电子商务服务之都。

三、保障措施

（一）加强领导和协调力度，确保各项工作顺利开展

成立由主管副市长为组长、市政府分管副秘书长和市经济信息化委主任为副组长的北京信息化基础设施提升计划协调小组（以下简称协调小组），在市信息化工作领导小组的领导下，统筹协调信息化基础设施提升各项工作。协调小组成员单位包括市委组织部、市委宣传部、市经济信息化委、市通信管理局、市广电局、市发展改革委、市科委、市监察局、市财政局、市人力社保局、市国土局、市环保局、市规划委、市住房城乡建设委、市市政市容委、市交通委、市农委、市国资委、市工商局、市版权局、市园林绿化局、市金融局、市知识产权局、市重大办、中关村管委会、北京经济技术开发区管委会、市公安局公安交通管理局、市无线电管理局、各区县政府、北京市电力公司。协调小组办公室设在市经济信息化委。由市监察局和市政府督查室对各项任务的落实情况进行监督和检查。

按照政府各相关部门和企业“双进入”的工作机制，设立专项工作机构，协调解决基站选址、地铁通信覆盖、信息管道共建共享等方面的具体问题。

（二）加快办理重大项目审批手续，做好相关服务工作

通过本市重大项目绿色审批通道机制，减少审批环节，缩短审批时间，加快推进重大信息化基础设施建设项目，为承担建设任务的企业做好服务。

（三）加大政府投入力度，完善相关扶持政策

按照政府引导、市场运作、应用带动的原则，创新推进机制，统筹财政资金，优化支出结构，确保资金使用效果。引导企业利用贷款贴息、担保补贴等相关政策措施，尽快落实建设资金。对农村信息化基础设施建设，第三代移动通信系统、宽带互联网、数字电视的增值服务内容开发及应用，软件和信息服务业企业发展，中小企业专用电子商务平台建设等方面进行重点扶持。对宽带互联网接入、移动通信服务和双向交互式数字电视项目建设等方面给予支持。对公益性信息化基础设施服务实行政府采购。

（四）争取国家有关部门支持，积极开展试点工作

积极争取工业和信息化部、广电总局等国家有关部门在本市开展“三网融合”试点工作，促进信息服务业和文化产业有序发展，满足公众对信息和文化的需求。

（五）完善相关政策、标准和规范，加强监督管理

制定信息管道集约化建设的政策和管理规范。制定住宅小区、商用楼宇内固定电话、宽带、移动通信覆盖系统和有线电视基础设施的建设标准和使用规范，并纳入到本市相关建设规范中。完善各类基站、无线电监管设施和通信设施共建共享政策。理顺价格机制，建立市场监管体系，加强知识产权保护。

2006－2020年首都信息社会发展战略

为贯彻落实科学发展观和《2006－2020年国家信息化发展战略》的精神，落实《北京城市总体规划（2004年－2020年）》的要求，指导首都信息社会建设，特制定本战略。

一、信息社会是首都现代化发展的基本方向

信息社会是信息化发展的必然趋势。建设信息社会就是要充分利用信息技术，开发利用信息资源，促进信息交流共享和信息服务惠及人人，提高经济增长质量，推动经济社会发展转型，实现经济社会全面协调可持续发展。近年来，北京的经济结构加快调整、社会结构深刻转型、信息化水平显著提高，提出了加快建设信息社会的要求。

（一）加快信息社会建设是首都现代化发展的内在要求

北京的现代化建设正在进入一个新的历史阶段。加快产业结构调整和经济增长方式转变，提高自主创新能力，推动科学发展，促进社会和谐，解决民生问题，建设社会主义和谐社会首善之区，是首都现代化建设的主要任务。信息化是当今世界现代化建设的核心内容，是推动经济社会变革的重要力量，在促进人的发展、提升人的素质、服务人的生活等方面发挥着不可替代的作用，引发了政治、经济、文化、安全、生活等方面的深刻变革。顺应信息化趋势，抓住信息化机遇，推进信息社会建设，使经济社会发展建立在充分发挥人的潜力和技术进步的基础上，这是北京突破资源、环境、人口瓶颈，实现全面协调可持续发展的必然选择。

（二）加快信息社会建设是落实国家信息化战略和北京城市总规的要求

《2006－2020年国家信息化发展战略》提出，到2020年我国国民经济和社会信息化要取得明显成效，为迈向信息社会奠定坚实基础。《北京城市总体规划（2004年－2020年）》指出，北京要加快建设信息社会，社会信息化各项指标达到与现代国际城市相适应的水平。北京作为首都，信息化应当走在全国前列，积极构建以人为本、面向未来的信息社会，促进人的全面发展和生活品质不断提高，更好地支撑建设宜居城市、文化名城和社会主义和谐社会首善之区建设。

（三）“数字北京”建设为首都信息社会建设奠定了基础

通过多年建设，北京信息化取得了长足发展，构建起了“数字北京”基本框架，整体水平全国领先。城市信息网络实现跨越式发展，成为支撑经济社会发展的关键基础设施；电子政务取得新成

效，一批重大应用系统在提高城市管理水平、加强公共服务等方面取得实效；信息产业持续高速发展，对经济增长的贡献率稳步上升；信息化改造传统产业效果显著，催生了一批新的产业业态，成为新的经济增长点。首都信息化正在从基础设施建设阶段向“深化应用、惠及全民”阶段过渡。加快首都信息社会建设具备基本条件。

二、首都信息社会建设的指导思想和战略目标

（一）指导思想

以科学发展观为指导，顺应信息化潮流、适应信息化要求、迎接信息化挑战、抓住信息化机遇，把信息社会建设作为首都现代化发展的战略任务；按照信息社会发展要求，建设适应信息化发展要求的服务政府、发展充满生机活力的数字经济、打造高效便捷的数字化新生活、推进惠及人人的信息公平；围绕和谐社会建设和创新型城市建设，以人为本，促进发展，构筑信息社会的竞争优势。

（二）战略目标

实施三步走战略。到 2010 年，政府部门率先实现信息化，政府业务实现信息共享和业务协同，城市管理实现对人和物等要素的一体化、可见化管理，城市服务信息化达到国际先进水平；到 2015 年，无所不在、随处连接的信息基础设施基本建成，社会信息化高度发达，电子商务成为交易的基本形态，以信息化带动自主创新为特征的创新型城市发展模式基本确立并取得成效，基本实现人人享受信息化成果；到 2020 年，信息化应用覆盖经济发展和社会生活的各个层面，数字经济成为首都经济的主要支柱，数字化生活方式得到普及，信息社会建设的主要指标达到世界国际城市先进水平。

三、建设适应信息化发展要求的服务政府

以政府信息资源的整合共享带动政府行政资源的整合共享，以行政资源的整合共享带动行政职能的整合再造，不断深化电子政务在社会综合管理和公共服务领域的应用，提高政府社会管理能力和公共服务水平，全面促进法治政府、服务政府、责任政府和效能政府建设。

（一）以电子政务推动政府管理创新

以电子政务应用规范政府管理与服务。按照精简、统一、效能的原则和决策、执行、监督相协调的要求，运用信息技术全面梳理和优化业务流程，促进政府部门间分清责任、加强协同，减少管理环节和层次，推进政府组织扁平化，实现对整个业务链的一体化管理，提高行政效率，实现一体化管理和权责统一。

提升政府管理与决策水平。建设和完善适应经济发展、城市管理的领导决策信息服务体系。加强资源共享和政务协同，完善覆盖全社会的市场监督机制和信誉信息发布机制，提升市场监管能力。完善经济运行监测预警系统，加强和改善宏观调控，提高政府部门驾驭市场经济的能力。

（二）提高政府信息管理能力

推进政府信息资源共享和业务协同。统筹整合全市各级党委、人大、政府、政协、法院、检察院的信息化服务与应用系统，建立全市统一的政务信息资源共享交换平台，建立健全政务信息共享交换的规则和机制。加强对政府信息资源的统筹和监管，规范政府的信息采集、维护、共享、交换、公开等行为。

加大政务信息公开力度。完善政府社会监督和内部监督的信息化体系，提高政务透明度和政府公信力。推行政务公开，方便群众办事和监督。积极利用信息技术深入推进政务信息公开，让群众方便地了解政府信息。健全社会公示、社会听证等制度，通过信息监督、电子监察等多种手段，促进行政审批和行政服务的公开化、透明化。

通过信息网络促进政民互动。通过深化电子政务应用，提高公众对社会事务的参与度，增强社区自治能力。通过政府网站民意调查、公共论坛、热线电话、电子邮箱等多种形式，为公众参与提供新的渠道。

（三）提高政府公共信息服务能力

强化电子政务服务。以服务对象为中心，以网络为载体，围绕教育、医疗、就业、社会保障、交通、食品药品安全、房地产等与群众生活密切相关的公共业务，完善电子政务服务体系。通过计算机、电视、电话等多种手段，把服务延伸到街道、社区、村镇和家庭。

提高政府网站公共服务水平。大力整合政务和公共服务，以政府网站为龙头，全面推行“一站式”电子政务服务，提高在线服务能力。采取“前台一口受理、后台协同办理”等办法，促进后台跨部门业务无缝集成，实现服务个性化和及时反应，提高服务的效果和质量。

（四）增强城市精细化管理能力

深化信息技术在城市管理各领域的应用。重点推进信息技术在交通、人口、公共卫生、公共安全、地下管网、应急指挥等领域的应用，进一步提高城市管埋水平。

深入推进城市管理精细化。普及“网格化”城市管理，带动城市管理领域各种资源的整合，形成全面覆盖、高效灵敏的城市管理信息网络，逐步实现对城市管理的一体化、可见化。

促进交通管理智能化。推广城市地理信息系统，建设国际先进水平的智能化城市交通管理和服务网络，实现全市交通信息的整合共享与统筹发布，以精准管理和实时信息服务缓解交通拥堵问题。

完善城市危机管理和应急联动系统。统一城市管理信息系统，强化环境与安全监控、防灾减灾、治安管理、危机管理等领域的业务协同，构建统一指挥、反应灵敏、运转高效的突发公共事件应急体系。

四、发展充满生机活力的数字经济

发展数字经济是实现首都经济结构升级和增长方式转变的有效手段，也是北京建设创新型城市的必然选择。要以信息技术应用提高自主创新能力，带动产业结构调整和升级，催生新兴产业发展，大力发展数字创意产业，进一步巩固高技术产业的比较优势，提高国际竞争力。

（一）以信息技术提高自主创新能力

培育具有国际竞争力的软件产业。重点发展企业信息化、电子政务等应用软件，开发和培育包括系统平台及相关软件、信息安全产品等在内的软件产业新的增长点，大力发展支持智能功能的嵌入式软件。

通过政府采购等方式支持本土软件产业发展。用 10 年左右时间，将软件产业发展成为北京的支柱产业，将北京发展成为具有世界影响力的软件产业基地。

大力发展研发设计业。以改善公共技术支撑和服务支撑为重点，建立一批具有国际一流研发环境的专业性研发基地。吸引跨国公司和国内大型企业设立研发中心和决策运营中心，鼓励测试、咨询等科技中介服务发展。

积极推动移动通信产业升级。研究开发世界领先水平的移动通信技术，争取在下一代移动通信技术等领域取得优势地位。进一步打造链条完整、具有国际竞争力的移动通信产业链。促进关键和自主核心技术及标准的研发和产业化。

（二）发展数字内容和文化创意产业

促进数字媒体和出版业发展。以传统文化创意产业的数字化转型为契机，促进网络传媒、数字出版业和影视多媒体行业的发展。整合优质资源，积极培育发展一批具有竞争力的大型文化企业集团和文化产业集群。

发展数字创意产业。重点发展数字动漫、网络游戏、网络内容、移动增值服务业，以新的服务、应用和内容形成新的业态，开辟新的市场。大力发展工业设计、建筑设计等为工业发展提供支持的数字创意产业。

促进公益性信息资源的开发利用。鼓励社会力量对公益性信息资源进行深入开发与综合利用，为市民提供与日常生活密切相关的信息服务。培育和完善信息资源市场，促进社会力量开展信息资源开发和信息服务，促进信息资源市场繁荣。

（三）发展高度信息化的现代服务业

大力发展以信息网络为支撑的现代金融服务业。以用户需求为导向，广泛利用信息网络技术，建设和完善金融服务行业资源共享、互连互通的综合信息服务平台。大力支持网络金融、电子银行、在线支付等新型金融服务业务发展，扩大金融服务范围、提高金融服务能力。强化金融服务领域的信息安全，防范和化解金融风险。

以信息化促进旅游业发展。以旅游信息公共服务平台为依托，以景区旅游资源、网络票务代理和银行支付网络化的协同服务为突破口，大力发展具有首都特色的文化体育旅游、生态旅游、休闲旅游等服务项目，促进旅游营销的信息化，增强旅游业对北京经济的带动作用。

发展现代物流业。以信息化、网络化为依托，促进口岸、航空港、公路及铁路货运枢纽的及时信息传输。建设面向全国的公共物流信息平台，发展专业化、集约化的物流服务，把北京构筑成现代化的物流基地和全国物流枢纽。

促进会展业的快速发展。发挥北京资源优势，以信息管理整合会展服务产业链，发展面向全球的会展服务产业，把北京建设成国际一流的会展服务中心城市。

建设面向世界的现代信息服务业基地。大力发展系统集成、下一代移动通信、信息增值服务、互联网应用等现代信息服务业。深度开发信息资源，支撑现代信息服务业发展，把北京建设成为全国信息服务中心、世界信息服务业基地。

（四）大力推进电子商务

完善电子商务发展环境。建立与国际市场接轨的电子商务交易、结算、信用、认证、物流等支撑服务体系。扶持骨干企业和重点行业发展成为国际电子商务的龙头，带动供应链上下游企业融入全球市场。

健全信用监控体系。政府监管、行业自律与部门协调相结合，采用先进信息技术手段，整合相关部门信用信息资源，建设和完善信息及时采集、更新的在线信用信息综合服务平台，实现对个人及企业信用的实时管理。

完善电子支付体系。推广使用安全、便捷的在线支付工具，推动在线支付业务规范化、标准化并与国际接轨。加强业务监督和风险控制，实现对支付体系的实时监控。

优化物流信息服务体系。提升物流业管理信息化水平，提高现代物流基础设施与装备的使用效率。以物流信息服务支持第三方物流业发展，构建多种形态的现代物流公共信息平台，实现物流服务与电子商务的协同发展。

（五）深入推进企业信息化

以信息化推动企业技术创新。积极推动全市中小企业公共技术开发平台建设，使其成为服务、扶持中小企业创新活动的重要手段。构建全市统一的技术交易、企业融资、信息交流平台，优化企业创新服务体系。

以信息化推动企业管理创新。以信息技术带动企业资源整合、服务整合和业务流程整合，提高管理信息化、智能化水平，提升企业技术创新、管理创新，提高信息资源开发利用水平，全面提升企业综合竞争力。

促进企业信息资源开发利用。鼓励各类企业开发利用信息资源，促进信息资源收集、整理、加工和利用的数字化、网络化，提高企业获取、利用外部信息的能力。推动行业综合信息资源网建设，促进与国际市场的融合。

五、打造高效便捷的数字化新生活

营造数字化的生活环境是建设信息社会的重要内容。要使信息化服务带动数字化生活，构建无处不在的信息化应用环境，让人们在任何时间、任何地点都能够便捷地通过网络获取任何生活服务信息，全面提高生活品质。

（一）建设无所不在的信息基础设施

发展多种形式的宽带接入。建设无所不在的安全网络系统，营造随时随处方便连接的网络环境。应用光电传感、无线射频识别等技术完善无所不在的传感器网络系统。大幅度提高宽带网接入率。普及低价格、多种形态、方便易用的新一代智能信息终端。

（二）促进形成人人受益的数字学习环境

构建无所不在的网络学习环境。积极采用先进的信息化技术建设覆盖城乡的现代远程教育体系，发展数字图书馆、数字博物馆，使教育实施场所得以无限延伸。

促进远程教育和在线学习。完善远程教育公共服务体系，通过远程教育和在线学习促进实现高等教育大众化、继续教育和终身学习，促进知识更新和学习型城市建设。

推动教育信息化向更深层次发展。以校园网、网络教室、教育信息资源库建设为基础，进一步完善满足教学、科研和管理需要的信息化软硬件环境，开发各类交互式教学网络应用系统，为促进教学科研和方便教学双方交流创造条件。

（三）推进惠及全民的电子医疗服务

以信息化改进医疗服务。推广电子病历、数字化医学影像、医生和护士工作站等临床信息系统的应用。以信息化承载医疗核心业务，辅助医生决策，带动传统医院流程再造，节省就医时间，改善就医环境，提高医疗服务水平。

以信息化促进城乡医疗资源共享。建设并完善覆盖城乡的医疗信息网络系统，逐步实现医疗卫生数据库的整合与共享，形成城乡医疗、公共卫生、急救、卫生执法合一的医疗卫生服务体系，缩小城乡医疗水平差距。

发展远程医疗。鼓励主要医疗机构应用宽带网络以及视频流传输技术，建立“电子医生”远程医疗体系，开展面向远郊区及居民家庭的远程医疗服务，逐步达到综合性临床诊断的远程会诊，解决市民看病难的问题。

（四）提供丰富多样的信息文化服务

发展网络文化服务。运用信息技术和信息网络促进艺术、影视、网络多媒体文化产业的繁荣，不断拓展传播先进文化的新渠道，完善公共文化服务体系。

营造健康向上的网络信息环境。加强对网络内容服务的管理。积极应用网络安全产品、过滤软件等有效技术手段，提供绿色上网服务，提高对未成年人的保护能力。

大力传播先进文化。鼓励开发健康向上、生动活泼、丰富多彩的网络文化产品，传播民族民间文化，展现首都人文特色，促进世界文化交流与融合，满足广大网民日益增长的精神需求。

（五）健全高度信息化的公共服务体系

建设便捷的公共事业服务网络。加强供水、供气、供电、供热、电信、有线电视、银行、城建等部门的信息化建设，形成覆盖全市的公用事业服务信息网络，为市民提供及时、便捷、体贴的生活服务。

推动社会保障系统的一体化管理。建立社会保险、社会救助、社会福利、慈善事业相衔接的社会保障管理信息系统，加强对各类保障基金的实时监管。

完善就业服务信息网络。建立城乡统筹的就业信息管理体系，形成延伸到村镇社区的就业信息平台。

完善面向本地市民和外来人群的信息服务。加快信息亭等公共信息服务设施建设，提供房产、旅游、文化、交通、出入境、公安、购物等方面的信息服务。

（六）促进个人及家庭生活环境数字化

普及宽带接入。加快城市宽带接入网与无线宽带网的建设，为公众提供便捷的接入手段，提高宽带接入的普及率和利用率，促进实现随时随地的网络接入。

发展家庭网络服务。通过推广智能小区和智能家居，推动家庭各类电子设备的互联互通，推动广播影视由模拟信号向数字信号全面转换，满足消费者对高质量音频和视频服务的需求。

六、推进实现惠及人人的信息公平

信息社会是以人为本、人人受益、信息公平的社会。要建设惠及全民的公共信息服务体系，增强信息共享和知识交流。帮助农村人口、基层人员、外来人员和弱势群体提高信息素质，弥合“数字鸿沟”，支撑和谐社会建设。

（一）加快社会主义新农村信息化建设

加快农村信息基础设施建设。强化信息支农、惠农政策，整合社会力量，推进农村互联网接入和普及，实现村村能上网。大力支持开发适应农村特点、方便农民使用的通信系统和终端产品。

推进农村管理和社会服务信息化。建设农村信息化公共服务平台，为广大农民提供农产品供求、劳务需求、政策法规等适用的信息服务，提升农村综合信息服务水平。积极促进信息技术在农村村务管理、公共事件应急处理、农村劳动力转移及社会保障服务等领域的应用，为加快农村社会事业发展服务。

提高农民信息能力。积极推动农村中小学现代远程教育工程建设，为发展农村义务教育服务。依托农村综合信息服务体系、农村现代远程教育系统、各类农业信息网等，大力开展农村劳动力培训，提高农民务农技能、信息化技能和转产转岗就业能力。

（二）积极推进数字社区建设

推动社区管理信息化。按照以人为本、资源共享、管理创新的理念，完善管理网络和基层服务。促进社区内部信息资源的整合利用、社区与上级政府部门的信息共享，实现社区日常管理网络化，增强对社区人口和户籍、计划生育、社会治安等领域的有效管理。

加强和改进社区服务。以数字电视、计算机、电话、信息亭等为载体，创建可持续的多用途社区公共接入中心，为市民提供廉价方便的网络接入，构建多功能的社区综合信息服务平台。

（三）逐步弥合数字鸿沟

推动面向贫困人群的信息普遍服务。引导开发和提供低价格信息终端、信息服务，为低收入家庭使用信息网络提供基本保障。完善社区公共信息服务设施，解决下岗、失业人员及城市救济对象上网难的问题。

提供面向老年人、残疾人士的无障碍信息服务。鼓励开发和应用辅助老年人及残障人士方便使用的信息终端，使老年人及残障人士能方便地获取和利用信息。

七、完善信息社会发展的保障机制

（一）深化信息化推进体制机制的改革

深化体制改革，逐步形成分工明确、协调有力的信息化综合管理体制。以电子政务带动行政管理体制改革和政府职能转变，实现信息共享和业务协同。开展试点示范工程，创新信息化推进工作方法。政府引导与市场机制相结合，广泛吸收企业、用户、中介服务组织等社会力量参与信息化建设，建立信息化推进的长效机制。

（二）建立健全适应信息社会要求的法规标准体系

制定和完善电子政务、电子商务、信息安全、政府信息公开、个人信息保护、知识产权保护、信用管理等方面的政策法规，健全与信息社会发展相适应的信息规则和标准规范。加强依法行政，为信息社会建设营造良好的政策法规环境，保障信息化推进的法制化。强化信息化标准的统筹管理和执行监督。

（三）营造鼓励创新和投资的市场环境

积极推进投融资体制改革，进一步拓宽信息化建设投融资渠道，建立与国际惯例接轨、符合市场经济规律、适合信息社会发展需要的信息化投融资机制。采取有效措施，消除制约社会资本进入信息化市场的障碍，营造有利于各类投资主体公平、有序竞争的市场环境，形成政府引导、社会投资、企业运营的信息化发展模式。

（四）加强信息安全保障体系建设

加强信息安全责任机制和协调联动机制建设，建立完善的信息安全保障体系。健全信息安全等级保护制度、信息安全风险评估和检测体系，对政府部门和各行业重要信息系统、涉及公共信息安全的重要网络系统进行重点保护。推广并规范电子认证服务，提高信息安全应急处理能力。加强网络安全和可靠性技术研究。

（五）提高全民信息能力

普及信息技术教育，优化课程设置，提高师资水平，加强实践训练。通过在线教育公共服务平台等多种途径和形式，积极开展面向全民的信息技术技能培训。建设面向全社会的公共信息服务设施体系，方便市民学习和掌握信息技能，提高全民信息能力。

建设中关村国家自主创新示范区行动计划
（2010－2012 年）

（京办发〔2010〕15 号）

为深入贯彻落实国务院及市委、市政府关于加快建设中关村国家自主创新示范区的决策部署，根据《国务院关于同意支持中关村科技园区建设国家自主创新示范区的批复》（国函〔2009〕28 号）、《中共北京市委北京市人民政府关于建设中关村国家自主创新示范区的若干意见》（京发〔2009〕11 号）、《“科技北京”行动计划（2009－2012 年）——促进自主创新行动》和重点产业调整振兴规划，特制定本行动计划。

一、指导思想和目标

（一）指导思想

以科学发展观为统领，加快经济发展方式转变，全面贯彻落实国务院关于建设中关村国家自主创新示范区（以下简称“中关村示范区”）的批复精神，进一步解放思想、抢抓机遇，努力培养和聚集一批优秀创新人才特别是产业领军人才，研发和转化一批国际领先的科技成果，做强做大一批具有全球影响力的创新型企业，培育一批国际知名品牌，显著提高自主创新能力，大力发展战略性新兴产业，进一步增强中关村示范区的高端聚集、示范引领和辐射带动作用，推动中关村示范区建设取得显著成效，逐步发展成为国际一流的科技园区，为建设成为具有全球影响力的科技创新中心打下坚实基础，为建设“人文北京、科技北京、绿色北京”和世界城市作出新贡献，为建设创新型国家及首都创新型城市提供强大引擎。

（二）主要目标

到 2012 年，建设中关村示范区的主要目标是：

1. 初步形成有利于自主创新的体制机制框架和文化氛围。人才资源、科技创新、股权激励、科技金融、知识产权、技术转移、科技成果产业化、公共服务等方面的体制机制改革取得新突破，重大科技成果的转化率大幅提高，科技进步对经济增长的贡献进一步增强。形成激励创新、鼓励创业、宽容失败的文化氛围，创新创业的活力进一步增强。

2. 自主创新能力显著增强。企业研发经费支出比2009年增长15%，占总收入的比重超过4%，以企业为主体、市场为导向、产学研用相结合的技术创新体系更加完善，原始创新、集成创新和引进消化吸收再创新共同发展，不断产生具有世界水平的重大科技成果，企业发明专利授权数比2009年增长60%。吸引和聚集一批优秀创新人才特别是产业领军人才。

3. 战略性新兴产业的国际竞争力不断提升。企业总收入在2009年基础上增长45%。创新型企业群体和高端、高效、高辐射的产业集群发展壮大。产业结构进一步优化，若干世界领先水平的新兴产业逐步形成，科技创新服务业发展迅速，高技术服务业占中关村高新技术产业的比重达到60%。中关村高新技术产业在资源集约利用、节能降耗方面继续处于全市最好水平。

4. 中关村成为加快首都经济发展方式转变的强大引擎。中关村高新技术产业增加值年均增长15%以上，占北京市地区生产总值的比重达到20%。形成一批创新特色鲜明、竞争力强的产业集群。中关村的科技创新和高新技术产业发展持续推动北京的经济结构优化升级。

二、实施“六大工程”

（一）实施“十百千工程”，支持200家以上创新型企业做强做大

聚焦电子信息、生物工程与新医药、能源环保、新材料、航空航天等战略性新兴产业和高新技术产业领域，建立动态管理机制，按照核心团队优秀、创新能力强、处于行业主导地位、成长速度快、品牌知名度高等标准，选择200家以上企业给予重点支持，以提高自主创新能力为核心，促进企业跨越式发展。到2012年，做强做大一批具有全球影响力的千亿元规模企业、产业带动力大的百亿元规模企业和高成长的十亿元规模企业，探索形成支持企业创新发展、做强做大的环境和模式。

制订和实施以下支持措施：

1. 实行“一企一策”的支持方式。根据企业的发展需求，支持企业制订做强做大的实施方案，明确具体目标和工作措施。设立专人联络员制度，及时了解企业发展情况和具体问题，定期召开协调会，制订实施个性化的支持措施，为企业做强做大提供特色服务，创造良好的发展环境。

2. 支持企业开拓市场。企业符合条件的自主创新产品和服务纳入北京市自主创新产品目录，并推荐进入国家自主创新产品目录。采用首购、订购、首台（套）重大技术装备试验示范项目和推广应用等政府采购方式，加大政府采购自主创新产品力度，建设政府采购信息网站和自主创新产品展示交易中心。支持企业承接国家或地方政府立项的重大建设工程，给予担保费用、贷款利息等补贴。支持企业积极参与北京对口援建地区的产业园建设。

3. 支持企业持续提升技术创新能力。鼓励企业加大研发投入，促进企业研发投入占收入比重逐年提高。支持企业承接国家科技重大专项及国家和北京市科技计划项目。鼓励企业牵头组建产业技术联盟，依托中关村开放实验室建立行业共性技术平台，申请建设国家级或市级工程（技术）研究中心、重点实验室、工程实验室、企业技术中心等。发挥北京科技条件平台及研发基地对企业创新服务的带动作用。

4. 支持企业引进和激励人才。支持企业引进海内外高端领军创新人才和高层次创业人才。支持

企业开展股权和分红激励试点。对于战略性新兴产业领域的高级人才，按照北京市有关人才奖励政策给予奖励。

5. 支持企业建设研发和产业化基地。加快审批进度，统筹政策资源，采取多种方式降低用地成本，支持企业入驻专业化产业基地。

6. 支持企业上市和并购。支持企业改制、进入中关村代办股份转让试点和境内外上市。支持企业进行产业整合，通过并购获得核心技术、市场渠道和进入新兴业务领域。

7. 支持企业塑造知名品牌。制订国际知名品牌发掘与培育计划，提升企业产品质量和商业信誉，支持企业开展品牌培育和自律活动。制订实施自主创新品牌宣传推广方案，支持企业通过参加国际知名展会、赞助国际知名赛事等推广品牌。

8. 加强知识产权促进工作。支持企业获得核心专利，建立专利池，提升知识产权创造、运用、保护和管理能力。引导优质专利代理机构为企业提供高质量的专利管理服务。鼓励开发应用现代版权保护技术，支持建立重点行业版权产业联盟。加强知识产权的行政和司法保护。

9. 开展中关村标准创新试点工作。支持企业牵头创制具有自主知识产权的国际标准、国家标准及行业标准，推动技术标准的产业化应用，以标准促进创新产品开发。鼓励企业参与、承担国际和国家标准化专业技术委员会的工作，承办具有国际影响力的标准化会议和活动。

（二）实施重大科技成果产业化工程，加快推动20项以上重大科技成果在中关村转化和产业化

围绕重点发展的战略性新兴产业和高新技术产业领域，转化或引进一批具有国际领先水平、产业引领作用和规模化前景的成果。到 2012 年，加快推动 20 项以上重大成果产业化，形成高端产业集群。重点推动以下重大科技成果产业化项目：

1. 中科院计算所龙芯芯片产业化项目；
2. 中科院化学所纳米材料绿色打印制版技术项目；
3. 普罗吉公司抗癌新药项目；
4. 中国农业科学院转基因抗虫棉推广和产业化项目；
5. 安泰科技公司非晶纳米晶带材项目；
6. 中科院光电院激光显示技术项目；
7. 北大先行公司动力电池及新能源材料项目；
8. 国能风电公司兆瓦级垂直轴风力发电机项目；
9. 清华大学新型镁离子抗衰老药物项目；
10. 北京交通大学基于通信的列车自动控制系统项目。

实施以下支持措施：

1. 研发和引进一批重大科技成果。推进产业技术联盟建设，形成产学研用相结合的协同创新队伍，积极承接国家科技重大专项和国家科技计划项目，研发形成国际领先的科技成果并实现产业化。加强国际技术转移，发挥中关村开放实验室、中试基地、孵化器、大学科技园等产业技术转移平台

的支撑作用，鼓励科研团队带项目整体转化，探索“技术引进——消化吸收——转化扩散”的成果产业化方式。

2. 建立项目发现和筛选机制。重点关注高校院所、大型央企和军工集团、境外知名企业和研究机构、海外高层次人才创业企业的重大科技成果和产业化项目，进一步发挥中国技术交易所的平台作用，建立健全项目信息沟通渠道和合作机制。定期举办由企业、投资机构、高校院所、产业联盟、协会等参加的科技沙龙，研讨战略性新兴产业发展趋势，筛选、发布自主创新成果信息，提出重大项目建议。

3. 促进重大科技成果落地。充分用好政府支持科技重大专项及产业化项目统筹资金，通过补助、贴息、股权投资等方式，为国家科技重大专项和本市重大科技成果产业化提供资金支持，带动社会资本投入。建立重大项目落地协调服务和市区两级联动机制，组建项目联合工作组，实行专人全程跟踪和协调服务，定期报告重大项目进展。采用代建、租赁、先租后售等方式，支持重大项目承担单位建设产业化基地。发挥中关村发展集团公司作为重大项目引进落地、投融资服务平台的作用，与大型国企、战略投资者、高校院所和创投机构共建重大科技成果产业化落地促进平台。

4. 做好后续服务。支持重大科技成果产业化项目采用担保融资、信用贷款、引入创业投资和战略投资者、到中关村代办股份转让系统挂牌和境内外资本市场上市等方式，持续融资和发展。依托北京市服务中央单位和驻京部队综合服务平台科技成果转化服务分平台，为中央单位和驻京部队科技成果在京产业化做好服务。重大科技成果产业化产品经认定为自主创新产品的，可享受政府采购自主创新产品的扶持政策。重大科技成果产业化项目承担单位享受“十百千工程”企业相关支持政策。

（三）实施关键技术示范工程，重点组织 20 项以上中关村自主创新产品的示范应用项目

围绕城市应急、轨道交通、污水和垃圾处理、医疗卫生等首都城市管理和循环经济发展中的关键问题，以需求和应用为导向，以产学研用结合为手段，整合政府和社会资源，组织开展具有标志性和影响力的关键技术的应用和示范工作。从 2010 年到 2012 年，实施电动汽车、城市应急物联网视频监控、城乡社区远程医疗等 20 个以上的示范应用项目。重点推动以下关键技术的示范应用：

1. 推动中星微、歌华、信威等企业参与建设“首都城市应急管理物联网示范工程”，逐步建成以图像智能分析及视频监控系统为核心的全市应急管理物联网平台；

2. 推动北大先行、国安盟固利、长力联合等企业的动力电池技术产品在城市环卫电动车、电动公交车、电动游船等方面的应用示范；

3. 推动碧水源、仁创等企业的产品、技术在污水处理、雨洪利用等方面进行综合示范应用；

4. 推动国能风电公司的兆瓦级垂直轴风力发电机示范应用项目；

5. 推动东方信联、中国普天等企业的广电、电信、互联网三网融合示范工程项目；

6. 推动北控磁悬浮公司的悬浮控制器、电气系统等核心技术部件及车辆制造应用示范项目；

7. 推动天地互联、威讯紫晶、神州数码、中星微电子、联想（北京）、北京交通大学等参与建

设的绿色 IT 示范应用项目；

8. 推动北大千方、合众思壮、四维图新、超图等企业的智能交通信息资源整合与服务示范项目；

9. 推动北京市电力公司的电动汽车充电桩在京布局以及“多网融合”技术应用示范项目；

10. 推动国智恒公司的电力全网授时系统示范应用项目。

实施以下支持措施：

1. 加强政府组织和协调。建立相关部门参与的市级统筹协调机制，制订关键技术示范工程年度工作计划，纳入市政府折子工程和各部门工作重点。市发展改革委按投资体制改革的有关规定对关键技术示范工程优先立项，市财政局和有关部门优先给予资金支持。

2. 强化示范项目的实施和推进。市政府相关主管部门或项目所在区县政府负责制订相应示范应用项目的具体实施方案，并组织实施。

3. 鼓励市场主体参与实施示范应用项目。对应用中关村自主创新产品并牵头实施示范应用项目的单位，政府给予一定资金补贴。

（四）实施中关村高端领军人才聚集工程，大力吸引和聚集 150 名以上产业领军人才和创业投资家在中关村创新创业

围绕重点发展的战略性新兴产业领域，吸引和聚集世界水平的科学家和研究团队到中关村开展重大创新研究。吸引和聚集掌握前沿技术、有成功创业经历的高端人才到中关村创业。吸引和聚集国际知名的天使投资家和创业投资家，到中关村设立创业投资机构和开展投资业务。加大政策支持力度，将优势资源向高端人才汇集，吸引和聚集更多的高端人才到中关村创新创业。力争通过引进一个高端领军人才团队，带回一批高科技专利，造就一批拥有自主知识产权的高端项目，带动一个战略性新兴产业的发展。通过吸引和认定中关村高端领军人才，为中央“千人计划”和北京市“海聚工程”推荐人选，为建设具有全球影响力的科技创新中心提供人才支撑。

采用人才、项目、基地一体化引进的模式，在信息科学、生命科学、环境科学、材料科学等领域，聚集 3 至 5 个由战略科学家领衔的研发团队，分别建成具有国际一流水平的新型研究机构。发挥北京海外学人中心、中关村驻海外联络机构等吸引和聚集高端人才机构的作用，整合资源，形成合力，建立起发现、寻访、推荐、吸引和支持创业发展等高端领军人才聚集机制，建立高端领军人才的“脑库”和“以才引才”的机制，建成 1500 人规模的中关村高端领军人才信息数据库，持续引进示范区发展需要的高端领军人才。加强高端领军人才培育，瞄准创业未来之星，为中关村领军型企业储备一批产业领军人才。

制订和实施以下支持措施：

1. 支持承担重大科技项目。支持高端领军人才建设重点产业领域的工程中心和重点实验室，承担国家及北京市科技重大专项、重点工程项目。

2. 支持转化科技成果和创办企业。高端领军人才科技成果产业化项目和创办的企业获得担保贷款的，补贴全额担保费用和 50%贷款利息。以政府股权投资方式，优先支持由高端领军人才领衔的团队进行重大科技成果在京转化和产业化。政府股权投资资金所得年度分红可按一定比例奖励给被

投资企业中作出突出贡献的高层次人才；政府股权退出时，优先转让给被投资企业的科技人员、经营管理团队及原始股东。

3. 开展股权激励。中关村示范区内的高等院校、科研院所和国有高新技术企业中作出突出贡献的高端领军人才，可以按照有关政策规定获得股权奖励、股权出售、股票期权、分红等多种形式的激励。

4. 协调解决研发办公用房。为高端领军人才及团队在中关村创办企业优先支持一定面积的研发用房。

5. 实施对高端领军人才的奖励。对入选中关村“高聚工程”的高端领军人才，一次性给予100万元的奖励。

6. 建立人才引进绿色通道。优化人才引进工作流程，入选中央“千人计划”、北京市“海聚工程”和中关村“高聚工程”的人才可直接办理人才引进。对这些人才创办企业的科研、创业团队核心成员和优秀人才可直接办理人才引进。

7. 建立定期交流机制。发挥中关村企业家顾问委员会的作用，建立高端领军人才与知名企业家、创业投资家的定期交流机制，协调解决高端领军人才创办企业在发展中的经营管理、资本运作等关键问题。

8. 加强人才服务。为高端领军人才在京居留和出入境、医疗、住房、子女入学等方面提供良好服务。对持有外籍护照的高端领军人才，根据需要，可办理2至5年期多次入境签证；符合《外国人在中国永久居留审批管理办法》相关规定的外国人，根据个人意愿，可申请办理《外国人永久居留证》。持中国护照的海外高端领军人才（含配偶及未成年子女）要求取得北京市常住户口的，可不受出国前户籍所在地的限制，按照有关规定，简化程序，优先办理落户手续。

（五）实施高端产业聚集工程，加快建设南北两个高端产业聚集区

统筹产业定位和空间布局，系统谋划基础设施建设，按照生态良好、用地集约、产业集聚、布局合理的原则，形成分工明确、相互联动、协同发展的“一区多园”格局。探索产业功能区与行政区协调发展的模式，整合行政资源，凝聚发展合力，增强跨行政区的统筹协调服务能力，重点推进南北两个高端产业聚集区的规划建设，加快周边地区农村城镇化进程，以高新技术产业带动区域发展方式转变。

以海淀区、昌平区南部平原地区构成的核心区为依托，发挥北京北部地区创新资源密集的优势，优化产业布局，整合北清路、七北路沿线空间资源，强化电子信息产业的领先优势，做大做强新能源和环保产业，着力培育生物医药产业，加快发展新材料产业，积极培育航空航天产业，加快建设北部研发服务和高新技术产业聚集区，到2012年，产业规模超过6000亿元。以现有专业园为基础，形成4个千亿级规模的产业功能区：在上地信息产业基地、中关村软件园等区域形成计算机、软件与信息服务、互联网、云计算等研发产业功能区；在环保园、创新园等区域形成物联网、通信信息、超大规模集成电路产业功能区；在永丰基地和航天城区域形成新材料产业功能区；在上庄和农林园区域形成军民融合的国防科技产业功能区。加快未来科技城、生命园、国家工程创新基地建设，形

成 3 个 500 亿级的产业基地。同时，以稻香湖、回龙观、北七家、小汤山为基础，建设北部地区综合配套服务中心。

发挥北京经济技术开发区的带动作用，推动丰台科技园、大兴生物医药产业基地、通州光机电一体化基地等联动发展，着力发展生物工程与新医药、装备制造、微电子、新材料、新能源与环保等产业，拓展延伸产业链，建设南部高技术制造业和战略性新兴产业聚集区，到 2012 年，产业规模超过 6000 亿元。将数字电视、移动硅谷、航空航天和汽车产业打造成 4 个千亿级产业，将生物工程与新医药、新能源、装备制造、微电子产业打造成 4 个 500 亿级产业。形成以亦庄园、通州园为核心的高技术制造业功能区，以大兴生物医药产业基地和新媒体产业基地为核心的战略性新兴产业功能区，以丰台园为核心的制造业创新中心和总部经济功能区。

加强联动发展，建设一批特色突出、企业聚集的高端产业集群，形成若干定位明确、分工合理的专业化产业基地。围绕产业发展需求，引导各产业、价值链细分环节在不同专业园聚集。加快建设以石景山园为核心的文化创意特色功能区、以电子城为核心的跨国公司地区总部与研发中心功能区、雍和园国际版权交易中心及国家版权贸易基地、德胜园研发设计与出版创意产业园。

制订和实施以下措施：

1. 拓展产业发展空间。加大土地整理力度，做好城市建成区存量土地资源挖潜和置换工作。优化产业升级，促进结构调整。结合城乡一体化建设，在保障农民利益的前提下，积极探索农村集体建设用地通过租赁、入股、合作等方式用于发展高新技术产业的新途径；积极探索农村宅基地的集约利用模式，为高新技术产业发展服务。

2. 降低开发建设成本。研究制订中关村示范区土地出让收益专项用于中关村示范区基础设施、环境建设等的支持政策。结合中关村示范区产业特点，提高土地使用强度，合理规划建筑高度，适当提高容积率，布局错落有致，促进土地集约利用。支持园区开发建设公司建设孵化器和标准厂房等自持物业，提高公司运营能力。

3. 提高开发建设的行政审批效率。按照市政府“加快、简化、下放、取消、协调”的精神，进一步梳理土地储备开发审批程序，调整简化土地一、二级开发过程中的重复审批环节，研究完善土地出让价格评审机制，解决土地一级开发资格需要分期授权的问题。将其纳入市政府绿色审批通道，加快手续办理，提高效率。

4. 建立符合示范区特点的土地节约集约利用评价体系。参照国土资源部和北京市土地节约集约利用评价体系，建立符合中关村示范区特点的评价体系，作为园区建设单位考核、入园企业考评和退出的评判基础。

5. 加快配套设施建设。加强市区两级政府统筹力度，集中力量为南北两个高端聚集区和产业基地提供教育、人才、资本、商务、交通、居住等城市功能配套，提高资源、环境等区域承载能力。将产业园的员工配套住房纳入全市住房保障体系，统筹研究制定相关政策。

6. 制定严格的项目准入标准。按照创新能力、地均投资量、地均产值、资源消耗、环境保护等指标对入驻南北两个高端集聚区和产业基地的项目进行审核，入驻集中新建产业基地的企业和项目必须符合中关村示范区产业规划和准入标准，确保中关村示范区产业的先进性和用地效率。

7. 创新土地供应方式。中关村示范区内的高新技术产业、战略性新兴产业等重点发展项目的用地供应，按照国家和本市现行办法办理。鼓励以租赁方式向高新技术企业供给土地，加快推动中关村示范区重大产业项目入驻。

8. 加强土地储备。统筹中关村示范区各园年度土地储备开发计划，加大政府主导土地储备开发力度。

（六）实施科技金融创新工程，进一步完善技术与资本高效对接的机制

优化投融资环境，聚集整合金融服务资源，开展先行先试的科技金融创新试点。重点围绕发展战略性新兴产业、促进重大科技成果转化和产业化、支持企业做强做大的战略目标设计金融支持政策。引导金融机构加大对“十百千工程”企业、高端领军人才创办企业、承接国家重大建设工程企业、并购重组企业、重点产业技术联盟、获得创业投资的企业以及创业投资机构的综合融资支持，完善投资、担保、贷款的联动机制，支持企业做强做大。形成政府资金与社会资金、股权融资与债权融资、直接融资与间接融资有机结合的科技金融体系。

到 2012 年，中关村示范区的境内外上市公司总数达到 200 家以上，在境内创业板形成“中关村板块”；扩大和完善中关村代办股份转让试点，建设全国场外交易市场；在中关村示范区聚集一大批天使投资者、股权投资机构和股权投资管理公司，继续保持中关村创业投资在全国的领先地位；加大金融产品和服务创新，进一步扩大科技企业信贷规模，大力推动为科技企业服务的银行信贷专营机构和小额贷款机构在中关村示范区设立发展；建立科技保险保障机制，增强企业风险管理能力。

制订和实施以下支持措施：

1. 促进金融资源聚集。发挥北京中关村科技创业金融服务集团有限公司等融资服务平台的作用，建立中关村企业和各类金融机构之间的沟通机制，开展对企业的融资培训，提高企业融资能力，引导和鼓励各类金融机构开展支持自主创新的创新业务试点。

2. 支持企业改制上市和并购。完善“培育一批、改制一批、辅导一批、报审一批、上市一批”的企业改制上市培育工作体系和协同工作机制。整合各类资源，推动中关村企业在境内外上市。实施中关村企业并购重组计划，支持企业利用资本市场进行兼并重组、做强做大。

3. 建设全国场外交易市场。进一步扩大和完善中关村代办股份转让试点，增加挂牌企业数量，研究实施支持全国场外交易市场建设的政策措施。

4. 支持股权投资发展。研究出台支持天使投资发展的政策，支持境内外个人在中关村示范区开展天使投资业务，培育天使投资者队伍；开展投资机构和企业之间的对接活动，实施对创业投资机构的风险补贴政策，重点支持对战略性新兴产业领域投资的创业投资机构；支持在中关村示范区设立和发展由社保基金、保险资金，大型企业及其他投资机构出资的股权投资基金，建立从注册登记、办公场所、人才激励到项目对接的一条龙服务体系，引导基金投资战略性新兴产业和重点企业。

5. 推动信贷产品和服务创新。建立信用激励和约束机制，完善再担保机制，增强科技担保服务能力，支持小额贷款机构发展，实施以企业信用为基础的创业企业流动资金融资解决方案，对企业给予一定的贷款贴息，对金融机构给予一定的风险补贴，鼓励银行和担保机构向企业提供中长期贷

款，进一步扩大知识产权质押贷款、股权质押贷款、担保融资、信用贷款、信用保险和贸易融资、认股权贷款、并购贷款的规模。支持企业发行信托计划、企业债券、短期融资券、中期票据、集合票据等，拓宽企业直接融资渠道。

6. 推动科技保险试点。建立企业创新产品研发、科技成果转让的保险保障机制，支持企业购买产品研发责任保险、关键研发设备保险、出口信用保险、补充医疗保险和补充养老保险等，对企业缴纳的保险费用给予一定的补贴。

三、保障措施

（一）创新政府管理体制

1. 完善北京市与国家部门的联动工作机制。争取国家有关部门支持，与北京市联合推进中关村示范区相关领域体制机制改革，促进国家与地方创新资源的高效配置和综合集成，联合推进一批产学研用结合的重大项目，共建一批创新发展示范基地。

2. 提高政府的创新协调服务能力。进一步深化中关村示范区的行政管理体制改革，积极探索政府在促进战略性新兴产业发展中的作用，强化社会管理和公共服务职能。深化行政审批制度改革，简化和规范行政审批程序。建立健全多部门协同服务机制。完善行政监管制度和政府信息发布制度，推进政务公开，建立健全政府相关部门的信息共享和工作联动机制。充分发挥中关村企业家顾问委员会高层次、多领域、跨行业的综合智力优势，大力推动企业做强做大、重大科技成果产业化、产学研用合作对接、高端领军人才的引进培育和国际交流合作。

3. 开展工商管理改革试点。支持和促进符合中关村示范区产业发展方向的企业入园经营。结合创新创业企业的特点和提高自主创新能力的要求，改革企业登记注册制度和监管方式，降低创业门槛，营造良好的市场生态环境。

4. 完善法制环境。制定实施《中关村国家自主创新示范区条例》，为中关村示范区建设和发展提供法制保障。

（二）完善创新创业服务体系

1. 增强大学科技园和孵化器的创新服务能力。充分发挥大学科技园在促进大学和企业对接、支持技术转移和培育创新企业等方面的桥梁作用，支持其进一步扩大服务范围、提升服务能力。进一步加大支持孵化器发展的力度，鼓励社会资本参与孵化器建设和运营，提高人才、技术、资本等综合创业服务能力。

2. 培育创新型社会组织。推进中关村示范区社会组织管理体制改革，在中关村示范区设立协会组织，符合条件的可以直接向市民政部门申请登记成立。支持以企业为主体、市场为基础的社会组织发展。支持社会组织的专业化、职业化人才队伍建设。加快政府职能转变，探索构建企业、社会组织、政府的良性互动和合作机制，建立政府购买社会组织服务制度，支持社会组织在各自服务领域中发挥提供服务、反映诉求、规范行为的作用。

3. 大力发展科技创新服务业。支持信用、法律、知识产权、管理和信息咨询、人才服务、资产评估、审计等各类专业服务组织发展。积极引进国际知名专业服务机构。建立健全专业服务组织从业人员的资格认定和行业准入制度，加大职业培训力度，提升从业人员的专业素质。进一步提升专业服务机构的成果集成、价值增值能力。

4. 推进企业信用体系建设。完善中关村示范区企业信用体系，建立健全企业信用信息数据库和企业信用信息公共服务平台，大力推广使用企业信用产品。鼓励企业开展内部信用管理。打造中关村信用品牌，优化中关村示范区信用环境，促进企业信用融资和信用交易。研究建立中关村示范区企业信用和履行社会责任情况的发布机制。

（三）充分利用国际资源

1. 加快融入全球研发创新体系。吸引国内外大型企业、知名实验室在中关村示范区设立研发机构。大力支持中关村企业和新型产业组织参与国际科技合作计划、国际标准制定和应用推广。鼓励有实力的企业在境外设立研发机构，提升整合利用全球研发创新资源的能力。

2. 推进企业国际化发展。支持中关村自主知识产权产品出口，拓展海外市场，引导和鼓励企业进行商标国际注册和海外维权。鼓励面向全球市场的软件外包、生物技术研发外包等服务出口。研究制定支持企业技术输出的支持政策。利用我国对外援助、双边或多边合作方式，支持中关村自主创新产品与服务出口，支持有资质的企业承担国际工程项目。支持和指导企业开展国际认证活动。探索建设一批海外发展服务中心，搭建企业国际化支撑服务平台。

3. 提高企业利用国际创新资源的能力。以塑造具有国际竞争力的领军企业为目标，积极探索企业利用国际创新资源做强做大的路径。围绕国家重大项目、重点工程、战略性新兴产业、城镇化建设等重大需求，支持中关村企业引进国外先进技术。

4. 发挥国际组织的桥梁作用。支持国际学术组织、产业组织和公益组织等为中关村示范区搭建创新交流合作平台，探索国际合作的新模式。吸引各类国际产业组织落户中关村示范区，深化中关村示范区与国际知名科技园区、创新资源密集城市之间的交流合作。

5. 塑造有影响力的国际交流品牌。将中国北京国际科技产业博览会、中关村论坛作为展示中关村自主创新成果、提升国际合作水平的重要平台。围绕国家战略需求、自主创新、区域发展、循环经济等，打造若干具有影响力的国际论坛品牌。

（四）加强组织实施

由中关村示范区领导小组统筹领导本行动计划的实施。中关村示范区领导小组办公室负责本行动计划实施的日常组织工作。

各区县、各部门要高度重视中关村示范区建设，确定相应的工作机构，将本行动计划的各项任务细化分解，并逐条落实。

北京信息化年鉴

大事记

1月

1 月 7 日 北京法院“12368”司法信息公益服务系统向社会开通。

北京市地震信息网络平台建成。该平台包括 1 个信息网络中心、18 个区县信息节点和 6 个地震台站信息节点。

1 月 10－11 日、6 月 7－8 日及 11 月 29 日 市无线电管理局和市无线电监测站相关工作人员参加 2009 年研究生考试防范无线电作弊工作。

1 月 12 日 北京市公安局公安交通管理局（简称市交管局）黄标车注销转出登记查询系统投入使用。

1 月 14－16 日 市无线电管理局分别与北京铁路局、北京电信、北京联通召开频率需求沟通会。

2月

2 月 11 日 市无线电管理委员会在市政府召开工作会议。会议审议并原则通过了《北京市无线电管理工作情况汇报》和《2009 年北京市无线电管理委员会重点工作折子工程》。

2 月 16 日 北京市信息化工作领导小组印发《关于印发 2009 年北京市信息化工作要点的通知》。

2 月 18 日 北京市交通行业数据中心建设启动。

2 月 20 日 《北京市人民政府关于机构设置的通知》（京政发〔2009〕2 号）宣告，《北京市人民政府机构改革方案》经中共中央、国务院批准，其中北京市经济和信息化委员会（简称市经济信息化委，挂北京市国防科学技术工业办公室牌子）为市政府组成部门。

2 月 24 日 市经济信息化委《关于加强政务信息资源管理的若干意见》正式印发。

2 月 25 日 北京市信息化工作领导小组印发《关于 2009 年全市电子政务重点工作安排的通知》。

2 月 26 日 2008 信息北京十大应用成果颁奖大会召开。评选出“典范奖”、“十大应用成果入围奖”和“十大应用成果奖”。

市统计局 2009 年北京市宏观经济与社会发展基础数据库一期项目开始建设。

2 月 北京市信息资源管理中心完成在京重大投资项目数据库系统建设项目。

3月

3 月 1 日 北京市“政风行风热线”民主评议政风行风短信平台正式开通。

北京市农业局与北京联通合作推出“北京 12316 农业服务热线”包月资费优惠服务。

北京地铁工程建设安全风险控制及信息化管理平台、视频监控管理系统推广应用。

3月4日　联想集团在北京召开“携手惠农，圆梦成真”新闻发布会，“电脑下乡”计划正式启动。

3月5日　崇文区信息办通过短信平台开展“每日小贴士”活动，进一步提高单位员工学习实践科学发展观的积极性,提供多种学习方式，方便全体党员干部学习并及时了解区内动态。

3月8日　同方锐安科技有限公司自主研发的非接触 CPU 卡、读写设备、嵌入式模块、IC 卡管理清算系统应用于京津城际铁路快通卡项目。

3月10日　《北京市东城区电子政务建设框架》向东城全区下发。

崇文区信息办开展“信息技术在我身边”系列主题活动，宣传普及信息技术新知识，提高全民信息能力，增强崇文区干部群众的信息技术应用水平。

3月25－26日　市经济信息化委、市商务委、市统计局联合召开全市电子商务统计调查动员会。

3月27日　国庆环境整治指挥部后勤保障组向国庆保障各相关成员单位转发市无线电管理局《关于国庆 60 周年庆典活动期间无线电频率需求工作的通知》。

3月30日　北京市经济和信息化委员会成立揭牌仪式举行。

全市网络与信息安全检查工作开展。

市交管局非现场管理系统一期工程建设完工并投入使用。

市工商局数据中心及新企业注册登记系统正式上线使用及运行，信息化二期工程建设完成。

中关村管委会编制完成《中关村管委会信息资源目录管理办法》。

4月

4月1日　北京市水资源配置管理系统正式交付市水务局水资源管理处使用。

北京市信息资源管理中心完成 2008 年彩色数字正射影像数据的制作工程，内容包括北京市六环范围内和四个远郊区县的 1∶2000 遥感影像，面积约 5000 平方公里。

4月11日－10月12日　北京市旅游局举办“我心目中的新北京十六景”评选活动。此次活动采用互联网为主要投票平台，收到有效投票 1400 万张。

4月18日　北京市委书记刘淇，市委副书记、市长郭金龙，市委副书记王安顺与部分专家学者、行业协会、产业联盟、企业负责人就建设北京信息高速路、加快发展信息产业进行座谈。

4月21日　国内首个 TFT－LCD 工艺技术国家工程实验室暨京东方研发大楼项目奠基仪式在亦庄举行。北京市副市长苟仲文，国家发展改革委高新司、工业和信息化部电子信息司等部门的领导出席了奠基典礼。

市地税局核心征管系统告知功能完善程序上线。

4月21－23日　北京市信息资源管理中心举办 2009 年北京市政务地理空间信息资源共享应用培训暨研讨会。

4月22日　北京中文在线文化发展有限公司搭建“在线全民阅读网”（www.chineseall.org）。

4月28日　北京市信息资源管理中心承接

中办信息中心《全国副省级以上地方党委应用信息系统建设方案》编制工作。

4月29日 全市郊区10个旅游咨询服务站落成。

4 月 市工商局企业信用信息系统升级改造完成。

市地税局契税征收管理业务核心系统，采用电子条码扫描采集数据方式，在全市所有契税征收窗口上线使用。

5月

5月1日 北京市高速公路电子不停车收费系统（ETC）正式进入运行阶段。

5月5日 北京市副市长苟仲文组织召开北京信息化基础设施提升计划第一次联席会议。工业和信息化部党组副书记、副部长奚国华出席并讲话，市政府副秘书长鲁勇主持会议，市经济信息化委主任朱炎、市通信管理局局长陈卫军作了动员和工作部署。

5月10日 北京市信息资源管理中心通过航拍摄影等方式，完成北京市六环内地区建筑物地面高程和房顶高程的采集工作。

5月18日 海淀区企业事务服务呼叫中心"96181"正式上线运行。

5月19日 北控宏创昌平园产业基地奠基仪式举行。

5月19－22日 第13届世界半导体理事会（WSC）年会首次在北京举行。

5月21日 市政府与中国联通、中国移动、中国电信三大基础电信运营商集团公司签署战略合作框架协议。市委书记刘淇、工业和信息化部部长李毅中、市长郭金龙、工业和信息化部副部长奚国华、市委副书记王安顺，市委常委、秘书长李士祥等出席签字仪式。

5月24日 北京中电飞华通信股份有限公司在阜成路95号和莲香园小区建设智能用电小区。

5月25日 北京市信息化标准化技术委员会成立。侯欣逸任主任委员，俞慈声、陈力工、高林、张明辉任副主任委员，黄晓斌任秘书长。

5 月 北京市广播电影电视局（简称市广电局）制定完善《北京市广播电影电视局网络与信息安全事件应急预案》。

北京旅游信息网网上发放《北京京郊旅游手册》。

市文物局官方门户网站"北京文博"第三版正式开通。

6月

6月1日 北京市公路路网管理与应急处置系统通过初验开始试运行。

6月4日 "数字东城"网站与"首都之窗"网站进行政府信息公开系统对接。

6月11日 北京市农业局启动北京市农业局软件开发规范化控制与开放式技术基础平台项目建设。

6月11－13日 工业和信息化部、国家发展和改革委员会、科学技术部、国家外国专家局、北京市人民政府主办的第十三届中国国际软件博览会在北京召开，会议同步举办首届网上软博会。

6 月 13–17 日 北京市政务地理空间信息共享服务平台在美国加利福尼亚州圣地亚哥市举行的 2009 年度 ESRI 国际用户大会上，荣获“ESRI 全球成就奖”。

6 月 15 日 东城手机报发送首刊。

6 月 23 日 北京市政府正式印发《北京信息化基础设施提升计划（2009–2012 年）》。

6 月 27 日 北京百万家庭数字生活技能大赛家庭赛决赛举行。东城区家庭队获得大赛冠军，顺义区和海淀区家庭队获得亚军，石景山区、密云县、朝阳区家庭队获得季军。

6 月 28 日 北京地税客户服务总线部署工作完成。

6 月 30 日 延庆县政务网络“村村通”工程建设完成。

6 月 中关村管委会信息系统通过终期验收，进入正式运维期。

7 月

7 月 1 日 北京市档案局（馆）与市经济信息化委依托市政务信息资源共享交换平台合作建立的档案信息资源目录系统正式开通。

市地税局实现部分纳税申报无纸化。

《政务地理空间信息资源管理与共享服务应用》书籍正式出版。

7 月 2 日 市经济信息化委组织召开北京市地理信息公众服务平台应用培训交流会。22 个委办局、区县代表参加本次培训。

7 月 7 – 9 日 第三届中国数字出版博览会在北京举行。

7 月 7 – 20 日 市经济信息化委举办电子商务应用示范企业、电子商务服务平台重点企业创建活动。评选出首批 6 家北京市电子商务应用示范企业，9 家北京市电子商务服务平台重点企业和 2 家北京市电子商务体验中心。

7 月 14 日 北京市农业局动物防疫基础信息管理平台升级。

7 月 15 日 北京市推进个人信用体系建设工作会议召开，会议部署了政府部门间个人信用信息共享工作。

市广电局召开北京市广播电影电视局信息化发展建设研讨会。市经济信息化委、北京数字证书认证中心、北京工业大学的领导和信息化专家就市广电局信息化发展进行了讨论，同时启动《北京市广播电影电视局信息化（电子政务）发展规划（2010 – 2012 年）》编制工作。

7 月 15 – 20 日 首都信息发展股份有限公司完成医保系统门诊持卡结算功能系统升级改造，并在石景山区和西城区发卡进行试点工作。

7 月 19 日 永定河生态环境自动化管理设施综合整治工程投入试运行。

7 月 20 日 北京市委宣传部主持召开北京信息化基础设施提升计划新闻发布会。

7 月 21 日 市经济信息化委与 IBM 公司联合举办智慧城市电子政务创新论坛。

7 月 23 日 北京市政务信息安全监控预警系统建设项目获批准，年底通过市财政局评审并正式立项。

7 月 24 日 北京市召开市网络与信息安全协调小组第八次会议暨市通信保障和信息安全应急指挥部第三次会议，研究部署首都国庆信息安全保障工作。

北京市交通运输部省道路运输信息联网系统建成。

7 月 27 日 北京市流动人口和出租房屋综合管理信息平台二期项目举行签约仪式。

7 月 28 日 安装在北京市四环、五环的 14 套大货车违法监测设备正式投入使用。

7 月 29 日 市无线电管理局召开全市无线电频率台站清理整顿工作动员会议。

7 月 市环保局编制完成《北京市环境保护局 2010 年度电子政务运维规划》。

市国土局编制《北京市国土资源局 2009 - 2012 年信息化行动纲要》。

北京市交通运行智能化分析平台（I 期）正式投入使用。

8 月

8 月 4 日 崇文区社区综合信息服务平台二期项目通过验收。在体育馆路街道试点应用取得良好运行效果。

8 月 7 日 京芯世纪（北京）半导体科技有限公司与飞思卡尔半导体公司、摩托罗拉公司正式签约。在共同开发 3G - 4G 无线通信终端核心芯片及基于芯片手机终端解决方案方面达成合作协议。北京市副市长苟仲文及北京市政府相关部门领导出席签约仪式。

8 月 10 日 市交通局天安门指挥所通信网络建设工作完成。

8 月 12 日 北京市电子商务“新经济 新时代”论坛举办。市经济信息化委、市发展改革委联合授予北京移动等 9 家企业为首批“北京市电子商务服务平台重点企业”，授予北京联通、北京移动 2 家公司的体验中心为“北京市电子商务体验中心”。

8 月 13 日 北京市信息化标准化技术委员会成立大会暨第一次全体委员会议在京召开。市质监局、市经济信息化委主管领导代表及北京市信息化标准化技术委员会全体委员参加了本次会议。

8 月 13 - 14 日 市信息化专家咨询委员会第六次会议举行。会议就“数字北京”建设如何抓住机遇、再求突破进行了研讨，工业和信息化部副部长杨学山，市经济信息化委主任朱炎，副主任白新、李洪、俞慈声出席会议。

8 月 17 日 市经济信息化委启动《北京市国家机关管理保护个人信息办法》编制工作。

8 月 21 日 工业和信息化部通信保障局带队到东城区调研互联网安全接入试点工作。东城区实名制网络接入管理方式为国家和北京市起到示范作用。

8 月 23 日 国家工商行政管理总局和中国消费者协会指导，联合中国消费网、京东商城、用友伟库、慧聪网、凡客诚品等 12 家在京电子商务企业，正式启动中国 315 电子商务诚信平台。

8 月 25 日 市环保局启动综合信息平台升级改版工作。

8 月 28 日 北京市法人基础信息数据库共享服务启动大会召开。全市 45 家委办局、18 个区县政府、2 个管委会参会，北京市副市长苟仲文出席会议并讲话。

8 月 31 日 北京数字电视产业园暨京东方第 8 代 TFT - LCD 生产线奠基仪式在北京经济技术开发区举行。中共中央政治局常委、全国政协主席贾庆林，中共中央政治局委员、北京市委书记刘淇，工业和信息化部部长李毅中，北京市委副书记、市长郭金龙，北京市政协主席阳安江，国家发展改革委副主任张晓强，北京市副市长苟仲文等领导同志以及来自国家多个部委和北京市政府多个委办局的相关负责人出席了奠基仪式。

8 月 北京市信息资源管理中心与巴音郭楞蒙古自治州信息化办公室、中国移动通信集团新疆有限公司签订了《“数字巴州”项目平台产品及技术服务合作合同》，在外省市首次推广应用北京市政务地理空间信息共享服务平台 V3.0 软件。

9 月

9 月 1 日 《北京市法人基础信息数据库管理办法（试行）》正式实施。该管理办法由市经济信息化委、市质监局、市编办、市工商局、市民政局共同制定。

北京旅游信息网新版韩文子站上线。

9 月 2 日 市经济信息化委、市国家保密局、市公安局、市广电局、市通信管理局、市无线电管理局完成《北京市网络与信息安全事件应急预案》并正式印发。

《北京地铁亦庄线综合监控系统项目合同》正式签约，北京和利时系统工程有限公司中标该合同。

9 月 3 日 建立金融业统一征信平台和推进首都社会信用体系国家示范区建设工作会议召开。

市网络与信息安全协调小组办公室主任朱炎组织召开市网络与信息安全协调小组国庆保障专题会。

9 月 4 日 北京市社会保险经办“数字东城”网上预约系统上线试运行。

9 月 9 日 北京市信息化基础设施提升计划——电信产业和应用推介会在北京举行。会上发布了《组建 3G 产业联盟倡议书》，举办了北京呼叫中心产业基地有限公司与中国电信北京分公司、北软教育与联想集团有限公司的合作签约仪式，重点推介了朝阳区建设“移动谷”的战略思路和密云县建设“北京呼叫中心产业基地”的构想及相关扶持政策。

9 月 9－12 日 北京市 10 多家委办局、区县参展中国第六届国际数字地球会议。22 位国内外知名专家作大会特邀报告及 5 场、40 个专题技术报告，会议产生 2009 年《北京宣言》。

9 月 11 日 公务员门户国庆献礼系列专题之军事阅兵专题正式上线运行。

9 月 13 日 对口支援什邡产业援助座谈会暨援建项目签约仪式举行。

9 月 15 日－10 月 15 日 北京市农业局开展北京市八大农产品批发市场行情信息监测。

9 月 17 日 北京市人口基础信息数据库（一期）项目初验完成，市公安局、市发展改革委、市经济信息化委、市人力社保局和市流管办等参建单位的领导出席初验大会。该项目为全市 18 个区县和经济技术开发区提供人口基础信息核实服务。

柏瑞安电子产业基地开工仪式举行。

北京市通信保障和信息安全应急指挥部办公室组织召开《北京市网络与信息安全事件应急预案》宣贯工作会。

北京联通完成 2M 宽带升速改造工作。

9 月 18 日 市无线电管理局召开首都国庆 60 周年庆祝活动期间在部分区域实施局部无线电管制的通告新闻发布会。

歌华有线公司在朝阳区开展高清交互数字电视网络试点部署工作，10 个居民社区纳入发放高清交互机顶盒试点。

9 月 22－25 日 市中小企业参加第六届中国国际中小企业博览会暨中西中小企业博览会。

9 月 23 日 市质监局批准《北京市信息化标准化技术委员会章程》。

9 月 28 日 北京市副市长苟仲文视察承担国庆活动核心区无线电安全保障工作任务的现场指挥车、可搬移监测站和北京市无线电监测控制中心。

9 月 北京中电飞华通信股份有限公司开发完成国家电网公司外网边界安全监测系统。

顺义区经济和信息化委员会正式挂牌成立。

市交管局完成道路交通气象监测系统数据接入建设，使北京市高速路气象监测基本覆盖到六环路以内。

新版北京市法人基础信息综合服务系统上线。

中关村管委会编制完成《中关村管委会外网网站信息安全事件应急预案》及《中关村管委会信息安全应急预案》。

北京市航空摄影工作启动，至 12 月完成工作。

10月

10 月 1 日 北京市各委办局、各区县开展在网络安全、无线电监测、应急指挥、环境、交通等方面庆祝中华人民共和国成立 60 周年保障工作。

10 月 14 日 国家级重点文化产业项目中国动漫游戏城项目建设正式启动。

10 月 15 日 中小企业信息化基础服务体系建立。

10 月 16 日 市经济信息化委副主任阎冠和到北京邮电大学调研可控可信泛在网络验证平台建设、光通信试验平台建设和物联网发展现状研究及其应用示范规划。

10 月 16－17 日 北京康邦科技有限公司、戴尔公司邀请北京二十余所高校网络技术专家召开戴尔高教信息化技术交流会。

10 月 20 日 市无线电管理局与工业和信息化部无线电管理局共同召开首都国庆 60 周年活动无线电管控工作总结大会。

10 月 21 日 市经济信息化委主任朱炎赴丰台区丽泽金融商务区调研。

10 月 22 日 市经济信息化委副主任梁胜会见台湾亿光电子代表团。

10 月 23 日 北京市政协召开重点提案检查督促座谈会，听取《关于大力促进软件产业发展的提案》（第 3011 号重点提案）办理情况的汇报。

市经济信息化委副巡视员姜毅群参加第四届中国国际数字城市建设技术与设备博览会暨研讨会的数字城市建设与发展论坛，发表题为《北京市网格化管理实践与再创新》的演讲。

市广电局举行北京市远郊区县数字广播开通仪式。

新版京津冀交通肇事案件侦破协作网站投入运行。

10 月 24 日 市无线电管理局上报《关于做好预备役电磁频谱管理中心组建意见》的报告。

10 月 25 日 北京恒泰实达科技发展有限公司实施国家电网调度指挥中心改造工程，该项目成为国家电网全国示范项目。

10 月 26 日 我国首家国际高端软件外包

服务交付中心在中关村软件园正式成立。

10 月 27 日 市经济信息化委组织召开电子政务运维规范试点单位经验交流会。

门头沟区在潭柘寺镇平原村、龙泉镇琉璃渠村等十二个市级新农村试点村建设农村“数字家园”。

10 月 27－28 日 2009 北京微电子国际研讨会召开。市经济信息化委副主任梁胜主持开幕式，北京市政府副秘书长戴卫出席开幕式，并代表副市长苟仲文致辞。

10 月 29 日 北京市政务地理空间信息资源共享服务平台被评为“中国地理信息系统协会 2009 年度地理信息系统金奖工程”。

京港文化创意产业交流合作洽谈会在京举行。

10 月 30 日 北京市信息安全灾难恢复中心主体工程奠基开工。

10 月 大兴区完成区信息网络、有线电视及广播“村村通”和农村有线电视“户户通”工程建设工作。

《政务信息资源目录体系建设理论与实践》正式印刷出版。

11 月

11 月 1 日 北京市“政风行风热线”舆情分析系统上线。

市经济信息化委和中关村科技园区管理委员会共同成立中关村物联网产业联盟。联盟发起单位 40 家，第一届理事长单位由清华同方公司担任。

公务员门户办公助手扩展功能模块正式上线。

11 月 3 日 市经济信息化委副主任白新主持召开《建设信息安全一流的可信城市行动纲要》编制工作会议。市国家保密局、市网管办、市公安局、市广电局、市通信管理局，市经济信息化委无线电管理局、安全中心、网管中心，北京 CA 中心等单位参加会议。

11 月 4 日 北京市副市长苟仲文、夏占义听取了由市农委、市经济信息化委共同组织召开的 221 信息平台建设情况专题汇报。

昌平区开展新建小区光纤入户和老旧小区光纤入楼试点。

11 月 5－6 日 市经济信息化委副主任白新带队参加《全国工业和信息化“十二五”规划》编制工作会议。

11 月 13 日 市经济信息化委与国家信息技术安全研究中心就加强交流与合作签署合作框架协议。

11 月 16－20 日 市经济信息化委参加工业和信息化部电子政务干部培训，并就北京市核心业务应用建设及运维情况在会上交流。

11 月 18 日 容灾中心 IT 系统集成项目《集中式容灾系统技术方案和工作方案》编制工作完成。

公务员门户后台统计审计系统正式上线。

11 月 19 日 市经济信息化委组织召开 2009 年度电子政务绩效考核工作部署会。全市 83 家政府部门、18 个县区信息化主管部门领导及相关负责同志 200 余人参加会议。

公务员门户财政局专版正式上线运行。

11 月 23 日 市经济信息化委召开第四届文博会工业分会场高仿印刷艺术品展、工业摄影成就展及工业旅游活动新闻发布会。

11 月 24 日 3G 产业联盟组建筹备会议召开，会议讨论议定了联盟章程、第一届理事会理事长单位及副理事长单位。

11月26－28日 市经济信息化委、市药监局委托北京医药行业协会组织48家工商企业参加第62届全国药品交易会。

11月27日 中国北京国际文化创意产业博览会工业分展场开幕式举行。

11月 市交管局交通管理综合地理信息应用系统投入使用。

12月

12月1日 北京市政府召开常务会议，会议通过《促进软件和信息服务业发展的指导意见》。

市经济信息化委组织召开建设项目信息公开和诚信体系建设工作组第一次联席会议。

12月2日 市经济信息化委和市经济技术开发区管委会联合举行北京亦庄“移动硅谷”暨入园企业签约仪式。北京市副市长苟仲文，市经济信息化委主任朱炎、副主任梁胜及开发区、市科委、市发展改革委相关领导出席。

北京市审计局审计信息管理系统建设项目通过专家组验收。

12月3日 “感知北京”物联网示范项目正式开始实施。37个物联网示范项目需求和51个物联网技术及成果解决方案发布。

市经济信息化委副主任俞慈声与香港特别行政区政府咨询科技总监办公室总监苏植良进行座谈，就京港两地政府公共信息服务和社会信用体系建设工作进行了经验交流。

12月4－6日 北京北科光大信息技术股份有限公司“立起来”网上古玩艺术品交流广场成立。

12月7日 北京市通过政府信息公开系统主动公开政府信息，总计达到341,571条。

12月8日 市经济信息化委启动2009年电子政务绩效考核抽查工作。

市环保局、市经济信息化委、市水务局、市工商局等部门组成联合检查组，对北京市重金属污染企业进行专项检查。

12月9日 北京丽泽金融商务区被授予“北京信息化基础设施提升综合示范区”称号。

北京丽泽金融商务区与中国联通北京市分公司、中国移动北京公司、中国电信北京分公司、北京歌华公司、中国卫通集团公司举行信息化战略合作签约仪式。

北京市信息化标准宣贯会召开。

12月10日 北京市新闻出版局数字出版信息中心系统升级改造项目完成。

南水北调中线京石段应急供水信息化系统工程初步验收通过。

12月12日 北京市信息资源管理中心、中国人民大学信息资源管理学院联合举办2009中国信息资源管理论坛。

12月16日 市经济信息化委召开全市、区县电子政务与信息安全座谈会。各参会单位总结2009年主要工作，交流2010年工作计划，提出全市2010年信息化工作建议。

12月17日 中国社会科学院信息化研究中心与国脉互联政府网站评测研究中心联合发布《2009中国政府网站发展研究及绩效评估结果》。

中国移动国际信息港奠基仪式在北京市昌平区中关村国家工程技术创新基地举行。北京市常务副市长吉林、市经济信息化委副主任阎冠和、昌平区委书记关成华等领导同志出席仪式。

市经济信息化委召开北京—什邡产业援助工作对接会。

IBM 中国电子政务创新研究院成立暨发展与合作座谈会召开。北京市副市长苟仲文、市经济信息化委副主任俞慈声出席会议。

12 月 18 日 北京市推进企业信息化和工业化融合系列活动启动仪式暨顺义区企业信息化推广会举办。

12 月 20 日 北京市农业局行政许可网上办事系统投入应用。

12 月 22 日 全国信息技术标准化技术委员会 SOA 标准工作组在京成立。市经济信息化委成为首批成员单位。

平谷区召开企业信息化在线管理服务推广会。

12 月 23 日 市经济信息化委和青海省经委工业和信息化合作框架协议签约仪式在京举行。

市交管局智能交通管理系统荣获“国家科技进步一等奖”。

12 月 24 日 北京市旅游局综合信息服务系统建设项目完成。

12 月 25 日 工业和信息化部信息安全协调司组织互联网安全接入试点工作专家组调研东城区互联网安全接入试点工作。

北京市工业重点用能企业用电在线监测项目（第二批）通过验收。

市经济信息化委组织召开区县人口基础数据核实（第二批）工作会议。

12 月 26 日 市经济信息化委、市妇联及市科协共同举办“我与祖国共成长——女性眼中的数字生活”博客评选活动暨颁奖仪式。

12 月 28 日 北京市审计机关视频会商系统建成，实现国家审计署、北京市审计局、19 个区县审计局之间的视频会议、远程教育、业务会商等应用。

软件与信息服务业重点企业互动服务系统启动会在京召开。

冠捷投资有限公司与北京经济技术开发区管委会签订项目入区协议，标志着北京在发展数字电视产业上取得突破性进展。市委副书记、市长郭金龙，市委副书记王安顺、副市长苟仲文等市领导及数字电视企业负责人出席项目入区签约仪式。

12 月 30 日 3G 产业联盟在京成立。北京市副市长苟仲文、工业和信息化部软件服务业司副司长陈英为 3G 产业联盟揭牌。

“首都之窗”移动门户（m.beijing.gov.cn）正式发布。该网站由市经济信息化委规划，北京市政务门户网站“首都之窗”牵头，北京市各级政府单位参与，移动、联通、电信运营商共同建设，北京市政府电子公共服务进入移动互联网时代。

《北京市水务信息化项目建设与运行管理办法（试行）》正式颁布实施。

市政府信息公开办公室和“首都之窗”运行管理中心联合召开 2009 年北京市政府信息网上公开工作总结交流会。

市无线电管理局拟定《北京市无线电管理“十二五”规划的总体思路及实施方案》。

12 月 密云县农村“数字家园”建设实现县内行政村全覆盖，累计建设完成数字家园 335 个，每个数字家园至少配备 5 台电脑。

“三高”企业网上申报系统正式投入使用。

《北京市移动电子政务总体技术要求》制定完成。

《北京市移动电子政务管理办法（征求意见稿）》完成。

《北京市政务信息资源开发利用行动计划（2010－2012 年）》编制完成。

信息基础设施

【综述】 年内，北京信息化基础设施提升计划工作取得了阶段性成果。无线网络城市初步建成，在全国率先开展高清交互网络建设；重要基础设施项目顺利推进，为提升信息通信枢纽和互联网中心城市打下良好基础；信息化应用水平在全国领先的基础上进一步提升；信息化基础设施提升拉动了电子信息业、软件和信息服务业发展；通过创新性地发挥区县协调、共同推进基站、宽带双进入体制，使长期困扰基础设施建设的问题得到有效突破。

北京市委市政府制定《北京信息化基础设施提升计划（2009－2012 年）》，得到专家、领导广泛认同，同时得到中央主管部门的大力支持。

重大规划与工程

【概述】 随着信息技术的快速发展和广泛应用，信息化基础设施已经成为经济社会发展的重要基础和标志。为全面提升北京市信息化基础设施建设水平，增强城市综合竞争力，促进首都经济平稳较快和可持续发展，北京市制定了《北京信息化基础设施提升计划（2009－2012 年）》（简称《提升计划》），希望通过该计划的实施，推进信息化与工业化融合，促进产业结构调整，加快发展信息服务业、生产性服务业和高端制造业，扩大网络和信息消费，巩固软件业的全国领先地位，满足总部经济、金融服务业等领域和行业的发展需要。

【刘淇调研北京信息高速路建设】 4 月 18 日，市委书记刘淇，市委副书记、市长郭金龙，市委副书记王安顺与部分专家学者、行业协会、产业联盟、企业负责人就建设北京信息高速路、加快发展信息产业进行了座谈。会上，市经济信息化委主任朱炎介绍了本市信息化基础设施提升工程建设情况。中国科学院院士、北京航空航天大学校长李未，国家信息化专家委员会委员高新民，联想集团董事局主席柳传志，用友软件股份有限公司董事长兼总裁王文京，TD－SCDMA 产业联盟秘书长杨骅，搜狐公司董事局主席兼首席执行官张朝阳，首都信息发展股份有限公司总经理汪旭等发言，提出了对加快发展首都电子信息产业的意见和建议。刘淇在认真听取了北京市信息化基础设施提升计划的汇报和专家发言后，提出了首都信息化建设的五个目标和基础设施建设的三大任务。五个目标：一是使北京成为城乡一体的“数字城市”，在全国率先建成城乡一体的高速宽带信息网络。二是使北京成为最方便、最快捷地获取信息的“信息城市”，使人们非常便捷地获取各种信息。三是使北京成为移动互联的“网络城市”，使用户能够在任何时间、任何地点访问互联网。四是使北京成为信息化新技术、新业务的“先行城市”，使北京率先试用和推广各种新技术。五是使北京成为信息安全一流的“可信城市”，使信息服务有安全保障和质量保证。三大任务：一是加快推进具有国际先进水平的城市高速信息网络建设，大幅度提升互联网宽带接入标准。二是加快第三代移动通信系统建设，使北京成为基站布局科学、信号覆盖全面、国内第三代移动通信服务最好的城市。三是加快推进交互式数字电视和移动多媒体系统建设，推进有线电视网络升级改造，加快推进“三网融合”，全面发展以手机电视为代表的移动多媒体系统。

信息基础设施规划

【总体目标】 6月23日，北京市人民政府印发《北京信息化基础设施提升计划（2009－2012年）》。为应对金融危机、拉动内需、加快结构调整，编制的《提升计划》总体目标是到2012年底，力争吸引社会滚动投资1000亿元，建设符合首都功能定位，国内领先、国际先进的信息化基础设施，建成信息通信枢纽和互联网中心城市，实现网络、应用、技术和产业的良性互动，推动本市产业结构调整升级，为市民提供良好的信息服务，促进本市经济社会又好又快发展，为“人文北京”、“科技北京”、“绿色北京”和“平安北京”建设奠定坚实的基础。将北京建成城乡一体化的“数字城市”，资讯获取便利的“信息城市”，移动互联的“网络城市”，信息新技术、新业务试用推广的“先行城市”，信息安全水平一流的“可信城市”。

【实施原则】 政府引导，市场运作；适度超前，应用带动；集约建设，资源共享；试点示范，创新发展。

【主要任务】 加快推进信息化基础设施工程建设，进一步提升信息化基础设施服务能力，拉动电子信息制造业、软件和信息服务业发展，大幅度提高信息化应用水平。

【保障措施】 加强领导和协调力度，确保各项工作顺利开展。成立由主管副市长为组长、市政府分管副秘书长和市经济信息化委主任为副组长的北京信息化基础设施提升计划协调小组，在市信息化工作领导小组的领导下，统筹协调信息化基础设施提升各项工作。协调小组成员单位包括北京市委组织部、北京市委宣传部、市经济信息化委、北京市通信管理局、市广电局、市发展改革委、市科委、市监察局、市财政局、市人力社保局、市国土局、市环保局、市规划委、市住房城乡建设委、市市政市容委、市交通委、市农委、市国资委、市工商局、市园林绿化局、市金融局、市知识产权局、市重大办、中关村管委会、北京经济技术开发区管委会、市交管局、市无线电管理局，各区县政府、北京市电力公司。协调小组办公室设在市经济信息化委。由市监察局和市政府督查室对各项任务的落实情况进行监督和检查。加快办理重大项目审批手续，做好相关服务工作；加大政府投入力度，完善相关扶持政策；争取国家有关部门支持，积极开展试点工作；完善相关政策、标准和规范，加强监督管理。

信息基础重大工程

【数字及移动媒体建设】 年内，北京电台DAB数字多媒体广播完成建设，覆盖全市大部分地区；CMMB移动多媒体广播项目已组建运营公司，完成9个CMMB发射点、4个CMMB网络补点基站建设。

【数据交换中心建设推进】 年内，密云呼叫中心和数据中心基地约33.33公顷基础设施建设完成，完成投资3亿元。

【产业基地建设推进】 12月初，中国移动北京基地开工建设；12月2日，北京经济技术开发区无线宽带产业园项目签署入园协议，2009年完成投资3.5亿元；12月17日，中国移动信息港奠基，2009 年完成投资 2.5 亿元；中关村软件园二期启动，完成投资 1.1 亿元；北京移动大白楼通信机房楼二期工程、大唐无线移动通信产业园项目正在履行报建手续。

信息网络基础设施

【概述】 年内，北京信息化基础设施提升取得了阶段性成果。北京市政府与中国联通、中国移动、中国电信三大基础运营商签署战略合作框架协议，共同把北京建设成为“城乡一体化的数字城市、资讯获取便利的信息城市、移动互联的网络城市、信息新技术新业务的先行城市、信息安全水平一流的可信城市”。

年内北京市信息化基础设施提升计划全面推动城市信息化进程，全市网民数达到 1100 万，占总人口的比例达到 65%，其中 2M 及以上宽带用户近 135 万户。

10 月底，全市 3G 网络用户达到 66 万，占全国的 6.7%。其中，TD 用户 32.6 万，占全国 TD 用户的 8%。高清交互数字电视用户超过 7 万户。各运营商累计建设无线基站 1.2 万个，实现了 3G 信号平原地区的室外全覆盖。

宽带信息网络建设迈上新台阶，在全市范围内实现 2M 宽带全覆盖；累计完成 28 万户光纤入户建设，使这些用户具备了 20M 宽带接入能力。吸引了电信基础设施投资超过 135 亿元。

在全国率先开展高清交互网络建设，有线电视网络双向改造完成 160 万户。DAB 数字多媒体广播、CMMB 移动多媒体广播等项目顺利推进。创新建立区县协调、共同推进的“双进入”体制，地铁移动信号覆盖不广等长期困扰基础设施建设的问题得到了有效突破。

固定通信网络

【宽带网络建设迈上新台阶】 北京市投资 42.2 亿元，加快以光纤入户为主的光网建设，实现光纤入户 197.5 万户，年底全网 20M 宽带覆盖率达到 50%，在全市范围内实现 2M 宽带全覆盖。

【北京联通提前实现 2M 宽带全面覆盖】 9 月 17 日，北京联通提前完成 2M 宽带升速改造。2M 宽带升速改造是实现 20M 宽带覆盖的基础。下一步，北京联通将全面推进光纤入户建设，实现提升计划中 2012 年底前 20M 宽带全覆盖的总目标。北京联通全网 2M 以上宽带覆盖率达 98.58%，其中 20M 以上覆盖率达到 29%，未覆盖地区为待拆迁地区、边远山区和其他网络已覆盖地区。

【北京市网民规模】 截至 12 月，北京市网民数达到 1103 万，网民在常住人口中的比重由 60%提升到 65.1%，互联网普及率稳步上升。有 1073 万北京市网民使用宽带访问互联网，较 2008 年增长 129 万。全国互联网普及率 28.9%，高于世界平均水平，北京网民规模和普及率在全国省级行政区中排名第一。

【北京铁通网络监控项目实施】 6 – 12 月，中国铁通北京分公司立项并实施了《网络支撑中心新增服务器监控项目》，采用维信通的

SysExpert 软件对网管中心 31 台互联网服务器、8 台私网服务器和 22 台私网小型机核心设备进行实时监控。提升了网管中心处理事件的时效性和主动性，应用声、光、电的告警方式使网管中心对设备“零距离”管理，保障北京铁通网络在新中国成立 60 周年大庆期间稳定运行。

（孙磊）

移动通信网络

【市 800 兆无线政务网签约】 8 月 5 日，北京市 800 兆无线政务网签约仪式举行。副市长苟仲文出席签约仪式。市经济信息化委与中国电信股份有限公司北京分公司、中国联合网络通信集团北京市分公司签订了《北京市 800 兆无线政务网合作框架协议》，与北京正通网络通信有限公司签订了《北京市政府集中购买数字集群服务协议》。

（市网管办　市社科院）

【移动政务服务平台继续完善】 8 月 11 日，市经济信息化委副主任俞慈声带队到北京移动公司，就北京市移动政务服务平台的不同建设方案进行了分析研讨，对 TD-SCDMA 和 WCDMA、CDMA2000 的比较分析进行了交流，了解了北京移动公司推进 TD-SCDMA 自主创新技术的产业化应用进展情况和计划。北京移动公司就近年来在无线生活、无线产业、无线政务三大板块涉及城市管理、城市安全、城市交通、城市环保、城市居民、农业农村、医疗卫生、教育文化、食品安全九大领域的无线城市应用情况进行了介绍和应用演示。

【移动应用获重点推介】 9 月 9 日，市经济信息化委举办北京市信息化基础设施提升计划——电信产业和应用推介会。会议发布了《组建 3G 产业联盟倡议书》，举行了北京呼叫中心产业基地有限公司与北京电信公司签约仪式、北软教育与联想 IT 就业岗位签约仪式，基础设施提升计划专题论坛和北京呼叫中心产业基地专题论坛等活动。会议重点推介了朝阳区建设“移动谷”的战略思路和密云县建设“北京呼叫中心产业基地”的构想及相关扶持政策。工业和信息化部软件服务业司、市经济信息化委、朝阳区、密云县主管领导参加会议并讲话，中国联通北京市分公司、中国移动北京公司、中国电信北京公司、联想集团有限公司等相关企业代表 200 余人参加会议。

【3G 网络深度覆盖】 年内，北京市投资 67.2 亿元，加快 3G 网络的深度覆盖，建设基站 9460 个，同步完成地铁信号覆盖。截至年底，市区、近郊区、郊区县城、乡镇、行政村信号覆盖率达到 98%。

【无线网络城市初步建成】 年内，北京市无线网络城市初步建成。各运营商累计建设无线基站 12,000 多个，实现了 3G 信号平原地区的室外全覆盖，并正式投入商用。地铁 4 号线、5 号线、10 号线和奥运支线、机场快轨等已建线路完成移动信号覆盖，新建线路实现无线网络同步建设。

【地铁 3G 测试】 市无线电管理局根据《北京信息化基础设施提升计划（2009 - 2012 年）》折子工程任务分工，在市交通委牵头组织下，多次参加了已建地铁 3G 测试方案讨论会。制定和完善了地铁无线系统的干扰测试方案，利用地铁列车车载天线，动静态结合，模拟真实环境，圆满完成地铁 2 号线、5 号线、10 号线 15 个点的三次夜间测试任务，促进了 3G 进地铁的信号覆盖工作，保证了《提升计划》的顺利实施。

有线电视网

【有线电视双向网改造成果显著】 年内，北京市在全国率先开展高清交互网络建设，有线电视网络双向改造完成160万户。

【交互高清网络建设率先展开】 北京市率先开展交互高清网络建设。北京卫视于9月28日开始播出高清节目，节目播出时长居省级电视台之首；高清交互数字电视用户超过7万户；推动了北京高清交互机顶盒等数字电视产业的发展，带动了高清数字电视的消费升级。以石景山区为例，2009年9–11月，辖区内高清数字电视销售达到3500余台，同比增长264%。

无线电管理

【概述】 年内，无线电管理以新中国成立60周年庆祝活动无线电安全保障为中心，以保障国家及人民生命财产安全、城市运行无线电用频安全为重点，以首都专项活动无线电安全保障、防范和打击不法分子利用无线电设备考试作弊为主要工作。在中央相关部委、军队和兄弟省市无线电管理机构的大力支持和配合下，在全体无线电安全保障人员的共同努力下，完成了新中国成立60周年庆祝等活动的无线电安全保障、应急管理工作。全年，市无线电管理局向用户发放频率通知书175件，频率管理发文19件，电磁环境测试通知书33件，行政许可不予受理决定书3件；收回中国工商银行北京市分行800兆赫兹无线数据传输频率15对。受理对讲机申请87份，新添对讲机6029台。对重点频率开展监测14,000多小时，排查不明信号和可疑干扰50余起。完成无线电发射设备进口审批26件，无线电发射设备型号核准初审85件，机电审92件。收缴频率占用费近753万元。

国庆60周年保障工作

【无线电管制落实】 经中央同意，北京市政府决定在国庆活动期间实施无线电管制。9月8日，市委书记刘淇、市长郭金龙签署了《北京市人民政府关于首都国庆60周年庆祝活动期间在部分区域实施局部无线电管制的通告》（以下简称《管制通告》）。9月16日，北京市人民政府向社会发布了《管制通告》。9月18日，市无委办召开了国庆期间无线电管制的新闻发布会。9月23日，市无委办召开了无线电管制贯彻落实工作会，向各区县政府无线电管理机构和相关设台单位下发了《关于加强国庆活动期间无线电管理工作的意见》。为了贯彻落实市政府发布的无线电管制通告，管制区域内的五个相关区无线电管理部门，对长安街沿线楼宇及可直视长安街的建筑物进行了统计，并建立了联系人机制。《管制通告》发布后，北京市无线电管理局及时联系市委宣传部，在驻京重要媒体及网站上刊发了《管制通告》。随后，北京市无线电管理局邀请了中央和北京电视台、电台及各报纸、互联网等 17 家媒体单位召开新闻发布会，报道了《管制通告》的发布情况，还下发了《北京市无线电管理局致首都市民的一封信》和《管制通告》各 26 万余张，同时印制大张《管制通告》1.2 万余张，营造了合法使用无线电的良好氛围，有效保障了国庆活动期间的空中电波秩序。为加强国庆活动无线电管理力量，提高宣传影响力，一是动员了东城区、西城区、朝阳区、崇文区、宣武区五个相关区的无线电管理部门以及人民武装部的力量，组成了执法管制组，并全程参与了管制和宣传工作。同时，在监测定位组的 20 辆机动监测车上组织了 40 名兼职执法人员并制作了执法证件，制作了 1000 份《北京市无线电管理局责令改正通知书》，为区县无线电管理人员配备了 800 兆赫兹及 350 兆赫兹数字集群对讲机，为国庆活动的无线电宣传、检查和执法工作创造了条件。二是围绕国庆阅兵期间实施的无线电管制和我市全面开展的频率台站清理整顿工作，对各区县特别是管制区域内的重点街道进行了深入而广泛的宣传，共计发放宣传册 40 余万册，海报 13.4 万张。

（市无线电管理局）

【组织指挥架构建立】 为做好国庆活动的无线电安全保障工作，市无线电管理局在国庆 60 周年活动安全保卫领导小组下设立了无线电管控组。在国家无线电办公室的协调下，将参与保障的人员配置在指挥中心运行保障组、频率管理组、台站管理组、监测定位组、执法管制组、综合组、后勤保障组及现场协调调度组等工作组中，明确了各组间的工作衔接、各组职责和工作分工。成立了国庆 60 周年北京市无线电安全保障调度中心，负责核心区的无线电安全保障工作。

【无线电安全保障工作方案编制】 借鉴北京奥运会无线电安全保障工作经验，市无线电管理局先后制定了《国庆环境整治指挥部后勤保障组关于国庆活动群众游行联欢晚会“829”演练核心区无线电通讯保障工作方案》、《北京市无线电管理局首都国庆 60 周年庆祝活动期间安全保障工作方案》、《北京市无线电管理局首都国庆 60 周年庆祝活动无线电管控综合保障工作方案》和《国庆 60 周年无线电安全保障监测定位组工作方案》。这些方案均汲取了历次重大活动无线电安全保障的成功经验，并结合国庆活动无线电安全保障的特殊要求而制定，在演练和国庆活动保障期间接受了实战的检验。

【无线电风险控制】 市无线电管理局结合国庆庆祝活动准备期间无线电保障工作实际情况，参照奥运会风险评估的模式，调研分析了可能对国庆庆祝活动造成危害的风险点，进行了国庆庆祝活动无线电保障风险评估。确定国庆庆祝活动主要存在 4 类 14 种无线电风险，将可能造成的影响和产生的后果分为红、橙、黄、蓝 4 个等级。针对存在的风险，进一步制定了控制措施，并责任到人，全力进行防范。在开展风险防范的过程中，特别进行了网络、无线电监测系统设备和车辆的维护与保养，对各监测分站设备进行校准和巡检，对防雷和消防设施进行了检测，对部分消防设施进行了更换，对部分监测设备及有关天馈线进行了维修。

【国庆保障工作顺利完成】 为做好国庆保障工作，市无线电管理局与相关单位和部门合作，动用无线电管理专业技术人员 200 余名，17 座固定无线电监测站、4 座可搬移监测站，16 辆无线电监测车和 24 套便携式监测设备（河北省、天津市无线电管理部门也给予了帮助），审批频率 900 多个，粘贴各类无线电设备专用标签 6.9 万个，监测国庆活动使用的频率 1.4 万多小时，先后发放各类无线电宣传材料近 100 万份，排查不明信号和可疑干扰 50 余起。为加强国庆庆祝活动当天的无线电管控工作，市住房城乡建设委、东城区、西城区、崇文区、宣武区的负责人员到国庆 60 周年北京市无线电安全保障调度中心现场值班，确保出现情况能立即进行处置。国庆阅兵、群众游行、联欢晚会及媒体转播、指挥调度、安全保卫等无线电业务正常运行，受到国庆阅兵联合指挥部、群众游行指挥部、联欢晚会指挥部和中央电视台等部门的高度评价。

无线电频率台站

【无线电频率台站清理整顿开展】 在 2008 年奥运会规范管理台站的基础上，市无线电管理局结合工业和信息化部《关于开展清理违法对讲机专项行政执法活动的通知》（工信部无〔2009〕134 号）的要求，制定了《北京市开展新中国成立 60 周年庆祝活动无线电频率台站清理整顿工作方案》，对全市各区县特别针对城八区和天安门地区管委会开展了无线电频率台站的清理整顿工作。通过召开全市无线电频率台站清理整顿工作会议，层层部署清理整顿工作任务等方式，对城八区无线电对讲机、业余无线电固定台和全市范围内的寻呼台和校园广播进行了清理。经统计共新增对讲机用户 2468 家、电台 24,338 部；收到 7 份无线寻呼台资料和 23 所高校的广播电台资料；收到无线电爱好者固定电台资料 521 份，对相关设台单位进行检查和行政执法。通过清理，基本摸清了国庆活动地区的市属无线电台底数，制作了《北京市重要楼宇、重要无线电台站设备单位责任人、负责人联络表》，建立了设台单位、街乡和区县的管理网络，增强了用户的责任意识，确保一旦出现干扰，就可以在第一时间找到电台的负责人。

频率资源

【国庆频率审批工作顺利完成】 在无线电安全保障的各项工作中，频率资源的科学指配是重要的环节。在新中国成立 60 周年庆祝活动中，市无线电管理局直接面向境内外国庆用频用户、用频单位和相关部门进行管理、协调和服务，通过近 20 个内部工作接口为其他工作组、监测队（车、站）和相关部门提供频率数据和用频咨询。市无线电管理局先后进行了 4 轮次的国庆频率需求征集，召开国庆频率协调会 13 次，组织国庆无线电频率申请培训会 2 次，共完成 37 家国庆用频单位 266 份频率申请的审批工作，国庆频率批文 81 件，应急频率审批 4 件，频率调换 1 件，审批频率 1003 个频率信道（频点、频段），保障了国庆无线电业务的顺利进行。

电磁环境和设备

【电磁环境监测和设备检测开展】 根据工业和信息化部无线电管理局要求，市无线电管理局坚持以频谱监测统计报告为抓手，分析全市范围的频谱变化态势，及时掌握北京地区电磁环境状况，主动发现并处理异常频谱，有力地支持了国家3 G移动牌照发放和3.5GHz无线电宽带接入业务。按月完成超短波频段频谱监测和其他专项监测任务，上报《频谱监测统计报告》12 期、监测数据 2.6GHz。圆满完成了 13 次外国政要访华在京期间的保护性监测任务，保障频率 61 个。扎实做好北京市“两会”及全国“两会”期间无线电监测工作，保障首都重点频段的无线电业务安全。完成 2GHz、3.5GHz 频段监测任务，共计监测 9600 余小时，获取数据 6.7GB。完成 13 段频段，约 17,613 个间隔 25kHz 标准信道监测统计工作。8 月份开展了地面业务的广播电视频段、400 兆赫兹全频段、800 兆赫兹集群频段、移动微波频段以及无线麦克风拟使用频段等 9 个频段的测试工作，共计监测 3585 小时，获取保存实时监测数据 4GB，并对数据及频谱图进行了比对分析。根据军地频谱管理协调会工作安排，完成 400 兆赫兹频段、高频地对空频段的监测工作，及时查找非法占用军队使用频率的情况，保证了阅兵活动的无线电用频安全。在筹备、演练和国庆活动期间，按照无线电管控组下发的频率表，对首都国庆 60 周年活动使用的 8 个频段和中央电视台、新华社等单位的重点使用的频率进行了保护性监测。这期间，为国庆活动使用的无线电设备粘贴标签超过 6.9 万个，查处干扰 51 起，完成行政处罚 4 次，向非法设台单位下达《北京市无线电管理局责令改正通知书》48 份，暂扣无线电设备 88 部，有力地保证了国庆活动的顺利进行。2009 年市无线电管理局完成了 27 个单位新建无线电台（站）、30 个通信网、50 个测试点的电磁环境测试；完成了 15 个通信网验收测试。

无线电管理技术设施建设

【技术设施建设加快】 为加强对重大活动的无线电监管能力，市无线电管理局提高科技支撑水平，加快无线电技术设施建设和完善的步伐，建立了大兴瀛海镇固定站，增添了可搬移无线电监测站和无线电压制设备。完成监测中心站以及良乡、石景山、西山、双桥、大兴六个固定监测分站的系统升级。升级了原有信号监测系统功能，扩展了信号监测频率范围，增强快速捕捉、分析信号的能力。购置无线电侦测仪，增强了现场快速发现突发干扰信号的能力。升级了瞬态、同频实时频谱仪功能，增强了对瞬态、同频信号的监测能力。完成了移动监测站数据传输线路的升级和改造，部分完成了与国家无线电监测网联网，实现了国家、地方监测站间联合监测、信息共享。完成了固定监测分站机房监控、监测网信息安全工程，保障监测网及其设备的可靠、安全运行。完成了无线电分频段管制系统、无线电双频段收发信机购置等项目的采购工作。完成了移动终端设备检测系统升级和调频常规检测实验室升级改造设备的采购工作。安装了 EMC 分析系统，对拟使用频率进行电磁兼容分析，提高了频率指配的科学性。

无线电安全保障专项

【全国人大、全国政协“两会”安全保障】 全国人大、全国政协“两会”召开期间，重点加强对政务通信频段、警务通信频段及与城市运行密切相关的交通运输、电力负控、燃气及供水等专用频率（频段）的监测。快速分析比对实时监测数据，加强与相关单位部门的沟通和协调，及时处置频谱异常情况及干扰申诉。在此期间，查处多起涉及安保及关系民生的无线电干扰，有力保障了全国人大、全国政协“两会”的顺利进行。

【利用无线电设备防范和打击考试作弊】 根据不法分子利用无线电设备考试作弊的新动向，按照统一部署，研究防范应对方案，合理安排监测和执法人员，协助考试主管部门，圆满完成了市 2009 年度全国研究生统一入学考试、2009 年高考防作弊工作、2009 年全国司法考试、2009 年北京招录公务员考试、2009 年中央部委招录公务员考试无线电安全保障工作。发现作弊信号 20 余起，查处 2 起，取得了防范和打击利用无线电设备考试作弊的宝贵经验，切实维护了社会稳定和广大考生利益。

信息产业

【综述】 年内，通过落实《北京市调整和振兴电子信息产业实施方案》和《北京市关于促进软件和信息服务业发展的指导意见》，加大自主创新产品采购力度，推动了北京市电子信息制造业、软件和信息服务业保持较快增长，为北京市经济平稳较快增长作出贡献。

从 2009 年全年经济运行总体情况看，北京电子信息制造业生产企稳回升前慢后快。全年规模以上制造业主营业务收入达到 2601.14 亿元，同比下降 0.48%；北京软件和信息服务业实现业务收入 2350 亿元，同比增长 15%，全年电子商务实现交易额 3200 亿元，同比增长 15%。这为实现全市经济增长 9%的目标作出了重要贡献。

2009 年市级部门采购的网络服务、软件和电子信息产品超过 10 亿元，其中政府采购中关村自主创新产品第三次签约大会一次性采购自主创新产品达到 2.2 亿元，有力地支持了北京市自主创新企业发展。北京市电子信息制造业高端化趋势日益显现，形成了一批国内领先的重点行业；信息服务业和软件业支撑作用稳步提升，已成为全市高技术产业发展的重要推动力量。其中，电子信息制造业、信息服务业增加值占全市 GDP 的比重分别为 3%和 9.3%。

电子信息制造业

【概述】 年内，北京电子信息制造业规模以上企业主营业务收入 2601.14 亿元，约占全市工业企业主营业务收入 10,603 亿元的 24.53%；利润总额达到 48.58 亿元，约占全市工业企业利润总额 561.11 亿元的 8.66%。在北京市工业行业中，电子信息制造业保持支柱产业地位。通信设备计算机及其他电子设备制造业出口交货值 1119.1 亿元，约占工业出口交货值 1520.1 亿元的 73.62%。北京市重点产品在国内电子信息制造业中占有重要地位，移动通信手机、移动通信交换机、移动通信基站、微型计算机、集成电路等分别占全国产量的 36.26%、36.03%、14.69%、6.5%、4.97%。手机、台式微机、显示器、集成电路等产品产量居全国前列。以 8 代薄膜晶体管液晶显示器（TFT - LCD）为核心，吸引玻璃基板、偏光片、液晶电视等上下游厂商聚集，打造完整的数字电视产业链。2009 年北京电子信息产业企业 5030 家，从业人员年末平均人数为 393,501 人。其中，规模以上制造业企业 696 家，从业人员年末人数为 142,612 人，其中 IC 设计业企业 75 家，从业人员年末人数为 12,986 人。

年内，北京电子信息制造业产业结构的阶段性特征表现为：北京电子信息制造业指标增速与工业平均水平差距拉大；企业呈现不同走向，内资企业比重提升；整机调整回升较快，元器件下滑明显；重点企业发展良好。

【电子信息制造业各项指标下降】 北京电子信息制造业各项指标增速远远高于其他行业增速。2009 年，受国际金融危机影响，外需大幅下滑，由于电子信息制造业行业外向依存度较高，受冲击十分明显，导致行业各项指标增速与工业平均水平的差距进一步拉大。国际金融危机对北京外向型企业冲击明显，特别是对三资企业冲击更大。北京 JVC 电子产业有限公司已关闭，几家小型台资企业倒闭。2009 年外商独资企业销售收入占全行业比重下降2.81个百分点；中外合资企业占全行业比重增长1.95个百分点；国有企业销售收入占全行业比重增长2.31个百分点，私营企业销售收入占全行业比重下降1.41个百分点。

【电子信息产业规划促产业企稳回升】 2009年，国家采取了"扩内需，保增长"的一揽子政策措施，实施了电子信息产业调整和振兴规划，发放了3G牌照，支持自主创新的移动通信标准TD-SCDMA，出台了"家电下乡"、"以旧换新"等一系列政策措施，有力拉动了电子信息制造业在国内市场的增长。手机内销比重和为运营商定制的上网本比重加大，为北京电子信息制造业企稳回升作出贡献。

【整机元器件收入变化】 年内，北京电子信息制造业整机行业中移动通信手机的销售收入同比下降12.72%；计算机行业销售收入同比增长17.49%；由于产品结构调整加快，液晶显示屏逐步取代CRT显像管，液晶电视和液晶显示器产量明显增长；电子元器件行业销售收入和产量下滑明显。

【重点企业发展良好】 年内，北京电子信息制造业集中度进一步增强。企业主营业务收入超过100亿元的有4家，超过10亿元的有24家。其中，面向金融、电力、通信、建筑、交通行业应用的企业业绩突出。

计算机产业

【"电脑下乡"计划启动】 3月4日，联想集团在京举办了以"携手惠农，圆梦成真"为主题的新闻发布会，正式启动"电脑下乡"计划，推出包括产品、渠道、服务、培训在内的一揽子举措，展示了为农村用户量身定制的三大系列15款产品，其中台式机占到9款，笔记本电脑有6款。这些产品的价格在2500元到3500元之间，覆盖农村市场需求的主流价位段。联想携手上下游合作伙伴作出郑重承诺，把"电脑下乡"工作落到实处，全力服务好农村用户。

【计算机产量增速逐步回升】 2009年初，受国际金融危机影响，一至二季度北京计算机产量增速大幅下滑，进入第三季度微机产量增速迅速回升，到12月产量增速达到20.34%。北京市计算机行业综合竞争力在国产计算机品牌中较强，联想、北大方正、同方股份、紫光股份从品牌知名度到产量、销售量均在国内有一定影响，台式电脑产量占国内比重较大。北京计算机整机产量：台式电脑产量占全国比重达到26.33%，笔记本电脑产量占全国比重达到1.48%。

【计算机行业经济效益下滑】 年内，受外部需求疲软、产品价格下降等因素影响，北京计算机行业经济效益明显下滑。微型计算机制造业1－12月营业收入达到580.33亿元，利润总额-4.83亿元。利润下滑幅度较大，主要是联想（北京）公司全年亏损严重。联想（北京）公司主营收入355.40亿元，北大方正集团主营收入118.17亿元，同方股份营业收入66.00亿元，紫光股份营业收入达到40.76亿元。

【计算机出口逐月增长】 年内，北京计算机整机行业出口全年逐月增长，但增速同比反而下降。下半年随着国内形势回暖，微型计算机出口额逐月增长。

【计算机产业结构继续调整】 政府出台"家电下乡"政策的拉动，推动台式电脑生产企业快速增长，电信运营商推出定制上网本，推动计算机生产企业上网笔记本快速成长。在全国，"下乡计算机"累计销售量100.8万部。占全国95%份额的 4 家企业（联想、海尔、方正和同方）中，北京就占有 3 家。

液晶显示产业

【TFT－LCD 工艺技术国家工程实验室奠基】 4 月 21 日，国内首个 TFT－LCD 工艺技术国家工程实验室暨京东方研发大楼项目奠基仪式在亦庄举行。该实验室建立在京东方北京五代液晶线厂区内；以京东方液晶技术作为主导开发科研项目。北京市副市长苟仲文，国家发展改革委高新司、工业和信息化部电子信息司等部门领导出席了奠基典礼。

【住友化学 TFT－LCD 用偏光板生产线动工兴建】 7 月 21 日，日本住友化学公司北京 TFT－LCD 用偏光板生产线奠基仪式在北京经济技术开发区数字电视产业园隆重举行。北京市副市长苟仲文，市经济信息化委主任朱炎、副主任梁胜出席仪式。该项目占地面积约 4.33 公顷，总建筑面积约 4 万平方米，项目投资 6300 万美元，主要为京东方 8.5 代 TFT－LCD 生产线提供产品本地配套，计划于 2011 年 4 月底与京东方 8.5 代线同步建成投产。

【京东方第 8 代 TFT-LCD 生产线奠基仪式举行】 8 月 31 日，北京数字电视产业园暨京东方第 8 代 TFT－LCD 生产线奠基仪式在北京经济技术开发区举行。中央政治局常委、全国政协主席贾庆林，中央政治局委员、北京市委书记刘淇，工业和信息化部部长李毅中，北京市委副书记、市长郭金龙，北京市政协主席阳安江、国家发展改革委副主任张晓强、北京市副市长苟仲文等领导同志以及来自国家多个部委和北京市政府多个委办局的相关负责人出席了奠基仪式。京东方第 8 代 TFT－LCD 生产线是我国电子工业史上单体投资额最大的项目，总投资达 280 亿元，注册资金 170 亿元，主要生产 26 英寸～55 英寸电视用高清宽视角液晶显示屏。项目计划于 2011 年三季度投产。项目达产后，预计年产值达 220 亿元，可年产 1200 万片液晶显示屏。

【冠捷液晶电视生产基地落户北京】 12 月 28 日，北京市市长郭金龙、市委副书记王安顺、副市长苟仲文等市领导出席冠捷投资有限公司与北京经济技术开发区管委会签订年产 800 万台液晶电视生产基地项目入区协议签字仪式。该项目一期工程计划于 2011 年 4 月建成投产，2013 年达到年产 500 万台液晶电视生产规模，2016 年最终达到年产 800 万台液晶电视生产规模。该项目主要为冠捷等数字电视整机厂商提供 26 英寸～55 英寸液晶电视面板。

集成电路产业

【我国第一条百吨级高档光刻胶生产线建成投产】 5 月 8 日，我国第一条百吨级高档光刻胶生产线在北京市顺义区建成并投产运行。该项目由北京科华微电子材料有限公司投资建设。

【第 13 届世界半导体理事会年会召开】 5 月 19－22 日，第 13 届世界半导体理事会（WSC）年会在北京香格里拉饭店举行。世界半导体理事会是全球半导体界的行业组织，由美国、欧洲、韩国、日本、中国的半导体协会组成，在各成员协会轮流举办年会，每年一次。本届会议是中国半导体行业协会于 2006 年加入世界半导体理事会后第一次在北京举办。

【京运通公司接受调研】 12月10日，市经济信息化委副主任王学军到北京京运通科技股份有限公司，就京运通公司2009年度主要经营指标完成情况、2010年企业发展思路、未来3－5年发展战略以及企业在建重大项目进展情况等进行了调研，参观了单晶硅炉与多晶硅铸锭炉组装车间、晶体硅锭切片生产线。

【产量负增长】 年内，受国际金融危机的影响，全球的需求在大幅下滑，影响到集成电路制造业生产萎缩。全年北京集成电路行业产量同比都为负增长。从1－2月增速为–48.73%，1－5月增速为–31.46%，1－8月增速为–20.14%，到1－12月增速–2.99%，可以看出降幅在逐月收窄。2009年全年集成电路行业主营业务收入同比为负增长，利润总额同比为负增长，但是逐月收窄。

【出口量和出口交货值增速逐月回升】 年内，集成电路行业出口数量逐月上升，1－3月出口18,083.02万块，同比增长–26.75%；1－5月出口量33,947.01万块，同比增长–23.66%；1－8月出口量66,022.57万块，同比增长–19.68%；1－11月出口量101,516.49万块，同比增长–9.90%；1－12月出口量118,414万块，同比增长–4.10%。增速虽然为负增长，但是逐月收窄。出口交货值情况与出口量增速一致。

【IC设计业营业收入与上年持平】 年内，IC设计企业逆势上扬，实现营业收入约为42.70亿元，同比持平，利润总额达到4.64亿元，出口额达到19,069万美元。2009年北京规模以上设计企业营业收入占到全国同行业营业收入2,221,809万元的19.22%。设计企业数量超过60家，其中主营收入超过亿元的设计企业有12家。从总体来看，设计企业规模不大，主营收入在1000万元以下的设计企业数量约占全市设计企业总数的40%以上，销售收入、利润总额等指标普遍偏低。集成电路设计企业主营业务收入2009年与2008年持平。

【智能卡应用迅速发展】 年内，北京地区智能卡应用迅速发展，发卡总量超过9亿张。首先，国标税控收款机IC卡应用取得较大进展，2009年全市共推广使用税控收款机43,242台，使用IC卡86,484张。其次，组织机构代码IC卡推广顺利，其电子副本采用了智能IC卡作为载体，储存了机构的名称、组织机构代码、法定代表人等法人基础信息，2009年全年共制发组织机构代码IC卡173,242张。再次，智能卡在公用电话领域应用效果显著。2009年，全市IC卡话机布置5万余部，覆盖主要交通干道和公共场所；累计安装兼容一卡通业务的IC话机5000部；一卡通累计发行各类卡片已经超过2873万张，日均刷卡交易量在1500万笔左右，公交地铁累计刷卡113亿笔，累计消费79.66亿元。刷卡比例已经占公交客运总量的90%以上，占地铁客运总量的76%以上。2009年，全市201话机安装50余万部，覆盖全市主要高校、工厂、宿舍、中小旅馆；此外安装了近千部支持信用卡打电话的多媒体话机，主要分布在机场地区。

移动通信产业

【飞思卡尔和摩托罗拉对京芯半导体技术转让达成】 8月7日，京芯世纪（北京）半导体科技有限公司（简称京芯半导体）与飞思卡尔半导体公司（简称飞思卡尔）、摩托罗拉公司移动通信核心技术转让协议正式签约。此次协议的签署将达成飞思卡尔和摩托罗拉对京芯半导体的技术转让和特许，京芯半导体获取转让的技术后将致力于重新整合资源，开发 3G－4G 无线通信终端核心芯片及基于芯片手机终端解决方案。

【产量全国第一】 年内，北京市移动通信手机产量达到 22,455.81 万部，同比增长 5.91%，占全国移动通信手机产量比重的 36.26%，总量在全国同行业中排名第一。从每月生产情况看，年初生产下滑严重，下半年呈现逐步回升态势。前 10 个月累计产量同比为负增长，自 11 月起扭转下滑态势，同比转为正增长。

【出口量持续增长】 年内，全市手机出口产量达到 14,127.65 万部，同比增长 3.29%，全年出口总量占全年移动通信手机产量的 62.91%。3－11 月出口产量同比均为负增长，12 月，出口产量扭转为正增长。手机出口增速呈现逐步回升态势。

【主营业务收入下滑】 受国际金融危机影响，世界经济整体低迷，影响全球手机市场需求增长。手机行业竞争加剧，产品价格下滑明显，导致多数企业经济效益出现下滑。2009 年北京市移动通信企业手机主营业务收入为 1310.41 亿元，与 2008 年主营业务收入 1501.43 亿元同比下降 12.72%。

软件和信息服务业

【概述】 北京是全国软件和信息服务业之都，产业规模一直位居全国首位。自 2000 年以来，北京软件与信息服务业保持了年均 28%的增长率。2009 年，北京软件和信息服务业实现收入 2350 亿元，同比增长 15%；软件产业实现收入 1882 亿元，同比增长 19.6%。软件出口规模达 10.09 亿美元，同比增长 65%，较 2008 年 24% 的增速大幅提高。

年内，软件产品收入 668 亿元，系统集成收入 543 亿元，信息技术咨询和管理服务收入 141 亿元，信息技术增值服务 381 亿元。软件产品、系统集成、信息技术咨询和管理服务收入及信息技术增值服务占软件业务总收入超过 92%。

年内，年收入过亿元以上软件企业超过 300 家。2009 年中国软件业务收入前百家企业中，北京占 22 家，居全国第一。国家规划布局内重点软件企业北京有 50 家，占全国的 27%。截至 2009 年底，前 8 家企业集中度达到 25%，集中度不断提升。同时，北京拥有传输、软件、IT 服务、信息服务等各领域的龙头骨干企业，构成信息采集、处理、传输、应用的完整产业链条。

年内，北京新认定软件企业 743 家，经认定和年审合格的企业 3473 家；获得集成资质的企业已经达到 642 家，占全国总数的 17%。新登记软件产品 2399 件，平均每月新登记软件产品约 200 件，月登记产品数有较大幅度提升。全年奖励软件人才 19,796 人，奖励金额 1.83 亿元，增值税退税 45.5 亿元。截至 2009 年，北京软件和信息服务业从业人员达到 37.8 万人，本科以上软件人才超过 70%。

年内，产业布局集中度增加。中关村国家自主创新示范区核心区软件和信息服务业收入占全市的 82%，形成了石景山网络游戏软件、朝阳信息服务、密云数据中心、中关村软件园的软件出口等一批有特色的产业聚集区。

年内，软件和信息服务业新增上市公司 6 家，融资 48 亿元。截至 2009 年底，北京软件和信息服务业上市公司累计达 63 家。软件企业间的兼并重组日益活跃，华胜天成、亚信、东华软件等一批企业通过兼并重组，迅速成长为新领军企业。北京软件和信息服务业原有的自我积累式增长模式正在被吸收合并式的快速成长模式取代。

软件业

【慧点科技、IBM 和华软投资战略合作达成】 3 月 18 日，北京慧点科技开发有限公司（简称慧点科技）、IBM 和华软投资在京宣布结成战略合作伙伴关系。IBM 和华软投资于 2009 年初分别收购了慧点科技 9%的股份和 10.45%的股份，成为慧点科技的战略投资人。工业和信息化部、科技部、市工业促进局（现北京市经济和信息化委员会）及北京市各有关委办局的领导出席了战略合作签约仪式。

【帮扶企业应对国际金融危机】 6 月 12 日，北京市副市长苟仲文召开了北京市帮扶企业应对国际金融危机第七次市级调度会。市委副秘书长鲁勇主持会议，市经济信息化委领导及相关部门、单位和各区县政府的有关负责同志参加了会议。会议听取了市帮扶企业应对国际金融危机协调办公室关于第六次调度会以来有关工作进展、区县检查组关于部分区县帮扶企业督导、市国土局关于帮扶企业解决土地问题、市金融局关于帮扶企业解决资金问题等工作情况以及大兴区政府、平谷区政府关于辖区内企业问题解决情况的汇报，并就下一步开展帮扶企业工作做了具体部署和安排。

【国内首家国际高端软件外包服务交付中心成立】 为提升北京市高端软件外包服务的能力，吸引一批国外大公司 IT 后台总部转移到北京，在市经济信息化委推动下，10 月 26 日，由新世基（北京）科技公司运营的国内首家国际高端软件外包服务交付中心在中关村软件园正式成立。第一批与该交付中心签署 IT 服务协议的包括全球 500 强的美国信诺公司、爱玛客公司和新视野公司。新世基公司计划在 5 年内再引进 6 家全球 500 强行业客户落户中关村软件园，每家行业客户外包规模不低于 3000 万美元。中国本土软件服务供应商将通过该中心直接向这些企业提供服务，该中心将成为我国软件服务外包产业走向高端化、高效化、国际化的强大引擎。工业和信息化部软件服务业司司长赵小凡对高端软件服务外包交付中心的成立给予高度肯定，表示工业和信息化部将把北京作为吸引国际高端 IT 企业将离岸外包业务转移到我国的示范城市，引领全国高端软件服务外包业务更快更好发展。

【中国电子软件研究院成立】 12 月 18 日，中国电子信息产业集团有限公司软件研究院（简称中国电子软件研究院）在京举行成立揭牌仪式，工业和信息化部、科技部、市经济信息化委、北京软件与信息服务业促进中心的有关领导到会并表示祝贺。中国电子软件研究院下设专家咨询委员会、标准化委员会、产业发展研究中心、博士后流动工作站、9 个专项实验室和联合实验室。其中，专项实验室包括了操作系统、数据库、基础架构、信息安全、系统仿真、情报技术、移动信息技术、智能交通以及物联网技术实验室。市经济信息化委副主任阎冠和参加揭牌仪式并发表讲话。

【快速互动服务系统建设启动】 12 月 28 日，

市经济信息化委召开了软件和信息服务业重点企业互动服务系统启动会。此系统包括企业数据直报、问题快速反馈、政府服务推送等 3 个子系统。北京市共 150 余家软件和信息服务业企业参加了会议。

【《北京市促进软件和信息服务业发展的指导意见》出台】 市经济信息化委牵头编写的《北京市促进软件和信息服务业发展的指导意见》，明确了软件和信息服务业在全市产业中的定位、发展目标、发展战略和保障措施，为统一思想，统筹全市力量促进北京市软件和信息服务业发展打好了基础。

【重大科技专项和项目推进】 年内，北京市企业申报基础软件产品类课题共 38 个项目，与往年相比申报企业数量和申报项目质量都有提高。金蝶、华录集团等项目落户北京，中国移动建设信息港，密云数据中心规划建设，北京高端软件外包服务交付中心挂牌成立。

【软件企业资本运作推进】 年内，北京市与中国进出口银行等合作推进软件和信息服务业企业轻资产贷款，为部分企业提供融资贷款服务；与有关部门合作，积极支持软件和信息服务业骨干企业上市融资。2009 年新增上市软件公司 6 家，融资 48 亿元。

【软件企业优惠政策落实】 年内，北京市软件产品增值税返还、软件高级管理人才和技术人才奖励政策是鼓励北京市软件和信息服务业企业发展的重要措施。北京新认定软件企业 743 家，经认定和年审合格的企业 3473 家；新登记软件产品 2399 件，平均每月新登记软件产品约 200 件。全年奖励软件人才 19,796 人，奖励金额 1.83 亿元，增值税退税 45.5 亿元。

【企业技术中心工作推进】 年内，全市共有市级以上认定企业技术中心 271 家，其中国家认定企业技术中心 34 家。2009 年认定为北京市市级和国家级企业技术中心的北京市属工业企业，占全市规模以上工业企业数的 3%，主营业务收入、利润总额和职工人数分别占 42.7%、38.5%和 35.1%。现有企业技术中心汇集了如联想集团、北大方正、燕京啤酒、北汽福田、中星微电子和华旗资讯等企业。

互联网信息服务业

【优酷网与央视新闻频道央视网合作】 1 月 21 日，优酷网与中央电视台新闻频道央视网达成合作，作为央视新闻频道贺岁特别节目《新闻过大年》网络视频合作伙伴，征集贺岁主题视频。

【电子商务产业座谈会召开】 5 月 25 日，市经济信息化委与门头沟区经济信息化委、北京石龙经济开发区召开了电子商务产业座谈会，就北京市电子商务产业的发展情况和石龙开发区电子商务产业园的建设思路进行了深入交流。京东网、慧聪网、凡客诚品等电子商务企业代表参加了会议。

【58 同城与凤凰网合作达成】 8 月 6 日，58 同城与凤凰网在实用导航等多个频道上达成协议，58 同城为凤凰网手机 WAP 站提供内容支持，与 58 同城相关信息同步，并向市场推出域名 58.wap.ifeng.com。

【北京市电子商务“新经济 新时代”系列论坛举行】 9 月 16 日，由市经济信息化委主办，门头沟区经济信息化委承办的北京市电子商务“新经济 新时代”系列论坛暨北京电子商务产业园与示范区授牌仪式举行。市经济信息化委、市发展改革委、市科委、市工商局等相关部门以及电子商务企业、媒体代表 200 余人参加了论坛。论坛上市经济信息化委、市发展改革委联合授予西城区、朝阳区为首批“北京市电子商务应用示范区”；联合授予广安产业园、金盏金融服务园区、北京石龙经济开发区和北京通州物流基地4园区为首批“北京市电子商务园区”；联合授予联想、神州数码等6家企业为“北京市电子商务应用示范企业”。

【58同城与人人网战略联盟建立】 11月3日，国内分类信息网站58同城（www.58.com）宣布与人人网战略合作，实现用户绑定，用户只需登录其中一家网站，即可通过一键连接方式进入另一家网站；共享浏览信息。

【电子商务发展情况开展调查】 年内，市经济信息化委会同市商务委、市统计局联合开展2009年度全市电子商务统计调查活动。调查了全市2000多家电子商务企业。

新技术应用

【概述】 年内，市经济信息化委指导成立了北京市云计算工作组，成员主要由通信运营商、通信研究院及相关IT领域企、事业单位组成。工作组为北京市云计算产业发展方向及产业布局进行前期企业调研，为2010年开展重大云计算项目做基础工作。

物联网

【“感知北京”物联网示范项目实施】 “感知北京”物联网示范项目正式开始实施。12月3日，在市经济信息化委、中关村管委会等单位联合主办的“感知北京”论坛上，市经济信息化委与中科院高技术局、北京邮电大学分别签署了战略合作协议。会议发布了37个物联网示范项目需求和51个物联网技术及成果解决方案，东城区、朝阳区分别签署了3份物联网项目实施合作协议。

【物联网基础和环境支撑】 北京开展物联网应用和发展物联网产业具有良好的基础和环境。2009年，有线政务网络覆盖了市、区（县）、街（乡）三级部门，800兆无线政务专网覆盖了全部平原地区和山区重要区域，郊区县基本实现光纤网络村村通，无线接入网络覆盖不断扩大；市区两级政务信息资源共享交换体系和人口、法人、空间基础数据库等基本建成并发挥了显著的作用；信用、执法等重要信息资源初步实现了共享；约800个信息系统全面支撑城市管理、公众服务等各类应用，政府部门信息化支撑率已超过95%；互联网宽带接入用户达451.7万户，网民规模达到1103万人，网站数达33.4万个。

【物联网典型应用推进】 北京在应急管理领域建成了14个专项应急指挥部和18个区县应急指挥部及相关应急管理应用系统；在智能交通领域建成了指挥调度、交通管理、交通监控、公交服务与监测、货物运输、电子收费、交通信息服务等方面80多项应用系统；在城市管理领域建成了城市运行监测平台和覆盖城八区的信息化城市管理系统；在食品溯源、经济运行监测、资源监测等领域也有成功应用。这些应用在 2008 奥运会、国庆 60 周年和城市运行的保障中发挥了重要作用。

【物联网相关专利规模形成】 年内，形成物联网相关专利 5000 余项。北京具有国内领先的物联网研发资源和技术实力，聚集了中国科学院、清华大学、北京大学、北京邮电大学、北京工业大学等高校和科研院所以及工业和信息化部电子四所、中标院、工业和信息化部电信研究院、闪联等国内标准化龙头单位，突破了自组织网络（MESH）设计等物联网关键技术，物联网相关专利达到一定规模。

【物联网产业链形成】 北京基本形成了物联网产业链。在信息感知、网络传输、计算机和网络设备、系统解决方案等方面有各类企业提供服务。

【华北电网 500kV 高压输电线路高清晰实时视频监控系统建设】 年内，中电飞华承担了华北电网有限公司基于 OPGW 光缆的 500kV 高压输电线路高清晰实时视频监控系统研究及建设项目。该项目涉及三条 500kV 进京超高压输电线路，研究重点包括两方面内容：一是利用高压输电线路 OPGW 光缆纤芯及工业以太网交换设备构建高速数据回传通道（100M/1000M），保证恶劣应用环境下通道的可靠性、稳定性及自愈性。该方式可有效弥补传统采用 CDMA/GPRS 所存在的速率低、安全性差等不足。二是对风光互补技术在输电线路在线监测中的应用进行研究，保证安全、稳定、有效地为在线监测系统提供能源供给。该技术较传统的单一光伏供电方式具有覆雪、夜间工况下仍能向系统输送电量的优点。项目涉及监测点位主要位于微气象区、鸟害区、交叉跨越以及线路运行维护困难地区，大部分现场地形复杂，冬季气温较低（实测最低到-35℃）。

云计算

【“祥云工程”行动计划启动】 市发展改革委、市经济信息化委和中关村科技园区管委会，组织北京云计算领域的骨干企业，制定了“祥云工程”行动计划。行动计划制订了未来 5 年北京市发展云计算产业的目标，规划云计算形成的技术、产品和服务一体化发展产业格局，促进高效能、高安全、低成本的云服务，聚集世界领先、全国领军的云计算企业，形成创新性的新技术、新产品、新标准。到 2015 年，云计算的三类典型服务，即基础即服务（Infrastructure as a Service，简称 IaaS）、平台即服务（Platform as a Service，简称 PaaS）、软件即服务（Software as a Service，简称 SaaS），将形成 500 亿元产业规模，带动产业链形成 2000 亿元产值，云应用水平居世界各主要城市前列，成为世界级的云计算产业基地。

信息安全

【综述】 年内,《北京市公共服务网络与信息系统安全管理规定》(政府第 163 号令)初步修订。全市电信、广电、银行、证券、电力、公共服务、交通、卫生、教育和重要网站的等级保护工作推进,累计完成 2000 多个信息系统的定级备案工作。全市政务网络、50 个重要政务信息系统、88 个政务网站开展外围安全监控和快速处置;截至 12 月底,共监测并处置网络与信息安全事件 203 起,协助救援网络与信息安全事件 12 起。建设政务信息安全监控预警系统。建设全市统一的信息安全灾难恢复中心,保障了国庆 60 周年信息安全应急支援保障工作。信息安全产业实现业务收入 44.6 亿元,同比增长 26%,仍以杀毒软件和防火墙为主,总计占据 70%的市场份额。

信息安全管理

【概述】 年内,在北京市人民政府法制办公室(简称市政府法制办)指导下,由市经济信息化委牵头,会同市国家保密局、市密码管理局、市公安局、市国家安全局、市广电局、市通信管理局等部门对《北京市公共服务网络与信息系统安全管理规定》(政府第 163 号令)进行了初步修订,完成了征求意见稿。全年内,在等级保护、政务网络信任体系、信息安全评测、信息安全灾难恢复和信息安全监控预警等管理方面取得显著成效。

加强安全管理规范

【《建设信息安全一流的可信城市行动纲要》编制工作启动】 11 月 3 日,市经济信息化委副主任白新主持召开会议,研究部署《建设信息安全一流的可信城市行动纲要》编制工作。市国家保密局、市网管办、市公安局、市广电局、市通信管理局,市经济信息化委无线电管理局、北京信息安全测评中心、北京市政务网管中心、北京数字证书认证中心有限公司等协调小组成员单位同志参加会议。

【区县电子政务与信息安全座谈会举行】 12 月 16 日,市经济信息化委在稻香湖景饭店召开全市区县电子政务与信息安全座谈会。18 个区县及亦庄开发区的相关领导同志及市经济信息化委电子政务处、网络安全处、社会信息化处和资源中心、首都之窗、安全测评中心、网管中心、公共服务中心的相关同志参加了会议。市经济信息化委主任朱炎指出:信息化工作队伍要做到"魂"和"神"不散;围绕中心工作大局,要主动开展工作,找准位置,把工作做实;特别要集中精力做大事,加快落实信息化基础设施建设。

【《北京市网络与信息安全事件应急预案》编制完成】 年内,依据《国家网络与信息安全事件应急预案》、《北京市突发公共事件总体应急预案》等相关法律法规,市经济信息化委会同市国家保密局、市公安局、市广电局、市通信管理局、市无线电管理局,完成了《北京市网络与信息安全事件应急预案》的编制和正式印发工作,并组织了由 124 个单位近 200 人参加的宣贯会。

等级保护

【等级保护工作持续进行】 按照信息系统等级保护管理工作流程将等级保护划分为定级、备案、评估和整改、等级测评、监督检查5个阶段。2009年，市经济信息化委积极开展政务信息系统等级保护工作，明确了各阶段工作内容、标准和成果，加强了对定级备案工作的指导和咨询服务。全年开展了14个政务信息系统的等级测评，提出整改建议，其中有5个信息系统已完成整改，并通过等级测评，其他9个信息系统正在整改中。加强对定级备案工作的指导和咨询服务，完成7家单位、17个信息系统（11个二级、6个三级）备案材料的审查和备案工作。市公安局积极推进市电信、广电、银行、证券、电力、公共服务、交通、卫生、教育和重要网站的等级保护工作，已累计完成2000多个信息系统的定级备案工作。

信息安全灾难恢复中心

【北京市信息安全灾难恢复中心建设启动】 为提高北京市重要政务与公共服务信息系统抵御灾难和重大事故的能力，确保系统关键数据安全和作业持续性，避免重要城市管理和社会服务功能严重中断，建设全市统一的信息安全灾难恢复中心。该项目建设地点位于密云县，2006年12月8日在市发展改革委立项；2009年3月10日，市发展改革委完成了项目可行性研究报告批复；2009年10月30日，项目主体工程正式开工奠基。信息安全灾难恢复中心项目计划在2010年7月完成主体工程竣工，2010年8月开始试运行。

政务网络信任与安全监控预警

【政务数字证书在线服务平台投入应用】 年内，北京市通过政务数字证书在线服务平台为党政机关提供证书的申请、更新、注销、解锁等服务。目前，对外公共服务方面数字证书发放累积达到20多万张，党政机关及事业单位已有2万多名工作人员使用数字证书进行网上办公。年内，完成了政务数字证书在线服务平台升级，组织开展了1期80人的数字证书管理员培训。全年新办和更新党政机关个人（公务员）数字证书21,061张，较去年增长4%，其中新办党政机关个人（公务员）数字证书10,113张、更新个人（公务员）数字证书10,948张；全年新办和更新单位数字证书2418张，其中新办单位数字证书755张，更新单位数字证书1663张。

【政务信息安全监控预警系统建成应用】 为提高政务信息安全主动防御能力，进一步加强政务信息安全监控工作，扩展监控范围，北京市开始建设政务信息安全监控预警系统，采用公开招标方式选择业务能力强、政治可靠的企业，由企业出资一次性完成系统建设并负责运行维护，建设及运维费用由市财政逐年返还企业。2009年，北京市政务信息安全监控预警系统的建设项目获批并在市财政局正式立项。项目内容包括建设覆盖政务外网 33 个汇聚节点的安全监控系统，实现北京市 88 个重要政务网站全监控；针对医保、应急等北京市 27 个重要政务信息系统实现安全监控；建设 6 个政府部门主要互联网接入点的监控试点；开发统一运行平台，实现对各类监控信息的汇集和分析处理及高危事件的预警通报和应急处置。

【政务信息安全监控预警系统取得实效】 市经济信息化委组织有关单位在首都之窗网站和有线政务网络部分汇聚节点部署安全监控设备，建立安全监控系统。同时，与中国信息安全测评中心、国家信息技术安全研究中心、国家计算机网络应急技术处理协调中心 3 家国家信息安全权威机构开展合作，对北京市重要政务信息系统和政务网站开展外围监控。利用技术手段监控发现网络攻击、病毒传播、非法使用、信息泄露等网络安全事件，及时预警和快速处置，使各类攻击破坏消失于萌芽状态。截至 2009 年 10 月底，安全监控系统共监测涉及市级单位的安全事件 119 起，其中涉及互联网的安全事件 96 起，占整个安全事件的比例为 80%，所有安全事件均及时通知相关单位进行处置。

信息安全服务

【概述】 年内，在全市网络信息安全保障、国庆信息安全应急支援保障、加强信息安全态势评估、服务领导决策以及区县电子政务与信息安全等方面，市经济信息化委组织各方力量，积极务实开展工作，取得了一定成果。国庆政务信息安全应急支援保障团队有力地保障了新中国成立 60 周年庆祝活动过程中的信息安全。

网络与信息安全保障

【北京市网络与信息安全协调小组工作稳步推进】 年内，北京市网络与信息安全协调小组统筹规划，精心部署，扎实推进全市网络与信息安全保障工作。3－9 月，组织开展了全市网络与信息安全检查，及时查找安全隐患，加强整改，提高了信息系统安全防护能力。加强了联动机制建设，在协调小组的领导下，与国家信息安全权威机构建立了联系，在专家咨询、技术检测、应急支援方面开展了广泛的合作。7 月 24 日，市网络与信息安全协调小组召开了协调小组第八次会议暨市通信保障和信息安全应急指挥部第三次会议，总结了上半年工作，对下半年工作尤其是新中国成立 60 周年庆祝活动网络与信息安全保障工作进行了部署。9 月 3 日，受市委常委、市委秘书长李士祥和副市长苟仲文的委托，市经济信息化委主任、市网络与信息安全协调小组办公室主任朱炎组织召开了市网络与信息安全协调小组国庆保障专题会，对国庆信息安全保障工作进行了再动员、再部署。

【网络与信息安全保障推进】 年内，在国家、军队专业技术队伍支持下，北京市积极开展安全检查和第三方测试，先后组织了 5 次大规模的全市网络与信息系统攻击性演练，对北京市政务专网、重要政务系统、政府网站、基础电信网络、广播电视传输网和社会领域重要信息系统、新闻网站等进行了全面检测，对测试中暴露的问题及时提交相关单位进行整改，提高了信息安全防护水平和应急处置能力。

【政务信息安全应急支援保障】 国庆前，北京市政务信息安全应急处置中心牵头成立了由国家信息技术安全研究中心、信息安全共性技术国家工程研究中心、北京邮电大学信息安全中心 3 家信息安全专业机构和北京数字证书认证中心有限公司、北京神州绿盟科技有限公司、北京江民新科技术有限公司、北京启明星辰信息安全技术有限公司、北京飞客瑞康科技发展有限公司 5 家安全企业组成的国庆政务信息安全应急支援保障团队，建立了病毒处置、拒绝服务攻击处置、数据与系统恢复、网络攻击事件处置 4 个专业保障组，实现了可以同时为 4 起突发信息安全事件应急处置提供技术支援。2009 年共处置政务外网、网站监控到的较大信息安全事件 70 例。

【国庆 60 周年通信保障和信息安全工作完成】 年内，市通信保障和信息安全应急指挥部办公室为做好国庆期间通信与信息安全保障工作，全面启动了应急机制，实行 24 小时领导带班、双岗值班、备班制度和每日信息报送机制，刊发《新中国成立 60 周年庆祝活动演练保障专刊》4 期、《新中国成立 60 周年庆祝活动演练保障特刊》1 期，报送指挥部领导、成员单位和相关部门。3－8 月，组织开展了新中国成立 60 周年庆祝活动期间无线电管理、政务网络风险评估与控制工作。

【党政机关互联网集中接入工作稳步推进】 年内，按照工业和信息化部关于开展政府部门互联网安全接入试点工作的通知要求，北京市大兴、东城两区的互联网安全接入试点工作积极推进，并着手研究制定全市行政事业单位互联网统一出口工作思路和市级党政机关互联网统一出口集中管理方案。

计算机病毒防范

【世界最快专业反病毒虚拟机研制成功】 12 月 15 日，瑞星在第二届云安全技术大会上宣布，世界上最快的专业反病毒虚拟机已经研制成功，并被应用于瑞星杀毒软件 2010 版以及瑞星“云安全”平台的病毒自动处理系统之中。实验室评测数据表明，这款由瑞星研制的专业研究型虚拟机，比原来的传统虚拟机运行速度高 200 倍。专家表示，该虚拟机的研制成功，可以把国内反病毒行业的整体技术水平向前推进一大步。

【北京地区互联网病毒情况】 年内，北京地区互联网共发生木马事件 3 万余起，相比去年 5.2 万余起降低了 42%，被篡改网站数量 6507 个，较上年度 12,269 个降低了 47%，其中包含 gov.cn 域名的网站 79 个，较上年度 122 个降低了 35%。互联网病毒传播种类约 5.2 万余种，与上年度 13.8 万余种相比，降低了 62%。感染病毒的计算机数量 50.7 万余台，较上年度 731.6 万余台降低了 93%。

【政务网络安全监控开展】 年内，北京信息安全测评中心与中国信息安全测评中心、国家信息技术安全研究中心等国家信息安全权威机构合作，利用安全监控设备对北京市政务网络、50 个重要政务信息系统、88 个政务网站开展外围安全监控和快速处置。截至 12 月底，共监测并处置网络与信息安全事件 203 起，协助救援网络与信息安全事件 12 起。

安全风险评估与容灾备份

【北京市信息安全灾难恢复中心建设启动】 年内，为提高北京市重要政务与公共服务信息系统抵御灾难和重大事故的能力，确保系统关键数据安全和作业持续性，避免重要城市管理和社会服务功能严重中断，启动了北京市信息安全灾难恢复中心建设。项目可行性研究报告于 3 月 10 日得到批复，10 月 30 日，项目主体工程奠基开工。

【国庆政务网络、无线电管理风险评估和整改开展】 根据市应急委统一部署，组织开展了新中国成立 60 周年庆祝活动期间无线电管理、政务网络风险评估与控制工作，共评估出安全风险 28 种。其中，极高风险 6 种，高风险 8 种，中低风险 14 种。针对各种风险制定了控制对策，并通过各类工程、技术和管理手段，积极消除或降低各类风险。有效地降低了网络和无线电安全风险，确保了国庆活动指挥调度通信畅通和无线电设备用频安全，为新中国成立 60 周年庆祝活动提供了有力保障。

整治、打击网络犯罪

【国庆政务信息安全应急支援保障团队建立】 市公安局建立了 24 小时违法犯罪信息发现、打击工作机制，完善了网络线索转递流程，理顺了多警配合工作环节，提高了工作的主动性，最大限度挤压违法犯罪活动网络依存空间，积极响应打击网上涉枪涉爆、贩卖假币假发票、拐卖妇女儿童、强迫妇女卖淫等专项行动。市通信管理局配合有关单位处理违法网站 2000 多个，关闭淫秽色情网站、内容低俗网站以及网络金融诈骗等不同领域的违法网站 2000 多个，有效遏制了网络违法信息的传播。

信息安全技术与产品

【概述】 年内，北京市信息安全产业实现业务收入 44.6 亿元，同比增长 26%。自第十一个五年计划以来，北京信息安全业务收入年平均复合增长率为 14%。“云安全”、“一体化安全”等是安全领域的热门词汇，产品依旧以杀毒软件和防火墙为主。通过公开招标，北京市确定了 8 大类共 17 种安全产品作为 2010 - 2011 年度北京市市级行政事业单位信息安全政府采购产品，形成了《2010 - 2011 年度北京市市级行政事业单位信息安全产品采购目录》。 360 安全卫士、启明星辰、瑞星、天融信等信息安全企业都蓬勃发展，取得了长足进步。

【免费杀毒软件发布】 10 月，360 安全中心高调发布免费的 360 杀毒 1.0 正式版。这是全球范围内首款永久、彻底免费的杀毒软件，对免费不做任何限制，并抛弃了收费杀毒软件固有的“激活码”机制。

【“云安全”系统推动杀毒行业发展】 12月15日，2009瑞星云安全技术大会在北京召开，来自百度、搜狐、腾讯、证券之星等著名企业的安全专家，在本次盛会上共同探讨了安全行业的最新技术趋势，尤其是“云安全”系统在信息安全中起到的关键性作用。会上发布了《2009年度中国大陆地区电脑病毒疫情&互联网安全报告》，报告揭示了国内黑客产业链已被初步遏制，但黑客正在利用感染型病毒、色情网站挂马等诱骗用户，窃取网游账号等。与会专家指出，未来杀毒行业的竞争将从软件本身功能的比拼，逐渐过渡到以“云安全”技术为代表的后台支持系统。

【信息安全产业健康发展】 年内，北京市信息安全产业实现业务收入44.6亿元，同比增长26%。“十一五”期间，北京信息安全业务收入年平均复合增长率为14%。目前，北京信息安全产业仍以杀毒软件和防火墙为主，总计占据70%的市场份额。以完全免费产品（产品免费且免费升级病毒库）为代表的新商业模式的出现，表明信息安全产业处于转型之中。2009年，北京信息安全产业平均利润率为16.3%。由于传统安全产品同质化竞争加剧，完全免费的信息安全产品的出现，使传统信息安全企业利润有所下降。

【《2010－2011年度北京市市级行政事业单位信息安全产品采购目录》完成】 年内，通过公开招标，北京市确定了8大类共17种安全产品作为2010－2011年度北京市市级行政事业单位信息安全政府采购产品，形成了《2010－2011年度北京市市级行政事业单位信息安全产品采购目录》。

政务领域信息化

【综述】 北京市实施“信息强政计划”，35%的政府信息实现了共享，城市管理实现了网格化和可视化，政府管理进入统筹、精细、协同深化应用阶段，网格化城市管理、应急指挥、领导决策、网上审批、智能交通等应用系统发挥效益。市、区两级政务信息资源共享交换平台开通运行，为政务信息资源共享交换提供了有力支撑，累计共享交换数据 17,504 万条。组织开展全市法人、人口、空间地理、宏观经济等基础数据库建设。编制完成全市核心信息资源、共享、主题应用等政务信息资源目录，电子政务绩效考核推动了全市电子政务工作的开展。

信息资源开发利用

【概述】 北京市信息资源共享利用工作取得新进展，初步形成了人口、法人等基础数据采集和更新维护机制。建立了政务信息资源目录体系和政务信息资源共享标准规范体系以及交换体系基础设施建设管理机制。各级政务部门获取基础信息资源，部门之间开展信息资源共享交换以及市、区两级跨层级开展资源共享交换，均可通过市、区（县）共享交换平台实现。

政务信息资源公开共享

【档案信息资源目录系统开通】 7月1日，市档案局（馆）与市经济信息化委依托市政务信息资源共享交换平台，合作建立了档案信息资源目录系统并正式开通。该系统属委办局应用系统，设置在市电子政务外网的公务员门户平台，为首批 31 家单位提供了 265,838 条档案目录数据检索服务。用户通过分类检索、跨库检索功能便可对本单位移交进馆的档案目录进行检索。

【政府部门间个人信用信息共享启动】 7月15日，市经济信息化委组织召开了 16 个部门参加的北京市推进个人信用体系建设工作会议，部署了政府部门间个人信用信息共享工作。会议要求：8月21日前签署共享协议，报市经济信息化委备案；8月底前完成技术准备和数据部署，并开展数据交换；11月底将协议落实情况反馈给市经济信息化委，同时，信息资源的使用方需要将使用绩效报资源提供方和市经济信息化委备案。市经济信息化委副主任俞慈声在会上指出，北京市推进信用体系建设的原则是“先易后难、先内后外”，以个人信用信息共享为突破口，逐步建立和完善信用信息共享机制。在共享个人信用信息时应依职能、依授权开展，遵照相关规则签署协议，明确使用方业务、反馈机制、使用范围等。要求参会各部门在落实个人信用信息共享工作中，明确内部工作机制、落实负责领导。

【俞慈声调研西城区信息资源共享应用情况】 7月28日，市经济信息化委副主任俞慈声调研西城区政务信息资源建设与共享应用情况。西城区已初步建成政务信息资源共享交换平台、资源目录和共享数据库一体化的信息资源体系，并取得实效。西城区国税局和地税局通过区共享交换平台实现了税源信息共享比对，增加了纳税户数量，有效解决了税源监控不到位的问题。通过营业税共享提高了增值税等税种的纳税额。西城区地税局共享了市建委通过市共享平台提供给市地税局的开发商房屋销售数据，有效解决了开发商迟交税和少交税的问题。同时，税务部门还提出迫切需要纳税人的身份证信息和工商的企业注销信息的要求，以改变企业未完税和未还清债务就注销的现状。俞慈声要求，西城区要在电子政务工作中进一步梳理业务需求，狠抓应用绩效，发挥信息资源共享为社会经济服务的作用。

【法人基础信息数据库共享服务启动】 8月28日，北京市召开45家委办局、18个区县政府、2个管委会参加的法人基础信息数据库共享服务启动大会。副市长苟仲文出席会议并讲话，北京市质量技术监督局（简称市质监局）副局长姚娉、市经济信息化委副主任俞慈声分别代表建设单位、服务管理单位发言。

【北京市人口基础信息数据库（一期）完成初验】 9月17日，北京市人口基础信息数据库（一期）项目初验会在北京市公安局（简称市公安局）举行。市人口基础信息数据库（一期）项目顺利完成初验，标志着继空间、法人基础数据库建成之后，北京市基础政务信息资源建设取得了又一重大成果。同时，为（一期）项目终验和（二期）项目的开展奠定了良好基础。市人口库（一期）完成初验后，为全市18个区县和经济技术开发区提供了人口基础信息核实服务。

【工业和信息化部调研北京市信息资源共享工作】 10月14日下午，工业和信息化部推广应用司电子政务处调研北京市信息资源共享、业务协同应用和绩效情况，听取了信息资源管理中心关于北京市信息资源共享工作开展的总体情况及应用成效。工业和信息化部推广司电子政务处希望北京市认真总结典型应用的做法和经验，并在全国进行交流。

【参加工业和信息化部电子政务经验交流会】 12月2－3日，工业和信息化部在江苏扬州召开了地方电子政务信息共享和业务协同经验交流会。市经济信息化委副巡视员姜毅群代表北京市介绍了在信息共享和业务协同中的做法和经验：一是以主题应用共享为抓手，保障城市高效安全运行。二是以业务需求为导向，推动基础信息资源共享。三是以结共享对子为保障，促进部门业务协同。四是以资源目录、共享交换平台为基础，加强服务和运维。五是以信息化促进条例为依据，完善工作机制和保障措施。

【市政府信息网上公开工作总结交流会召开】 12月30日，北京市政府信息公开办公室（简称市政府信息公开办）和首都之窗运行管理中心联合召开了2009年北京市政府信息网上公开工作总结交流会，市经济信息化委副主任俞慈声和市政府办公厅副巡视员、市政府信息公开办主任王琛出席交流会。东城区政府、海淀区政府、市住房城乡建设委、市药监局、市政务信息资源管理中心等单位以及特邀专家高新民、胡小明及政府信息公开工作管理系统项目组各参与方代表参会。俞慈声指出，要认真研究在政府信息网上公开工作满足百姓个性化的需求，通过技术手段掌握百姓的舆论，把信息公开纳入电子政务总体框架，对统一资源目录和元数据标准等方面提出具体意见。俞慈声要求，2010年要实质推进基于市级信息资源共享交换平台的数据对接工作，同时，要求专题研究信息再利用问题，将公开信息的利用工作引向深入。

【信息资源目录梳理】 截至2009年底，北京市信息资源信息中心在全市58个政务部门上报部门资源目录基础上提炼形成了1916项的全市核心信息资源目录；梳理出市基础共享信息目录数据 345 项（其中自然人数据为 120 项、法人数据为 42 项、空间地理数据为 183 项）；整理出 37 家委办局提出的 1105 项需求信息。73 个政务部门（包括 58 个委办局和 15 个区县）接入市共享交换平台，初步形成市、区两级共享交换平台体系。30 多个部门 60 个应用系统实现了与市级共享交换平台互联互通；40 多个政务部门通过市共享交换平台实现资源共享达 700 余对；通过市共享交换平台支撑的业务应用为 90 余项。

【应急信息资源共享机制研究及应用启动】 年内，北京市积极推动信息资源共享机制，编制完成了《北京市应急信息资源建设和管理指导意见》（征求意见稿），并将主体内容融合到市应急办和市经济信息化委联合下发的《北京市应急管理软件应用系统建设指导意见》（京应急办发〔2009〕12 号）中。编制完成了《北京市应急信息资源建设和管理指导意见技术规范附件》，包括：《北京市应急信息资源管理体系框架》、《北京市应急信息资源分类与编码规范》、《北京市应急信息资源数据交换与共享标准与规范》、《北京市应急业务与资源梳理规范》、《北京市应急信息资源编目与注册规范》等。完成了北京奥运和新中国成立 60 周年庆典活动安全保障涉及的应急信息资源的梳理、编目和注册，形成北京市重点应急信息资源主题目录。研究并提出了应急管理系统中重点数据库建设的具体内容，明确了每类数据库应重点建设的关键数据项。协助促成了市应急办和市质监局、市社区服务中心法人和人口数据共享交换。

【政府信息公开绩效显著】 市政府办公厅、市监察局和市经济信息化委组织召开了 2009 年全市政府信息公开工作会议；建立健全了市和区县政府信息公开工作主管部门和工作机构。在市政府中环办公楼建立了中央企业和驻京部队综合服务平台，进一步完善了委办局、各区县服务大厅和窗口服务功能，扩展办理事项，提高工作效率。截至 2009 年底，全市各公开机构通过市政府信息公开专栏主动公开政府信息 33 万条，公众点击总量达 1.2 亿人次，各类信息公开查阅场所接待公众咨询查阅 18 万人次。

政务信息资源开发利用

【《北京市政务信息资源开发利用行动计划（2010－2012 年）》编制完成】 由市经济信息化委牵头，北京大学信息管理系支撑编制的《北京市政务信息资源开发利用行动计划（2010－2012 年）》（简称行动计划）编制完成。该《行动计划》在认真分析北京市信息资源开发利用现状与问题的基础上，提出了符合北京市情的政务信息资源开发利用的核心内容以及三年内可操作、可实施的政务信息资源开发利用的行动计划建议。从“完善专门领域的信息资源开发利用，服务民生发展”、“推动信息资源的深度开发利用，促进产业发展”及“加强信息资源管理的顶层设计，深化信息资源共享与整合”等 3 个方面的 16 个领域，安排了 71 项任务，并对每项任务的内容、牵头单位、起止时间及必要的实施建议进行了说明，其部分内容已纳入《北京市 2010 年电子政务重点工作》，并对《北京市“十二五”电子政务规划》编制工作提供支撑。

【政务信息资源管理体系框架研究启动】 2 月，《政务信息资源管理规则框架研究报告》（初稿）和《政务信息资源管理体制与机制框架研究报告》（初稿）完成。在《政务信息资源管理规则框架研究报告》中，通过梳理北京市及我国政务信息资源管理相关法律法规及文件，并在与美国、欧盟、加拿大等10国政务信息资源管理规则体系框架进行分析比价的基础上，结合北京市当前政务信息资源管理工作的实际，提出了北京市政务信息资源管理规则体系表，明确了三年内北京市急需出台的政务信息资源管理相关法规及文件。在《政务信息资源管理体制与机制框架研究报告》中，通过对北京市在政务信息资源管理体制与机制现状及面临的新形势进行分析，结合美国国防部、加利福尼亚州政府、英国等国家和地区政务信息资源管理体制的模式和建设经验，提出了有针对性的政策建议。（注：2007年北京市信息化工作办公室 < 现北京市经济和信息化委员会 > 组织开展了政务信息资源管理体系框架研究，提出北京市政务信息资源管理体系框架由政务信息资源开发利用业务框架、政务信息资源生命周期管理框架和政务信息资源开发利用技术标准框架等五部分组成）

【政务信息资源资产化管理研究启动】 8月，市经济信息化委和市财政局正式启动了政务信息资源资产化管理的研究工作，委托国家行政学院电子政务研究中心开展北京市政务信息资源资产化管理工作对策和试点方案研究。工作主要内容研究实施政务信息资源资产化管理的思路、方法，初步制定政务信息资源资产化管理办法、资产登记表及试点工作方案；界定政务信息资源资产化管理的内涵、外延，确定急需纳入资产化管理的政务信息资源的范围；针对政务信息资源的特殊性，研究政务信息资源资产化管理的登记制度、财务管理方法、构建信息资产价值评估体系的可行性以及相关的实施方法，提出分期、分步骤实施政务信息资源资产化管理的方案。

【航空摄影工作完成】 年内，航空摄影采用里尔飞机，累计飞行15架次。摄区比例尺为1/10000和1/30000，面积24,000平方公里，摄影底片19卷，拷贝晒印黑白像片7000多张，拷贝晒印彩色像片6000多张。截至年底，完成验收与保密标定，并利用航拍影像的立体像等资料，形成全市六环内地区主要建筑物2.5维（建筑物楼高）数据。

【《北京市国家机关管理保护个人信息办法》编制工作启动】 8月，市经济信息化委启动了《北京市国家机关管理保护个人信息办法》（以下简称《办法》）的编制工作。先后征求了国家信息化专家咨询委员会委员、中国政法大学教授等信息资源管理与法学领域专家以及掌握大量个人信息的市卫生局、市人口计生委、市人力社保局、市公安局等业务部门意见。根据专家意见，在进一步修改完善后，形成征求意见稿。《办法》（征求意见稿）共七章三十五条，按照"急用先行"的原则，重点对国家机关在个人信息采集、安全与保管、共享、公开与使用环节进行了规范。

【政务信息资源分级分类存储与灾备研究工作启动】 10月，市经济信息化委启动了政务信息资源分级分类存储与灾备方案制定的前期研究工作。该项工作主要研究引入企业架构（EA）的方法，从发展战略角度广泛调研国内外信息基础框架，从新的视角构建北京市政务信息资源基础架构，为北京市各委办局提出切实可行的政务信息资源分级分类存储和灾备思路与方案。

政府门户网站与信息公开

【概述】 北京市政府门户网站“首都之窗”是国内最早开通的门户网站，由80余家分站的网站群构成，涵盖北京市市级政府工作部门、区县人民政府以及承担政府公共服务、行政管理职能的有关社会组织和事业单位的网站。首都之窗门户网站于1998年7月1日正式开通，经过11年的发展，已由单一信息发布逐步发展为集合政务信息公开、网上办事、综合信息服务以及公众参与民主政治、政府决策的综合性城市门户网站，建成包含政务公开、公共服务、公众参与和国际交流四个子网群，面向不同受众提供多层次的公共服务。在2009年中国政府网站绩效评估的综合评测中排名省级政府网站第一。年内为全市1900余项市级行政办事事项提供网上服务，提供2850余张表格的下载服务。整合9家区县420余项涉及教育培训、医疗卫生等六大民生领域的网上办事服务事项。整合网上申报事项880余项，整合办理状态查询事项约1080项，整合结果公示事项约1130项。同时，政府信息公开工作逐步展开，截至2009年12月7日15时，全市通过政府信息公开系统主动公开政府信息341,571条。

政府门户网站

【首都之窗网站内容不断完善】 “首都之窗”是国内最早开通的、具有引导力的综合性政务网站群，是北京市政务信息公开、网上办事、沟通市民的重要渠道。首都之窗已建成一个门户网站和80余家分站构成的网站群，涵盖北京市市级政府工作部门、区县人民政府以及承担政府公共服务、行政管理职能的有关社会组织和事业单位的网站。首都之窗门户网站已成为集合政务信息公开、网上办事、综合信息服务以及公众参与民主政治、政府决策的综合性城市门户网站，建成包含政务公开、公共服务、公众参与和国际交流4个子网群，面向不同受众提供多层次的公共服务。首都信息作为首都之窗网站整体外包服务提供商，自2007年以来，首都信息和首都之窗网站群一起经历了中非论坛、全国两会、北京两会、汶川地震、奥运保障、中欧峰会、新中国成立60周年大庆保障等重重考验，完成了首都之窗整体运维保障工作，为北京奥运会、残奥会观众和广大市民提供了稳定、安全、快捷、全面的信息和服务。截至2009年底，首都之窗日点击量800万次，日访问独立IP近10万个，出口平均流量130Mbps以上，年均发布政务信息6万余条、专题70余个，在线互动调查问卷近百个，未出现页面篡改、系统整体宕机等重大事故，系统运行平稳。首都之窗门户网站在2007－2009年连续三年蝉联全国省级政府网站绩效排名第一。同时在2009年，首都之窗门户网站还获得了“年度领先网站”和“突出贡献网站”荣誉称号，大兴区、西城区、宣武区等分站还分别获得全国区县政府网站得分第一名、第三名和第五名的好成绩。

【“政风行风热线”短信平台开通】 3月1日，北京市“政风行风热线”正式开通民主评议政风行风短信平台，采取定向征集群众监督员运行监督的工作机制，1000位热心市民可以通过该短信平台对日常生活中遇到的各类政风行风问题提出意见、建议及投诉。短信平台下一步将与现有的政风行风热线平台进行整合，不断扩大参与群众的覆盖面，适时引入更多应用功能。

【“企业呼声平台”开通】 7月1日，北京市“企业呼声平台”正式在首都之窗网站开通。该平台是在北京市帮扶企业应对国际金融危机协调小组的领导下，在首都之窗网站上建设开通的7×24小时在线服务的政企互动平台，其主要作用是及时发布帮扶政策，积极倾听企业呼声，切实解决企业实际困难。市政府副秘书长鲁勇主持开通仪式，副市长苟仲文点击开通并致辞。北京市帮扶企业应对国际金融危机协调小组成员单位、部分区县和企业代表出席了开通仪式。

【“政风行风热线”舆情分析系统上线】 11月1日，“首都之窗”正式与北京方正科技有限公司合作，北京市“政风行风热线”舆情分析系统正式上线，运行情况良好。

【首都之窗移动门户发布】 12月30日，3G产业联盟成立大会暨首都之窗移动门户发布会在京举行。副市长苟仲文、工业和信息化部软件服务业司副司长陈英为3G产业联盟揭牌。3G产业联盟是一批3G产业链上知名企事业单位为响应《北京市信息化基础设施提升计划》而成立的社会机构，目前已有26家企事业单位成为3G产业联盟的理事单位。作为3G的代表性应用，首都之窗移动门户也于当天正式开通。该门户充分融合短信、彩信、语音、WAP等3G移动通信技术，以手机为终端面向公众展现丰富的公共服务。苟仲文对首都之窗移动门户的发布给予充分肯定，并称赞该门户是“北京3G应用的一个标志性事件，标志着北京电子政务迈进了崭新的移动互联网时代”。

政府信息公开

【政府信息公开工作启动】 10月30日，市经济信息化委政府信息公开工作正式上线运行。根据市政府信息公开办的统一要求，市经济信息化委通过健全组织机构，制定管理制度，明确职责分工，规范工作流程等，扎实开展政府信息公开工作，严格按照“公开为原则，不公开为例外”的原则，经保密审查后向社会和信息公开申请人公开政府信息。

【主动公开政府信息成效显著】 截至2009年12月7日15时，全市通过政府信息公开系统主动公开政府信息341,571条，其中区县230,864条、市级部门110,707条；全市受理政府信息公开申请9376件，已答复8461件；政府信息公开专栏点击量累计达133,183,434次。

【市经济信息化委信息公开】 市经济信息化委2009年共主动公开政府信息1292条，其中全文电子化率达89.32%。在主动公开的信息中，机构职能类信息45条，占3.48%；法规文件类信息105条，占8.13%；规划计划类信息11条，占0.85%；行政职责类信息18条，占1.39%；业务动态类信息1113条，占86.15%。

电子政务运维

【概述】 年内，市经济信息化委发布了《北京市电子政务IT运维服务支撑系统系列规范》，相关协会按照“抓龙头企业带动产业发展、建交流平台促进市场繁荣、开展对外合作提升服务品质”的指导思想，协助企业快速拓展市场，持续推进IT运维服务行业的健康发展，建立了企业技术服务工作组，推动了运维服务理念的迅速传播，带动了产业的发展。随着运维试点工作的深入开展，政务部门改进运维工具，实现了政府与企业的共同进步。通过对北京市62家委办局、17家区县电子政务信息管理部门的运维环境、应用系统数据分析看出，运维管理的难度和成本加大。解决这些问题的最好办法就是实现智能化的管理系统和流程化的管理模式，即建立IT运维规范管理系统，利用运维工具管理运维流程，确保电子政务高效管理。工业和信息化部4月也启动了关于电子政务运维标准的研究，成立了IT服务标准工作组，制定信息技术领域相关标准。

【电子政务运维规范发布】 年内，市经济信息化委发布了《北京市电子政务IT运维服务支撑系统系列规范》。该《规范》由《IT运维服务支撑系统应用需求》、《IT运维服务支撑系统技术要求》及《IT运维服务支撑系统测试方法》三部分组成，是国内首个电子政务领域的IT运维服务支撑系统规范。

【电子政务运维规范试点】 市经济信息化委在15个市属部门和4个区县开展运维规范技术咨询服务工作试点。通过开展“转变运维观念，调整运维模式；摸清信息资产情况，规范信息资产管理；建立运维服务目录，明确运维岗位职责；细化运维管理制度，规范运维流程；完善运维规划，深入研究运维管理体系；创新运维管理思路，节约经费”等6个方面的试点，使全市电子政务运维工作水平有了明显提高。

电子政务工作推进

【强化政绩考核】 11月19日，市经济信息化委组织召开2009年度电子政务绩效考核工作部署会。市经济信息化委副巡视员姜毅群就2009年度电子政务绩效考核工作进行了详细部署。市经济信息化委副主任俞慈声做了重点工作讲话，要求贯彻落实科学发展观，推动全市政务信息资源整合共享，促进电子政务在“保增长、保民生、保稳定”及自主创新和社会经济发展等方面发挥更大作用，提升各单位信息化水平和电子政务应用绩效。从12月8日起，市经济信息化委正式启动了为期一周的2009年电子政务绩效考核抽查工作，考核对象为市委、市政府各部门、各区（县），承担政府公共服务或行政管理职能的有关群团和事业单位，共105家单位。考核内容主要包括：《2009年北京市信息化工作要点》（京信发〔2009〕1号）及市委、市政府有关文件要求落实情况，重点考核各单位电子政务发展水平、2009年电子政务实现的绩效和2009年电子政务管理情况。

【专网建设成效显著】 截至2009年底，北京市电子政务专网光缆总规模达到1600余公里，其中市区光缆900余公里，郊区光缆700余公里，共包括4个核心节点、32个汇聚节点，覆盖北京18个区县，接入市级政务部门551家、区县级政务部门近6000家。形成集数据、语音、视频等多种传输功能于一体的光纤宽带政务城域网络系统，建成了城区、远郊区县SDH传输网络以及政务内网和政务外网2个数据交换平台。开通各业务应用系统90余项，各业务应用系统网络用户近6000家。

【政务网通信保障小组成立】 北京市政务网通信保障小组设无线政务网通信保障、有线政务网通信保障、应急卫星通信保障3个工作小组，由市网管中心统一协调组织，首信公司、歌华公司、市公安局信通处、正通公司、卫通直播公司等单位具体实施网络线路、设备的日常监控、抢修维护、故障恢复和路由调度管理。各成员单位成立政务网络通信保障和应急抢修队伍，设立值班电话，7×24小时值班，确保应急故障及时处理。

【"首都之窗"运维情况良好】 截至2009年底，"首都之窗"日点击量800万次，日访问独立IP近10万个，出口平均流量130Mbps以上，年均发布政务信息6万余条、专题70余个，在线互动调查问卷近百个，未出现页面篡改、系统整体宕机等重大事故，系统运行平稳。首都之窗网站群在2007－2009年国务院信息化工作办公室组织的全国政府网站绩效评估中连续三年蝉联全国第一名。

政府部门信息化建设

北京市高级人民法院

【概述】 北京市高级人民法院（简称市高级法院）经过十年的努力已经建成了一整套覆盖全业务、全流程的信息化系统，正在为法官、领导、诉讼参与人提供全方位的服务。自1996年开始建设以计算机网络为核心的信息化系统，已经建成北京法院信息中心，并接入了全国法院专网、国际互联网和北京市电子政务专网，构建了"三网"（数据网、语音网、视频网），通过有线和无线方式满足了法院审判与法院管理等各方面需求，并积极为社会相关部门提供必要的信息服务。北京法院现有服务于审判工作、服务于领导决策和法院管理、服务法官工作学习和文化生活、服务于诉讼当事人和社会公众的应用软件近200个，已经成为法院工作人员日常工作的主要技术支撑手段，形成了具有北京法院特色的法院网络文化。北京法院信息化面向"四个服务"，从信息服务、审判管理、法院管理和社会服务等方面，利用数据、视频和语音等方式为参与诉讼的各方提供技术支撑与服务。北京法院信息化建设与审判业务紧密结合，在法院审判和法院管理中起到积极作用，一是为审判工作提供技术辅助支持，提高审判效率。二是用技术手段规范法官行为，提高审判质量。三是为法院管理提供监督和管理方法，努力实现"四个服务"，确保当事人在北京打一个公正、明白、便捷和受尊重的官司。

（施亚妮）

【“12368”司法信息公益服务系统开通】 1月7日，市高级法院召开北京法院“12368”司法信息公益服务系统开通新闻发布会，向社会公布北京法院“12368”司法信息公益服务系统正式开通。“12368”司法信息服务系统是北京法院对社会的一个信息服务窗口和与公众沟通的桥梁，面向社会公众提供司法审判方面的信息服务。该系统以社会公众及诉讼参与人为服务对象，以诉讼活动进程和诉讼知识咨询等静态信息和案件审理、执行等动态信息为服务内容，以电话接入和语音、短信、传真等为服务方式，为社会公众参与诉讼活动提供服务和方便。

（施亚妮）

【信息化建设三期通过验收】 3月25日，市信息办组织专家在市高级法院召开北京法院信息化系统建设三期工程验收会暨北京法院信息化建设五年规划实施和运维工作评审会。最高法院司法行政装备局副局长郭纪胜出席会议并讲话。专家组对北京法院信息化建设三期工程、信息化建设五年规划实施和运维工作进行了国家验收和评审。专家组对北京法院信息化建设取得的成效给予了充分肯定和高度评价，同意验收。北京法院五年信息化工作坚持以需求指导建设、以应用带动开发、以运维保障应用，实现了规划目标，信息化建设水平上了一个新台阶，效益显著，已经达到北京市电子政务先进水平，并在全国法院系统居领先地位，具有良好的示范作用。

（施亚妮）

【信息化“十二五”发展规划业务专家组成立】 5月26日，市高级法院成立北京法院信息化“十二五”发展规划业务专家组，负责“十二五”期间北京市法院与信息化相关的调查研究、业务需求总结、技术方案论证与研讨以及开展和完成相关试点任务等，进一步加强和推进北京法院信息化建设和应用工作，为审判活动、队伍建设和司法为民工作提供坚实的信息技术支持与保障。

（施亚妮）

【“十二五”信息化发展战略研讨】 7月9日，市高级法院与市经济信息化委组织邀请专家和部分市人大代表，共同研讨了北京法院“十二五”信息化发展战略。市经济信息化委副主任俞慈声主持会议，市高级法院副院长朱江讲话。此次研讨的北京法院“十二五”期间的信息化发展战略，包括北京法院信息化如何更好地与审判业务深度融合，信息技术如何更好地服务于法院各项工作以及为社会公众及诉讼当事人提供司法信息服务等内容。

（施亚妮）

【信息保密安全知识培训】 7月24日，市高级法院举办信息保密安全知识培训会，对全院干警进行信息保密安全教育。市高级法院副院长翟晶敏出席会议并讲话，解放军总参三部信息安全专家应邀讲解了信息安全保密相关知识，全院干警观看了信息保密安全宣传片。

（施亚妮）

【“数字法庭”案例进入联合国电子政务案例库】 9月11日，市高级法院在信息与通信技术促进发展世界大会上作主题报告，并推荐北京市高级法院“数字法庭”作为成功案例进入联合国电子政务案例库。

（施亚妮）

【信息化运维管理培训】 11月16日，市高级法院组织召开了北京法院信息化运维管理暨业务培训工作会议，以保障全市法院信息系统能够持续、安全稳定运行，进一步提高对信息化运维工作的管控能力，规范信息化运维费预算编制。市高级法院要求信息化部门为法院各项工作提供技术服务和支撑必须做到“3 个不间断”。一是信息网络和基础设施安全、稳定运行 24 小时不间断。二是服务审判的科技设备正常工作 12 小时不间断。三是法院信息服务 24 小时不间断。

（施亚妮）

【法院信息化新科技成果调研】 12 月 22 日，市高级法院就诉讼费管理系统、外网诉讼服务平台、网上便民服务、审判业务智能管理软件等到西城、海淀法院调研。各法院在运用科技手段、规范审判管理、提高工作效率、服务审判一线、方便群众诉讼等方面取得了明显成效。

（施亚妮）

北京市教育委员会

【概述】 年内，根据北京市教育科学“十一五”规划的要求，市教委开展了一系列信息化建设工作，全力推进特色资源和数字校园建设，注重信息化服务，为北京市构建终身教育体系与终身学习服务体系、建设学习型城市、加快信息化建设步伐起了重要的推进作用。

（张豫）

【特色教育资源库建设】 4 月，承担 2008 年北京高等学校特色教育资源库建设项目的 10 所市属高等学校（北京工业大学、北京服装学院、北京印刷学院、首都体育学院、北京第二外国语学院、北京建筑工程学院、北京电影学院、北京舞蹈学院、中国音乐学院、中国戏曲学院）通过专家验收。截至年底，已经建成涵盖电影、服装、设计、音乐、舞蹈、印刷、体育、建筑等领域的 208 个主题资源包，整合图片近 126 万张，音频、视频 5.8 万个，文字 2302 万字，网页设计 9.6 万个，初步形成了北京高校特色教育资源体系。

（张豫）

北京市国土资源局

【概述】 北京市国土资源局（简称市国土局）是负责北京市土地与矿产资源行政管理的政府部门。随着国土资源部“数字国土”和北京市“金土工程”建设的不断深入，市国土局完成了覆盖市、区两级的 VPN 网络及相关基础设施建设。实现了全局所有行政许可和服务事项的网上联合审批。建设了包括市局主站、分局分站、土地整理储备分站、地质资料管理与服务分站、政务大厅信息亭分站、英文网站和手机网站等一体化的北京市国土资源局网站群。探索了“一级统筹、两级管理、三级服务”的国土资源信息化运维服务模式。初步建立了集组织领导、制度建设、技术提升、宣传培训为一体的网络与信息安全管理体系，并将以《北京市国土资源局 2009 至 2012 年信息化行动纲要》为指导，推进国土资源管理不断向规范化、科学化、效能化迈进。

（谢俊奇　尹岷）

【《北京市国土资源局 2009 至 2012 年信息化行动纲要》】 7 月，市国土局编制了《北京市国土资源局 2009 至 2012 年信息化行动纲要》(简称《行动纲要》)。《行动纲要》从整体统筹的角度分析了当前国土资源信息化发展形势，并制定了未来 2 - 3 年的具体行动计划，为自上而下全面统筹国土资源信息化工作提供了纲领性文件，也为编制《信息化“十二五”规划》和

"金土工程二期"筹划奠定了基础。《行动纲要》坚持"五统一"指导原则，提出了"三个一"发展思路，实施"六大提升计划"，开展"十一项"重点工程的建设思路。"三个一"，即一个国土业务网络体系、一个国土资源数据中心、一个综合业务管理平台；"六大提升计划"，即核心系统应用提升计划、信息资源整合提升计划、公共信息服务提升计划、评价监测能力提升计划、基础设施改造提升计划、分局信息化能力提升计划；"十一项"重点工程，即国土资源业务内网、中心机房环境改造、指挥监测中心、国土资源数据中心、综合业务管理平台、国土资源重大投资项目、综合决策支撑平台、信息服务平台、视频会议、信息安全体系、运维服务体系等建设工程。

（谢俊奇 尹岷）

【市国土局网站群建设】 北京市国土资源局将 17 个分局网站、市地质资料管理与服务网站、市土地整理储备中心网站整合到统一的网站群。在统一服务器、统一数据库、统一中间件的技术路线基础上，以统一管理模式推进了网站内容和功能优化，将公众关注度高的政务信息公示放在页面突出位置显示。加强对公众网上办事的指引，提供国土资源管理业务行政办事事项、办事程序、办事要件及办事结果的快速查询等服务。检查并完善办事指南的各类要素，加强各类行政事项办理表格及样表的下载服务。加强《常见问题解答》、《咨询互动》、《在线访谈》、《民意征集》等公众互动栏目建设。提供多项便民服务，包括手机网站、土地交易信息查询、地质资料管理与服务、国土资源信息订阅等，其《土地交易信息查询服务》栏目在市纠风办、市经济信息化委联合组织的市政府系统政务网站考评工作中被评为"2009 年度优秀网上服务项目"。

（谢俊奇 尹岷）

北京市环境保护局

【概述】 北京市环境保护局（简称市环保局）环境信息化建设发展过程经历了自主建设、规划实施、资源整合三个阶段。2007－2009 年，《北京市环境保护局信息化建设三年规划（2005－2007）》开始实施。该《规划》将信息化建设范围由北京市环保局拓展到北京市环保系统，并以环境管理核心业务为基础，以实现全市环境业务数据集中管理为目的，以实现环保信息资源共享为目标，构建了全市环保系统信息化建设总体框架。截至 2009 年底，环保核心业务信息化支撑达到 88%，实现了全部行政许可事项（除 1 项不宜在网上申报外）的网上受理。电子政务综合信息平台、建设项目综合管理系统、12369 信访管理系统等多个市、区县两级共用系统的投入使用，基本实现了市环保局与各区县环保局环境管理核心业务的协同办理、核心业务数据的集中管理。2009 年，北京市环境信息化工作、基础能力和环境信息资源建设取得显著进步，环境信息化发展环境得到明显改善，业务应用系统建设、网站建设及人才培养等方面取得长足进展。市环保局被评为"北京市电子政务服务与应用优秀单位"，市环保局官方网站被评为"北京市优秀政务网站"，并荣获环境保护部授予的"全国省级优秀环保政府网站"称号。在第一次全国环境信息化工作会上，北京市环境信息中心被评为全国信息化工作先进集体。

（陈维敏 张有涛 陈海宁 刘子建）

【综合信息平台升级改版】 1－6 月，北京市环保局启动了北京市环保局综合信息平台升级改版工作。经过前期调研、需求细化、方案设计、程序开发等工作，改版工作定位于“局内办公、信息发布、综合服务、信息共享”。改版工作完成后，北京市环保局综合办公平台将初步整合现有环境信息资源和应用系统，为工作人员提供更加便捷的办公手段。

（陈维敏　张有涛）

【环境信息中心完善】 年内，北京市环境信息中心进一步完善了内部管理架构，设置了网络管理、运维管理、网站管理、安全管理、信息资源管理及网管助理 6 个岗位，明确了岗位职责，形成了分工协作、共促发展的工作格局。在新的管理架构下，增设了运维管理岗位，由专人负责信息化运维规划、运维预算编制、管理制度制订、运维监督、IT 资产管理等工作，进一步规范了北京市环保局信息化运维工作。

（陈维敏　张有涛）

【信息安全能力提升】 年内，北京市环保局信息安全工作以数据和网站安全为重点，按照“数据集中存储，服务集群管理”的要求，努力保障数据和服务的安全。一是增配了数据服务器，扩大了磁盘阵列的存储空间，根据使用功能划分现有存储空间，重新规划了信息资源的存储，并调整了现有应用系统、数据库的部署。二是建立了核心业务数据库的双机热备机制，增强了信息资源存储使用的可靠性。三是增加了网站后台管理服务器，借助网站系统软件、页面防篡改软件、防火墙软件的功能，实现了“动态维护－静态发布”的网站更新模式，进一步提高了网站防篡改能力。四是加强节假日及重大活动期间网络安全值守，通过网络巡检、供电设备调整、消防设备迁移等工作，保障了网络、网站、各应用系统的安全稳定运行和机房物理安全。

（陈维敏　刘子建）

【信息化制度和标准完善】 按照年度工作计划，在梳理现有规章制度基础上，结合信息化建设现状，搭建了管理制度框架，按照网络管理、机房管理、项目建设管理、门户网站管理、信息安全管理、运维管理、资源使用管理等进行分类细化、修订完善或重新制订。截至年底，基本完成初定工作，进入意见征求阶段。

（陈维敏　张有涛）

【环境信息资源管理深化】 年内，市环保局信息资源管理按照“环保业务可视化”要求，初步开展了整合市级层面的环保数据资源工作。以内网门户升级为契机，在北京市环保局综合办公平台上设置环境质量、污染源监管两个环境数据发布展示频道，动态展示北京市环境质量和污染源管理情况，初步实现市环保局主要环保业务数据资源共享。通过需求调研和确认，该项工作已进入实质性开发阶段。同时完成 2009 年度地理信息资源清查工作，并根据业务需要向市经济信息化委申请了“法人数据库”共享。

（陈维敏　刘子建）

【办公自动化系统升级改造】 年内，市环保局办公自动化系统改造项目启动，通过该项目的改造，提升了办公自动化系统的性能。系统与综合办公平台高聚合、低耦合，完善了公文流转模块，设计贴近市环保局实际工作流程。遵循市环保局信息化建设规划，从系统底层技术架构进行重新设计建设，优化前期系统。数据库结构设计合理，提高查询检索等数据处理效率。解决数据集成度低、系统不便维护等问题。

（陈维敏　张有涛）

【环保局网站改版】 年内，北京市环保局网站进行改版，改版后的网站主要在 4 个方面得到了提升：一是加大政府信息公开的力度，增加了“政府信息公开规章制度”、“环境应急管理”、“人事任免”等群众关心的信息。二是新增了在线服务种类，新增的“政府依申请公开信息网上申请服务”为公众申请政府信息开辟了新途径。三是加强了环境质量信息发布，采用图片、文字相结合等方式发布北京市水环境质量状况，使群众直观地了解水质情况。四是进一步加大政民互动栏目建设，新增的《局长信箱》和《在线访谈》栏目得到了社会公众的广泛关注，“建言献策”、“网上调查”、“热点专题”等方便群众参与环保的互动渠道，也收到了良好社会效果。

（陈维敏　张有涛）

【国庆节网络与网站值守】 市环保局进一步完善了相关安全应急响应预案，组织有关人员进行应急演练。聘请专业公司对网站进行安全加固，查找漏洞并及时修复。国庆期间组织信息中心全体人员对网络网站进行昼夜 24 小时不间断监控值守，实现了网络网站国庆期间无安全事故的工作目标，保证了国庆期间网络与网站信息安全。

（陈维敏　刘子建）

【IT 资源管理系统建设】 年内，市环保局系统梳理了信息化资产种类和数量、建立了信息化资产库，借助资产管理软件实现对信息化资产实施动态、全生命周期的管理，提高了设备使用效率和资源管理水平。

（陈维敏　刘子建）

北京市住房和城乡建设委员会

【概述】 年内，北京市住房和城乡建设委员会（简称市住房城乡建设委）积极拓展思路，优化资源配置，搭建完善房屋全生命周期平台、住房保障信息体系，升级完善市住房城乡建设领域监管信息系统，推进管理资源的整合共享，稳步提升信息化服务水平，提高办事效率，强化责任落实，规范信息化项目管理，建立市、区、街道三级住房保障信息平台。对北京市建设工程质量检测监管信息系统覆盖的全市范围所有见证取样检测机构的检测信息监管系统进行了全面升级。开展新办公楼的新机房建设及系统迁移工程，圆满完成了信息化建设的各项任务及国庆期间系统安全保障工作。

（北京市建设信息中心）

【住房保障信息平台升级】 年内，市住房城乡建设委确定建立市、区、街道三级住房保障信息平台工作目标。该平台覆盖保障资格家庭管理、保障房源管理、配租管理、配售管理以及查询统计等业务功能，一方面提高各级住房保障管理部门工作效率，另一方面及时向社会公众提供住房保障的各种公共服务信息。实现委内、外相关业务系统资源的共享与互联互通。实现保障资格家庭管理与权属交易系统、公积金系统、税务系统、民政系统的动态查验与提示，以保证保障资格家庭信息准确性。实现保障房源管理与工程基础数据库的对接，直接获取保障房开工建设信息，实时掌握建设进度。实现配租配售管理与房屋全生命周期平台对接，实时获取房屋楼盘表及房屋交易信息，确保房屋分配受惠于保障家庭。

（北京市建设信息中心）

【建设工程质量检测监管信息系统升级】 年内，对北京市建设工程质量检测监管信息系统覆盖的全市范围所有见证取样检测机构的检测信息监管系统进行了全面升级，实现了检测监管系统中所汇总的全市在建工程检测数据的真实性、完整性与及时性。通过对系统数据分析，实现对检测机构检测能力、检测方法及检测过程等全方位的监管，在最大程度上控制检测机构随意修改试验数据的行为，确保试验数据的真实性。防止检测机构以为委托方出具虚假检测报告作为竞争手段去承担检测业务，为检测机构营造一个公平、有序的竞争环境，促进检测市场健康、和谐发展。让监理单位通过检测监管系统及时获取到其所负责监理工程的完整试验数据信息，共同确保在建工程的质量。

（北京市建设信息中心）

【新办公楼计算机机房建设】 年内，市住房城乡建设委机关及部分事业单位迁移到新办公楼，并开展新机房建设及系统迁移工程：升级改造了机房环境系统、弱电系统、网络系统、主机系统。在网络新系统中核心设备与边缘设备实现了双万兆互联，提高了网络间数据交换速度。通过 VRRP 功能实现了双核心交换机的负载均衡；通过物理隔离网闸实现内外网的数据交换；通过防火墙实现访问控制；通过智能管理中心实现对网络系统的统一管理。运维监控管理平台实现了对网络、主机及数据库的综合监控。机房环境建设采用了弱电走线方式屏蔽强弱电之间的干扰，机房内安装 9 台空调机组并机，实现精密空调系统统一控制；保障机房内温度、湿度、粉尘的合理控制。强电引入了双线路保障电力供给，建设 400K 不间断电源系统。新系统将为全市建设系统信息化服务提供更加快捷、稳定、高效的服务工作。

（北京市建设信息中心）

北京市交通信息中心

【概述】 年内，北京市交通信息中心建成了轨道交通自动售检票、乘客信息服务等 10 多个应用系统。一是建设智能化轨道交通指挥中心，实现了 9 条轨道交通线路的网络化运营与调度。二是建成 5 个出租汽车 GPS 监控中心，开通“961001”、“96103”两个约车服务电话。三是建成六里桥省际客运信息系统，实现全市省际客运联网售票及费用结算。四是市政交通一卡通系统的电子收费服务已覆盖北京市全部公交车辆、轨道交通线路和部分出租车、停车场，截至年底，发卡已超过 2800 万张。五是建立了以现代化交通指挥中心为核心的三级指挥体系，覆盖全市路口 1535 处，实现交通信号统一控制。六是建成由视频监控、事件检测等组成的交通综合监测系统，实现了对主干路和快速路网交通状况的实时监控和交通意外事件的自动发现。2009 年，交通基础设施管理信息化水平显著提高。一是在全国率先建成省（市）级路网管理与应急处置系统，实现了公路巡查巡视管理、养护管理、应急处置等功能。二是建成了 365 条不停车收费车道，实现全市高速公路联网不停车收费。三是在主要进出京边界设置了一批治超站，实现市、区（县）、站三级治超视频监测、不停车动态称重。四是通过城市道路普查，建立了国内首个城市道路基础数据指标体系和城市道路基础数据库。五是建成交通行业网上审批系统等 20 多个应用系统，协同办公环境基本形成。六是实现所有行政许可和服务事项一口受理、网上办公、网上监察。七是建设交通执法处罚管理信息系统、移动执法监控指挥系统、交通执法车辆动态定位监控系统等。八是建成北京市交通安全应急指挥中心，整合了公共交通、轨道交通等行业 6000 多路视频信号，初步搭建了交通行业应急指挥和快速处置体系。九是建成了国内首个动态交通信息服务系统，初步形成网站、热线、调频广播、电视媒体、路侧可变情报板、动态车载导航仪、手机短信等多种交通信息发布媒介，面向出行者提供动态交通信息服务。十是推出了国内首款具有自主知识产权的动态车载导航仪，利用手机和导航仪实现了动态交通信息服务。

（孙宇星）

【市交通委系统网络安全保障体系建成】 5月，市交通委系统网络安全保障体系建设项目通过初步验收，其主要内容包括：完善市交通委、路政局机关办公楼内部网络的安全、管理及电力设备（如防火墙、IDS、UPS 等设备）。完成市交通执法总队的局域网安全加固建设，增加相应的安全、管理设备（如防火墙、IDS 等设备）。为市运输局下属城八区管理处增加网络、安全设备。为市交通委第二办公区、培训中心、宣教中心配备相应的安全管理设备。对交通委网站群进行相应的安全加固和设备迁移，保障网站的安全、稳定运行。形成统一的安全运行监控管理平台，对所有网络、安全设备可见、可控、可管。完成市交通委系统安全管理体系的制度建设，对管理、网络安全和日常维护人员组织进行培训，形成有效的安全管理体制和应急响应机制。

（孙宇星）

【交通行业科技创新大会举办】 7月15日，市交通委召开“北京市交通科技创新大会动员”，号召交通行业行动起来，加速交通科技发展，为“人文北京”、“科技北京”、“绿色北京”建设作出贡献。市有关负责同志、交通行业有关单位300余人参加了大会。副市长黄卫出席大会并讲话。

（徐硕）

【交通行业数据中心建设启动】 年初，北京市交通行业数据中心正式完成招标并启动建设。该中心计划整理数据元指标278项、资源数据项2795项、分析指标1161项。接入交通行业内外22个交通相关系统和数据库，包括路网管理与应急处置系统、北京市公路数据库、轨道交通指挥中心系统、市政一卡通系统、市郊公交智能调度系统、省级长途客运联网售票系统、交通执法处罚管理信息系统、北京治超信息系统、GIS 地理信息系统、浮动车系统、北京市法人库等系统和数据库，覆盖基础设施、交通运输、交通执法、交通应急等相关交通业务。

（周一新）

【市交通委 OA 升级改造启动】 OA 升级改造项目包括协同工作平台建设及办公自动化系统功能开发，实现了市交通委统一身份认证系统及用户的统一管理。系统制作市交通委、路政局、运输局、执法总队4个单位数字证书（电子公章），将实现组织机构和用户的同步，为各业务系统提供真实可信的用户数据。构建市交通委内网门户，实现信息集中展示，并根据4个单位的个性化需求设置首页栏目。依据用户权限实现了业务系统的单点登录，统一身份认证系统，门户系统的建设，初步搭建了协同工作平台。OA 系统升级实现了公文管理、信息管理、会议管理、督查督办4个主要功能模块以及领导办公和职员办公的人力地图、短信管理、信息撰写等功能，并在原有基础上完善了工作流程，丰富了系统功能。

（王家川）

北京市水务局

【概述】 年内，北京水务信息化工作紧紧围绕国庆 60 周年保障工作和水务中心业务，以“抓应用、促共享、保安全、重绩效”为切入点，加强信息化统筹管理，促进信息系统应用深入，推动数据资源应用最大化，促进行政办公高效化，全力支撑水务管理的精细化。北京水务基本实现了信息化工作重点，实现了“三个转变”，即从“重信息化项目建设”向“强化运行维护、确保网络信息安全”转变，向“加大应用推广，确保应用实效”转变；从“重信息资源建设”向“资源建设与共享并重”转变，向“打造数据精品，提高资源效能”转变；从“重信息化基础设施建设”向“提高统筹管理能力与服务水平”转变，在提高资源整合利用与促进信息共享、深化电子政务应用与服务、加强统筹管理与保障等方面取得了明显进展。

（丁晓嵘）

【市水务局领导调研水务信息化工作】 2月1日，北京市水务局副局长张寿全、潘安君到北京市水务信息管理中心对水务信息化工作进行调研，听取了中心主要负责人关于单位的基本情况、水务信息化建设成果以及近期工作设想的汇报，并对全市水务信息管理工作提出了要求。

（张桂鸿）

【市水务局领导调研水资源与水务信息化工作】 2月12日，北京市水务局副局长张寿全率水资源处、科教处、信息中心、设计院、水科所、市水文总站、市水保总站等部门技术负责人到中国科学院地理资源所就北京市水资源与水务信息化工作与中国科学院地理资源所副所长葛全胜、周成虎和中国科学院资源与环境信息系统国家重点实验室学术委员会主任、院士孙九林等领导同志和科研人员进行座谈和交流。

（李恒义）

【水资源配置管理系统获奖】 2月26日，在“2008 信息北京十大应用成果颁奖大会”上，由北京市水务信息管理中心承建的北京市水资源配置管理系统荣获“2008 信息北京十大应用成果入围奖”。该系统按照“实施最严格的水资源管理制度”、“管理水资源要像财政一样实施预算管理”的要求，设立北京市水资源“收支账”，从宏观到微观、由浅入深地展示北京市水资源配置现状，为优化水资源配置和科学决策，提高水资源管理水平提供了先进手段，充分展现了水务信息化建设和应用推广水平。

（焦志楠）

【水资源配置管理系统交付使用】 4月1日，北京市水资源配置管理系统正式交付市水务局水资源管理处使用，投入生产运行。

（张小娟）

【全国水利信息化工作会议】 4月18日上午，全国水利信息化工作会议在上海召开，北京市水务局局长程静参加会议并做了题为《全面推进水务信息化建设，确保奥运水安全和城市运行安全》的典型发言。

（张小娟）

【《北京市水务信息化项目建设与运行管理办法（试行）》颁布实施】 7月，北京市水务信息管理中心编制完成了《北京市水务信息化项目建设与运行管理办法》初稿，并在全局范围内广泛征求意见。11月9日，《北京市水务信息化项目建设与运行管理办法》顺利通过市水务局科技教育处组织的由市水务局总工程师陈铁、水利部信息中心副总工程师辛立勤、市经济信息化委副调研员朱浩东组成的专家审查。

12月30日,《北京市水务信息化项目建设与运行管理办法（试行）》正式颁布实施。

（张小娟）

【卢三段自动化管理设施工程验收】 7月19日，永定河（卢沟桥至三家店段）生态环境综合整治工程自动化管理设施工程（简称卢三段自动化管理设施工程）建成投入试运行。8月28日，进行合同工程竣工验收。该工程总投资812.55万元，对卢沟桥橡胶坝上、下游水位进行自动监测，对重点部位进行图像监视和安防监测，便于河道和水工建筑安全管理。通过自建光缆实现永定河管理处、指挥调度中心和各管理所、闸站的通信连接。在永定河指挥调度中心进行会商室及指挥调度室建设，以确保为永定河流域的防汛安全及水务管理提供可靠的工作环境。在永定河指挥调度中心建设数据库系统，集中、分类存储自动采集的闸门、橡胶坝等水利工程相关数据、人工上报的信息。共享来自水务局中心的数据，实现管理处的业务数据统一维护管理，规范业务管理方式。建设了永定河管理处综合信息管理系统，包括基础信息服务、防汛、水资源、水利工程、绿化、水政监察等业务应用系统。完善了滞洪水库管理所以及苇子水水库避雷接地及电源雷电防护，充分保证了系统的避雷安全。

（史明）

【水务信息化资产普查试点工作启动】 9月11日，北京市水务信息化资产普查工作正式实施。普查资产分为硬件和软件两类，其中硬件资产包含各种网络硬件设备、存储设备、通信设备、监控设备、会商设备和视频设备以及机房基础设施。软件资产包含各种购置软件和开发软件。本次启动的资产普查试点单位包括信息中心、密云水库管理处、东水西调管理处、水文总站和水电中心共5家单位。

（李玉英）

【《北京市水务局空间数据建设与应用规划》通过评审】 12月11日，北京市水务信息管理中心组织完成的《北京市水务局空间数据建设与应用规划》顺利通过专家评审。该《规划》明确提出采用集约化建设的原则，建设水务“一张图”、“一个库”、“一个服务平台”，统一了空间数据坐标系、数据格式、技术架构等技术规范，为水资源水环境、防汛抗旱、水利工程、供水排水、节水管理、郊区水务等业务的空间数据应用建设指明了方向。通过北京市水务空间数据规划，实现水务局空间数据建设的统筹规划，全面指导水务局空间数据建设，提高水务局空间数据应用深度，提升水务局空间数据管理与应用水平。

（杨朴）

【南水北调中线京石段应急供水信息化系统工程通过初验】 12月10日，南水北调中线京石段应急供水信息化系统工程通过初验。该工程总投资334.35万元，采用通信、计算机网络、仪表、视频监视等现代工业控制技术，实现北京段应急供水期间所必需的水量及工程重要信息采集、信息处理、调水管理工作自动化，为应急供水工程稳定、高效、科学、安全运行提供保障。该工程建设了5处视频监视点、3处水情自动采集点，实现对视频、水位、水温、雨量和流量等信息实时采集。在南水北调调水中心构架了计算机局域网，建设了会商室，配置了LED显示屏，实现信息的实时显示，满足调水中心会商工作需求。开发了南水北调应急供水应用系统软件，实现对供水、工情等数据的分类整编、集中存储、综合展示、统计分析、报表服务等，为日常供水调度工作提供了服务平台。

（万烁）

【京津沪渝信息化交流研讨会】 10月22日，市水务局总工程师陈铁主持召开了京、津、沪、渝四直辖市信息化交流研讨会。水利部信息中心、天津市水务局、上海市水务局、重庆市水利局、北京市水务信息管理中心围绕信息系统的应用推广、数据资源的开发利用与管理、信息化项目建设管理等内容进行交流研讨。

（张亮杰）

【推进信息化应用研讨会】 11月11日，市水务局召开推进信息化应用研讨会，全面总结了“十五”以来水务信息化建设发展的经验，探讨了推动水务信息化应用和促进水务信息资源利用的措施。全局30余个单位（部门）的负责人参加了会议。

（刘建国）

【市水务局网站荣获“水利行业优秀政府网站”称号】 12月15日，在水利部召开的水利行业网站表彰大会上，北京市水务局网站荣获2009年度“水利行业优秀政府网站”称号。该奖项由水利部办公厅与水利部信息化工作领导小组办公室联合设置，由第三方专业测评机构从信息公开、在线服务、公众参与、网站设计、网站管理5个指标项对全国几十家水利行业政府网站进行评测。北京市水务网是水务政务公开的重要窗口，通过《领导信箱》、《信息咨询》、《业务投诉》和《民意征集》等栏目增强政民互动，全年主动公开信息489条，同比增长18%；网站访问量突破85万人次，同比增长84%。

（杜静）

【城市重要水源及影响区域污染预警系统建设完成】 10月，北京城市重要水源及影响区域污染预警系统建设完成。该项目投资总额为5134万元，在北京重要供水水源及影响区、取水口建立广谱预警系统，形成由两道预警防线、三级监测方式、三级管理预警机制组成的一套适合城市管理需要、完善的城市水源地水质监测和水源影响区域生态环境监测预警系统。两道预警防线，即第一道防线——御污染于水源地之外，第二道防线——御污染于取水口之外。三级监测方式，即第一级为实时在线监测，第二级为移动监测车，第三级为实验室分析。建立了三级管理预警机制，即三级单位监控、二级单位确认、一级单位决策。该项目建设提高了水质的检测速度、对水污染事件及时处置的快速响应能力和供水的安全保障能力，荣获“2009信息北京十大应用成果”奖。

（李晓梅）

【怀柔应急备用水源自动化系统控制工程投入试运行】 12月3日，怀柔应急备用水源自动化系统控制工程完成竣工验收。整个工程由1个监控中心、21个水源井监控站和7个水位井监控站组成，主要包括：在监控中心建设2（行）×2（列）DLP一体化显示单元，作为集中信息显示的交流平台，可以将各种监控系统的计算机图文信息和视频信号等进行集中显示，对实时调度、会商决策及信息反馈起到了重要作用。在21个水源井监控站、7处水位井监控站通过PLC监控终端及各类传感器组成监控采集系统，实现在监控中心对下属各水源井站水泵的远程控制以及对水源井水位、管道压力、变频器参量、配电参数、供水量等数据的远程监视。在监控中心与井房间通过无线网桥技术建立网络连接，实现视频监控、应急对讲报警信号的传输，随时掌握水源井的现场动态，实现了怀柔应急水源供水的精确供给、合理供给、科学供给，安全供给。

（毕振华）

北京市卫生局

【概述】 年内，北京卫生系统围绕国庆安全保障、推进医药卫生体制改革等核心工作，大力加强信息化工作，取得显著成效。北京卫生信息网健康专题栏目更名为“健康e站”，创建品牌栏目，提升服务意识，整合现有资源，丰富和加强政府卫生网站的公共信息服务，在第四届中国特色政府网站评选活动中获得中国社会科学院信息化研究中心颁发的“品牌栏目奖”，市行业纠风办、“首都之窗”颁发的“优秀栏目奖”。市公共卫生信息中心获中国计算机用户协会颁发的“中国电子政务运维管理优秀实践奖”、北京市保障国庆60周年信息安全先进单位。市卫生局免疫规划信息系统获北京市经济信息化委等颁发的“信息北京十大应用成果奖”，并成为首都医科大学卫生管理与教育学院卫生与医学信息管理学系教研室及教学科研基地。继续开展卫生信息化项目前置统一评审工作有利于信息化项目统筹规划，避免重复和盲目建设。以卫生监督执法信息系统绩效考核为试点，探索了卫生信息化项目的绩效考核评估方法和机制。推进社区卫生服务信息系统、新农合信息系统、计划免疫系统、卫生监督执法等重点应用系统建设。新社区卫生信息系统完成3个试点区县建设任务，建立社区居民电子健康档案100余万份并通过初验。围绕国庆60周年信息安全保障，完善信息安全的监控体系和保障体系，加强信息安全检查、应急值守、安全演练等，全面提高信息安全防护能力，确保了网络、基础设施、应用系统、网站、数据的安全。

（张世红）

【北京市卫生行业信息安全检查】 年初，市卫生局与市公安局联合印发《关于北京市卫生行业信息安全检查工作的通知》（京公网监字〔2009〕226号），对北京市卫生行业开展信息安全联合检查进行部署，各区县卫生局与公安局对辖区内医疗机构的信息安全进行自查。4月21日至5月15日，市公共卫生信息中心与市公安局文保处组成联合检查组对北京市卫生行业8家单位信息安全进行了抽查。检查组重点检查了各单位信息安全责任制落实情况、信息系统等级保护工作落实情况及国庆信息系统安全保障工作落实情况，对发现问题提出了整改意见，并以书面形式进行了反馈，各单位根据检查结果的反馈意见进行了有针对性的整改。市公安局网监处领导带队对相关单位国庆信息安全保障工作进行检查，对发现的安全隐患、漏洞等风险提出技术整改和管理措施，并限期整改，最大限度地降低网络与信息安全风险。

（郑攀）

【信息员备案制度建立】 5月起，北京卫生信息网开始实施信息员备案制度。要求市卫生局所有处室及其他网站信息提供单位确定一名信息员，并在市公共卫生信息中心网站部备案，由中心统一配发邮箱进行信息报送，对于采用非统一配发邮箱报送的信息不再发布。

（杨小冉）

【卫生信息管理学学历教育启动】 5月23日，首都医科大学卫生与医学信息管理学系成立仪式在首都医科大学举行。该系旨在通过本科、研究生以及在职教育等不同层面的教育，培养面向管理、面向百姓服务、面向未来，具备足够科研、信息管理及服务能力的信息管理人才，促进首都卫生事业信息化水平的提高。同时，北京市公共卫生信息中心也成为首都医科大学在卫生信息化方面的科研教学基地。通过双方合作，既可培养大量的卫生信息管理人才，又可开展相关研究，提高卫生信息资源的利用率和利用水平，对促进首都卫生事业信息化水平提高具有重要意义。

（纪京平）

【《医院门急诊信息系统功能规范》编制】 7月，《北京地区医院门急诊信息系统功能规范》编制正式启动。该《规范》旨在满足管理部门和医院对门急诊信息采集不同层次的需求，制定符合多方要求的门急诊信息系统建设规范。

（单既桢）

【卫生信息安全值守】 8月，市卫生局召开全市区县卫生局信息安全工作会，要求各区县认真做好卫生行业信息安全工作，全力保障60周年国庆期间信息安全，并提出国庆信息安全保障应急值守具体要求：9月1日至10月8日，信息中心除安排24小时值班外，增加一名网络管理部技术人员值班；9月25日至10月8日，重要系统承建商驻场值守，专家和信息安全服务商成立应急响应小组作为二线技术支持队伍；开发了网上零报告系统，自9月25日起，全市卫生行业实行信息安全事件零报告制度；每日0：30前，将前一日卫生行业信息安全情况报市网络与信息安全协调小组值班室。

（郑攀）

【卫生信息系统应急预案】 年内，市公共卫生信息中心网络管理部针对各信息系统建立了完善的《卫生信息系统应急预案》，各医疗机构也制订了本单位信息系统的《应急预案》。从3月起，市卫生局每月组织1次6个重要信息系统的应急演练，市公共卫生信息中心进行了两次信息安全突发事件处理的演练。8－9月，各医疗机构结合本单位《应急预案》进行至少两次信息系统安全演练，并针对发现的安全隐患、漏洞等风险制订了技术整改和管理措施。

（郑攀）

【网站日常监测机制建立】 10月起，建立了网站日常监测机制，并每周整理违法网站监测报告。截至年底，发现违法网站132家，主要问题是含有不健康信息、扩大宣传效果等。

（杨小冉）

【电子政务绩效考核】 年内，以卫生监督执法信息系统为试点，探索信息化项目绩效考核评估方法和机制。通过对卫生监督执法信息系统服务提供者、信息系统和服务接受者三个维度的内容考核评估，找出存在的问题及与建设目标的差距。考核以访谈和调查问卷形式开展，对9个区县卫生监督所进行了访谈，并向全市卫生监督员全面发放、回收调查问卷1076份，随机抽取188份问卷进行统计整理，形成绩效考核评估报告，提出7项绩效考核评价和4项建议，对于确保项目投资有效性、提升项目应用绩效具有重要的作用。

（张世红）

【项目前置审核评审】 按照《北京市卫生信息化项目建设管理办法》（京卫办字〔2008〕107号），对卫生信息化项目的前置审核32项，其中市属医院信息化项目13项，涉及资金1.0772亿元；公共卫生及其他方面信息化项目19项，涉及资金4722万元。

（张世红）

【新社区卫生服务综合管理信息系统安全建设试点】 年内，市卫生局积极落实北京市新社区卫生服务综合管理信息系统的三级安全等级保护，着重建立系统的安全防护能力、隐患发现能力、应急处理能力以及系统恢复能力。截至2009年底，完成了西城区、朝阳区、顺义区3个试点区县的信息系统安全建设。

（郑攀）

【网站测评考核体系完善】 网站测评方式首次引入单位自评及互评模式，测评 80 家单位网站的院务公开、在线服务、医患交流等方面情况。编写测评报告 55 份，其中区县卫生局网站综合平均得分 66 分；医疗机构网站综合平均分为 64.4 分；卫生部门网站综合平均分为 68.8 分，各类网站总体平均分达到了及格水平。

（杨小冉）

【网站前置审批及监管】 根据卫生部《互联网医疗保健信息服务管理办法》，对北京互联网医疗保健信息服务审核进行优化，同时开通了网上申报平台。全年审批网站 111 家，同比提高 10%。

（杨小冉）

【网上服务整合】 通过整合、共建等方式建立社区服务机构导航、新生儿疾病筛查（改造）、网上献血预约等公众关注度较高的网上服务。

（杨小冉）

【信息安全保障强化】 年内，北京市公共卫生信息中心建立了信息安全保障工作机构，成立了信息安全保障工作领导小组。各单位按照“谁主管谁负责、谁运行谁负责、谁使用谁负责”的原则，严格落实领导责任制，要求主要负责人要亲自过问信息安全工作，听取情况汇报，研究解决重大问题。分管领导要靠前指挥，督促落实信息安全规章制度，及时协调处理重大信息安全事件。建立健全信息安全工作机制，明确工作机构，加强安全手段建设，提高安全保障能力。进一步落实信息安全责任制，把责任具体分解到科室、岗位和人员，层层分解任务，层层落实责任，层层抓好落实，确保领导到位、机构到位、人员到位、责任到位、措施到位、监管到位。

（郑攀）

【卫生人力资源管理信息系统应用】 年内，市卫生局组织医师协会、人才考评中心等相关用户开展了人力资源管理信息系统需求调研，建立完整的医师、护士等医疗技术人员的动态的管理系统及全市医师多地点执业管理和医师定期考核管理等系统，为医政、人事、科教等部门服务。先后完成《市卫生人力资源信息共享主题目录业务事项表》和《市卫生人力资源信息共享主题目录资源表》，梳理建设卫生人力资源信息共享平台系统所需的业务事项 50 项、资源项 41 项、数据元 1205 个，形成了《市卫生人力资源数据现状分析报告》、《市卫生人力资源信息共享分析报告》。

（史森）

【社区卫生服务中心接入政务外网】 市公共卫生信息中心按照《北京市公共卫生信息系统总体规划》，结合社区卫生信息化建设项目的要求，制订了将 320 个社区卫生服务中心接入政务外网工作方案。市卫生局负责统一采购广域网接入设备及设备维护，年底已完成设备发放与安装调试工作。

（郑攀）

北京市审计局

【概述】 年内，北京市审计局以科学发展观为统领，以人文审计、科技审计、和谐审计为指导，以信息技术应用为重点，立足于审计和信息化的发展形势，立足于审计项目管理改革和审计作业模式的创新，立足于北京审计自身特点的实际，锐意进取，扎实推进信息化建设，有效促进了审计监督“免疫系统”作用的充分发挥，进一步强化信息化人才队伍建设，切实加强审计项目管理，强化审计质量，提高审计效率，全面提升市局及区县审计机关审计信息化的整体水平，不断促进和服务审计工作实现跨越式发展，以优异的成绩向新中国成立 60 周年献礼。

（陈应兵　田博庚）

【服务器监控软件】 9 月，市审计局计算机中心有 34 台服务器部署了维信通 SysExpert 监控软件，凭借着该软件易用性强、上手简单等特点，很快得到了计算机中心人员的青睐。通过 SysExpert 在多个客户的 IT 环境中的应用，为远程维保服务的技术人员和现场工程师准确判断故障进行维修提供及时、准确的信息，做到及时发现并解决问题，准确定位，使技术人员有准备的进行故障处理，从而提高系统维护服务的质量，减少运营成本，降低维护风险。

（孙磊）

【审计信息管理系统通过验收】 12 月 2 日，北京市审计局审计信息管理系统建设项目通过专家组验收，具备上线运行条件。通过 8 个预算执行审计项目和 22 个审计调查项目的应用表明，该系统安全、平稳，实现了既定的目标。一是强化了审计项目管理及审计项目全过程质量控制。二是转变了审计模式及组织方式。三是规范了审计基础及审计业务流程。四是提高了审计质量、审计执行力和工作效率。五是积累了审计经验，实现了资源共享，为该系统正式上线投入使用打下基础。专家组认为该项目建设符合市发展改革委批复要求的内容，实现了对审计项目全过程控制的管理理念和四级责任制的管理要求；系统功能和性能达到了合同规定的技术指标，系统质量合格；项目资金使用合理，管理规范，验收文档齐全。

（陈应兵　田博庚）

【北京审计信息管理系统（区县版）应用】 年内，北京市审计局审计信息管理系统区县版开发，并在大兴、丰台、石景山、房山 4 个区县审计局的 9 个审计项目上进行了试点运行。10 月，系统（区县版）正式在区县审计机关推广应用，并分二批组织实施。2009 年完成第一批 8 个区县局（崇文、宣武、海淀、昌平、顺义、通州、延庆及亦庄开发区）审计局的应用工作，其余区县审计局将于 2010 年完成推广。北京审计信息管理系统（区县版）的推广应用促进了全市审计机关的审计项目管理、审计项目全过程质量控制及审计信息化水平的整体提升，进一步推动北京市审计事业向更高层次发展。

（陈应兵　田博庚）

【审计机关视频会商系统建成】 年内，北京市审计局依托北京市电子政务外网进行市审计机关视频会商系统建设。该系统的建成和投入使用实现了国家审计署、北京市审计局、19 个区县审计局之间的视频会议、远程教育、业务会商等应用。系统试运行表明，视频系统图像、声音传输质量均达到了设计和使用要求，节约了成本，提高了效率，为服务审计提供了新的信息化支撑。

（陈应兵　田博庚）

【计算机辅助审计工作展开】 年内，全市审计机关组织实施了 850 个审计项目，应用计算机辅助审计的项目有 438 个，其中 338 个项目应用了国家审计署 AO 软件，100 个项目应用了广联达等其他类软件。全市审计机关撰写 AO 应用实例 42 篇（其中市审计局 10 篇、区县审计局 32 篇），经评选，推荐 36 篇参加审计署评选活动，同比增加 17%。计算机辅助审计的应用创新了审计模式，使过去手工方式想审而无法审的项目变成了不仅能审，而且可以审深、审透项目；扩大了审计范围和审计深度，促进了对海量的业务数据、财务数据以及业务数据与财务数据交互的审计，为提高审计质量和审计工作效率，提供了信息技术支持和保障。

（陈应兵　田博庚）

【信息化人才队伍建设】 年内，市审计局以突出应用为出发点，围绕审计署计算机中级培训、AO 认证培训等多项内容展开人才队伍培训。举办并完成了对 44 人为期三个半月的审计署计算机中级培训。完成了对 174 名审计人员的 AO 培训，受培训人员 100%通过审计署 AO 认证考试。市审计局审计业务人员全部进行了京 OA 的应用培训，区县审计局 330 名一线审计业务人员进行了京 OA 应用培训，培训比例达 60%。截至年底，北京市审计机关取得审计署计算机审计中级资格的 158 人（其中市审计局 90 人、区县审计局 68 人）。通过审计署 AO 认证考试的 261 人（市审计局 87 人、区县审计局 174 人）。

北京市地方税务局

【概述】 年内，北京市地方税务局以实现“保增长、保民生、保稳定”为目标，围绕两条主线、构建一个保障、建设五型机关、实现三个满意等要求，积极落实“加强领导干部作风建设，推进优化地税发展环境，确保税收增长年”活动的任务和措施，认真开展“做国家利益的忠诚卫士”主题教育周活动。以信息化建设为手段，全面提高服务水平和征收效率，为地税信息化事业科学发展提供了体制机制保障、人员保障和技术保障，全面提高了为纳税人服务、为基层服务、为领导服务的水平。

【核心征管系统告知功能上线】 4 月 21 日，北京市地方税务局核心征管系统告知功能的完善程序成功上线。该功能对纳税人的告知内容由 350 字增加到 1000 个汉字（2000 个字节），信息容量扩大到原来的近 3 倍，增加了纳税人阅读情况的记录，变原来的单向告知为税企互动，增加了纳税人 400 个汉字的反馈内容，提供对纳税人已读、未读和反馈内容的查询，并通过数据回放提供区县分局应用。截至年底，全市累计发布告知信息 18.4 万户次，纳税人阅读 11.8 万户条，反馈信息 7254 条。

（崔犇）

【契税条码扫描系统上线运行】 4 月，北京市地方税务局核心系统契税征收管理业务采用电子条码扫描数据采集方式正式在全市所有契税征收窗口上线使用，并取得良好效果。一是与市住房城乡建设委实行房屋交易涉税数据信息共享，利用市住房城乡建设委的房屋交易信息，完善房地产税源数据库中的房屋交易信息，保证了契税申报数据的准确性和一致性。二是利用市住房城乡建设委的存量房网上签约数据，为房地产税收一体化工作涉及各税种的征收工作提供基础信息，堵塞征管漏洞，强化税源监控工作。三是利用条码扫描技术采集市住房城乡建设委打印的带有条码的房屋交易信息表信息，通过与市住房城乡建设委信息共享和应用集成，实现契税征纳双方“双减负”，有效地解决了批量办理业务存在的重复录入、程序复杂、等待时间长等问题，进一步优化了契税征收缴纳环境。截至年底，共完成契税征收窗口扫描申报征收业务 34.73 万笔，计 82.08 亿元；批量受理契税业务 7.5 万笔，计 19.48 亿元。

（崔犇）

【信息安全检查和巡检工作】 4 月起，市地方税务局组织专业技术人员对市局和 22 个区县局的网络与信息安全管理、安全技术及国庆 60 周年信息安全保障准备工作进行现场全面安全检查与评估，各区县局对发现的问题进行及时整改。从5月份开始，市地税局从信息安全体制机制、组织、制度建设、责任制落实、等级保护和应急处置等方面进行了全面自查，对发现的安全隐患进行及时整改，并编写了《2009年北京市地方税务局信息安全自查报告》和《北京地税网络与信息安全自查报告》，上报国家税务总局和市经济信息化委。

（张波）

【重要电子政务系统定级】 6月，市地税局按照国家税务总局和北京市关于等级保护的要求，向市经济信息化委提交重要信息系统等级备案材料，完成重要信息系统等级定级工作。经评定，北京市地方税务局核心征管系统、个人所得税系统、发票税控系统、tax861网站系统的系统安全等级定为3级，北京地税城域骨干网定为2级。

（张波）

【客户服务总线上线运行】 6月26－28日，市地税局实施北京地税客户服务总线上线，工商、统计、质监、国税等委办局和残联、车管所完成各自应用调整，为市地税信息服务总线面向业务功能提供服务的信息平台，为应用系统之间的互联互通和各系统间信息资源共享利用奠定了基础，率先在全国税务行业信息化建设实践了面向业务功能提供的服务。北京地税客户服务总线建设是北京地税综合服务管理信息系统完善优化及整合项目二期内容的一部分，其主要目标是整合各系统的数据交换及局内外系统之间点对点的数据交换，并为将来信息系统门户、数据利用等方面的整合提供扩展能力。

（崔犇）

【存储平台升级改造完成】 市地税局顺利完成存储平台升级改造，其工程涉及北京市地方税务局生产中心和容灾中心2个机房物理地点；覆盖核心征管、发票等7个主要应用系统和容灾系统，将市地税局机房和昌平灾备机房的存储设备分别升级到原存储容量的2.5倍和4倍，提高了信息系统存储平台的访问速度和效率，并满足了信息系统各项生产数据在未来六年的存储空间需求。特别是通过本项目重新规划，优化了北京地税存储平台的设计，形成了北京地税存储平台技术规范，为市地税局未来的信息化建设奠定了基础。

（崔犇）

【车船税保险代收代缴系统投入运行】 市地税局利用市交管局、市保险协会车辆信息的共享与交换，完成了北京地区24家保险机构在全市范围全面实行代收代缴车船税的推广使用以及保险机构按旬汇总缴纳系统调整，车船税预算级次调整。截至年底，保险代收代缴车船税84.84万辆、3.79亿元。保险代收代缴车船税系统的投入运行既方便纳税人缴纳车船税，节约征纳双方成本；也有效提高了车船税税款征收率和税源控管水平，阻塞了税源征管漏洞。

（崔犇）

【纳税申报无纸化】 市地税局按照“两个减负”和“优化地税发展环境，保障税收增长”的要求，制定《北京市地方税务局关于使用数字证书办理纳税申报的纳税人试行取消纸质申报资料有关问题的通知》。自7月1日起，凡参加试点的纳税人使用数字证书进行申报时将取消报送相应的纸质申报资料。按照2008年底纳税人的申报情况将至少惠及11万纳税人，减少180万份申报资料的报送和归档将大大节约纳税人的报送纸质材料的时间成本和社会成本，减轻基层税务干部整理档案、归档的负担和压力。

（崔犇）

【2009-2013年信息化建设战略规划】 市地

税局按照《北京市“十一五”国民经济和社会信息化发展规划》、《北京信息化基础设施提升计划（2009－2012 年）》的总体部署，以《北京市信息化促进条例》、《2006－2010 年北京地税发展规划纲要》为依据，遵照国家税务总局发布的技术标准和规范，在征询国家信息化专家咨询委员会专家意见基础上组织制订了《北京市地方税务局 2009－2013 年信息化建设战略规划》，作为市地税局未来五年信息化建设的纲要性指南，并通过市地税局专家组评审。专家认为，该《规划》目标明确，内容清晰，原则适度，实施步骤合理，符合北京地税业务信息化的发展需要，可以指导北京地税未来 5 年信息化建设。经市地税局领导批准，此《规划》已报送市经济信息化委备案。

（崔犇）

【技术标准和规范不断完善】 市地税局组织编写了《北京市地方税务局交易查询和统计分析分离规范》、《北京市地税局单点登录系统技术规范》、《电子档案标准和规范》、《北京市地方税务局 DS8100 存储使用规范》，制定了《北京地税信息化建设项目验收管理办法》、《北京地税数字签名与加密应用技术规程》、《北京地税税库行横向联网应用规程》，梳理、修订了《北京市地税局组织机构代码表》、《北京地税信息化建设业务需求编写规范》。从技术、业务和项目管理角度对信息化建设开发商、业务需求提出部门以及项目管理各个环节提出了更具体的标准和要求，使北京地税信息系统建设更加集约化、规范化。

（崔犇）

【应用系统维护管理工作】 年内，市地税局不断规范运维服务和管理流程，及时发现问题，及时排除解决故障，提高了运维管理质量。主要完成了核心征管系统、发票系统、个税系统、高端查询展示平台、技术支持呼叫中心、视频会议和后勤管理等系统的运行维护管理，排查解决应用系统故障 64 次，内、外部数据查询服务 119 次，处理反馈单 2015 张，受理技术热线 102,069 个，为广大纳税人和税务干部提供了良好的技术支持与服务。

（张波）

【突发事件应急预案不断完善】 市地税局按照“积极防御、综合防范”的方针，采用管理与技术相结合方式，完善总体应急预案和各专项应急预案，建立了信息安全事件应急处置报告流程，做到“第一时间发现问题、第一时间报告问题、第一时间解决问题”，逐步建立和完善了信息安全保障体系，为应对突发事件奠定了坚实基础，进一步提高了市地税局对信息系统突发事件的应对能力和系统风险的抵御能力。

（张波）

【电子政务运维试点工作】 市地税局根据市经济信息化委对电子政务运维工作要求和试点工作部署，成立试点工作组织机构，制定《北京地税电子政务运维实施试点工作计划》，向市经济信息化委提交《北京地税信息系统运维支撑服务系统立项报告》，组织开展各项运维自查工作，以保障北京地税电子政务信息系统稳定、安全、可靠运行，全面提升电子政务应用效益，实现信息系统运维管理服务的主动式、规范化和精细化。

（张波）

【国庆系统安全保障和运行维护】 国庆期间，市地税局制定下发了《安全保障总体方案》和《专项应急预案》，先后组织召开两次全系统专题部署会、一次全系统信息安全培训会，组织区县局召开 3 次片会。相继下发了 8 个相关文件和通知；对 24 个区县局进行了安全巡检、坚持 24 小时值班，发现并及时处理了 6 项系统故障，圆满完成了各项保障工作。

（张波）

【IT 基础设备和网络安全监控管理】 市地税局加强对 IT 基础设施和网络监控管理工作，发现和解决故障 193 次，未出现因设备故障及维修不及时影响业务系统正常运行的重大事件，保证系统安全的稳定运行。

（张波）

北京市工商行政管理局

【概述】 年内，北京市工商行政管理局（简称市工商局）在市委、市政府领导下，按照建设“三大格局、六大体系”的总体思路和工作部署，全面推进全局信息化工作，为首都工商事业保驾护航。3 月，随着新登记系统和数据中心的上线，“金网”二期工程顺利实现了预期目标，北京工商信息化基本形成了以“一个中心”、“两个平台”、“三类应用”为核心的总体应用体系。4 月，企业信用信息系统升级改造完成，强化了数据管理，增加了信用通知与信用统计功能。积极筹备、组织《2010 - 2012 年电子政务项目建设规划》编制工作，按照“总体规划、分步实施”的原则，明确了市工商局未来几年间电子政务的发展目标和指导原则，确定拟实施的电子政务重点项目范围，拟定重点项目建设计划，制定了相应的实施方案及保障措施。在国庆 60 周年庆典前后，市工商局充分借鉴奥运保障经验，采取 7 × 24 小时轮班值守的工作方式严防死守，对网站及各重要业务应用系统进行安全监测，圆满完成了国庆信息化安保工作。

【新企业注册登记系统上线运行】 3 月，市工商局新企业注册登记系统正式上线运行。新登记系统较原系统在结构和功能上有了很大变化。一是软件系统体系的变更，将原有系统的 C/S 结构改为 B/S 结构，解决了客户端程序分散、维护不便的问题。二是服务部署方式的变化，新系统只在市工商局做服务部署，实现了集中运算、集中存储、集中管理。三是对用户角色进行细分设置，进一步细化了用户、角色和权限，由登记部门统一管理，具有安全的用户管理机制，提升了系统的安全性能。四是基于流程对系统功能进行了完善，强化了业务流程管理，整合了企业类型和登记业务，提高了业务办理的正确性。此外，新登记系统设置了辅助审查规则，在系统中提供人性化辅助功能，同时优化数据结构，提高数据质量，实现了多元统计分析需求。重构后的金网登记系统增加了信息采集量，改变了住所、经营范围、企业类型等原有数据项录入方式，设置了企业特殊性的标志。

（程秀丽）

【数据中心建设项目竣工】 3 月，市工商局数据中心建设项目竣工并正式上线运行。该中心建立了从业务数据库到数据中心的数据抽取转换规则、数据中心到业务数据库的共享交换机制，初步实现了数据查询与下载、数据交换与共享、数据挖掘与统计这三大功能，可以实时集成企业登记、网格监管、案件管理、食品安全、商品质量、广告监管、投诉举报等各类业务数据，2009 年度数据总量超过 1.6 亿千万条。数据中心通过数据共享功能，实现了市工商局内部各业务系统数据的实时共享。数据中心通过数据交换功能实现了与北京市法人基础数据库、市地税局的跨部门的数据交换，利用所归集和整理的数据资源，开展灵活的统计分析和报表管理。

（程秀丽）

【2010－2012 年电子政务项目建设规划】 6月，市工商局着手组织开展《2010－2012 年电子政务项目建设规划》编制工作。为此，局信息中心指导各单位认真分析本部门业务职能与信息化的现状，结合系统当前状况、业务发展趋势和时间要求，提出未来 3－5 年本单位拟开展的电子政务建设项目，并按照统一模板的格式要求编写规划内容。10 月，《市工商局电子政务规划行动纲要（2010－2012 年）》的编制工作已基本完成，待进行专家论证后报市政府主管部门备案。

（程秀丽）

【安全体系优化】 市工商局启动内网网络优化改造工作，主要包括将核心层网络与接入层网络进行分离；为 400 余台内网办公电脑逐一更换 IP 地址，并进行 VLAN 划分，将办公电脑与服务器隔离。年底，网络冗余优化改造工作已基本完成；在保证系统稳定运行、平滑过渡基础上重新梳理了市工商局内网网络结构，减小了内网“广播域”。VLAN 划分使病毒攻击危害控制在更小的区域内，保持网络整体可用性。为市局中心机房全部服务器提供完全冗余的网络架构，显著提高了各个业务系统的安全性与稳定性。同时，市工商局和各分局都实现了互联网专线接入，市工商局互联网出口总带宽超过 80M。外网已经实现了统一出口，通过局域网访问外网，出口经过机房外网防火墙，有效保证了外网网络安全。

（程秀丽）

北京市质量监督局

【概述】 年内，是北京市质量技术监督局（简称市质监局）信息化建设承上启下、快速发展的一年，信息系统建设本着资源整合、信息共享、促进协同的理念，启动了综合数据服务平台、地理信息系统、移动执法系统建设。其中，综合数据服务平台是对市质监局多个业务系统在数据层面的整合，通过专业数据挖掘工具将各业务系统中的数据深度整合于平台，为数据展示系统提供接口服务，以提高对数据的综合利用。地理信息系统建于平台之上，把经过平台整合的数据进行空间化展示与分析，实现对监管对象的精细化管理。移动执法系统建在平台之上，利用手持 PDA 实现对市质监局行政执法案件、法律法规等信息的查询，以提高现场执法的有效性。业务系统便民改革进行了行政许可业务系统的改造，实现了市质监局承担的 27 个行政许可事项“18+1”窗口受理的新模式。政府网站全面改版，对网站的建设理念、栏目内容的分布结构、网站的易用性等方面进行了全新调整，使内容更加丰富，更加贴近百姓生活，在 2009 年北京市政务网站考核中被评为“优秀政务网站”。内部管理建设了“绩效管理系统”，实现了对市质监局机关各部门及公务员的工作实绩的评价，规范了市质监局绩效管理。市质监局与市经济信息化委牵头，会同市工商局、市民政局和市编办等部门共同建设了以各类法人审批单位的法人信息为基础、以组织机构代码为唯一标志的北京市法人基础信息数据库并实现资源共享，为北京市相关部门的业务应用、跨部门业务应用和宏观决策等提供基础数据支持与服务。同时，为国家法人基础信息数据库提供信息采集与储备支持，向社会公众提供基于法人信息的相关服务。

（王筱华）

【法人基础信息数据库验收】 1 月 9 日，北京市法人基础信息数据库通过验收。该项目由市质监局、市经济信息化委牵头，市工商局、市机构编制委员会办公室和市民政局共同建设。数据库是以各类法人审批单位的法人信息为基础、以组织机构代码为唯一标志、以完整、准确、动态更新为特征，初步实现以法人信息采集、处理、存储、更新、交换、服务为一体的规范化的北京市法人基础信息库。其主要内容包括：法人基础信息数据库业务管理系统，一个核心信息数据库和四个扩展信息数据库，二个核心信息镜像库以及相应的标准规范、安全系统和运行保障系统。

（宁博）

【移动执法信息系统建设】 4月，市质监局启动移动执法信息系统建设。其系统功能包括日常管理、法律法规查询、业务查询、移动执法等模块，分别实现了移动执法人员日常管理、涉及质量技术监督类别的法律法规的检索与查询、现场执法业务流程起始和质监各类业务信息查询等功能。该系统的应用为现场行政执法人员提供了丰富、准确的执法辅助信息，规范了现场执法工作流程，提高了现场行政执法有效性。

（王宁）

【质监局网站改版】 年内，市质监局网站全面改版，对网站建设理念、栏目内容分布结构和网站易用性进行了全新调整，使内容更加丰富，更加贴近百姓生活。《信息公开》栏目以统一规划、统一平台、统一管理、充分信息共享为指导，对现有网站群平台进行改造，有效地保证网站群政府信息公开的一致性、时效性、准确性。《栏目建设》在已具有业务咨询、投诉举报、业务申报、网上调查、民意征集等互动类栏目基础上继续改进，特别对《民意征集》栏目进行了全面调整，将其类型细分为业务工作意见征集、标准制修订意见征集和开放型意见征集 3 个模块，并有针对性地征集对市质监局业务工作意见，使网站建设与行政业务工作形成了相互促进、共同进步的良好局面，提升了市质监局网站的整体管理水平。在 2009 年北京市政务网站考核中，市质监局的网站被评为“优秀政务网站”。

（王健）

【绩效管理系统建设】 7月，市质监局启动绩效管理信息系统建设，并制定了《北京市质量技术监督局绩效管理办法》。该系统建设将对正确评价市质监局机关各部门及公务员的工作实绩，促进质监干部更好地履行工作职责、提高工作效能发挥积极作用，从而进一步提升公务员队伍的整体水平。

（李静）

【综合数据服务平台建设】 市质监局启动综合数据服务平台建设。通过专业数据挖掘工具将各业务系统中数据深度整合于平台，为数据展示系统提供接口服务，同时提供功能强大的各类整合业务信息的图表展示功能。通过对数据资源梳理，形成以机构、个人、设备为主线三大维度，关联整合了涉及计量监督、标准化管理、产品质量监督、食品生产监督、特种设备安全监察、认证监管六大业务领域的数据资源，为同期建设的移动执法信息系统和地理信息系统提供了全面的数据支撑。利用平台强大的报表服务功能对已建成业务信息系统中部分数据处理量大、数据结构复杂的报表进行优化改造，进一步了提高各业务信息系统的查询统计应用水平。

（王健）

【地理信息系统建设】 市质监局启动地理信息系统建设，利用地理信息技术实现空间数据的空间可视化分析。系统涉及计量监督、标准化、质量监督与管理、特种设备安全监察、行政执法等业务，包括业务信息展示、网格化管理、移动终端等 3 个子系统。其中，业务信息展示子系统实现对数据按照各种组合进行查询统计，查询方式有属性查询、空间查询、周边查询等；网格化管理子系统实现对管理对象的网格化管理，如行政执法检查部署、特种设备检验安排等；移动终端子系统是整个可视化系统的核心应用，它与移动执法系统相衔接，实现执法终端显示及执法轨迹的查询等。

（李静）

【行政许可业务系统改造】 市质监局在“18+1”窗口便民受理模式基础上进行了行政许可业务系统改造，包括网上申报、前台服务、业务流转、材料流转及监察等 5 个子系统。其中，申请人使用网上申报系统在线填写和打印行政许可申请书；窗口受理人员使用前台服务系统逐项核对受理要求，出具受理决定，实现表单化受理模式；评审人、检验人、办理人、审批人通过业务流转系统提交审查结果，出具许可决定，打印许可证照；材料流转系统确保窗口受理和送达的材料以专业物流模式被传递于“18+1”窗口和市质监局机关之间；监察系统用于实现许可工作流程监控、办理情况统计分析及服务情况评价。通过流程化信息管理模式实现工作过程的全面动态监控，确保行政许可工作有序运行。

（杨蒙）

北京市广播电影电视局

【概述】 年内，北京市广播电影电视局（简称市广电局）在保障局信息系统正常运行基础上大力加强信息化建设。一是按照《北京市信息化发展规划管理办法（试行）》要求，编制完成《北京市广播影视行业信息化发展规划（2010－2012 年）》和《北京市广播电影电视局信息化（电子政务）发展规划（2010－2012 年）》，为北京市广电行业和市广电局电子政务的发展提供了科学的规划依据。二是高度重视信息安全保障工作，健全体制机制，完善各类规章制度，适时开展安全应急演练，检查局机关办公设备，全方位保障信息系统和业务正常运转。三是不断提高工作人员信息化技能水平，购买信息化书籍，及时处理各类计算机故障。四是针对部分老旧的硬件设备和信息系统（包括信息安全产品、业务系统、网络硬件设备等）进行升级改造。五是根据新“三定”方案改版网站，及时公开单位与部门职能。六是组织办公自动化系统应用培训，全面推进无纸化办公。

【电子政务三年发展规划】 12 月，市广电局根据《北京市信息化发展规划管理办法（试行）》（京信息办发〔2008〕14 号）要求，对北京市广电系统行业信息化和电子政务信息化工作进行深入调研，在经过多次研讨并征询信息化专家意见后，完成《北京市广播影视行业信息化发展规划（2010－2012 年）》和《北京市广播电影电视局信息化（电子政务）发展规划（2010－2012 年）》编制工作。

（田杰鹏）

【部分应用系统升级改版】 8 月，市广电局对邮件系统进行升级，从 3.0 版本升级至 8.0 版本，堵塞了信息安全漏洞，协调法规处、电影管理处等单位，规范电影审批事项流程，升级改造行政审批系统，并保证了有关电影审批事项正常办理。9 月 30 日，为配合新“三定”实施，市广电局网站改版后正式上线，进一步扩充了网站信息容量和栏目数量，特别开辟了《电影电视剧动画片》栏目和《银幕上看祖国》活动专栏，信息更新速度明显提高。11 月 3 日，市广电局组织办公自动化系统（OA）使用培训，并对局领导进行专人一对一的培训，在与相关部门协调后，OA 系统于年底前正式上线运行，为机关无纸化办公提供了支撑。

（田杰鹏）

【北京市远郊区县数字广播开通仪式举行】 北京市远郊区县数字广播（DAB）开通仪式在密云县转播站举行。北京市副市长夏占义，总局科技司、市广电局、北京电台等相关负责同志参加了仪式。2009 年以来，市广电局利用房山、平谷、怀柔、密云、延庆五座广播电视无线转播站，建设了远郊区（县）数字广播（DAB）系统，扩大了数字广播（DAB）的覆盖范围，使远郊区县群众收听广播节目频道数量达到 16 套，标志着北京市在全国率先实现了全境广播数字化。

北京市新闻出版（版权）局

【概述】 年内，北京市新闻出版局在电子政务工作中，结合《"十一五"信息发展规划》及全市电子政务重点工作，制定了《北京市新闻出版局电子政务运维规划》，进行了数字出版信息中心系统升级改造项目，完成了前主流硬件设备升级，使用主流技术手段支撑业务及办公系统的主流应用。积极试用相关运维管理软件，建立运维管理数据库，为用信息化手段管理运维工作提供支撑。以确保国庆平安为契机，不断提升网络安全管理水平，从 5 个方面入手，切实保证局域网络与各业务应用系统安全。利用网站对外公布工作动态、行业资讯等各类信息 31 类 2300 多条。利用"在线咨询"、"网上举报"、"咨询信箱"、"服务反馈"等形式，处理在线咨询、举报信息、建议信息等共计 6000 多条。利用信息资源共享平台在各委办局之间共享数据 17 大项共 10,000 多条，更新"企业信用信息系统"中行业数据 3100 多条。网站电子地图系统提供北京地区报纸出版单位、北京地区发行企业、北京地区印刷企业等 16 个图层的 10,000 多条信息。提供涉及图书出版管理、报纸期刊出版管理、音像电子网络管理、印刷复制业管理等 9 个部门的 35 项行政许可和服务类事项网上全程办理。经过一年的努力，电子政务应用的深度和广度进一步加强，行政效能进一步提高，公共服务能力进一步提升，推进了新闻出版业电子政务建设的全面发展。

【数字出版信息中心系统升级改造】 年内，市新闻出版局完成了北京市新闻出版局数字出版信息中心系统升级改造。此次改造升级了当前主流硬件设备，实现了主流技术手段支撑业务及办公系统的主流应用，形成了与各业务系统高度整合的电子政务门户系统，使用先进的后台管理技术手段对业务流程进一步优化，使行政效能进一步提升，数据采集和分析能力、业务数据与统计数据使用的融合性进一步增强，进一步推动新闻出版局信息化应用向广度和深度发展，全年通过系统办理各种业务 64,700 多项，办结 54,500 余项。

（陈喆）

【信息化运维工作有序开展】 年内，市新闻出版局从 4 个方面推动运维工作有序开展。一是制定《北京市新闻出版局电子政务运维规划》，提出基本思路，制定总体规划。二是积极试用相关运维管理软件，初步建立起我局运维管理数据库，为用信息化手段管理运维工作提供支撑。三是不断完善各项运维制度，严格规范日常维护行为，提高运维管理的预见性和前瞻性，为提高运维管理水平提供制度保障。四是全面梳理运维资产，形成了包括网络设备、终端设备等在内的多个运维资产数据表，为运维管理工作奠定基础。

（陈喆）

【公共服务能力提升】 年内，市新闻出版局不断完善网站服务功能，全面提升公共服务能力。利用网站对外公布工作动态、行业资讯等各类信息31类2300多条。利用“在线咨询”、“网上举报”、“咨询信箱”、“服务反馈”等多种形式，处理在线咨询、举报信息、建议信息等共计6000多条。提供涉及图书出版管理、报纸期刊出版管理、音像电子网络管理、印刷复制业管理等9个部门的35项行政许可和服务类事项网上全程办理，全年办理业务64,700多项，办结54,500余项。利用信息资源共享平台在各委办局之间共享数据17大项共10,000多条，更新“企业信用信息系统”中行业数据3100多条，在新闻出版专用信息平台中提供19,000余条各类非法出版物信息的查询功能。网站电子地图系统提供北京地区报纸出版单位、北京地区发行企业、北京地区印刷企业等16个图层的10,000多条信息，以直观的形式展现北京地区新闻出版行业相关资源。

（陈喆）

【网络和信息安全保障取得实效】 年内，市新闻出版局以确保国庆平安为契机，不断提升网络安全管理水平，从5个方面入手，切实保证局域网络与各业务应用系统安全。一是对网站及信息系统进行安全检查并积极整改，消除系统安全漏洞和隐患。二是加大日常巡检与专项检查力度，安全关口前移，将安全隐患消灭在萌芽状态。三是修订完善应急预案并加强演练，提高妥善处理紧急事件能力。四是加强网络与信息系统安全的技术升级，适应安全形势需要。五是调集人力全力以赴进行安全值守，国庆期间实行24小时安全值守，确保国庆平安任务圆满完成。

（陈喆）

北京市文物局

【概况】 年内，北京市文物局信息中心作为市文物局信息化发展主体部门，担负着全局信息化发展的规划和建设工作，圆满完成了对官方门户网站、内部应用系统、机房运行等维护工作及市政府交办的信息化相关工作。5月，北京市文物局官方门户网站《北京文博》第三版正式开通，遵循政务性、时效性、知识性、高效性和安全性的原则，使用全新的技术手段，全面提升了网站对文物和博物馆事业的宣传、教育能力，并展示了文博工作者的风采。10月，市文物局信息中心会同局服务中心完成了文物局核心机房电路改造工程，扩大了使用面积，替换了安全设施，改进了监控体系，增加了信息设备，机房运行环境大为改观。国庆60周年期间，安排专人排查隐患、编制预案，修改了核心机房消防应急预案，完善了机房日常巡检制度。完成在线运行系统〔包括网上审批系统（包含OA）、电子地图系统、中远期规划项目库管理系统、资源共享交换平台、领导决策系统、档案管理系统、官方门户网站系统〕的安全等级测评，保证了市文物局信息化系统的稳定运行和电子政务工作的顺利开展以及国庆60周年期间局信息安全稳定，实现了市文物局信息化工作的稳定维护和工作目标。

（姚宇江）

【市文物局官方门户网站第三版开通运行】 5

月，市文物局官方门户网站《北京文博》第三版正式开通。第三版网站使用了全新的技术手段，在总体设计上遵循政务性、时效性、知识性、高效性和安全性的原则，重新整理、收录了新资源，设计了新的页面风格，突出了政务信息内容，开通了《文博信息》、《展览展示》、《招中标公告》、《文件通知》等栏目。在保留二版网站主体内容和优秀栏目的基础上，加强了网站对大型活动报道工作，延续了“国际博物馆日”和“中国文化遗产日”专题特色，制作了《全国长城调查》和《第三次文物普查工作》专题栏目，全面提升了网站对于文物和博物馆事业的宣传、教育能力，并展示了文博工作者的风采。

（姚宇江）

【国庆 60 周年信息安全保障】 市文物局信息中心为保证国庆期间各项系统安全稳定运行，修订了《核心机房消防应急预案》，完善了机房日常巡检制度，对机房进行安全隐患排查，确保机房的物理安全。认真排查服务器、网络设备设施，重新划分了文物局机关的 IP 地址。配合安全技术公司对在线运行系统进行了安全评估，修补了系统漏洞。配合机房检测机构对机房安全进行了评估。国庆期间，信息中心加强值班，强化思想教育工作，加强巡回检查，圆满成功完成国庆 60 周年期间信息安全保障工作。

（姚宇江）

【机房用电改造工程】 市文物局核心机房内部改造后，由于扩大了使用面积，替换了安全设施，改进了监控体系，增加了大量信息设备，因此，机房用电负荷有了较大需求。但是，原机房采用三路供电，且与办公用电混合，线路凌乱，管理复杂，用电的安全性和稳定性无法保证。局信息中心和服务中心经过多次协商与勘察，制订了核心机房 80 千伏安独立电路的铺设方案。10 月，市文物局核心机房 80 千伏安独立线路铺设完成，摆脱了与办公区域混用状况，保证了用电安全性和稳定性，使核心机房供电质量大幅度提升，运行环境大为改观。

（姚宇江）

【信息系统安全测评】 9 月底，由市文物局信息中心会同北京天融信科技有限公司开展的市文物局 2009 年信息系统安全测评工作圆满完成。测评的 7 个在线运行系统〔包括网上审批系统（含 OA）、电子地图系统、中远期规划项目库管理系统、资源共享交换平台、领导决策系统、档案管理系统、官方门户网站系统〕根据其重要程度将等级定位于 3 级系统 2 个，2 级系统 5 个，并向市信息办备案。对测评中发现的 200 余处各级漏洞，将逐一进行及时修补。

（姚宇江）

北京市统计局

【概述】 年内，全市统计部门深化信息化系统在各项业务中的应用。年初，开展了对全市重点行业、重点单位旬报调查，利用统计网报系统和电话调查系统收集反映企业生产、经营、财务等方面信息，快速反应北京经济状况，为有效应对经济危机、制定宏观调控政策提供了重要参考依据。在经济普查年，不仅顺利完成了经济普查数据采集工作，也使统计核心业务系统的数据采集能力得到明显提高。作为全市“四大基础库”建设之一的北京市宏观经济与社会发展数据库项目建设进展顺利，在实现跨部门重要信息资源整合、共享利用方面迈出了坚实的一步，统计信息资源整合与利用工作取得实质性进展。“北京市能源统计监测信息平台”项目建设进展顺利，该项目将在整合全市能源信息、加强能源统计监测、提高能源统计分析能力、共享能源信息资源等方面发挥重要作用，并不断推进新技术在统计业务中的应用。短信、语音提醒系统在年订报、经济普查中得到充分应用。CPI 手持数据采集系统的应用，促进了北京市价格采集方式的改革。粮食面积遥感统计实现业务化运作，并在准确性和方便性上取得明显效果。利用遥感技术手段加大查找地表动土工程的力度，为有效掌握工程项目进度发挥显著作用。

（王晓路）

【北京市宏观经济与社会发展基础数据库建设】 年内，北京市宏观经济与社会发展基础数据库（简称宏观库）一期项目开始建设，标志着统计信息化建设从统计核心业务的应用向信息资源的整合利用上转变。宏观库项目将是全市各部门的宏观经济信息资源库，也是反映北京市经济运行状况的重要信息资源共享、服务系统，它将会为市委市政府领导、市政府各部门和社会公众提供共享、发布服务，为各类研究人员提供信息资源的开发利用手段。2009 年，宏观库项目完成《需求分析报告》确认、机房改造工程、软硬件设备采购与系统集成、宏观库交换平台改造开发等内容。完成项目投资额 3268 万元。其中，建筑安装工程费 3067 万元，其他费用 201 万元。

（王玮）

【北京市第二次全国经济普查数据处理】 1 月，北京市统计局完成了在第二次经济普查正式报表数据采集中，27 万家普查单位、150 万张普查报表的数据采集、评估、上报等数据处理工作以及数以千计的汇总和出表工作。北京市第二次全国经济普查数据处理工作，采取街道乡镇、区县、市普查办三级数据处理的工作模式，按照“统一组织，分级负责”的原则组织实施。各级普查机构按照统一规定的工作流程和操作规范，使用统一的数据处理软件进行普查数据处理。

（王晓路）

北京市旅游局信息中心

【概述】 北京市旅游局信息化工作由其下属信息中心承担，职能为：建设和维护北京市旅游信息服务网络系统，采集、编制、发布旅游信息，提供旅游信息咨询、旅游救援与投诉帮助、票务预订等服务工作。2009 年，为应对国际金融危机冲击、喜迎国庆 60 周年，保持经济平稳较快发展，信息中心始终把服务和服从于全市“保增长、保民生、保稳定”的大局作为旅游信息化建设工作的出发点和落脚点，通过深化业务系统应用，不断加强行政效能，充分发挥了北京市旅游局指导行业工作、服务人民群众的职能。根据年度工作任务目标，市旅游局充分发挥电子政务对“三保”方针的支撑作用，有效利用资源优势，同多种媒体进行合作，实施了诸多旅游促销活动，大力促进了旅游宣传、营销工作的开展，有效拉动了内需、促进了消费。特别是面对国际金融危机冲击、甲型 H1N1 流感等不利因素影响，市旅游局信息中心通过综合信息技术的有效应用，使北京旅游行业的整体形象得以提升。同时，各项新举措的推出，有力地刺激了北京旅游市场，在拉动内需方面取得了明显成效。随着信息网络建设不断完善和应用系统建设步伐的加快，信息化建设在加强管理、转变职能、提高效率、促进生产、方便群众等方面发挥了积极作用。

（郑锋）

【市旅游综合信息服务系统通过验收】 12 月 24 日，市旅游局综合信息服务系统竣工并通过验收。该项目建设内容包括：门户网站及应用系统开发、设备采购与系统集成、机房改造工程 3 大项、18 小项，该项目的成功建设，使北京市旅游信息化工作迈上了一个新台阶。

（郑锋）

【市郊 10 个旅游咨询站建成】 4 月 29 日，10 个郊区旅游咨询站建设完成并投入使用。新建的 10 个旅游咨询站分别位于门头沟、房山、通州、昌平、大兴、平谷、怀柔和密云等 8 个区县，是市旅游信息服务网络系统中的实体组成部分，除满足游客旅游咨询服务外，还设置了游客休息、旅游代理、农副产品展示、投诉受理等综合服务项目。截至年底，全市旅游咨询站数量增至 66 个，年游客接待量达 140 万人次。

（郑锋）

【“全球最棒的旅游网”建设】 3 月 3 日，北京市副市长丁向阳到市旅游局调研时要求，要将北京市旅游信息网建设成为“全球最棒的旅游网”，让游客能在网站上获得实实在在的帮助。市旅游局信息中心抽调专人负责落实项目实施工作，先后组织了 5 次研讨会，进行了 10 余次商业网站调研，多次访问和研究国外先进旅游网站的运营模式。9 月，形成了“全球最棒旅游网”建设的初步意见。

（郑锋）

【“我心目中的新北京十六景”网上评选活动举办】 4 月 11 日，由北京旅游信息网牵头，新华网、新浪网、搜狐网、中华网、携程旅行网和乐途旅游网等多家知名网站联合开通网络投票平台的“我心目中的新北京十六景”网上评选活动正式启动。参与范围覆盖了全国大部分经济发达地区及城市的各个社会阶层，还有日本、韩国、新加坡、加拿大、美国、法国、澳大利亚等 13 个国家和地区的海外网友。10 月 12 日，网上投票结束，收到有效投票超过 4500 万张。活动最终评选出“我心目中的新北京十六景”有：八达岭长城、国家体育场（鸟巢）、国家游泳中心（水立方）、故宫博物院、颐和园、天安门广场、天坛、北京王府井、什刹海（后海）、北京欢乐谷、圆明园遗址公园、明十三陵、北海公园、卢沟桥、国家大剧院、周口店北京人遗址。

（郑锋）

【北京欢迎您——200 万张旅游景区门票免费送】 4 月 23 日，北京市旅游局、北京市园林绿化局和北京市公园管理中心联合召开信息披露会，宣布“北京欢迎您——200 万张旅游景区门票免费奉送”活动正式启动。免费门票分为红、绿、蓝三色票券，分别针对外地市民、北京市民和 18 周岁（含）以下的全国青少年，发行总量为 200 万张。其中，红色门票 100 万张，适用市内的国家大剧院、颐和园等 10 家景区；绿色门票 70 万张，适用远郊区县的 27 家景区；蓝色门票 30 万张，适用于北京欢乐谷、石景山游乐园等 10 家景区。免费门票以网上申领为主，统一邮寄。统计数据表明，全国 31 省市都有不同比例的当地居民参与北京免费景区门票申请，在 15 岁以上的北京常住人口中，北京市居民有 5.4%（约 80 万人）申请了免费景区门票，34.6%（约 516 万）知晓免费景区门票发放事宜。

（郑锋）

【新版《北京京郊旅游手册》网上发放】 5 月起，北京旅游信息网承担新版《北京京郊旅游手册》网上登记抽签发放工作。新版手册包括北京 14 个区县旅游地图导览、节庆活动、旅游景区、休闲娱乐、民俗旅游村、采摘活动、宾馆饭店等 7 部分内容。在保持 2008 版主题特色外，新增加了旅游新业态景点，并在地图上予以呈现，使游客可以直观地了解各种信息。同时，对精品线路进行重新规划，新增了大量反映旅游新风貌的图片。

（郑锋）

【国庆60周年网站安全保障工作】 国庆节前夕，北京旅游信息网进行了安全演练，完善了应急方案，以确保国庆60周年网站安全运行。国庆节期间，网站安全防御系统抵御攻击2698次，其中高风险攻击1480次，中风险攻击1218次。

（郑锋）

【北京旅游信息网韩文新版上线】 9月1日，北京旅游信息网新版韩文版上线。至此，北京旅游信息网形成含有英语、日语、法语、西班牙语、阿拉伯语、德语、韩语七种外语版本的综合性旅游信息服务平台。韩语子网站为系统宣传北京的主题旅游，开发了14个专题，以丰富鲜活的文字和图片展示北京的旅游资源。韩语新版发布的两个月内，点击率达到45万次/月，版面设计和资讯内容受到了韩国网民的欢迎和好评。

（郑锋）

北京市民防局

【概述】 北京市民防局是负责本市人民防空和防灾救灾相关工作的市政府直属机构，其主要职责之一是：制定本市民防指挥通信、指挥信息和人防警报报知系统的建设规划、计划及保障方案，并组织实施；制定民防信息化建设规划、计划，组织相关信息系统及网络基础设施的建设、使用和管理。8月，建设完成了以“两防一体化”为指导思想的北京民防机动应急指挥通信系统，该系统由19辆应急指挥通信车及配属设施构成，覆盖全市18个区县，可将突发事件现场情况迅速反馈到市、区固定应急指挥中心，并为市、区两级政府提供接近现场的应急机动指挥平台，满足战时防空、平时城市突发事件应急处置的指挥通信保障需要，是市人民防空指挥中心及市应急指挥中心的扩展和延伸。

（张良）

【民防应急指挥通信系统投入使用】 8月28日，市民防局完成了包含19辆应急指挥通信车在内的民防应急指挥通信系统建设并投入使用。民防应急指挥通信系统投入使用后，提高了民防机动应急指挥的信息化程度，在应急指挥通信保障中发挥了作用。先后完成了应对甲型H1N1流感疫情防控、新中国成立60周年庆祝活动的通信保障及区县政府赋予的值守应急和指挥通信保障任务，得到了市、区两级政府的充分肯定。

（张良）

北京市人民政府法制办公室

【概述】 年内，北京市人民政府法制办公室（以下简称市政府法制办）积极推进电子政务建设，进一步提高了政府法制信息化水平。市政府法制办在深入研究全市电子政务工作现状及趋势的基础上，作出了电子政务统筹的初步尝试，提出了适应政府法制工作发展的信息化工作规划，并通过对核心业务信息化支撑系统的升级改造，推进了办公自动化建设和应用，进一步提高了为各区县、各部门法制机构提供服务的水平和能力。按照市政府及有关部门要求，进一步加强信息安全保障体系，在巩固奥运成果的基础上，有效发挥已有应用系统作用及奥运保障经验，很好地保障了新中国成立60周年庆祝活动筹办工作。同时，对市政府法制办网站进行了升级改造，加强了网站运维管理，使网站更好地服务于政府法制建设和推进依法行政的中心工作。

（北京市人民政府法制办公室）

【政府法制办网站改版】 10月中旬，市政府法制办网站全面改版并上线运行，新版网站主要突出了3个特点。一是以方便工作、方便使用为原则，按照不同的业务门类和浏览检索需求设置网站栏目，使信息分类更为科学、合理、易于检索。二是在网站结构设计尤其是首页页面布局上，将不同类别的信息或者服务功能板块以不同颜色划分，简化页面层级设置，方便公众更好地浏览和使用网站信息。三是加强网站服务类功能板块建设，分阶段充实数据库内容，完善查询方式，提高服务水平。市政府法制办着力加强网站信息的组织工作，在原有基础上进一步明确了信息报送、收集整理、审核发布的工作流程，建立了信息联络员队伍，充分调动各区县政府、市政府各部门法制机构及市政府法制办各处室报送信息的积极性，以信息带动网站建设工作的整体推进。

（北京市人民政府法制办公室）

中关村科技园区管理委员会

【概述】 年内，是中关村科技园区管理委员会（简称中关村管委会）电子政务应用不断优化的一年，其信息系统根据业务变化不断进行优化调整，核心业务和辅助业务得到了全面的信息化支撑，各处室的应用水平不断提高，电子政务工作进入运维与应用不断优化的新阶段。6月，中关村管委会信息系统通过了为期6个月的试运行，历时两年多信息化建设项目顺利通过终期验收，标志着管委会电子政务工作进入运维为主、建设为辅的新时期。信息化主管人员积极学习掌握系统运维方面的知识，开展了系统运维方案的编制，确保了从建设期到运维期的平稳过渡。中关村管委会在促进园区信息技术应用、推进园区信息化建设等方面进行深入调研，圆满完成了信息化建设各项工作。

（戴力）

【信息化建设项目进入运维期】 6月，中关村管委会信息化建设项目通过验收，进入正式运维期，管委会信息处与承建单位、监理单位和管理咨询单位共同制定了《中关村管委会信息化项目运维服务方案》。

（戴力）

【核心业务信息化全面覆盖】 年内，中关村管委会核心业务得到了信息化全面支撑，核心业务“办事指南、表格下载、网上咨询、网上申请、结果反馈”等主要环节都实现了全流程网上办理。51个不同类型的项目立项审批流程在系统中得以实现，覆盖了中关村科技园区发展专项资金支持的所有项目，既方便了企业，也提高了工作的效率。

（戴力）

【管委会网站服务总量上升】 中关村管委会网站（www.zgc.gov.cn）的项目申报中心是园区企业、协会或中介服务机构等进行项目申报或资金申请的在线填报平台，是项目与经费管理系统的对外服务窗口，可以实现申报单位的在线填报。全年网站的便民服务总量为1230个（件），为园区企业提供咨询及支持近

3000次。

（戴力）

【信息资源与资产管理信息化】 中关村管委会统一信息资源目录分类标准，为各处（室）建立信息资源存放空间，促进信息共享，实现了“信息应放尽放”。建立电子设备等固定资产的使用和管理制度，充分利用信息化手段开展资产的日常管理，最大化利用资产资源，提高资产管理质量和资产服务水平。确保了资产的安全和完整，保证了资产的有效利用和合理配置，提高了资产的使用效益。认真执行政府资产购置和资产处置相关文件，严格按照政府采购流程购置资产，避免了资产购置的盲目性和资产处置的随意性。

（戴力）

【网络信息安全工作】 中关村管委会进行网络安全检查、网络安全优化等工作，全面查找网络与信息系统的安全隐患，对外通过采取细化修订防火墙安全策略、调整入侵检测规则、优化访问控制列表等办法，提升互联网网络出口的管理精细度。对内采取增加网络防毒系统服务器许可证书，开展专项服务器安全加固和客户端计算机日常检修维护等措施，进一步采取整改加固措施，保障重点业务应用系统安全运行。发布新版《中关村管委会外网网站信息安全事件应急预案》和《中关村管委会信息安全应急预案》，确保第一时间对应急事件作出响应。

（戴力）

【业务系统运行】 全年通过业务系统办理项目1230个（累计4478个），信息资源新增2968条（累计13,598条），发文办理570件（累计1873件），收文办理1027件（累计3605件），业务系统在增强管委会行政效能以及支撑“保增长、保民生、保稳定”和自主创新等方面发挥了作用。

（戴力）

北京市农业局

【概述】 年内，北京市农业局认真贯彻落实《北京市“十一五”信息化规划》和《年度信息化工作要点》，紧密结合都市型现代农业发展需要，着力推进信息化由偏重资源开发、系统建设的外延式发展向注重资源管理、系统应用、共建共享的内涵式发展转变。在丰富和完善“十一五”时期北京市农业局建成的“决策参考、管理基础、郊区服务”三大信息平台基础上，强化信息化统筹管理、规范项目工作、统一建设标准，提高信息化对核心业务的支撑水平和信息化对政务及社会的服务水平。

（赵友森）

【软件开发规范化控制与开放式技术基础平台项目】 北京市农业局软件开发规范化控制与开放式技术基础平台项目是全市信息化建设的创新试点项目，通过该项目建设将实现北京市农业局信息化应用系统建设统一开发平台、统一技术标准、统一管理手段和监控措施，促进信息系统全面整合和信息资源高度共享。该项目启动后已取得阶段性建设成果。一是初步形成了与信息化项目建设周期相匹配的软件开发标准与规范体系，为局属各单位信息系统建设提供了科学指导。二是构建了软件开发基础平台，为系统及网站建设提供了强大的支持工具。三是实现全局信息系统用户统一认证功能，为实现系统互联互通提供了基础保证。

（赵友森）

【农产品批发市场行情信息监测体系建设】 年

内，北京市农业局开展八大农产品批发市场行情信息监测体系建设，对农产品市场信息资源进行了全面整合。一是完善现有农产品市场信息管理系统，建设综合信息服务平台，实现了各种信息资源的综合展示，可以方便查找到某一农产品在整个产业链条上的相关信息。二是建立批发市场农产品行情分析子系统，融合了客户端数据上报和行情分析功能，实现了批发市场对北京市场数据的分析利用，及时为市场领导提供相关数据。三是农产品市场信息网改造，增加了农产品走势的效果图，增强了农产品市场网作为对外发布各种数据和信息的窗口功能。通过增加服务器，对原有网络结构进行拆分，可提供了分市场的指数查询功能，及单品种以及整体的指数查询功能，提高了网络运行速度和数据上报的质量，现积累市场行情数据资源已达 3000 多万条，为领导决策、社会服务发挥了重要作用。

（赵友森）

【动物防疫基础信息管理平台升级改造】 年内，动物防疫基础信息管理平台进行升级改造、拓展功能，取得了较好的运行效果：一是犬防疫信息管理，针对狂犬病疫情形势严重和疫苗免疫以及犬只个体实现饲养、免疫信息的网络化管理。二是动物防疫可移动监管，针对防疫人员在防疫现场不能直接进行信息传送问题，基于 GPRS 无线网络实现防疫任务下达和信息报告。三是防疫物资管理，针对物资管理手工效率低、不能适应疫病防控需要的现状，实现库存管理、物资申请、调拨、统计等功能。

（赵友森）

【网上办事系统投入使用】 市农业局行政许可网上办事系统可提供 67 项（99 子项）行政许可、19 项行政确认、3 项行政征收、14 项其他办理事项的信息服务，并提供办事指南、表格下载、结果公示等便民服务，极大地提升了便民服务水平。截至年底，网上办事系统累计受理许可事项 1149 件，发布结果公示信息 4200 余条次，考评专家组一致认为北京市农业局网上办事系统执行情况良好，绩效考核优秀。

（赵友森）

【业务报表管理系统推广】 北京市农业局业务报表管理系统是为统一各类业务数据报表格式，提高业务人员对大量数据的统计分析效率而开发，先后采取三项措施推进了系统应用，优化了业务数据资源整合渠道。一是改进和完善系统功能。对系统中原有的 100 余份报表逐一检查、重新确认，确保基础表格内容完整、格式正确，增强各区县报表查询、统计、分析功能，改进用户操作界面，使操作更简洁、方便。二是开展系统应用培训。采取分行业现场模拟的培训方式，组织畜牧、水产、农机、蔬菜等 4 个行业、13 个区县、52 人次参加了培训，确保数据上报人员能够正确、熟练使用系统，把好数据上报第一关。三是建立工作机制。市局各业务处室和相关单位建立专人联络、责任明确、随时反馈的工作机制，为推进业务报表系统应用奠定了基础。

（赵友森）

【信息资源目录梳理】 市农业局深入推进信息资源目录梳理。一是做好前期准备和动员，制定实施方案，明确组织领导，进行动员部署，并开展专项集中培训。二是做好目录梳理与完善工作。组织各单位对梳理业务和资源进行全面集中检查，根据业务变动情况对目录进行调整。梳理形成业务目录 300 条，资源目录 5438 条，业务事项由原来的 1600 余项增加到 1900 余项，资源事项由原来的近 8000 项增加到 12,000 余项。三是推进主题应用目录和共享目录的梳理。围绕市局核心业务开展梳理，梳理形成“动物疫病防控”主题应用目录200余项，“农产品质量安全监管”主题目录50余项。共享目录按照“国家部委”、“委办局”、“本部门专用”等共享范围分别进行梳理。

（赵友森）

【国庆60周年信息安全保障】 国庆60周年期间，北京市农业局信息系统在保障农产品质量安全和供给稳定等方面发挥了积极支撑作用。一是通过农产品质量安全追溯系统、进京动物及产品卫生监督网络信息管理系统、畜牧生产防疫检疫信息系统等加强对农产品产地、流通渠道、消费终端的质量安全监管，为社会提供安全放心的农产品。二是通过农产品行情监测分析系统，重点加强对新发地、岳各庄、大洋路等八大型批发市场的农产品行情监测，保证数据采集的准确性和数据上报的及时性。三是做好信息及网络安全保障工作。对UPS电源间和机房进行安全改造，对重点服务器进行安全加固，确保网络与信息系统安全运行。

（赵友森）

北京市粮食局

【概述】 北京市粮食局是负责本市粮食流通工作的市政府部门管理机构，负有对粮食收购、储存环节的粮食质量安全和原粮卫生进行监督管理之责、本市粮食市场的监测预警和应急责任以及本市粮食流通的行业管理、指导粮食流通的科技进步、技术改造和新技术推广等重要责任。粮食局信息中心是负责本市粮食系统信息化建设的主管部门，2009年，信息中心加强基础网络建设，建设可靠安全的网络基础设施平台，全面贯彻落实国家及北京市“更直接、更有力、更果断”的粮食安全调控新战略，依托北京市电子政务网络，利用成熟先进的信息技术，建立满足市政府及各有关部门粮食管理业务需要各业务系统，为本市粮食系统信息化建设奠定了坚实基础。

（徐建军）

【储备粮轮换竞价交易平台升级】 北京市储备粮轮换竞价交易平台主要为储备粮轮换服务，为提高竞价交易平台的抗风险能力，先后对竞价交易平台系统体系结构进行调整，并增加两台服务器，实现了后台数据库、后台交易控制、后台财务结算与前台下单分离，双机热备，无缝切换。通过调整完善《应急预案》，改变了中心原有标书电子识别竞价交易系统作为备份系统的预案，调整为举牌竞价方式。

（徐建军）

【基础信息网络安全水平提升】 年内，市粮食局信息中心制定了《中心网络安全体系升级改造实施方案》，将通过网络拓扑结构调整，整合现有资源，增加路由设备，实现网络拓扑结构简单目标，实现网络故障定位，提高运维效率。根据网络安全设备陈旧的现状，参考合肥国家粮食交易中心网络安全建设标准，投入相应资金进行网络安全改造升级，增加了流量控制、防毒墙、负载均衡设备等设施，并随着国储交易常态化，增加备份光纤链路，使用负载均衡设备实现竞价交易系统双链路均衡备份，基础信息网络安全水平大幅提升。

（徐建军）

【重要信息系统安全防御能力提升】 市粮食局信息中心为保证两个主要信息系统（即为市局储备粮轮换服务的竞价交易系统和为市局保市场、保稳定服务的价格监测系统）平台的稳定运行，提高全网监控手段，增加了流控设备，优先保证竞价交易系统和价格监测系统带宽畅通；增加防毒墙，提高了反病毒能力；充分发挥防火墙功能，提高了主动防御能力。

（徐建军）

【"粮检所"网站试运行】 北京市粮食局直属的北京市粮油食品检验所暨国家粮油质量监督检验中心（以下简称粮检所）主要负责北京地区的粮食检测、公布粮食检测信息等工作，是北京市粮食局政务公开、保证北京市场粮食质量安全的一个重要组成部分。粮检所网站建设是加强群众监督、促进企业加强自身管理的一个重要平台。国家粮油质量监督检验中心（粮检所）网站开通试运行，将有助于企业听取各方建议和意见、加强自身管理、改进服务质量、提升企业服务水平。

（徐建军）

北京市住房公积金管理中心

【概述】 北京住房公积金管理中心设中共中央直属机关分中心、中央国家机关分中心、北京铁路分中心、23个管理部和1个贷款中心以及北京市住房贷款担保中心、北京市住房贷款个人信用信息服务中心，所辖单位分布在全市各区县，主要负责北京地区住房公积金的管理运作。截至2009年，北京地区缴存住房公积金的单位和个人已分别达到7.28万家和504.95万人，累计归集金额已达 2609.14 亿元。住房公积金贷款累计发放 35 万多笔，累计发放金额1298.30亿元。管理中心信息化建设本着"围绕中心、服务中心"的宗旨，通过近十年的建设，实现了对中心主要核心业务的全部信息化支撑，构建成以住房公积金综合信息系统为核心的三大类、十几个业务子系统的应用系统群和业务系统群。建设了住房公积金城域网，实现了通信网络一体化。建成了总面积约 200 平方米的专业机房，配备了环境监控设备、供电设备、消防设备、温度调节设备等，为各系统正常运行提供了所必需的物理环境。实现了各项数据集中存储、资源共享。开通了政府网站（www.bjgjj.gov.cn）、住房公积金咨询服务热线（96155）和短信平台，形成了有效的咨询、查询、投诉机制。通过开展信息安全管理标准应用试点工作，制定了《北京住房公积金信息安全管理手册》，进一步提升了管理中心的信息化安全管理水平。中心的信息化管理水平在全国同行业中处于领先地位。

（郭芳）

【《住房公积金信息化发展规划》制定】 北京住房公积金管理中心信息化建设已建立了较为完善的业务管理系统和办公自动化系统，初步实现了"网络互联、信息集中、资源共享"，有效地支撑了首都住房制度改革。年内制定的《住房公积金信息化发展规划》提出：在未来 3 年内逐步升级改造业务应用管理系统，包括完善核心业务管理系统，建设客户信息管理系统、视频会议系统和住房公积金网上业务系统，完善电子政务服务体系，包括改进"96155"呼叫中心和完善服务渠道，提供多渠道服务客户。完善领导决策支持系统，建立统一的公积金业务数据交换管理系统，改造基础设施；规范运维服务管理体系，完善运维监控手段。

（郭芳）

【电子档案管理系统建设】 北京住房公积金管理中心电子档案管理系统建设，包括住房公积金贷款业务类档案扫描和电子档案管理系统软件及其配套软件开发。已累计形成1994年至2007年住房公积金贷款业务类档案约30万卷、1400余万页。电子档案管理系统建设项目的成果包括图像资料及其索引信息，图像资料为所有纸介质档案扫描的图像文件，索引信息为描述该档案的属性信息。通过电子档案管理系统软件及其配套软件能够方便、快捷地管理扫描服务所产生的电子档案，同时实现与北京住房公积金管理中心综合信息管理系统对接，更加便捷、高效地调阅电子档案管理系统中关联的贷款档案全文扫描文件电子文档。

（郭芳）

北京市气象局

【概述】 北京市国家气象系统各级管理机构实行上级主管气象机构与本级人民政府双重领导，以上级气象主管机构领导为主的管理体制。在上级气象主管机构和本级人民政府的领导下，根据授权承担本行政区域内气象工作的政府行政管理职能，依法履行气象主管机构的各项职责。2009 年，北京市气象局在信息网络通信系统建设中，成功将局域网主干网络的通信带宽从千兆提升为万兆，为全市气象业务发展搭建了更加快捷的平台。对 UPS 主机房和信息监控室与人影指挥中心进行了现代化升级改造，实时监控系统调试成功并投入运行。建立并完善了天气实景采集系统、人影指挥决策系统。平谷气象档案馆建设竣工并通过有关部门验收。

（戚群业）

【天气实景采集系统建设】 北京市气象局天气实景采集系统采用信息化手段，构建区县气象局本地天气状况、气象观测环境的自动视频采集、显示、存储系统，包括 1 个市级监控管理系统和 15 个区县级监控系统。通过分级管理、集中显示的方法，提供气象观测台站天气状况、周边探测环境的实景视频资料。

（戚群业）

【人工影响天气指挥决策系统建设】 北京市人工影响天气指挥决策系统建设由大屏幕显示系统、炮点可视化监控系统两部分组成，实时显示 7 个区县分指挥中心、张家口、承德、35 个炮站及电视会商等视频信号，实现视音频互动指挥。北京市气象局各炮站通过炮站监控基础网络，实现数据传输网络及视音频业务。市级指挥中心与区县分指挥中心间的视频传输质量要求达到 720×576 像素，刷新频率≥25 帧/秒。延庆、昌平、海淀、房山、门头沟、密云、平谷等区县 35 个人工影响天气作业点宽带网建成并投入使用

（戚群业）

【历史地面报表信息化】 历史地面报表实现信息化处理后，可处理 1951 – 2000 年气表–2、–4、–5、–6、–8 图像扫描和资料录入以及 1961 年后的气表–1 日照记录页、1980 年后的降水和风向风速资料页的图像扫描和数字录入，建立逐时气压、气温、相对湿度、降水、风向风速、日照和逐日电线积冰报表图像文件数据集和数字化文件数据集。

（戚群业）

【《北京市地面气象台站历史沿革数据集》制作完成】 年内制作的《北京市地面气象台站历史沿革数据集》，沿革时间为建站至 2009 年，包括 20 个国家级站点及北京市高空气象台站（仅观象台一个站点）的历史沿革数据。《北京市地面气象台站历史沿革数据集》主要内容包括：台站名称、区站号、台站级别、所属机构、台站位置、观测要素、观测仪器、观测时制、观测时间、其他变动事项、图像文件、观测记录、观测规范、沿革数据来源、文件编报人员等。

（戚群业）

【平谷气象档案馆分馆竣工】　年底，平谷气象档案馆分馆竣工并通过验收。平谷气象档案馆分馆建筑面积约 400 平方米，具有先进的自动消防、可视监控、空调控制温度和湿度系统，已达到了省级气象档案馆的环境要求。平谷气象档案馆分馆的投入使用，使首都气象档案馆增加了库容，改善了档案存放条件。

（戚群业）

北京市地震局

【概述】　北京市地震局担负着首都防震减灾的光荣任务，其主要职责是：行使北京市政府赋予的防震减灾工作行政职能，制订首都防震减灾工作的方针、政策，组织起草有关的地方法律、法规，制定防震减灾的技术规范并监督实施；制定本市防震减灾事业的中长期发展规划；管理地震监测预报的工作并承担在破坏性地震发生后政府指挥抗震救灾办事机构的职责；管理抗震设防标准以及震害预测的工作；推进地震科技现代化；开展防震减灾的宣传教育工作等。2009 年，北京市地震局坚持开拓进取，扎实工作，积极推进电子政务建设，进一步提高了地震工作的信息化水平。年内完成了信息网络平台、数字遥测台网、地震前兆台网、数字强震动台网、地震应急指挥系统及活断层探测系统等的信息化建设项目。大力加强政务网站建设，网站服务器由托管改为本地运行，即网站系统部署在中心机房，自行管理与维护，网站版面进行全面升级改版，公众可通过网站了解北京市防震减灾工作动态、地震知识等内容。网站实时发布地震信息，当发生地震时，公众能够及时了解地震三要素（时间、地点、震级）及其他相关信息。

（北京市地震局）

【信息网络平台构建】　北京市地震信息网络平台包括 1 个信息网络中心、18 个区县信息节点和 6 个地震台站信息节点，是北京市防震减灾业务系统数据传输、存储和处理的基础网络平台，系统同时接入中国地震行业网，面向全国提供完备的网络服务及数据共享服务。信息网络中心采用冗余信道上联国家台网中心，主链路为中国电信的 100M 城域网光纤，同时利用一条 15M 互联网出口构建 VPN 隧道，与主干链路互为备份。18 个区县信息节点利用北京市政务外网，通过 VPN 方式实现与信息网络中心互联，接入带宽为 10M，中心汇聚带宽为 100M。6 个台站信息节点通过歌华有线基于光纤城域网的 MPLS VPN 专网与区域中心互联，台站节点带宽为 2M，核心汇聚带宽为 100M。核心交换设备采用双冗余设备，因此接入交换机与核心交换机之间、核心路由器与核心交换机之间以及防火墙与核心交换机之间均采用双冗余链路进行连接，避免了单点故障对整网的影响，实现骨干网链路的冗余备份机制。信息网络中心还构建了存储区域网（SAN），为各业务应用提供公共存储平台，SAN 存储系统由 EMC DS-4400M 光纤交换机及 EMC CX3-20 磁盘阵列，光纤交换机为双冗余配置，每台有 16 个光纤口，磁盘阵列容量约 20TB。

（北京市地震局）

【数字测震台网建设】　北京市数字测震台网由覆盖全市的 19 个测震台站和 1 个测震台网中心组成，台站拾取高精度的连续地震波形数据，通过宽带、CDMA、DDN、卫星等通信方式实时传输到台网中心，台网中心同时通过网络接收来自天津市、河北省、中国地震局地球物理研究所等 88 个台站数据，使用网络化的自动处理系统和人机交互系统相结合处理地震事件能够在发生地震后 5 分钟内快速测定地震三要素，全市范围内地震监测能力达到 ML1.0 级。

（北京市地震局）

【地震前兆台网建设】 北京市地震前兆台网由 1 个前兆台网中心和分布在全市的 21 个地震前兆台站的 28 个测项组成，涵盖地震前兆观测的三大学科，涉及地磁、地电、形变、水物理和水化学等观测，观测采样率有秒、分钟、小时等模式。通过网络实现了对前兆仪器设备的远程实时监控、观测数据的自动采集和传输，前兆台网中心和前兆台站采用分布式数据库结构，数据库通过同步实现全网数据汇集，通过地震行业网实现数据共享，为地震分析预报、地球科学研究提供高质量的观测基础数据。

（北京市地震局）

【数字强震动台网建设】 北京市数字强震动台网由 1 个台网中心和 130 个数字强震动观测台站组成，台站密度约为每 300 平方公里 1 台，成为覆盖北京地区具有先进技术的数字化强震动观测台网，进一步增强了北京及周边地区的强地震动观测能力和精度。尤其是建立了以烈度速报功能为主的烈度速报台网，及时获取监测控制区域内发生的强震主震记录及强余震记录，提供观测点的地面运动强度（烈度），为地震应急和救灾决策、抗震设计、地震区划图编制、震源物理和土层动力学研究等服务。

（北京市地震局）

【地震应急指挥系统建设】 北京市地震应急指挥系统建设主要由地震应急指挥场所建设、地震应急指挥技术系统支撑平台、地震应急基础数据库、地震应急快速响应系统、地震应急指挥命令系统、地震应急指挥辅助决策系统、地震应急信息通告系统和地震应急指挥管理系统等部分组成。地震发生时，在基础数据库和现场信息支持下，可以迅速判断地震规模、影响范围、损失等情况，并据此提出一系列科学的救灾方案和调度方案，协助指挥人员实施各种地震救灾行为，实现地震应急信息快速传递、高效处理，提高应急救灾指挥与决策的技术水平，最大限度地减少震时的混乱和人员伤亡。

（北京市地震局）

【活断层探测系统建设】 对北京市活断层探测与地震危险性评价项目成果进行总结和集成，建立了北京市活断层基础数据库，采用 GIS 客户／服务器结构，为 GIS 客户端提供对 GIS 基础数据库信息的空间交互查询功能，并具有活断层发震危险性分析、近断层强地面运动计算、活断层危害性咨询和领导决策等功能的服务系统。

（北京市地震局）

【信息发布系统建设】 网站系统由前端 Web 服务器和后台管理服务器组成，采用 CMS（内容管理）方式动态管理网站并发布信息，需要发布的内容在后台管理服务器编辑完成后再同步到前端的各台 Web 服务器，以保持信息的一致性。通过与北京市地震监测系统的连接并结合 GIS 平台，当有大地震发生时，网站系统根据监测数据动态生成震中分布图等信息，第一时间发布到网站首页。还可通过调用数据库，在首页显示北京台网地震目录等相关信息，进一步丰富网站内容。

（北京市地震局）

【网页防篡改系统】 使用 WebGuard 网页防篡改系统保障网站安全。WebGuard 通过文件底层驱动技术对 Web 站点目录提供安全保护，防止黑客、病毒等对目录中的网页、电子文档、图片等任何类型的文件进行非法篡改和破坏。该系统具有占用系统资源低、部署灵活、扩展性强等特点。WebGuard 部署在 Web 服务器和后台管理服务器上，实时监测受保护目录及文件的属性，并负责后台管理服务器与发布服务器之间的同步，一旦发现更改，实时启动自动恢复功能，通知管理客户端，保证网页内容不被篡改。

（北京市地震局）

【政务网站升级改版】 年内，北京市地震局完成了政务网站的升级改版工作。实现网上办事、审批，政务公开与政府信息公开，及时宣传首都防震减灾事业发展，使之成为社会公众获取地震科普知识，了解震情、灾情的窗口和重要载体。在中国地震局“十五”网络项目成果基础上，充分利用“十五”项目资源，进行整合与二次开发，大大节省了开发成本，并实现了“两网”（政务网和信息网）合并及政务信息和地震信息的实时更新。

（北京市地震局）

北京市公安局公安交通管理局

【概述】 年内，北京市公安局公安交通管理局在局党委领导下，深入贯彻落实科学发展观，坚持“科学管理、严格执法、高效服务”的战略思路和“往深里想，往细里抓，往实里干”的基本要求，围绕“平安北京交通、微笑北京交警”的奋斗目标，深化“科技强警”战略，全面开展科技系统建设，强力推动首都交通管理科技应用水平，精心打造一支业精技强、团结向上的科技队伍，为新中国成立60周年庆典交通保卫和首都交通管理各项业务工作提供强有力的科技支撑。一是大力开展国庆交通安保科技系统建设，坚持科技系统隐患巡检，强化国庆交通安保科技应用，全面展现科技系统交通安保实战应用效果，为全局国庆60周年交通管理各项工作提供科技保障。二是精心组织开展非现场执法工作，创新非现场执法工作理念，加大非现场执法科技系统建设和应用力度，强力推进执法规范化建设。三是做实科技保障，以科技手段有效缓解交通拥堵。四是加强通信基础建设，整合通信线路资源，优化网络系统结构，积极开展新技术研究，夯实交通科技建设基础。五是强化科技管理工作，加强智能交通管理建设规划，圆满完成各项科技工程项目管理工作，推动首都智能交通科技建设可持续发展。

（陈令梅）

【智能交通管理指挥控制系统荣获国家科技进步奖一等奖】 4月上旬，市公安局交管局组织参加局智能交通管理系统申报北京市科学技术奖和国家科技进步奖的申报工作。在全面总结、挖掘系统应用成果基础上，精心组织申报材料，提炼其在指挥调度、信号控制、综合监测、信息服务等四个方面的科技亮点、12个创新点，申请软件著作权13项，申报并获得技术、行业标准3个。经过专家评审，入围北京市科学技术一等奖和国家科技进步一等奖评选。12月23日，荣获“国家科技进步一等奖”。

（陈令梅）

【天安门交通指挥所建设完成】 7月下旬至8月下旬，市公安局交管局完成了天安门交通指挥所建设。该中心由显示系统、通信系统、电视电话会议系统、交通管理科技系统（包含交通流采集、处理、发布系统、单兵定位系统、数字视频系统、指挥调度集成系统）组成。8月10日，完成天安门指挥所通信网络建设工作，为指挥所开通公安专网、语音传输网、互联网，并在网络上实现设备级和链路级的冗余备份，有效提高了网络抗风险能力，为指挥所交通指挥调度业务的正常运行提供可靠的通信支持。8月19日，在天安门指挥所安装完成交通应急指挥电视会议、市公安局联勤指挥视频会议、公安部电视会议和市政府应急电视会议各一套，为国庆交通安保视频指挥工作奠定了良好的基础。各系统在6次国庆相关演练活动及10月1日当天正式活动中运行稳定，为各级领导临场指挥决策、快速处置突发事件提供了强有力的技术支持。

（曹宇朋　夏志辉　刘荣峰）

【北京市交通运输部省道路运输信息联网系统建成】 7月24日，交通运输部省道路运输信息联网系统通过初步验收，一是完成了交通运输部的数据上传要求，在部要求的207项报送指标中，本项目完成了159项指标的报送，合计上传了道路运输经营业户基础信息73,581条，营运车辆信息127,790条，运输经营线路信息464条，道路运输从业人员信息106,135条，稽查信息18,513条，道路运输管理机构20条。二是完成了运输局审批系统、质量信用考核系统与执法总队执法处罚系统三个系统之间的数据共享交换，实现了审批系统中公交、出租、旅游、维修、货运、租赁、省际七个行业的人、车、户信息的共享交换。审批系统向质量信用考核系统共享了“企业基本信息”共14个字段的数据；审批系统向执法系统共享了“人员信息”、“业户信息”、“车辆信息”等246个字段的数据。

（孙宇星）

【地铁工程建设安全风险控制及信息化管理平台推广使用】 年内，北京市轨道交通建设管理有限公司将北京地铁工程建设安全风险控制及信息化管理平台、视频监控管理系统全面推广应用到北京地铁在建的8条新线工程（6号线一期、8号线二期、9号线、10号线二期、大兴线、亦庄线非BT段、昌平线、房山线）中，实现了地铁工程建设信息快速传递、高度共享，通过安全风险监控管理系统的应用，使技术和管理人员能及时掌握现场的监测与巡视状况，现场发生的预警及其处理情况，使各方通过一个共同平台查询工程资料、上传与分析处理监控信息。进一步提高了工程建设相关方的安全风险意识和技术、管理水平，提升了地铁工程安全风险管控的系统化、规范化和信息化水平，有效控制了工程建设风险，在建工程总体施工安全可控、状况良好，取得了明显的经济和社会效益，在全国地铁行业及相关领域影响广泛、示范作用突出。

（徐凌　王小强）

【地铁工程建设视频监控管理系统推广应用】 北京市轨道交通建设管理有限公司在北京地铁全面推进视频监控管理系统建设。视频监控管理系统是在北京市轨道交通建设管理有限公司建立图像信息管理系统监控中心，在各项目管理中心与相应的施工标段建立视频监控分中心和工点控制中心。在矿山法工点掌子面和明挖基坑处安装视频摄像头，通过专用网络实现通过各级控制中心对施工现场情况进行视频监控、硬盘录像、云台控制、双向语音、专家会商、专题会议、应急抢险指挥及交流汇报等应用。截至年底，现场已安装应用200多个摄像头，在北京地铁新线建设的安全风险控制中发挥了积极作用。

（徐凌　王小强）

北京市无线电管理局

【概述】 北京市无线电管理局是市无线电管理委员会的办事机构，隶属市经济信息化委，根据《中华人民共和国无线电管理条例》和《北京市无线电管理办法》赋予的法定职责，主要承担着对北京市无线电频率资源进行统一规划和管理，维护和改善电磁环境；对北京市无线电台（网）进行统一规划和管理，保障运行秩序；对北京市研制、生产、进口无线电发射设备进行审核；开展无线电监测和设备检测，依法查处无线电干扰等项无线电管理职能。2009年，全力开展国庆60周年活动的无线电安全保障工作，严格执行无线电管理法规，认真开展全市无线电频率台站清理整顿，加快推进区县无线电管理工作，加大技术基础设施建设力度，加强无线电监测检测，积极推进依法行政工作，先后向用户发放频率通知书 175 件、频率管理发文 19 件、电磁环境测试通知书 33 件、行政许可不予受理决定书 3 件，收回中国工商银行北京市分行 800MHz 无线数据传输频率 15 对，对重点频率开展监测 14000 多小时，排查不明信号和可疑干扰 50 余起，努力改善首都地区电磁环境，圆满地完成了首都国庆 60 周年庆祝活动的无线电安全保障任务，无线电管理工作迈上了新台阶。先后被阅兵联合指挥部、首都国庆 60 周年北京市筹委会调度中心、首都国庆 60 周年北京市筹委会环境整治指挥部、首都国庆 60 周年群众游行指挥部、国庆社会治安与安全警卫指挥部、首都社会治安综合治理委员会授予“最佳组织奖”、“最佳保障奖”、“优秀组织单位”、“国庆安保先进集体”和“优秀单位”等称号。

【国庆 60 周年无线电安全保障调度中心成立】 国庆 60 周年北京市无线电安全保障调度中心是为指挥中心运行保障组、频率管理组、台站管理组、监测定位组、执法管制组、综合组、后勤保障组及现场协调调度组与市筹备工作各部门相对接而成立，并遵照市筹委会调度中心后勤组的指示，充实后勤组无线电保障指挥组，负责核心区的无线电安全保障工作。

【技术支撑能力提升】 年内，加快无线电技术设施建设和完善的步伐。先后建立了大兴瀛海镇固定站，增添了可搬移无线电监测站和无线电压制设备。完成了监测中心站及良乡、石景山、西山、双桥、大兴 6 个固定监测分站的系统升级，扩展了信号监测频率范围，增强了快速捕捉、分析信号的能力。购置无线电侦测仪，增强了现场快速发现突发干扰信号的能力。升级了瞬态、同频实时频谱仪功能，增强了对瞬态、同频信号的监测能力。完成了移动监测站数据传输线路的升级和改造，与国家无线电监测网部分联网，实现了国家、地方监测站间联合监测、信息共享。完成了固定监测分站机房监控、监测网信息安全工程，保障监测网及其设备的可靠、安全运行。购置了无线电分频段管制系统、无线电双频段收发信机及移动终端设备检测系统升级和调频常规检测实验室升级改造设备的采购工作。安装了 EMC 分析系统，对拟使用频率进行电磁兼容分析，提高了频率指配的科学性。

北京银监局

【概述】 中国银行业监督管理委员会北京监管局（简称北京银监局）信息化建设从2003年建局开始，经过6年的努力，在几乎一片空白的基础上，逐步按照中国银行业监督管理委员会的总体框架和工作发展规划，完成了以银行业监管信息系统为核心的主要业务系统、综合办公及其他辅助系统的建设任务，基础设施基本满足应用需要，应用系统初步满足监管需求，信息科技管理体系初具雏形，为信息化建设奠定了基础，并积累了丰富的建设经验。2009年，北京银监局进一步巩固基础，充实内容，创新手段，提高水平，加强信息科技风险监管工作，以“科技工作促进监管工作”为目标，夯实科技基础工作，不断提高科技管理工作水平，圆满完成60周年国庆网络与信息安全保障工作。

（胡卓彦）

【辖内金融机构信息化建设】 北京银监局在信息科技风险管理方面开展建立信息科技风险管理工作联系制度，制定了信息科技风险监管框架，举办信息科技风险管理专题讲座，参与银监会对某国有银行奥运科技风险检查整改情况的后续检查工作，对某股份制银行信息科技风险状况进行了现场检查，以提高辖内银行业金融机构信息化水平，督促各机构建立有效机制，实现对信息科技风险的识别、计量、监测和控制，促进各机构安全、持续、稳健运行，推动业务创新，增强核心竞争力和可持续发展能力，使辖内银行业金融机构信息科技风险管理水平适应风险防范的需要。通过问卷调查、座谈会等方式，对辖内中、外资法人商业银行及村镇银行在运维、灾难备份、数据中心、银行卡等方面的外包风险进行了专项调研。

（胡卓彦）

【国庆60周年网络与信息安全保障】 7月起，北京银监局网络与信息安全保障工作启动，督促辖内银行业金融机构加强国庆期间信息科技风险防控工作，以保证北京银监局及辖内银行业金融机构网络、重要信息系统在60周年国庆期间安全、可靠、稳定地运行，为国庆60周年庆典创造良好的信息安全环境。

（胡卓彦）

经济领域信息化

【综述】 年内，北京市经济领域信息化建设成效显著。企业信息化应用广泛覆盖。北京市大部分企业普遍建立了局域网，实行办公自动化，并在企业管理中不同程度地应用了信息化系统，全市大中型工业企业全部建立了自己的网站，企业信息化普及率达到90%以上。信息化集成程度明显提高。企业普遍在原有的信息化应用系统基础上着手实施ERP，已有一批企业消除了信息孤岛，实现了企业各类信息的整合，运用多种信息技术和手段。相当一批企业在进行信息化系统构建时，结合本企业的实际需求，灵活采用多种信息技术和手段，如条形码技术、视频图像和图片的识别及数字转换技术、可视化技术以及RFID射频技术等，较好地解决了海量数据的采集和传输问题。更加重视信息的开发利用。在普遍建立信息采集系统的同时，部分企业已认识到深度开发信息的重要性。如利用产品数据信息，优化新品开发设计流程，有效缩短新产品研发设计的周期。通过对客户关系系统信息的深度分析，及时反馈市场对产品的反应，指导生产计划的安排和产品设计的改进，并有效地拓展新客户。

制造业信息化

【概述】 北京市作为科技部制造业信息化工程的示范应用省市，全力推进制造企业的设计制造数字化、管理信息化、设计制造管理综合等集成应用，促进了信息技术与制造技术、制造产品间的融合。2009年，市经济信息化委大力推进信息化与工业化融合，以“两化”融合促进经济发展方式转变、产业结构优化升级为主线，以提升企业核心竞争力为突破口，以激发企业内在需求为动力，不断创造新的经济增长点、新的市场和就业形态。2009年，北京市涌现了燕京啤酒、李宁等一批信息化应用领先的企业。

【制造业信息化科技示范工程】 继2008年组织首批认定之后，北京市科学技术委员会继续组织开展了示范企业认定工作。参与认定的企业涉及电子信息产业、汽车产业、装备制造业、生物医药产业、新能源产业、都市工业等六大重点产业，涵盖各行业、区域龙头骨干企业，均属“两化”融合中通过改造、升级和转型发展起来的“三高”（高端、高效、高辐射力）制造业。

【数控领域信息化成果】 4月12日，在南京国际博览中心举办的第六届中国数控机床展览会上，市北一数控公司的“定梁双柱立式车削中心”、第二机床厂的“双砂轮架数控跟随式曲轴磨床”、机电院高技术股份有限公司的“五轴联动叶片加工中心”、电加工研究所的“五轴五联动精密数控电火花成形机床”等6种高档数控机床荣获CCMT2010中国数控机床展“春燕奖”。北一数控公司与内蒙古北方重工公司合作的“数控动梁龙门镗铣床”项目、工研精机公司与河南平原光电公司合作的“U2000精密卧式加工中心”项目荣获“2010年国产数控机床优秀合作项目”。

【“两化融合”项目试点】 12月18日，北京市企业信息化推进会暨“两化”融合试点项目启动仪式在顺义区举行。按照试点企业特点及北京联通信息化服务内容，借助北京联通信息化服务平台，助推区域企业加快发展，促进企业在工业化进程中应用多种信息技术，并在宽带接入、移动通讯、呼叫中心、增值业务平台建设等业务方面为企业量身制定个性化信息化产品组合。以北京现代、燕京啤酒、首钢冷轧和北京第一机床厂为代表的一批大型骨干企业，在信息化基础设施、信息化资源开发利用方面居于国内先进行列，区域企业信息化程度日益提高。试点工作将在宣武、平谷等区县相继展开。

【广利核公司获民用核安全电气设备设计/制造许可证】 国家核安全局向北京广利核系统工程有限公司颁发了国内首个核电数字化控制保护系统颁发的《民用核安全电气设备设计/制造许可证》，表明广利核公司已具备承接核电站安全级数字化仪控系统设计、制造资格。

【五矿集团IT服务管理平台成功搭建】 4月，神州数码信息服务集团集成服务战略本部项目组，利用“锐行服务”覆盖IT基础设施建设全生命周期优势，依靠ITIL/ITSM领域经验、IT运维知识库和IT服务流程以及强大的IT治理、IT服务管理咨询团队与工具实施团队，为五矿建立了可实现IT服务流程自动化管理及主动式风险管理的IT服务管理平台，在协助管理、助推业务、降低成本等方面有效满足了五矿集团的需求。

（神州数码）

【北京石油机械厂信息化建设】 北京石油机械厂（简称北石厂）隶属于中国石油集团钻井工程技术研究院，是集开发、设计、制造、销售、服务于一体的现代化石油钻采装备制造企业，也是同行业中最早实施信息化建设的企业之一。2009年，建成以协同办公平台为核心的集成管理平台，使北石集成管理平台具备信息发布、档案管理、业务综合集成等强大功能。PDM（产品数据管理）与ERP系统的集成，实现了单点登录，统一了用户管理功能，简化了操作过程。先后荣获“2009制造业信息化优秀实践奖”、“2009 信息北京十大应用成果奖”、“2009北京市两化融合优秀应用奖”、“2009中国制造业信息化管理创新奖”以及“甩图纸”、“甩账表”两甩综合集成优秀示范企业等称号。

（北京石油机械厂）

商业物流信息化

【概述】 商业物流信息化建设是实现流通企业现代化的重要支撑和保证。北京市大力采用现代科学技术改造提升传统商业，实现经营业态、企业管理和技术水平的全面升级。运用计算机技术、网络技术提高企业采购、配送、营销能力，旨在全面实现流通企业信息化。建设商业基础信息平台。支持“电子商务+物流”新模式，推进电子商务与物流的共同发展。建立信息支撑平台。支持建立北京公共物流信息服务平台，实现区域间、区域内物流节点及物流企业之间的信息资源共享和无缝衔接。

【二商集团两化融合及食品安全管理工作】 5月19日，市经济信息化委与二商集团联合召开“两化”融合及食品安全管理（追溯）项目工作会，市经济信息化委副主任王学军、二商集团党委书记孙杰、副总经理司京成参加会议。

在听取项目进展情况汇报后，讨论了下阶段项目重点任务和具体实施计划。王学军要求市经济信委息化组织有关专家给予业务指导和多方支持，希望在双方共同努力下高质量完成工作任务。9月11日，经济信息化委副主任阎冠和、王学军，副巡视员张兰青率都市处、经济信息处及神舟软件公司到二商集团大红门第五肉联厂调研生猪屠宰加工追溯系统，二商集团介绍了企业信息化建设工作情况和生猪屠宰加工追溯系统、冷链物流系统建设构想，并与神舟软件公司就有关问题进行了沟通。

【中邮集团IT服务管理平台上线】 11月2日，中邮集团IT服务管理平台顺利上线，进入推广期。借助自动智能的IT服务管理平台和规范可行的组织架构与制度，中邮集团实现了IT服务水平的可计量、可跟踪，业务可用率和IT服务水平不断提升，信息技术服务与业务发展深度融合。

（神州数码）

【中粮集团视频会议系统建成】 中粮集团中粮福临门大厦视频会议系统建成。该系统采用楼宇整体高清技术，其子系统包括：主辅显示、投影、扩声、数字会议、同声传译、摄像、录播直播、智能中央控制、多媒体信号切换、远程视频会议等系统，还包含高清视频与标清视频会议融合、电话与视频会议融合、语音跟踪等。其技术特点有：音频、视频的可分割组合使用，满足多种会议规模的需求，支持1080P高清投影机、高清摄像机及高清特技切换台，两台高清投影机的背投融合。该项目成功入围“北京市信息化2009年十大应用成果奖”。

（直真视通科技）

电子商务

【概况】 北京是全国电子商务发展快速、交易活跃、基础雄厚、产业链饱满的地区，涌现了一大批全国知名的电子商务企业。随着电子商务企业规模不断扩大，创新能力不断增强，传统行业企业电子商务应用普及率的不断提升。北京市电子商务交易额复合增长率始终保持在20%以上。2009年，全市电子商务总交易额约3193亿元，同比增长15.8%。试用电子商务的企业超过33.5%，经常使用电子商务的企业超过10%。企业设立网站8.4万个，接入互联网约36万户。

【电子商务模式创新】 5月，VANCL凡客诚品被认定为“国家高新技术企业”，并跻身中国网上B2C领域收入规模前四位。无线设备和移动POS支付设备全面应用，使捡货承载能力提高了2倍；在商业和渠道管理模式上，借鉴了我国零售业的管理模式；既具备B2C商城的全部功能，又具有渠道管理、供应商合作关系管理、商业对账系统、智能货品判断逻辑、结合供应商库存的智能订单分配管理等功能。在技术架构上通过SOA架构满足凡客诚品特有的商品数量大、品牌多、产品属性复杂、自有库存和供应商库存无缝整合、订单服务中的凡客系统和供应商端系统的整合等应用需求。

【电子商务企业间交流强化】 5月25日，市经济信息化委同门头沟区经济信息化委、北京石龙经济开发区召开了电子商务产业座谈会，特邀京东网、慧聪网、凡客诚品等知名电子商务企业代表进行座谈，就北京电子商务产业发展情况和石龙开发区电子商务产业园建设思路进行了深入交流。

【电子商务应用示范企业和电子商务服务平台重点企业创建】 7月7－20日，市经信息化委开展“电子商务应用示范企业”、“电子商务服务平台重点企业”创建活动，遴选符合首都电子商务发展要求，具有高端化、服务化、总部化发展特征的龙头电子商务企业，发挥其对首都电子商务产业发展的示范带动作用，逐步形成产业内年度评优、评先活动的体制机制，进一步推进行业自律，完善电子商务发展环境。创建活动评选了首批 6 家“北京市电子商务应用示范企业”、9 家“北京市电子商务服务平台重点企业”和 2 家“北京市电子商务体验中心”。

【电子商务服务平台企业和体验中心授牌】 8 月 12 日，由工业和信息化部信息化推进司、中国电子商务协会指导，市经济信息化委主办，西城区政府承办的北京市电子商务“新经济 新时代”论坛举办。市经济信息化委、市发展改革委、市商务委等相关部门以及电子商务企业、媒体代表 200 余人参加了论坛。本次论坛，市经济信息化委、市发展改革委联合授予首批北京移动等 9 家企业为“北京市电子商务服务平台重点企业”，中国联通北京分公司、中国移动北京分公司的体验中心为“北京市电子商务体验中心”。

【中国 315 电子商务诚信平台启用】 8 月 23 日，中国 315 电子商务诚信平台正式启用。该平台是由中国工商总局和中国消费者协会指导，联合中国消费网、京东商城、用友伟库、慧聪网、凡客诚品等 12 家电子商务企业，为电子商务交易第三方提供证据保全和维权服务的权威性网站平台，受理、解决电子商务投诉，提供网购产品检测、网销企业信用认证，引导和教育消费者安全网购等服务，完善电子商务投诉（赔付）体系，推进电子商务行业快速发展。

【北京电子商务示范区、产业园研讨会】 9月 1 日，北京市电子商务示范区、产业园专家研讨会在京召开。中国互联网协会常务副理事长高新民、国家信息中心研究院陈玉龙等电子商务专家参加座谈。西城区、朝阳区、门头沟区和通州区分别汇报了各自区县电子商务产业园、示范区的基本情况、建设思路和优惠政策。专家们围绕各区县的定位、发展重点等问题进行研讨，并对西城区、门头沟区、朝阳区及通州区进行了现场调研和评议。

【北京电子商务产业园与示范区授牌仪式】 9 月 16 日，由市经济信息化委主办，门头沟区经济信息化委承办的北京市电子商务“新经济新时代”系列论坛暨北京电子商务产业园与示范区授牌仪式在京举行。市经济信息化委、市发展改革委、市科委、市工商局等相关部门以及电子商务企业、媒体代表 200 余人参加了论坛。本次论坛，市经济信息化委、市发展改革委联合授予西城区、朝阳区首批“北京市电子商务应用示范区”，广安产业园、金盏金融服务园区、北京石龙经济开发区和北京通州物流基地首批“北京市电子商务园区”，联想、神州数码等 6 家企业为“北京市电子商务应用示范企业”。

【移动电子商务建设】 10月 15 日，市经济信息化委经信处与北京联通共同研究推动北京移动电子商务建设思路，争取申请工业和信息化部移动电子商务试点。

社会领域信息化

【综述】 年内，信息惠民工程在民生和社会维稳等方面取得明显成效。社保卡（市民卡）系统实现了医保门诊社保费用的实时结算；ETC（电子收费系统）系统明显提高了高速公路通行效率；首都之窗政务网站群提供信息公开、网上办事、政民互动等多项服务，并开通移动门户，为手机用户提供公共信息服务，蝉联全国第一；通过共建共享，农村村级信息服务站点实现全覆盖，农村党员远程教育系统全面建成；覆盖市区街居四级的信访系统建成，并入库记录 8 万多条信息；交通一卡通、银行卡、缴费通使市民生活更加方便快捷，“数字家园”等终端把信息送到社区和农村。2009 年，北京市公共服务信息化推进工作取得长足发展，一是推进公共服务便捷化。提高政务事项在线办理能力，努力实现“一站式”办理。二是推进民生公共服务多样化。完善就业、社会保障、住房保障等信息化服务，加大健康、住房、老年人、旅游等公众急需信息服务项目开发力度，加快煤、水、电、气、公交等公共事业信息服务整合和推广。三是推进基本公共服务均等化。完善远程教育服务体系，建设开放式网络学习平台；完善公共卫生信息服务系统，加强社区卫生和农村卫生信息化建设；加快实施文化信息资源整合共享工程，初步建成数字图书馆、数字档案馆、数字博物馆、数字科技馆等文化资源共享平台。四是统筹四大城市功能区信息化规划，协调推进新城信息基础设施建设。各区县做好新城 3G 和数字电视等基础设施规划，推进三网融合，普及低成本、广覆盖的信息基础设施，启动北坞村等一批城乡结合部试点。五是统筹区域和农村信息化，促进城乡经济社会一体化发展。“221 信息平台”不断完善，“信息三下乡”工程全面落实。六是深化城市管理重点领域信息化，进一步提升城市服务管理水平。

公共服务

【概述】 年内，北京市通过信息化建设推进公共服务便捷化、民生服务多样化、基本服务均等化，完善社会管理体系，健全基本公共服务体系，整合政府部门和商业机构数据 60 类 10 万余组，提供公共服务近 1300 项。梳理整合教育、就业、社会保障、住房、卫生、交通、环境等公众急需、量大面广的综合性服务信息 200 余项，大大提高了北京市公共信息服务的深度和广度，取得明显成效。

【“大信访”整合折子任务结题】 12 月 29 日，市经济信息化委组织召开“大信访”整合折子任务结题汇报会。市经济信息化委副主任俞慈声以及市纠风办、首都之窗运行管理中心等领导参加了会议。会议听取了“大信访”整合任务工作推进及下一步工作情况的汇报后，俞慈声充分肯定了该项工作成果，并对项目的深入推进提出了具体要求。

社保卡信息化

【社保卡项目顺利推进】 7月15日，由首都信息发展股份有限公司（简称首都信息）研发设计具有持卡实时结算功能的北京市医保信息系统在石景山区通过现场测试并上线成功。该系统在刷卡结算速度、门诊实时结算功能和整体运行情况等方面均满足了持卡实时结算的业务需要。北京市社会保障卡采用接触式CPU智能（IC）卡，支持国产SSF33和RSA非对称算法，具有电子凭证、数据存储、信息共享、多应用扩展等功能，其服务体系由350家服务网点、96102呼叫中心、卡服务网上查询系统、自助终端系统等多种信息服务方式组成，满足持卡人日常补卡、换卡、挂失服务以及对信息查询、政策咨询、服务投诉等北京市社会保障卡的各类服务及管理需求。截至年底，全市有1403家定点医疗机构进行网络升级，370多家定点医疗机构完成系统升级、通过现场验收并上线开通持卡结算功能，累计接待持卡就诊人数达149万人次，实时结算门诊费用2.6亿元。

【社保卡推广工作】 11月25日，市政协副主席唐晓青、熊大新到石景山现场督办社保卡实时报销医药费提案，在听取市劳动局总体工作情况汇报和市经济信息化委的下一步工作思路汇报后，市政协委员对社保卡取得的现阶段成果予以肯定，并希望在试点基础上加强研究，认真做好推广工作。

公积金管理信息化

【住房公积金服务系统不断完善】 年内，首都信息承建的北京住房公积金服务系统实现了住房公积金约定提取业务，给广大群众带来了方便。并在已开通交通银行、工商银行联名卡服务基础上，新开通了招商银行和建设银行的联名卡服务，扩大了联名卡系统的服务范围和服务网点。经过信息化系统建设和积累，北京住房公积金服务系统逐步形成了以住房公积金归集、贷款、补贴、维修基金、其他住房资金和财务核算管理为主的核心应用系统；以日常工作办公自动化为建设目标的OA管理系统；以统一数据接入为基础，利用网站、呼叫中心、短信平台等技术手段建立的对外交换平台和多渠道接入系统。

【《北京住房公积金信息化发展规划（2010-2012）》】 年内，北京市制定完成的《北京住房公积金信息化发展规划（2010－2012）》提出：未来3年内，北京住房公积金信息化需要在对已建立的公共服务资源整合的基础上，以客户服务为中心，探索多种服务模式，创新服务手段，实现多种访问渠道和多种形式服务的公共服务体系。一方面为公众提供方便、快捷、低成本的服务，提高客户满意度；另一方面为业务部门提供完整、准确的客户信息，多角度的客户信息综合查询与分析，在促进公共服务水平提高的同时，为业务的深入发展提供保障。

流动人口管理信息化

【市流动人口和出租房屋综合管理信息平台二期项目启动】 7 月 27 日，北京市流动人口和出租房屋综合管理信息平台二期项目举行签约仪式。市委副书记、政法委书记、市流管委主任王安顺和副市长、市流管委副主任刘敬民出席仪式。北京市流动人口和出租房屋综合管理信息平台建设已纳入了《北京市“十一五”国民经济和信息化发展总体规划》，2008 年完成的一期工程在“平安奥运行动”中发挥了重要的基础支撑作用。二期工程项目将继续深化平台应用建设，完成流动人口管理四级网络建设及数据跨区、跨部门共享等项目，并经过依法公开招标程序，分别由北京北控三兴信息技术有限公司和北京北咨信息工程咨询有限公司进行建设和监理。

应急管理信息化

【智能化应急指挥系统发挥效用】 北京市建立的应急指挥中心及应急指挥系统，是集通信、信息、指挥和调度于一体的高度智能化的应急指挥系统。由计算机骨干网络、数据库、计算机辅助决策系统、地理信息系统、无线调度通信系统、无线移动数据传输系统及应用软件、有线通信系统、图像监控及大屏幕显示系统、语音记录系统、安全系统和集中监控系统以及其他相关配套等系统组成。通过应急指挥系统，各级政府领导可以实时监控事件等的动态变化，迅速作出最优决策，快速实施统一的调度和指挥，保障对重大突发事件或自然灾害处理的正确性和高效性，保障重大活动的安全性和可控性，并成功在烟花爆竹燃放禁改限、奥运会残奥会等重大突发事件和活动期间为领导应急决策指挥提供了有力技术支持。

城市管理

【概述】 北京的城市管理正在向科技化和数字化方向迈进。2004 年，北京市东城区借助现代信息技术创建了网格化管理模式。2005 年，北京市政府推广网格化管理经验，建立了市、区两级数字化管理平台。2006 年，北京市开通数字化城市管理平台，形成了能覆盖各个城区的数字化城市管理系统。2009 年，北京市对数字化城市管理系统进行升级，实现了与“12345”非紧急救助服务热线的对接和“12319”城市管理热线的资源共享，进一步畅通了解决城市管理问题的渠道。

【信息强政项目】 年内，“网格化”与移动视频监控相结合，从城市管理扩展到公共安全、生产安全、危险源管理等领域，TD 网络已用于安全生产移动执法和城市管理移动执法工作中，实现了通过 TD 手机的数据和视频回传。城市应急体系和通信信息系统经受住了国庆 60 周年活动等多次考验，具备灵活性和可靠性。

生产安全监控对象全面实现实时监控，初步实现“纵到底、横到边”。流动人口信息化管理通过二期建设日趋完善，首次实现了流动人口精细化管理。监察现代化工程二期启动，用技术加制度的新方式防治腐败和提高行政效率。人口、法人、空间基础数据库全部建成，实现了全市共享，走在全国前列。

【数字信息亭工作】 年内，北京市与国资公司、首信公司、首通万维公司和庄希泉基金会充分沟通，基本解决了信息亭转制发展问题。在基本保持信息亭原有功能基础上升级扩展新型多功能应用系统，以信息亭终端为载体，建成公共服务信息多功能应用平台，最终形成覆盖全市主要公共场所的网络自助终端服务网络，并启动了公共服务信息多功能应用平台试点工作。

【建立无线城市】 5 月 21 日，北京市政府与中国联通、中国移动、中国电信三大基础运营商签署战略合作框架协议，共同把北京建设成为“城乡一体化的数字城市、资讯获取便利的信息城市、移动互联的网络城市、信息新技术新业务的先行城市、信息安全水平一流的可信城市”。

（北京市互联网宣传管理办公室
北京市社会科学院）

【郊区县推广网格化城市管理】 7 月 27 日，市经济信息化委副主任俞慈声、市市政市容委委员张春贵联合主持召开网格化城市管理推广应用工作研讨会，研究郊区县网格化城市管理推广建设事宜。10 个远郊区县的市政市容委、电子政务主管部门，城六区城市管理监督（指挥）中心等 30 余人参加会议。会议介绍了首都网格化城市管理工作开展情况及信息系统建设与推广设想，讨论了郊区县在推进过程中的组织保障、资金保障、信息系统建设和运行模式等。

【数字北京建设】 8 月 20 日，北京召开“‘科技北京’之数字北京建设”新闻发布会。会议宣布，北京计划在未来 3 年投入千亿元用于信息化基础设施建设，把北京建设成一个信息枢纽和互联网中心城市。

（北京市互联网宣传管理办公室
北京市社会科学院）

【数字化城市建设研讨】 10 月，市经济信息化委参加第四届中国国际数字城市建设技术与设备博览会暨研讨会的“数字城市建设与发展”论坛。市经济信息化委副主任姜毅群在论坛上发表了题为《北京市网格化管理实践与再创新》的演讲，阐述了首都应用网格管理的理念和思路，就是构建城乡一体化网格管理体系，加快推进涉及民生各个领域的网格化建设，力争在两年时间里使城市安全管理和日常维护能力迈上一个新台阶，适应首都经济社会稳定与健康发展需要。演讲受到了与会领导和专家的充分肯定。

【数字化城市管理系统初步建成】 10月18日，北京市数字化城市管理系统试点工作通过市住房和城乡建设部验收评审，标志着北京市已率先建成覆盖大部分城区范围的数字化城市管理系统，城市管理进入了数字化时代。

【网格化城市管理应用研讨】 11 月 30 日，市市政市容委主持召开信息化城市管理工作研讨会，就市经济信息化委起草的《关于推进网格化管理应用再创新，提高城市服务管理水平的意见》进行研讨，9 个区县网格化城市管理部门就网格化城市管理应固化的经验、体制、机构、人员队伍、深化应用重点等问题进行了研讨。

【打造“智慧丽泽”品牌】 12月9日，北京丽泽金融商务区与中国联通北京分公司、中国移动北京公司、中国电信北京分公司、北京歌华公司、中国卫通集团公司举行信息化战略合作签约仪式，副市长苟仲文出席仪式并向北京丽泽金融商务区授予“北京信息化基础设施提升综合示范区”牌匾。丽泽金融商务区是市经济信息化委批准的首个北京信息化基础设施提升综合示范区，将与签约的 5 个运营商紧密合作，通过高层次定位，高起点规划，高标准建设，共同打造“智慧丽泽”高端品牌，使丽泽商务区成为资讯获取便利的信息区域，移动互联的网络区域，信息新技术、新业务使用推广的先行区域和信息安全水平一流的可信区域。

【政务地理空间信息共享服务平台应用推广培训】　12 月 24 日，市经济信息化委电子政务与信息资源处会同信息资源管理中心组织了北京市政务地理空间信息共享服务平台应用推广培训会，28 个市属委办局、15 个区县电子政务主管部门及信息中心约 120 人参加了培训。参培单位对政务基础地理空间数据库“基础数据统筹建设，各部门共建共享”的工作思路及成果表示认可，并纷纷提出了对政务地理空间信息资源共享应用及互联网地图服务的需求，希望加强技术支撑工作。

文化事业

【概述】　年内，北京市积极提高文化信息服务能力和水平，统筹规划文化资源，建设北京公共文化资源信息库，提供信息查询服务。完善北京文物、博物馆数据库信息共享体系，充分发挥文化优势在北京市经济社会发展中的重要作用，着力打造北京这个中国文化中心与世界文化名城。初步实现首都文化信息资源数据化及信息管理与传播网络化。

有线电视

【苟仲文调研歌华有线公司】　10 月 22 日，副市长苟仲文到歌华有线公司调研，对歌华有线公司在丰富市民生活和首都信息化建设中发挥的重要作用表示感谢，并就歌华公司发挥自身优势，促进首都信息化建设和产业发展，进一步提升首都信息化基础设施水平提出三点希望。一是继续完善网络基础平台服务能力，开展三网融合实验和探索。通过高清交互有线电视平台，汇集各类信息资源，汇聚多种服务功能，使市民享受到“一站式”网上服务、“交互式”网上教育、在线预约挂号和远程医疗服务、网上社区服务和网上缴费等公共服务，向市民提供视频点播、卡拉 OK、资讯服务、银行缴费、电子商务、游戏动漫等文化娱乐服务。二是为北京高清电视产业发展提供一个应用平台，提升我市数字电视产业的竞争力与创新力，通过消费升级带动我市集成电路、软件、机顶盒、高清电视、液晶显示器等数字电视产业的技术进步和快速发展。三是为整合北京科技资源提供一个实验平台。充分发挥北京数字电视科研力量、技术、成果最多的优势，率先试用和推广各种新技术、新标准和新业务。苟仲文要求，市经济信息化委在职责范围内支持并协助歌华公司探索研究经营模式和高清交互建设投融资模式，探索从工业和信息化角度帮助歌华公司排忧解难的途径和措施。市经济信息化委副主任白新陪同调研。

网络文化

【中文“在线全民阅读”网启动】 4月22日，“中文在线”正式运营，面向全球华人提供各类资源并实现同步数字阅读。

（李保莉）

【支持网络游戏产业发展实施办法试行】 6月26日，北京市颁布《北京市关于支持网络游戏产业发展的实施办法（试行）》，提出在市文化创意产业发展专项资金中安排专项以支持网络游戏产业发展，对北京地区网游企业自主研发的原创网络游戏产品择优予以前期资助，资助条件包括凸显中国风格、中国元素、内容健康、有益于社会和谐等标准。由于中央和北京市政府的鼓励和扶持，许多网络游戏研发商转向瞄准传统文化题材的创作，使得以中华民族的深厚传统文化为脚本的网络游戏作品不断升温。

（市互联网宣传管理办公室　市社会科学院）

【微博文化崛起】 9月，新浪率先推出微博服务，推广社会名人和娱乐明星的微博客。同时，社交网站同学网全面改版并开通微博客。11月，百度贴吧事业部推出了一款类似微博的新产品“i贴吧”。12月，人民网也开通微博客。至年底，国内比较著名的微博客网站已有30余家，北京地区有15家，约占46%，带动了其他地区微博客网站的发展。

（市互联网宣传管理办公室　市社会科学院）

【北京数字博物馆论坛】 北京市进一步推进数字博物馆建设，已经有150多家博物馆上网，并在首都之窗、北京科技网上实现了链接，内容不断丰富，栏目不断增加。年内，北京市文物局、市科协、首都博物馆等单位共同举办了2009年北京市数字博物馆论坛，并出版《数字博物馆研究与实践 2009》，为数字博物馆发展奠定了理论基础。

【“立起来”网上古玩艺术品交流广场开通】 北科光大公司“立起来”网上古玩艺术品交流广场开通。“立起来”网上古玩艺术品交流广场是专门针对古玩艺术品等高附加值产品的网上三维交易平台，针对古玩艺术品的网上交流，第一次实现了虚拟现实技术、三维重建技术和互联网技术三者的有机结合，为古玩艺术品的交易、鉴赏开辟了新的天地。

（智清）

【网吧管理长效机制建立】 2006－2009年，网吧管理长效机制的实施工作与各类专项整治活动结合进行。4年间，文化、工商和公安等部门依次开展了“网吧集中专项整治行动”、“暑期网吧专项整治行动”、“平安奥运行动”和“取缔黑网吧专项行动”。网吧管理长效机制缓解了部门授权重复、多重多层次交叉执法所带来的管理滞后矛盾。各部门职责明确，分工合作，专项治理有章可循，增强了对黑网吧的监管和取缔力度，改善了网吧行业的经营环境和自律意识，减少了色情淫秽、暴力、迷信、反社会等不良信息通过网吧的传播，维护了社会文化稳定有序。

手机移动

【手机阅读文化形成】 年初，工业和信息化部正式给中国移动、中国联通和中国电信三大运营商发放3G牌照，意味着我国由此步入“3G时代”。9月，盛大文学联手诺基亚在北京召开了“我读过你的邮件——诺基亚E63首部多线互动式手机小说”活动新闻发布会，用户将可以通过手机平台www.moga.cn即时阅读到新鲜、时尚的都市高级女白领的生活、情感和职场故事，亲身参与选择故事发展走向，实现定制式阅读。至年底，全国的3G用户总数已达1325万户。3G时代使得手机阅读从以往以手机报、短信等为主的传播方式转向与互联网的紧密关联，在阅读内容、方式、渠道上都发生了深刻转变。手机文学是专门为手机创作的文学作品，结构紧凑，故事性强，每次阅读一般为30－60分钟的随身性阅读，以其独特的阅读方式引起了文学界、移动运营商、手机生产商们的广泛关注。据悉，从2005－2008年，我国通过手机客户端阅读的主要文学网站从不足五家快速增长到几十家，注册用户超过2500万。在3G技术的支持下，手机文学不仅用户数量增多，而且给文学生产过程、文学形式和内容带来改变，推动手机文学向更深、更广的层面发展。

（市互联网宣传管理办公室　市社会科学院）

公共卫生

【概述】 年内，北京市公共卫生信息化建设取得明显成效，公共卫生服务信息系统在3个试点区、15个中心、45个站试运行。全市351家社区卫生服务中心和2900个社区卫生服务站积极推进社区卫生服务信息系统、新农合信息系统、计划免疫系统、卫生监督执法等重点应用系统建设。年内，完成3个试点区县新社区卫生信息系统建设任务，建立社区居民电子健康档案100余万份并通过初验。同时，北京市以卫生监督执法信息系统绩效考核为试点，探索了卫生信息化项目的绩效考核评估方法和机制。

（张世红）

【北京市医疗卫生信息化服务提升计划】 市卫生局和市经济信息化委联合下发的《北京市医疗卫生信息化服务提升计划（2009－2012年）》（京卫办字〔2009〕114号）提出了未来3年提升本市医疗卫生信息化服务的8项主要任务。一是改善卫生信息化网络环境。二是构建市区两级中心数据库。三是规范统一就诊卡。四是改善居民就医支付环境。五是加强医院信息系统基础设施管理。六是规范网站和服务热线。七是推进远程医疗。八是建立居民电子健康档案。同时，要进一步加强医疗卫生信息化基础建设，建立健全首都卫生综合信息服务平台，加大卫生信息基础网络建设力度，促进信息网络全面升级。

（张世红）

【社保卡实时结算功能成功上线】 7月15日，由首都信息负责研发设计的北京市医保信息系统持卡实时结算功能在石景山区试点，并顺利通过现场测试，7月20日上线成功，在刷卡结算速度、门诊实时结算功能以及系统整体运行情况等方面均满足了持卡实时结算的业务需要。截至年底，全市有1403家定点医疗机构进行网络升级改造工作。石景山区、西城区、东城区、崇文区、宣武区、朝阳区、海淀区、丰台区等区的370多家定点医疗机构完成了系统升级改造，顺利通过现场验收并上线开通持卡结算功能。城八区（东城、西城、崇文、宣武、朝阳、海淀、丰台、石景山）及市人才所属58,000余家单位的300余万张卡片制作工作完成，其中36,000余家单位的210余万张卡片完成发行，医院累计接待持卡就诊人数达149万人次，实时结算门诊费用2.6亿元。

（首都信息）

【医保系统门诊持卡结算功能升级改造系统上线】 7月，医保系统门诊持卡结算功能升级改造系统上线。同时，石景山区和西城区的发卡试点工作启动。在整个试点过程中，医保系统运行平稳，保证了社保卡系统的正常运行。

【新社区卫生服务综合管理信息系统启用】 2月，新社区卫生服务综合管理信息系统按照医疗保险费用结算方式的改革，方便就医群众实时结算的要求进行了改造和完善，在朝阳、西城、顺义开始试点，并在西城试点单位通过了医保现场认证，同时开发完成双向转诊信息系统。8月14日，经专家评估会论证认定，已具备在全市推广的条件，顺利通过了北京软件产品质量检验检测中心验收。该系统是全面覆盖社区卫生服务机构和社区卫生管理机构，以建立居民健康档案为核心，支持基本医疗和公共卫生服务的信息系统。截至年底，已建立社区居民电子健康档案100余万份。

（顾晓晖）

【《京豫两地社区卫生服务监管和评价体系的研制和应用》课题启动】 10月23日，东华博士后工作分站在站博士后研究人员主持的课题《京豫两地社区卫生服务监管和评价体系的研制和应用》获中国博士后科学基金会特别资助。该项目紧密结合医改政策和卫生行政部门的需求而设计，有很强的实用性和先进性，主要包括：社区卫生服务业务监管系统、机构监管系统和改良层次分析法。其研究成果将直接应用于东华公司开发的东华区域卫生信息化平台解决方案、东华社区卫生服务管理信息系统和东华居民电子健康档案信息系统，提升了社区、区域卫生信息化方面的竞争力，为全社会的医疗卫生信息化发展和和谐社会的建设贡献力量。

（东华软件）

【全覆盖的医疗保险信息系统建立】 年内，北京市医保信息系统依托已有建设成果，围绕医保门诊实时结算的业务需求和服务要求进行建设，包括应用系统升级改造工作、医保主机系统升级改造，在全市1800家定点医疗机构实施支持1000万持卡人用卡进行门诊实时结算的系统建设，形成符合北京社会经济发展状况的基本医疗保险体系。医疗保险信息系统已覆盖全市26个经办机构、350家街道社保所、近16万家参保企业、1800多家定点医疗机构及全市1000多万参保人群。在职职工、农民工、“一老一小”、无业居民等人群已全部纳入该系统，并将逐步扩大到“新农合”、公务员等人群，实现医保系统服务人群的全覆盖。

（首都信息）

【公共卫生服务信息系统试运行】 年内，北京市公共卫生服务信息系统在3个试点区、15个中心、45个站试运行。该系统在实现社区纵向管理中心、服务中心和社区服务站的IT系统建设的同时，还实现横向的基于服务的共享交换体系，不仅能够满足社区包括基本医疗、康复、健康管理、慢病干预、健康教育和全科医师可持续培训体系建立的需求，而且逐渐融入双向转诊、电子健康档案等功能，实现社区系统与医院的服务级交互。

（张世红）

教育信息化

【概述】 年内，北京市教委注重信息化服务，大力推动特色资源和数字校园建设，制定了《关于进一步加强北京市教育信息化工作的意见（京教研〔2008〕2 号）》和《北京市属高校信息化行动计划（2008 - 2010 年）》等指导性文件，开展了一系列信息化建设工作，并取得某些成效。一是中小学信息化建设步伐进一步加快。二是普通中小学校电子化学籍管理全面落实。三是数字校园实验校和示范校工作开始启动。四是人大附中高考电子巡查保障工作顺利完成。五是高校图书馆文献资源保障体系不断完善。六是学习型城市网成功运营。为北京市构建终身教育体系与终身学习服务体系，建设学习型城市，加快信息化建设步伐发挥了重要的推进作用。

【中小学数字校园试验启动】 6 月，市教委启动了“北京市中小学数字校园试验工作”，并以信息化应用和资源整合为核心，进一步加强制度建设，完善信息化管理体系，开展新一轮区县信息化应用调研活动，监督检查信息化工作的落实及推进情况，着手制定中小学信息化发展中长期规划，将信息化应用向学校的主流业务纵深推进，探索信息化发展的新模式。市教委将通过 3 年时间的实验，建成一批中小学数字校园，培养一批具有较高的教育信息化理论水平和实践能力的校长和教师。同时，通过制订《北京市中小学校数字校园建设评估规范》，促进中小学数字校园建设在全市逐步推广和实施。

（王雪青）

【普通中小学校电子化学籍管理】 北京市电子化学籍管理是基于中小学管理信息系统和北京市中小学生“学生卡”进行的学籍管理。各区县为中小学建设详细的学生学籍数据库，并实现对学生在校期间学习生活的全过程管理。按照学籍管理规定，各学校对每一位在校就读的学生，含新入学学生、转入学生和借读学生，建立电子学籍档案，并在规定的时间为学生发放统一的电子身份证——“学生卡”。

【人大附中高考电子巡查保障工作完成】 6 月 7 - 8 日，全国高等教育招生考试举行。高考前，神州数码信息服务集团集成服务战略本部配合人大附中信息中心负责人编写了《高考网络保障预案》，并第一时间与公司运维服务项目经理、设备维保项目经理及服务交付线领导进行沟通，安排 800 名服务工程师加强此间的服务工作，有效保证了相关考点高考期间的网络安全。

（神州数码）

【高校图书馆文献资源保障体系建设】 北京地区高校图书馆文献资源保障体系（BALIS）是市教委领导下的北京地区高等教育公共服务体系之一，下设管理中心负责 BALIS 项目的具体实施和管理，管理中心设在中国人民大学图书馆，其主要用途是：用现代图书馆理念、先进的技术手段整合高校图书馆丰富的文献资源和人力资源，依托中国高等教育文献保障系统（CALIS），实现北京地区高等教育文献信息资源的共建、共知、共享。年内，系统建设不断完善，使用效果明显提高。购买的博文非书资料管理系统已收集 6T 资源。组团购买了 EBSCO、银符、网乐数据库。与 CALIS 合作实现原文传递系统互相转发请求和 BALIS 成员馆外刊数据整合到 CCC 数据库中。系统技术接口已完成中科图联合目录向 BALIS 成员馆提供服务。举办了北京地区高校图书馆工作社会化高层论坛、关于《图书馆学论文的写作与投稿》培训讲座、北京地区高校图书馆馆员专业知识与职业技能培训班。10 月，BALIS 联合信息咨询中心成立。

（金红莲）

【北京学习型城市网成功运营】 北京学习型城市网由学习型城市网站系统和市民终身学习平台系统两个独立部分构成，有论坛系统、博客系统、免费在线读书频道、高清视频学习频道和 RSS 订阅频道，并提供基于 RSS 的数据库资源信息推送服务及客服在线系统。网站支持各种格式的视频、音频和流媒体课程和网络课程，支持各种文本、图片、动画、执行文件等课件的网上点播和直播，能够满足多种形式的网上学习需求，操作简单，贴近普通百姓，能够让老百姓体会到网上学习的乐趣。其建设由北京市民终身学习远程服务中心办公室专门负责，依托北京广播电视大学万兆城域校园网，与各区县社区教育网站构成学习型城市网站群，为市民提供百万级访问容量。截至年底，网站已开发、整合 2000 集视频课程，300G 的社区教育学习资源，点击量达 300 万人次以上，日访问量超过 2000 次。负责运维北京学习型城市网的北京市民终身学习远程服务中心荣获“北京市教育信息化先进单位”。

（张兰）

【市属高校数字校园示范校建设试点启动】 10 月，市教委启动市属高等学校数字校园示范校建设试点工作。首批北京市属高校数字校园示范校建设在学校自愿申报的基础上，经专家会议评审和对部分高校的实地考察，决定将首都师范大学、北京信息科技大学、北京联合大学、中国戏曲学院、北京财贸职业学院、北京信息职业技术学院、北京电子科技职业学院等 7 所高等院校列为第一批北京市属高等学校数字校园示范校建设单位。

（张豫）

【清华大学校园一卡通系统升级改造】 年初，清华大学校园一卡通系统进行升级改造。改造后的新一卡通系统将实现全校师生员工通过校园卡进行校内各类身份认证与消费功能，并与银行卡实现自助圈存，以卡代证、以卡代币，真正实现“一卡在手，走遍校园”。清华大学校园卡一卡通系统建设包括卡片规划与设计、卡务管理平台、资金管理平台、应用系统和服务平台、运行管理和监控平台、已有系统升级改造和网络建设等内容，采用同方锐安科技有限公司自主知识产权的 CPU 卡片、CPU 卡读写器、CPU 卡安全门禁系统、一卡通平台等高安全产品。校园一卡通系统的建设促进了校园信息化应用的全面推广，实现了广泛的数据共享及服务，极大地方便了广大师生的校内生活。

（同方锐安科技有限公司）

交通信息化

【概述】 北京市智能交通管理水平处于国内领先地位，在地面公交运营管理和服务中应用智能化技术，形成了以智能调度指挥中心、公交救援抢修、快速公共汽车交通系统等 9 大应用系统为基础的公交智能调度管理体系，在国庆 60 周年运输保障和日常公交运营中发挥了重要作用。道路交通运输管理智能化取得显著成效，建立了以现代化交通指挥中心为核心的三级指挥体系，覆盖全市 1535 处路口，实现统一交通信号控制系统。建成由视频监控、事件检测等组成的交通综合监测系统，实现了对主干路和快速路网交通状况的实时监控和交通意外事件的自动发现。公众交通信息服务取得新的突破，建成了国内首个动态交通信息服务系统，初步形成网站、热线、调频广播、电视媒体、路侧可变情报板、动态车载导航仪、手机短信等多种交通信息发布媒介，面向出行者提供动态交通信息服务。

【交通公共信息化研讨】 10 月 23 日，市经济信息化委组织市交通委和 NOKIA 公司，就交通公共信息服务问题进行工作交流和研讨，商定由 NOKIA 公司提出交通信息服务标准、政策、信息等需求，由市经济信息化委及相关部门协调并提供交通信息服务方面的技术咨询，并以适当形式参与相关工作。

地面交通信息化

【交通运行智能化分析平台（I 期）投入使用】 7 月，北京市交通运行智能化分析平台（I 期）投入使用。9 月，通过了由多位院士组成专家组的技术鉴定，认为该成果具有创新性、先进性和实用性。该平台是集道路交通运行评价、公共交通运行监测、城市整体交通运行规律分析和发展预测于一体，服务于政府制订交通发展战略、规划，加强行业管理的综合信息化应用系统。有效解决了交通规划、管理、决策缺乏交通基础数据和分析工具的现状，对全国城市交通信息化系统建设和发展起到了示范作用，为建立现代交通体系、实现动态交通出行诱导服务奠定了坚实基础。截至年底，基于该平台连续刊发《城市交通运行周报》50 余期，对全市一日高峰限行、错时上下班等交通管理政策实施了持续的跟踪监测，为市政府主管部门掌握交通系统运行状况提供了科学依据。该平台还开通了网站（网址为 http://its.bjtrc.org.cn/btap/main.aspx），实时发布交通运行信息。

（孙建平）

【三级运营组织与调度系统开始运行】 年内，市公交集团公司建设了三级运营组织与调度系统，利用网络通信、无线通信、电子、计算机等高新技术建立的集成化、信息化、智能化系统，采用纵深三级的管理体系结构，覆盖了总公司、核心运营分公司和车队的管理。系统硬件包含服务器、小型机、PC 机、交换机和 IC 卡刷卡设备等。系统功能包括运营计划、劳动排班、实时调度等。截至年底，该系统已经覆盖集团公司、11个分公司、近200个车队、500余条线路首末站、近500余处场站，其通信线路涵盖互联网专线6条、GPRS专线7条、DDN专线11条、ADSL专线近600条，实现了控制自上而下与信息流向自下而上的信息管理机制，为及时优化公交资源配置、统一调度等提供分析、决策的基础。

（于昕）

【跨运营主体统一票务清算管理平台运行】 9月28日，由北京京港地铁有限公司运营的地铁4号线开通后，北京市轨道交通指挥中心成立了北京市轨道交通自动售检票清算管理中心，开始进行多运营主体的清分清算工作。清算中心采用“两阶段、双比例”的清分方法，建成了跨运营主体的统一票务清算管理平台，在系统中建立了完善的报表系统，以自动售检票系统的原始站间OD和进、出站数据为基础，通过清分实现了分时段、分票种的客流分布计算和各线路的票款分配，解决了北京市轨道交通实现无障碍换乘后运营主体对路网的经济贡献与票务清算问题。

（杨黎）

【公交图像信息管理系统运行】 北京公交集团图像信息管理系统建设包括：1个图像信息管理中心、11个图像管理分中心、60处公交场站、750处公交中途站、1377辆途经长安街及其他重点区域公交车的图像信息管理系统。截至年底，除部分公交车辆正在进行监控设备安装调试外，其余系统或设备已陆续投入使用。除对公交企业实施管理外，该系统在治安防范方面发挥了积极作用，一是公安系统可通过公交集团图像信息管理系统调取录像资料进行取证。二是大量图像监控设备的布设，为北京公交的反恐防暴、应急处突和预防打击违法犯罪提供了技术保障，有效扼制了违法犯罪活动。

（于昕）

【统计分析系统不断完善】 1－11月，北京市对市公安局交管局统计分析系统所有界面进行了全面梳理和完善，一是将重点违法行为统计中的静态违法代码改为自动从数据库动态提取代码，简化了程序维护。二是在审核系统中增加所有统计程序的数据来源及结果，并根据要求调整部分数据项。三是将所有功能涉及到的数据来源表及代码表形成文档，便于以后程序调试及文档管理。四是对界面显示进行调整，单位信息自动从代码表中提取，便于以后程序调整。五是增加了工作量分类，四类严重违法、18类严重违法、拘留情况等统计功能细化到按执勤大队。六是建立现场执法超时限录入统计界面。七是调整四类严重违法相关程序，按照新增代码调整无证驾驶及酒后驾驶相关统计程序。八是开发18类严重违法统计分析功能，包括按违法时段、违法地点，及车辆、驾驶人分析等功能。

（夏志辉）

【交通管理非现场执法软件升级】 1月15日起，市公安局交管局完成60辆移动执法车系统非现场执法软件升级工作，实现了系统非现场执法功能。年内，60辆移动执法车完成路面行驶车辆查询700余万辆次，录入非现场执法17万余笔，有效地打击了交通违法行为，该系统已成为北京市公安局公安交通管理局继固定监测和旅行时间检测之后的第三大非现场执法科技手段。

（田歌　肖凤磊　夏志辉）

【市交管局非现场管理系统一期工程投入使用】 3月下旬，市公安局公安交通管理局非现场管理系统一期工程竣工并投入使用。该系统对原各非现场信息采集系统分别建设、分别管理、原始数据分散存储的工作模式进行了全面整合，统一了非现场执法管理和录入界面，实现了固定监测仪、人工数码设备、电视监控、旅行时间、卡口系统、移动执法车等各种非现场系统采集的数据进行统一管理和录入，从后台数据到操作界面实现了统一管理与操作。

（田歌　肖凤磊　夏志辉）

【五环路交通科技设施交接与改造完成】 3－5月，北京市首都公路发展集团有限公司将五环路交通科技设施交由市公安局交管局统一管理，交接电视监控设备71套、室外显示屏21块、路侧提示牌28块。同时，对电视监控系统和室外显示屏系统进行升级改造，将五环路交通科技设施直接并入市公安局交管局相关系统。接收工作完成后，市公安局交管局电视监控系统和室外显示屏系统初步实现了对五环路的全线覆盖。

（宋玉宏　乔梁）

【ETC系统投入运行】 5月1日，北京市高速公路电子不停车收费系统（ETC）投入运行。该系统应用组合式联网电子收费技术，通过安装在车辆风挡玻璃上的车载电子标签与收费站ETC车道上微波天线进行微波短程专用通信，实现高速公路通行车辆通过路桥收费站不停车自动缴纳通行费功能，收费每车耗时不到两秒，其通行效率是人工收费通道的7倍。北京市高速公路联网电子收费系统是国内首次按照电子收费国家标准和交通部相关规范建设的示范项目，也是交通部京津冀高速公路联网电子收费示范工程中率先实施的试点工程。截至年底，全市开通ETC车道238条。

（徐硕）

【公路路网管理与应急处置系统试运行】 6月，全国首个市级道路路网管理与应急处置系统——北京市公路网管理与应急处置系统通过初验并开始试运行。系统在北京市公路行业信息化系统的总体架构和数据平台上开发建设，主要包括交通流量采集管理系统、气象与路面温度湿度检测系统、公路视频交通信息采集系统、公路路政巡查系统、公路路况巡查与养护管理系统、公路路网管理与应急处置系统、公路路网管理与应急处置中心（市局中心和10个远郊区县分局分中心）、可变情报板交通信息发布系统、面向社会公众的路网管理与应急处置信息发布系统、通信网络、安全与管理系统，完成投资1.7亿元，新建或接入了505套数据采集设备和120套可变情报板，在全国率先实现了主要公路动态信息检测，并通过可变情报板、热线和网站为公众出行提供了大量实时信息服务，在路网管理、路政巡查、路况巡视、应急处置等工作中发挥了重大作用。

（孙宇星）

【道路交通气象监测系统数据接入建设】 7－9月，市公安局交管局完成“道路交通气象监测系统数据接入”建设。在道路交通气象监测系统平台上，完成了北京市气象局的18个气象监测点数据接入，使市公安局交管局系统显示内容和范围增加到30个，基本覆盖了六环以内主要高速路的气象监测，特别是能见度的实时监测为指挥调度部门对高速公路采取管控措施提供了强有力支持。

（章长彪）

【市交管局交通技术监控设备软件改造】 8月下旬，市公安局公安交通管理局根据《中华人民共和国公安部道路交通安全违法行为图像取证技术规范》（GA/T832－2009）开始对1054套交通技术监控设备进行软件改造。改造内容包括：图像取证设备采集的机动车交通安全违法行为图片至少为24位真彩图像，单幅图片尺寸不少于（768×576）个像素点。在每幅图片上添加交通违法日期、时间、地点、方向、图像取证设备编号等信息，并增加防篡改功能。整个改造工作于 9 月下旬全部完成。

（田歌　肖凤磊　夏志辉）

【交通管理综合地理信息应用系统投入使用】 11 月上旬，市公安局交管局交通管理综合地理信息应用系统投入使用。该系统包括矢量图库、遥感图库、CAD 图库等地理信息综合数据库及交通管理地理信息共享与交换平台。该系统采集交通设施数据，将占路施工、停车管理、科技工程设备管理、交通管制与综合查询等综合信息纳入地理信息数据库，实现了交通业务在 GIS 上的可视化管理，为有关单位业务信息共享与交换奠定了基础。

（徐建祥）

【《道路智能化交通安全管理设施设置要求》制定】 12 月中旬，市公安局交管局针对交通管理科技设施与新建道路及配套交通设施规划建设不同步的状况，制定的地方标准《道路智能化交通安全管理设施设置要求》（征求意见稿）报送市质监局，进入地方标准审查程序。该地方标准为实现城市道路和交通科技设施的同步规划、同步建设提供了实施依据，开创了国内道路交通领域综合性标准制定的先河。

（张新城　陈令梅）

轨道交通信息化

【亦庄线乘客信息系统建成】 年内，地铁亦庄线乘客信息系统建成。该系统源自神州数码锐行服务产品体系专业服务，是根据地铁乘客导乘和信息服务的应用特点和需求设计的分布式全数字多媒体网络发布与管理平台，利用涵盖城市地铁全线运营区域的车站 LCD 显示屏、高亮全彩 LED 屏和列车 LCD 液晶显示屏提供多样性的信息。站台与车上、不同车站之间、站台不同行驶方向之间、站台与站厅之间向乘客显示的信息各不相同，并具备实时性和集中控制管理的特点，既能够满足系统在信息发布控制上的内在要求，又可以实现系统的可管理性和可维护性。该系统的建成将为面向乘客的导乘信息、运营信息、公益商业广告、地铁服务宣传等数字媒体信息提供综合发布和管理平台，给乘客带来全面的数字化信息服务体验。

（神州数码）

【地铁亦庄线综合监控系统项目签约】 9 月 2 日，北京地铁亦庄线综合监控系统项目合同在北京正式签约，北京市轨道交通建设管理有限公司副总经理张宇、北京和利时系统工程有限公司总裁贺剑峰分别代表业主和中标方在合同上签字，标志着北京市轨道交通建设管理有限公司在实现关键设备、技术国产化方面又迈出了新的一步。

城际交通信息化

【京津城际铁路快通卡系统上线】 3 月 8 日，京津城际铁路快通卡系统启用。乘坐京津城际铁路列车的旅客可以使用“京津城际铁路快通卡”来实现进站刷卡上车、出站刷卡扣费的公交化快捷乘车模式，既方便旅客快速进出站，又提高了铁路部门的运营管理效率和管理水平。京津城际铁路快通卡项目采用了同方锐安科技有限公司自主研发的非接触 CPU 卡、读写设备、嵌入式模块、IC 卡管理清算系统，是在借鉴其他交通领域 IC 卡应用的先进技术、成熟经验基础上，结合中国铁路客运专线实际情况研发的适应中国铁路特点的、具有自主知识产权的快通卡系统。快通卡具有储值、支付等功能，同时支持联机充值、脱机消费，并具有很好的安全性。截至年底，京津城际铁路快通卡发卡量突破 6 万张，标志着高速铁路已经进入刷卡乘车时代。

（同方锐安科技有限公司）

【新版京津冀交通肇事案件侦破协作网站启用】 10 月 23 日，新版京津冀交通肇事案件侦破协作网站投入运行。该网站包括京津冀三省市协查通报发布、工作经验交流、信息查询等功能模块，以公安网为基础，以数据库的方式海量存储数字化事故逃逸犯罪信息，可以实现事故逃逸各类相关信息在北京、天津、上海的大范围检索、查询和比对。

（邓金）

车辆管理信息化

【黄标车注销转出登记查询系统运行】 1 月 12 日，市公安局交管局黄标车注销转出登记查询系统投入运行。该系统是市公安局交管局基于互联网而开发，并实现互联网数据库和车管业务系统间的数据同步。截止到 12 月 31 日，系统运行安全稳定，共办理注销、转出审核登记车辆 65,065 辆，查询信息 200,233 次。

（张毅）

【大货车违法监测设备投入使用】 7 月 28 日，市交管局安装在四环、五环的 14 套大货车违法监测设备正式投入使用。该系统由监测设备、摄像机、号牌识别软件和管理计算机等部分组成，能够在交通流大的高速路、快速路上监测大货车长时间占用最内侧车道行驶的违法行为，准确自动记录大货车的全景图像和号牌信息，为非现场执法提供充分的执法证据。

（田歌　肖凤磊　夏志辉）

环保信息化

【概述】 年内，北京市环境信息化工作中的基础能力和环境信息资源建设取得显著进步，环境信息化发展环境得到明显改善，业务应用系统建设、网站建设及人才培养等方面取得长足进展。截至年底，北京市环保核心业务的信息化率达到了 88%，实现了全部 13 项行政许可事项（除 1 项不宜在网上申报的行政许可事项外）的网上受理。随着电子政务综合信息平台、建设项目综合管理系统、“12369”信访管理系统等多个市、区县两级环保部门共用系统的投入使用，北京市环保局基本实现了与各区县环保局环境管理核心业务的协同办理与核心业务数据的集中管理，为北京市环保局信息化工作奠定了坚实的基础。

【环保信息卡系统运行稳定】 环保信息卡系统利用同方锐安完全自主知识产权产品，实现了多技术、多系统的有机整合。通过将车辆基本信息及环保相关信息（检测、维修数据等）存储在环保信息卡中，逐步替代了原有纸质普通环保标志卡，实现对在用机动车污染排放的精确监管。环保信息卡具有电子防伪和唯一性功能，能够防止和杜绝检测中作弊行为的发生，确保机动车排放监管的真实性、公正性和准确性。基于 RFID 技术的机动车环保信息卡和应用系统均已通过北京市自主创新产品认定并取得了相应的软件著作权认证，并在北京 43 家机动车检测场环保线全面部署，系统运行稳定，全市 400 多万辆机动车正逐步安装新型环保信息卡并投入使用。

【辐射安全许可证管理系统升级改造】 年内，市环保局启动了辐射安全许可证管理系统升级改造项目，并完成了招标、需求调研和主体工程的开发工作。辐射安全许可证管理系统升级改造项目完成以后，除按照新的业务流程进行辐射安全管理方面的信息资源整合外，还增加了辐射安全监察和面向决策的数据分析统计功能，形成了基于网络的审批、监察、数据分析三位一体的辐射安全管理体系，为辐射安全管理提供决策依据，以更好地适应辐射安全管理权限拓展、工作流程调整、法定文书变更的要求。

（陈维敏　刘子建）

社区信息化

【概述】 北京市社区公共服务平台是首都信息化重点应用工程之一，历经立项规划、开发建设、推广应用、提升拓展四个阶段。是以市、区（县）、街（乡镇）、居（村）社区服务组织为支撑，以社区服务信息网络系统连接，各级各类社区服务组织和服务商参与，依托 96156 社区服务呼叫系统、社区服务网站群、社区信息管理系统，面向政府、社会组织和社区居民，建立社区公共服务信息通道，提供相关公共、公益与便利服务及社区管理基础信息服务。该平台承载了服务于居民的社区服务热线、社区服务信息系统、社区服务信息网站群、社区服务支撑力量信息系统，服务于社区管理的社区管理信息系统社区版和网络版、居民委员会换届选举信息系统、村民委员会换届选举信息系统，服务于社区志愿者组织的社区志愿者管理信息系统、社区大课堂业务系统等。经过 8 年建设和运行，北京市社区公共服务平台通过整合政府资源、社会资源、市场资源，促使了社区服务主体多元化。提供网络、电话、短信等多种接入方式，实现了社区服务手段信息化。发展公共、公益、便利服务，满足了社区服务功能的多样化。建立项目式管理体制，创新公共服务发包制度，完善加盟服务体系，探索连锁站点方法，转变了社区服务的发展方式。2009 年，北京市不断加强社区信息基础设施建设，进一步完善社区公共服务平台，整体规划建设一批街道信息亭，形成以电话、电视、计算机、信息亭为主体的社区信息服务渠道。完善社区公共信息服务网，整合政府各部门面向社区居民的在线服务，梳理、整合各类服务热线、呼叫热线，鼓励相关企业以社区公共信息服务网为平台，提供购物、餐饮、家政服务、洗衣、维修、再生资源回收、中介等社区服务，提高了社区政务和公共服务水平。该平台服务范围覆盖全市 18 个区县 1 个经济开发区、183 个街道、2539 个社区居委会，服务项目包括承担社区公共服务、公益服务、便利服务信息咨询，支持公共服务覆盖到社区，组织社区公益服务，提供 200 余项社区便利服务，为区街和有关部门提供社区基础信息及数据交换服务。

【社区公共服务平台不断完善】 年内，北京市社区公共服务平台不断完善，进一步适应社区服务业务发展。一是社区管理信息系统的升级开发，进一步拓展了社区管理信息系统应用。二是围绕“96156”短信接入、客户服务管理、知识库管理、业务报表系统以及社区服务业务系统和社区服务超市系统等应用平台的升级开发，完善了社区服务信息系统功能，为广大市民提供方便、快捷、优质的社区服务，提升了“96156”社区服务品牌。三是围绕网站应用功能和“我的社区”、“社区大论坛”等应用窗口的升级和新增街道社区服务信息网的开发，完善了社区服务网站群功能。

农村信息化

【概述】 年内，北京市紧密结合都市型现代农业发展需要，着力推进农村信息化由偏重资源开发、系统建设的外延式发展向注重资源管理、系统应用、共建共享的内涵式发展转变。在丰富和完善“十一五”时期北京市农业局建设形成的“决策参考、管理基础、郊区服务”三大信息平台的基础上，强化信息化统筹管理、规范项目工作，统一建设标准，提高信息化对核心业务的支撑水平和信息化对政务及社会的服务水平。通过“燎原行动”——光纤网络“村村通”工程、“221 行动计划”——农村综合信息服务平台建设、“农村党员干部现代远程教育工程”——农村综合信息服务站点整合建设全覆盖等几项重大项目的实施以及市政府折子工程的有力推动，取得了很大成效。农村信息化工作逐步加强，信息化建设和应用不断推进，有效地统筹协调、整合资源，推进了农村信息化发展的全面发展。

（赵友森）

【金农工程一期项目（北京市建设部分）投入试运行】 经过一年多的攻关，金农工程一期项目（北京市建设部分）已初步完成并进入试运行。一是初步构建完成省级数据中心硬件支撑环境，为北京市农业局信息化应用提供强有力的网络和硬件支撑。二是统筹北京市农业局决策所需核心数据，在农业领域引入了商业智能（BI）技术。三是将农业数据置入宏观经济背景分析方法，实现了跳出农业看农业。四是建立了相对成型的业务分析监控体系，使得决策分析规范化、程序化；五是提高了业务工作效率。决策系统提供了大量方便实用的报表，改变以往要用 Excel 进行分析的工作方式，大大缩短了业务数据分析周期，极大地提高了工作效率。

（赵友森）

【“221 信息平台”顺利推进】 年内，北京市“221 行动计划”（即摸清农业资源和市场需求两张底牌，搞好科技和资金两个支撑，搭建一个信息平台）已完成了包含资源底牌、市场底牌、科技支撑、资金支撑四大模块、138 个专题、240 个信息图层、100 多个非图形数据层的建设工作，研发了基本功能 430 个，初步实现了面向政府、企业、农民、市民四类用户的信息查询、分析和决策功能，为农业生产提供量化数据，支持管理部门量化管理，为农业产业发展布局的科学规划提供决策支持，为农产品占领高端市场提供市场分析。11 月 4 日，在“221 信息平台”建设情况专题汇报会上，北京市副市长苟仲文、夏占义听取了由市农委、北京市经济和信息化委员会关于“221 信息平台”建设进展情况的汇报，并先后做了重要指示。

（赵友森）

【农业信息公共服务拓展】 北京市农业局以“北京 12316 农业服务热线”和“北京农业综合服务门户”为依托，充分运用电台广播、电视发布、短信发布等多种渠道开展公共服务。一是“12316” 热线全年受理各类电话 4 万余个（其中，投诉举报电话 271 个、人工受理信息咨询 3800 多个），并与北京联通合作推出 3 元包月资费优惠服务。二是北京农业综合服务网（www.bj12316.com）全年网站点击量达 2300 多万次，日平均点击量 7.1 万次，在涉农综合服务网站中居于前列。三是市农业局政务网（www.bjny.gov.cn）升级改版工作完成，增加了政民互动功能，可为农民、农资企业、农技人员、各级农业管理单位、社会公众等不同主体提供多层次的信息服务。在农业部全国省级农业行政主管部门网站绩效评估中，北京市农业局综合服务网与北京市农村工作委员会政务网一道被评为第五名。

（赵友森）

【中国农机互联网二期建设竣工】 年内，中国农机互联网二期建设竣工。二期工程建立了集资讯、农机交易市场、互动社区为主要板块的行业网站构架，并充实了相关信息，发展企业普通会员 5000 余个，发布产品及供求信息 16,000 余条、行业资讯信息 40,000 余条，网站网页每天访问量在 10,000 个以上，初步具备了农机行业门户网站的基本雏形，加大了我市农机推广力度，发挥了企业和农民之间的桥梁和纽带作用，为农民提供了大量的农机产品、技术、政策、咨询等信息。同时，网站开发建设了英文版，为国内外农机化技术交流提供了平台，可将北京乃至国内的农机化发展动态和水平展示给世界同行，也可引进国外先进的农机化技术和产品为我所用。

（赵友森）

【农民信息能力移动培训教室试运行】 “农民信息能力移动培训教室”建设是北京市信息化工作部门开展的一项试点工作，是“信息化三下乡”工作的一项具体探索，其目的是为了方便农民群众不出村就能普遍接受信息化培训。通过使用笔记本电脑开展培训，使培训覆盖面更广，设备利用率更高，有利于加快实现“人人享受网络文明”的目标。密云县移动培训教室试运行近 3 个月，由镇信息网络中心工作人员负责讲解，村级信息员负责协助，使农民有机会上机在线操作感受电脑网络。截至年底，全县已有 28 个行政村、近 300 人接受了第一轮体验式培训。

信用体系

【概述】 年内，北京市社会信用体系建设工作，坚持以科学发展观为统领，以《国务院办公厅关于社会信用体系建设若干意见》为指导，按照《2008 年 - 2010 年北京市社会信用体系建设重点任务》和《2009 年北京市推进社会信用体系建设重点任务》要求，相关部门和行业分工推进、积极探索，取得了一定进展。一是社会信用体系建设继续推进，召开了 2009 年北京市社会信用体系建设工作会议，制定了《国土资源管理领域信用体系建设和信息发布工作方案》，启动《建设信息安全一流的可信城市行动纲要》编制工作，编撰了《信用北京宣传册》。二是企业信用信息系统二期升级改造圆满完成，中小企业信用担保体系建设不断加强，建立了纳税人信用信息记录系统，开展了区域信用体系和农村信用体系建设试点工作。三是个人征信系统不断完善，积极推进个人信用信息共享交换，住房公积金个人信用信息数据库不断完善。年内，北京市以政府职能为主导，以促进行业自律，规范市场经济秩序为目的，重点在税务、建设、质监、土地管理、招标投标等行业和领域开展了信用建设工作。

社会信用体系

【《2009 年社会信用体系建设工作会议召开》】 2 月，北京市召开 2009 年社会信用体系建设工作会议，听取了市经济信息化委“关于 2008 年我市社会信用体系建设进展情况”和“2009 年推进社会信用体系建设重点任务”的汇报，印发了《2009 年北京市推进社会信用体系建设重点任务》，并明确了各部门的任务分工。会议还研究了推进我市社会信用体系建设相关工作。苟仲文副市长参加会议并讲话。

【首都社会信用体系国家示范区工作推进】 9 月 3 日，市经济信息化委召开了关于建立金融业统一征信平台和推进首都社会信用体系国家示范区建设工作会议，就支持人民银行金融业统一征信平台建设和申请北京市开展社会信用体系建设示范区等相关工作进行了研究和讨论。

【信用服务业座谈会召开】 10 月 15 日，市经济信息化委组织召开我市信用服务业座谈会。北京新华信商业信息咨询有限公司、华夏国际信用咨询有限公司、北京中诚信征信有限公司、华夏邓白氏中国北京分公司、大公国际资信评估有限公司、东方金诚国际信用评估有限公司、联合资信评估有限公司、北京资信评级有限公司、中国出口信用保险公司和中关村企业信用促进会等信用服务机构的负责人参加了座谈。会议听取了社会信息化处关于全市推进社会信用体系建设情况的介绍以及信用服务业参会单位的基本情况介绍，并对如何进一步促进信用服务业发展、大力推进社会信用体系建设工作畅所欲言，提出了很好的意见和建议。市经济信息化委副主任俞慈声、副巡视员姜毅群参加会议并讲话。

【《建设信息安全一流的可信城市行动纲要》编制启动】 11 月 3 日，市经济信息化委副主任白新主持会议，研究部署《建设信息安全一流的可信城市行动纲要》编制工作。市国家保密局、市网管办、市公安局、市广电局、市通信管理局以及市经济信息化委无线电管理局、安全中心、网管中心，北京 CA 中心等协调小组成员单位代表参加了会议。

【社会信用体系建设联席会议召开】 12 月 22 日，市经济信息化委组织召开社会信用体系建设联席会议成员单位工作会议，市政府办公厅、市发展改革委等 26 个单位业务处室负责人参加了会议。会议听取了市经济信息化委关于 2009 年社会信用体系建设工作总结和 2010 年重点任务的介绍，研究讨论了今年工作总结和明年重点任务。市经济信息化委副主任俞慈声、人民银行营业管理部蒋万进副主任出席会议并讲话。俞慈声指出，总体上看北京市社会信用体系建设还处于起步阶段，要充分认识加快推进社会信用体系建设的重要性和紧迫性，分工协作、扎实工作，加快推进北京市社会信用体系建设。要充分发挥社会信用体系建设联席会议制度作用，统筹协调推进我市社会信用体系建设，各相关部门积极推进、密切配合，圆满完成社会信用体系建设的各项任务。

【《国土资源管理领域信用体系建设和信息发布工作方案》制定】 年内，市国土局建立了国土管理领域信用信息工作机制，制定了《国土资源管理领域信用体系建设和信息发布工作方案》，加大了对闲置土地、违法用地、土地出让和土地一级开发合同严重违约等企业信用信息的披露工作。

【《信用北京宣传册》编撰完成】 在市经济信息化委指导下，北京市信息化促进中心组织编纂了《信用北京宣传册》，系统阐述了全市社会信用体系建设成果，按词条介绍了信用基础知识，并宣传了国家、北京市相关政策、法规。《信用北京宣传册》共印制 3000 册，免费赠送给了政府机关工作人员、企事业单位员工以及社区居民。宣传册的发放对于宣传和普及信用知识、营造良好的诚信氛围起到了积极的推动和促进作用。

【诚信宣传教育活动】 市委宣传部、首都精神文明办等部门在首都窗口行业深入开展了“创文明单位、树行业新风”和“迎国庆优质服务月”等活动。“3.15”期间，与市工商局、市消协等 13 家单位共同举办了以“爱首都、讲诚信、促消费”为主题的大型宣传咨询活动，命名表彰了首批“首都诚信经营示范街”和“首都诚信经营示范店”。市国税局与市地税局联合开展了依法诚信纳税宣传活动，营造了依法纳税和诚信纳税的良好氛围。市财政局与市国资委、市工商局、中关村科技园区管委会等单位针对不同对象先后举办了企业内部控制制度培训、企业信用知识和企业信用信息系统应用培训、信用知识讲座等培训活动。人民银行营业管理部开展了 22 场“信用北京行”征信宣传活动，走进商场、社区等热点区域进行宣传咨询。市经济信息化委对联席会议成员单位进行了信用知识培训，组织编制《信用北京宣传册》，宣传了全市社会信用体系建设成果。

【信用服务行业初具规模】 据统计，北京市从事征信、信用评级、信用管理咨询等业务的中外信用服务机构近 130 家，形成了一批以北京为基地、业务辐射全国、具有民族品牌的知名信用服务机构。这些机构主要开展企业征信、资信评级、信用保险、信用担保、信用管理咨询、应收账款管理、市场调查等业务，服务范围主要以政府部门、行业协会、金融机构、工商企业和个人为主，信用服务市场规模不断扩大。

企业信用体系

【企业信用信息系统（二期）试运行】 5月，北京市企业信用信息系统升级改造基本完成并试运行。企业信用信息系统（二期）实现了数据管理、信用查询、信用通知、信用统计分析等功能，对社会开通了北京市企业信用网。该系统与部分市级成员单位建立了数据交换接口，实现了地税税务登记信息、质监组织机构代码信息的定时自动归集以及全市卫生系统的卫生许可、餐饮服务许可、医疗机构执业许可、医疗广告许可等审查信息的定时自动归集，为各部门进行数据比对提供了支持，并为开展联合失信惩戒等奠定了基础。同时，对信用信息系统外网网站进行了重建，网站分公共栏目（包括《信用查询》、《信用立法》、《信用动态》、《信用公示》等七大板块）和后台管理（包括《友情链接》栏目与内容管理，《新闻》栏目与内容管理等四个功能），进一步完善了信用系统的外网应用。截至年底，北京市企业信用信息系统归集 49 个政府委办局、群众团体和中央驻京单位提供的各类信息 1324 万余条，通过“首都之窗”、“北京市企业信用网”等政府网站，向社会用户提供企业基本登记信息、良好信息、警示信息的免费查询服务，成为“首都之窗”网站最受公众欢迎的查询栏目之一。

【中小企业信用担保体系建设不断加强】 市发展改革委和市经济信息化委认真贯彻落实《中小企业信用担保监督管理办法》，指导行业协会对全市 60 家担保机构开展了信用评级工作。积极申请国家中小企业专项资金，对符合条件的担保机构给予资金支持。截至年底，中关村科技担保公司等 6 家公司累计获得资金支持 4000 万元。扩大了再担保公司对中小企业融资担保规模，积极推进中小企业集合发债等直接融资手段。再担保公司与中关村科技担保有限公司等 11 家担保公司签订了 273 亿元的再担保合同，为中小企业融资提供了支撑。

【纳税人信用信息记录系统建立】 市地税局建立了纳税人信用信息记录系统，制定了信用评价和公示制度，开展了信用评定工作，逐步从纳税信用 A 级评定扩展到 B、C、D 等级的评定，定期对纳税信用等级低下的企业进行公告，促进了纳税人依法诚信纳税。

【区域信用体系和农村信用体系建设试点】 中关村科技园区继续推进信用体系建设试点工作，制定了《促进中关村科技园区企业信用体系建设办法》，完善企业信用信息公共服务平台，开展了企业信用制度建设，大力开展诚信宣传活动，形成了“政府推动，政策引导，多方参与，市场运作，配套服务，规范管理，长效保障”的信用体系运行机制，有效地改善了园区信用环境。宣武区在大栅栏和马连道商业街区开展了区域商业信用体系建设试点，海淀区开展了中小企业信用体系建设试点，平谷区开展了农村民俗旅游信用体系建设试点。年内，先后制定了《宣武区大栅栏商业街区和马连道茶叶街区信用体系建设工作方案》、《平谷区民俗旅游信用体系建设工作方案》、《大栅栏企业信用建设方案》、《商业企业信用报告和评级模型》和《信用网络频道建设方案》等，积极推进区域信用体系和农村信用体系建设。

【企业质量档案建立】 市质监局为获得工业产品生产许可证、食品生产许可证及强制性认证等 5721 家重点企业建立了企业质量档案，并及时更新家电下乡中标生产企业的质量档案，加大了对企业的监管力度。

【《北京市科技计划管理相关责任主体信用管理办法》实施】 北京市科学技术委员会制定了《北京市科技计划管理相关责任主体信用管理办法》，对参与科研项目责任单位和责任人的科技信用情况进行评价记录，并纳入科技计划项目信息管理系统，营造了科研诚信环境。

【中关村企业信用制度建设】 中关村科技园区管委会围绕“信用宣传、信用服务和信用管理”三大主题开展了企业信用信息公共服务平台建设，结合百家创新型企业试点工作，启动了企业内部信用制度建设，并在5家“创新型”企业内部开展了信用管理建设试点，逐步推进企业建立现代信用管理制度；会同人民银行营业管理部和北京银监局联合推出无抵押、无担保的企业信用贷款计划，推进园区中小企业“信贷快车”试点；为企业和金融、信用、担保等中介机构进行信用信息共享查询提供服务。截至年底，园区信用促进会会员总数近2600家，企业累计使用信用报告8800份，各试点银行累计为95家信用良好企业提供信用贷款119笔、45亿元，缓解了企业融资难问题。

【中小商贸企业国内贸易信用保险补助】 市商务委与财政部门加强沟通，按照公开、公正、公平的原则，认真组织项目的申报、审核、审计工作，积极开展中小商贸企业国内贸易信用保险补助工作。

【工程建设领域诚信体系建设】 市经济信息化委制定了《工程建设领域诚信体系建设工作方案》，积极推进工程建设领域诚信体系建设。

【招标投标信用体系建设】 市发展改革委会同有关部门进一步加强招标投标信用体系建设，完善了招标投标违法行为记录系统，充分发挥招标投标领域“黑名单”的失信惩戒作用，提高了服务和监管水平。

【建设行业信用信息系统建立】 市住房城乡建设委建立了建设行业信用信息系统和北京市建筑市场主体市场行为记录信息服务体系，完善了建筑行业信用信息的采集、披露和监管机制，实行分类动态监管，签署了《京津冀共同建筑市场合作协议》，促进了北京、天津、河北地区间信用信息的互通互认，推动了三地建筑市场一体化工作。

个人信用体系

【个人征信系统数据核查】 人民银行营业管理部对北京市6家商业银行个人征信数据进行了核对，开展了征信系统数据检查，有效提高了系统数据质量。与住房公积金管理中心、市地税局、市路政局、市高级法院等部门签署了信用信息共享协议。截至年底，个人征信系统收录北京市个人信贷账户信息1216万余人，信贷余额2620多亿元，并以92%的查得率排名全国前列。人民银行营业管理部提供个人信用报告查询3.8万人次，处理异议558次。

【个人信用信息共享交换】 市经济信息化委会同相关部门研究制定了《北京市国家机关个人信用信息共享管理办法》，编制了《个人信用信息共享目录》，指导签订了《个人信用信息共享交换协议》，依托北京市政务信息资源共享交换平台，积极推进人民银行营业管理部、市公安局、市工商局、市高级法院、市住房公积金管理中心等部门的个人信用信息共享工作。截至年底，相关政府部门通过政务信息资源共享交换平台共享个人信用信息1500余万条，为政府部门开展相关工作提供了支撑。

【金融机构个人征信异议处理自查】 年内，人民银行营业管理部对北京市55家金融机构进行了信贷数据核对和数据质量量化考核，对辖内16家金融机构和4家信用卡中心开展了个人征信异议处理自查工作，并对中国银行北京市分行、民生银行信用卡中心等6家金融机构进行了现场检查，提出了整改意见。对工商银行北京市分行、华夏银行总行营业部、友利银行北京分行等3家商业银行进行综合执法检查，督促商业银行认真执行征信法规制度，有效提高了系统数据质量。截至年底，该系统共归集企事业单位1500余万户的信用信息，涵盖在京企事业单位10余万户，实现了各中外资商业银行和其他金融机构共享查询。

【小额担保贷款信用社区建设】 为鼓励北京市城镇失业人员、未就业大学毕业生、农村转移劳动力和复员（转业）军人自谋职业与自主创业，市人力社保局加快推进小额担保贷款信用社区建设。该建设以街道社区为单元，为北京市失业人员、大学毕业生和复转军人等贷款对象建立个人信用档案，经过社区信用调查与评估，对符合条件的贷款对象免除担保。截至年底，已有55个街道办事处挂小额担保贷款社区标牌，在52个社区发放信用社区小额担保贷款393笔、2103万元。

【住房公积金个人信用信息数据库建设】 年内，市住房公积金管理中心进一步加强北京市住房公积金信用信息数据库建设，实现了与人民银行信贷征信数据的共享交换。建立了科学的信用评价系统，制定了业务标准化操作流程和行业行为规范，为住房贷款及其他个人信用相关领域提供个人信用服务。截至年底，该数据库记录近400万人的住房公积金信息，为房贷、车贷业务出具个人信用报告25万余份。

北京信息化年鉴

信息化环境

【综述】 国务院批复的《北京城市总体规划（2004 年－2020 年）》明确要求："加快首都信息社会建设，建成完善的首都信息基础设施，社会信息化各项指标达到与现代国际城市相适应的水平，全面建设'数字北京'"。《北京市十一五时期经济和社会发展信息化规划》、《2006－2010 首都信息社会发展战略》的相继出台，进一步明确了北京市信息化发展方向和目标，信息化发展环境不断完善。2007 年 9 月通过了《北京市信息化促进条例》，标志着首都信息化建设进入依法建设的新阶段。特别是 2008 年北京奥运会之后，北京工业和信息化发展面临着崭新的形势和任务，建设"人文北京、科技北京、绿色北京"成为新时期的奋斗目标。2009 年 4 月，国家统计局公布的《2008 年中外信息化发展指数研究报告》显示，北京信息化水平总指数已经达到 90。全市建成网络信息安全保障体系，积极应对日益严峻的网络安全形势。建成安全测评、数字证书认证、政务网安全监控和应急响应处置等基础设施，信息安全应急处理能力大幅提升。2009 年，市政府出台的《北京信息化基础设施提升计划》，将在信息产业和信息技术自主创新方面加大投入，进一步加快"数字北京"建设步伐。

政策

【概述】 年内，北京市信息化政策不断更新与完善。相继印发了《2009 年北京市信息化工作要点》、《2009 年全市电子政务重点工作安排》和《北京信息化基础设施提升计划（2009－2012 年）》，对北京市信息化建设工作起到了很好的指导作用。《北京市政务信息资源开发利用行动计划（2010－2012 年）》，为北京市未来 3 年的政务信息资源开发利用提出了可操作、可实施的行动计划建议。同时，北京市进一步贯彻现有信息化相关政策，加强信息化相关工作绩效考核，并取得显著成效。

【《2009 年北京市信息化工作要点》印发】 2 月 16 日，北京市信息化工作领导小组以（京信发〔2009〕1 号）文件印发了《2009 年北京市信息化工作要点》。明确提出 2009 年信息化工作要围绕全市中心工作，按照加快建设"人文北京、科技北京、绿色北京"的要求，深入贯彻落实科学发展观，坚持以人为本、突出实效、改革创新，强调融合、整合、渗透，努力在做大做强信息产业和推动传统产业升级改造方面实现取得新突破，努力在改善民生和促进城乡经济社会一体化方面取得新突破，努力在提升城市管理水平和增强城市竞争力方面取得新突破，以优异成绩向新中国成立 60 周年献礼。

【《关于加强政务信息资源管理的若干意见》印发】 2 月 24 日，北京市信息化工作领导小组以（京信发〔2009〕2 号）文件印发了《关于加强政务信息资源管理的若干意见》。《意见》包括工作目标、主要政策措施、保障和监督和附件四大部分，共十二条，面向各级政务部门提出了加强政务信息资源管理工作的十二条原则性要求。

【《2009 年全市电子政务重点工作安排》印发】 2 月 25 日，北京市信息化工作领导小组以（京信发〔2009〕3 号）文件印发了《2009 年全市电子政务重点工作安排》。明确提出 2009 电子政务工作要深入贯彻落实科学发展观，按照"人文北京、科技北京、绿色北京”的要求，巩固奥运成果，充分发挥已有信息系统实效，以公众网上办事需求进一步带动电子政务整合，以深化电子政务应用和服务促进信息资源共享和利用，推动电子政务全面协调可持续发展，努力在网上办事、经济监测、资源共享、信息安全等方面取得新突破，加快服务型政府建设，为建设繁荣、文明、和谐、宜居的首善之区作出新的贡献。

【信息化基础设施示范区规划】 5月26日，市经济信息化委副主任白新主持召开信息化基础设施示范区规划座谈会，围绕“在建设世界城市背景下，信息化基础设施示范区如何率先建成世界一流”主题进行讨论，并达成5项共识。一是示范区信息化基础设施规划要与全市信息化基础设施大规划融合、衔接，突出示范区功能定位。二是要充分体现绿色低碳理念，信息化基础设施建设规划与应用运营规划相结合，并充分考虑公共服务和市民服务。三是规划目标要适度超前，指标要高，要融入最先进的理念和技术，引领全市信息化基础设施建设。四是要结合示范区总体规划和建设进度，同步进行基站和管网规划建设，并根据示范区需求，综合考虑接入和管理模式，避免“走老路”。五是既要借鉴国际上新的思想理念，更要切实考虑北京的实际需求。高新民、周宏仁、曲成义、张英海等9位国内著名专家和新加坡资讯通信发展管理局（IDA）、IBM公司、CISCO公司、EMC公司、工业和信息化部电信研究院等8家国内外知名信息化战略咨询机构参加座谈。西城、丰台、石景山、通州、顺义五个区县的信息化主管部门参会并介绍了示范区的定位和需求。

【《北京信息化基础设施提升计划(2009－2012年)》发布】 6月23日，市政府正式印发了《北京信息化基础设施提升计划(2009－2012年)》。7月20日，在市委宣传部主持召开的《提升计划》新闻发布会上，市经济信息化委对《提升计划》进行了全面的解读。一是北京实施信息化基础设施提升计划的背景和对扩内需、保增长、促发展和提升城市品质的重要意义。二是“提升计划”的总体目标和实施原则。三是《提升计划》的主要任务。四是《提升计划》的保障措施。市通信管理局介绍了3G和20M宽带建设的意义以及对社会、企业和人民生活带来的便捷与高效，乃至对产业发展产生的重大影响。市无线电管理局着重介绍了中国3G基站等通信设备新科技以及绿色环保等相关情况。

【政府信息公开工作不断加强】 市政府办公厅、市监察局和市经济信息化委组织召开了2009年全市政府信息公开工作会议。建立健全了市和区县政府信息公开工作主管部门和工作机构。狠抓了政务公开、公共事业单位信息公开和办事公开，推进权力公开透明运行，积极推进政务公开和公共事业单位信息公开和办事公开，不断深化全程办事代理制，进一步延伸服务范围。加强政府信息公开工作管理系统建设，加大对信息公开的监督检查力度，不断提高为民服务的水平。在市政府中环办公楼建立了中央企业和驻京部队综合服务平台，进一步完善了各区县、委办局服务大厅和窗口服务功能，扩展了办理事项，提高了工作效率。截至年底，全市各公开机构通过市政府信息公开专栏主动公开政府信息33万余条，公众点击总量达1.2亿人次，各类信息公开查阅场所接待公众咨询查阅18万余人次。

【“双进入”体制和工作机制推进】 年内，北京市通过区县协调、共同推进的“双进入”体制，有效解决了一批长期困扰相关部门的基础设施建设问题。市政府与中国三大基础电信运营商签署了战略合作协议，共同建设世界一流的信息化基础设施。成立了提升计划协调小组，在市信息化工作领导小组的领导下，统筹协调信息化基础设施提升各项工作。各区县和亦庄开发区建立了“双进入”工作机制，将工作责任落实到属地，帮助基础设施建设企业协调解决难点问题累计达 943 个，有效地解决了宽带建设小区进入、无线基站选址等难题。各政府部门认真落实提升计划各项任务：地铁移动信号覆盖取得突破，信息管道规划建设体制初步理顺，小区内信息化基础设施设计规划和验收标准有序推进，基础设施重大项目审批纳入绿色通道，基础设施建设占用道路和绿地难题得到有效解决。

【“政府主导、企业参与”机制强化】 年内，北京市实行政府信息化资金投入机制，解决政府信息化资金分散、投资边际效益递减的问题。整合市级财政、发改、科技以及其他专项资金中的信息化投入，集中用于全市推进基础设施应用、急需的重大应用和社会关注的热点应用，并形成导向作用。积极探索吸引社会投资，开放政府信息资源和市场，推进项目融资等方式，加快吸引社会投资，提高城市信息化服务水平，取得应用突破。继续加强《提升计划》领导协调机制作用，协调推动重大项目落地，吸引以三大基础电信运营商为主的企业投资约 172 亿元，使基础设施建设取得新的突破。市经济信息化委从部门预算中调剂 6000 万元作为提升计划专项资金，对“提升计划”十大示范区规划建设、城乡一体基础设施建设、强政惠民的信息化应用试点、三网融合物联网等新技术应用推广等方面给予支持和补助，发挥政策和资金导向作用，引导区县和社会投资，在关键领域取得突破性进展。

【信息化专家咨询委员会座谈会召开】 12 月 17 日，市经济信息化委组织召开北京市信息化专家咨询委员会 2009 年座谈会，听取了专家委秘书处关于 2009 年的工作总结和 2010 年信息化需求，并针对市经济信息化委在电子政务和信息化推进中的主要困惑进行了研讨。市经济信息化委主任朱炎、副主任白新、俞慈声等出席会议，专家委主任工业和信息化部副部长杨学山主持会议，周宏仁、高新民、李国平、王安耕、周汉华、吴江、曲成义、郭为等专家参加了座谈。

法规

【概述】 年内，市经济信息化委依据《北京市信息化促进条例》，规范和完善了信息化各项制度，推进信息安全、无线电管理、个人信用等地方性法规的修订、制定工作。先后启动了《北京市国家机关管理保护个人信息办法》编制工作、完成了《北京市移动电子政务管理办法（征求意见稿）》、实施了地理信息市场专项整治工作、施行了《北京市法人基础信息数据库管理办法（试行）》，进一步完善了信息化促进产业发展的政策体系。

【《北京市国家机关管理保护个人信息办法》编制工作启动】 年内，市经济信息化委启动了《北京市国家机关管理保护个人信息办法》（以下简称《办法》）的编制工作。《办法》（征求意见稿）按照“急用先行”的原则，重点对国家机关在采集、安全与保管、共享、公开与使用个人信息等环节进行了规范，共七章三十五条。《办法》在编制的过程中，依据共同带有区别的原则，采用分类保护管理的思路，首先根据应用和保护程度，将个人信息分为个人隐私信息和个人一般信息，然后在对个人一般信息管理流程进行规范的基础上，对个人隐私信息的保护提出更为严格的管理要求，一方面使国家机关管理好部门内部掌握的个人信息，做到不违法。另一方面与国际接轨，满足建设“世界城市”经济社会发展软环境的需求。

【《北京市移动电子政务管理办法（征求意见稿）》完成】 由市经济信息化委牵头组织制定的《北京市移动电子政务管理办法（征求意见稿）》，与通信协会和三大运营商多次研讨、磋商后，已完成修改稿，并开始征求相关部门意见。《北京市移动电子政务管理办法》将进一步推动北京市移动电子政务应用，规范移动电子政务实践。

【地理信息市场专项整治工作实施】 7 月 20 日，市经济信息化委参加了市规委组织召开北京市地理信息市场专项整治工作小组办公室会议，研讨了《北京市地理信息市场专项整治工作实施方案》。根据市政府办公厅转发的《市规划委等九部门关于北京市地理信息市场专项整治工作专项整治工作方案的通知》（京政办发〔2009〕33 号）精神，市经济信息化委负责配合市有关部门，加强对互联网地图和地理信息服务网站的监管工作。

【《北京市法人基础信息数据库管理办法（试行）》实施】 9 月 1 日，《北京市法人基础信息数据库管理办法（试行）》正式实施。该《办法》由市经济信息化委、市质监局、市编办、市工商局、市民政局共同制定，通过《关于印发 < 北京市法人基础信息数据库管理办法（试行）> 及 < 北京市法人基础信息数据库申请及使用说明（试行）>》（京经信委发〔2009〕9 号）的通知正式印发。

标准规范体系

【概述】 8 月 13 日，北京市信息化标准化技术委员会成立，使得北京市信息化建设标准建设有了专门的推进机构。9 月 15 日，发布了《北京市政府网站网上办事服务建设与管理规范（试行）》，进一步规范了政府网站的网上办事服务。9 月 23 日，市质监局批准了《北京市信息化标准化技术委员会章程》。12 月 9 日，市经济信息化委、市质监局联合举办了《北京市信息化标准》宣贯会。年内，编制完成《北京市移动电子政务总体技术要求》（征求意见稿），开展了电子商务统计指标体系研究，进一步贯彻实施《中华人民共和国国家通用语言文字法》，积极建立信息化标准统筹机制，加快制定各领域、行业信息化标准，完善标准监督检查机制，将进一步促进北京市信息化标准规范体系的建立。

【市信息化标准化技术委员会成立】 8 月 13 日，北京市信息化标准化技术委员会成立大会暨第一次全体委员会议成功举行。北京市质量技术监督局、市经济信息化委主管领导及北京市信息化标准化技术委员会全体委员 50 余人参加了会议。

【《北京市政府网站网上办事服务建设与管理规范（试行）》发布】 9 月 15 日，市经济信息化委发布《北京市政府网站网上办事服务建设与管理规范（试行）》，对政府网站网上办事服务进行了规范，《规范》指出，要本着“以用户为中心、以需求为导向、以服务为宗旨、以应用为目的”的原则，做好政府网站网上办事服务。《规范》对网上办事服务的实现方式、内容组织、质量管理、辅助功能等方面进行了具体说明。

【《北京市信息化标准化技术委员会章程》通过】 9 月 23 日，北京市信息化标准化技术委员会（简称市信标委）制定的《北京市信息化标准化技术委员会章程》经市质监局批准同意，并正式下发了《关于批准 < 北京市信息化标准化技术委员会章程 > 的通知（京质监标发〔2009〕359 号文）。

【《北京市信息化标准》宣贯】 12 月 9 日，市经济信息化委、市质监局联合举办了《北京市信息化标准》宣贯会，宣贯《北京市信息化标准化规划（2009－2012）》，并邀请国家信息化标准委及北京市信息化标准委介绍了国家及北京市最新的信息化标准化工作动态，重点宣贯了信息资源标准化、政府网站维护技术规范、安全等级保护标准、中文办公软件文档格式规范等。市经济信息化委领导陈志峰、市质监局陈言楷等出席会议。

【《北京市移动电子政务总体技术要求》（征求意见稿）完成】 由市经济信息化委组织推进的《北京市移动电子政务总体技术要求》制定工作，经与相关部门多轮磋商，提出了总体技术要求初稿。同时，市经济信息化委会同通信协会和三大运营商召开《北京市移动电子政务总体技术要求》研讨会，逐条梳理总体技术要求内容，并修改完成了征求意见稿。《北京市移动电子政务总体技术要求》将进一步加快推动北京市移动电子政务实践，规范移动电子政务工作。

【电子商务统计指标体系研究】 在市经济信息化委、市统计局领导下，北京市软件促进中心完成了《年度全市电子商务企业调查问卷》的设计和调查工作，并在此基础上开展电子商务统计指标体系的研究，以推进日常电子商务统计制度的建立。

【《中华人民共和国国家通用语言文字法》贯彻实施】 1 月起，国务院新闻办公室、文化部等 7 部委在全国开展了整治互联网低俗之风专项行动，先后通报了 10 批涉嫌低俗与黄色内容的网站并限令其整改。7 月，文化部查处了一批不符合《互联网文化管理暂行规定》，危害社会公德或损害民族优秀文化传统的网络游戏。截至 11 月，专项行动共发现清理境内网上各类违法有害信息 240 余万条，关闭违法网站和网上信息服务栏目 2 万余个。不断规范网络中的语言使用，整治网络中的低俗内容，净化网络的思想道德的文化环境，进一步贯彻了《中华人民共和国国家通用语言文字法》和《北京市实施<中华人民共和国国家通用语言文字法>若干规定》。

（北京市互联网宣传管理办公室
北京市社会科学院）

人才建设

【概述】 年内，北京市深入实施《提高全民信息能力行动纲要》。继续开展农村和社区居民、公务员、企业骨干、专业技术队伍等人群信息化知识普及和相关培训，并施行培训备案制和网上培训。进一步提高全民信息能力，加强公务员培训平台建设，丰富和完善课件开发。引导信息化领域大学生下基层、下农村就业和服务。鼓励大学生志愿者积极参与市民信息能力提高工作。结合信息化与工业化融合要求，开展全市信息化人才结构战略性研究和信息服务业等重点领域人才研究。

【第二轮公务员信息化与电子政务培训】 北京市人事局在全市组织开展公务员第二轮信息化与电子政务培训，加强培训课件及公务员继续教育培训平台建设。北京市信息化促进中心协助人事局完成了公务员电子政务培训教材——《电子政务应用——公务员读本》审定出版工作。截至年底，电子政务考试为 196 场、8338 人，电子政务课件点击量 6.2 万人次。

【党政机关运维管理培训班举办】 年内，全市举办了 2 期党政机关运维管理培训班，市属各委、办、局及各区县的信息化单位约 170 人参加了培训。培训的主要内容包括：北京市电子政务运维服务支撑系统规范、运维管理的自查、规划与实施方案、信息类资产和配置管理、运维流程管理、运维监控管理、安全管理、运维外包及运维成本管理、运维监理等，以理论结合案例的方式对运维工作各方面进行了深入讲解。

【镇村企业信息化培训工程启动】 8 月 3 日，市经济信息化委镇村企业信息化培训工程启动大会在京召开，会议从培训目的、培训对象、培训方式、阶段重点等方面详细介绍了培训工程的实施方案，有关专家介绍了信息化基础知识、信息化建设的重要意义及提速农村产业化升级的重要途径。北京中泰服装有限公司、北京华都峪口禽业公司分别在会上介绍了各自信息化建设的经验。13 个区县的经济信息化委主管领导、主管科长及 54 个镇村产业基地负责人、骨干镇村企业 150 余人参加了启动大会。市经济信息化委委员王惠民在启动大会上，就本市镇村信息化建设提出三点要求：一要提高思想认识，深刻领会镇村企业信息化建设的重要性和紧迫性。二要加强统筹规划，不断提高镇村企业信息化建设水平。三要落实工作措施，确保完成“镇村企业信息化培训工程”各项工作任务。

【“两化”融合培训推进】 9 月 14－15 日，市经济信息化委组织了区县“两化”融合培训班，16 区县经济信息化委及信息办参加了培训。国家信息化专家咨询委员会委员王安耕作了《国家两化融合推进思路和指标体系》的讲座。市区两级深入交流研讨了全市两化融合、电子商务工作的推进思路。

【信息化专业队伍信息能力网络培训】 北京市信息化促进中心利用信息能力培训平台积极开展信息化专业队伍信息能力网络培训。年内，培训平台注册人数 1487 人，提供学习课程 42 门，参加学习和考试 1336 人次。

（市信息化促进中心）

【企业信息化人才培训开展】 北京市信息化促进中心举办计算机技术与软件专业人员考试及

继续教育各类培训班 10 期，896 人参加了培训。

（市信息化促进中心）

【参与电子政务干部培训】 11 月 16－20 日，工业和信息化部在南京组织了电子政务干部培训，邀请专家和有关省市进行授课，市经济信息化委电子政务处和资源中心派人参加了培训，并按工业和信息化部要求，将北京市核心业务应用建设及运维情况在大会上进行了交流。

行业协会与产业联盟

【概述】 年内，北京市充分发挥行业协会和产业联盟对信息化建设的促进作用，一方面加快了信息化建设的步伐，另一方面促进了信息化相关产业的发展。同时，北京市还根据新形势对信息化产业的需求，成立了中关村物联网产业联盟、动漫游戏产业联盟等新的产业联盟，并积极筹备组建 3G 产业联盟。

北京信息化协会

【简介】 北京信息化协会由与信息化相关的企业、事业和社团单位自愿联合，于 2003 年 7 月 28 日发起成立，是经北京市社会团体管理办公室核准登记的非营利性社会团体法人，接受北京市民政局社会团体管理办公室的领导和北京市经济和信息化委员会的业务指导。协会发展宗旨：以推进北京信息化建设为中心，贯彻国家和本市信息化建设的方针政策，发挥桥梁和纽带作用，加强企业、事业和社团单位与政府部门的联系，增强信息化行业自律，规范信息化服务市场，促进首都信息化深入发展。协会发展历程：协会成立截至 2009 年底，选举产生了三届协会领导机构。三届协会理事长分别由原北京市信息化工作办公室主任、现北京市经济和信息化委员会主任朱炎，国务院发展研究信息中心副主任、国研信息科技有限公司总裁李明及神州数码（中国）有限公司董事局主席兼 CEO 郭为担任。协会会员组成主要以驻京信息系统集成商、监理公司、信息安全企业、信息服务业企业、相关外企、科研院所、区县信息中心等构成。随着会员企业的壮大和信息化纵深发展，经社团办批准，协会增设了“公共缴费分会”及“信息安全分会”。协会成立几年来，在合作交流、行业自律、研究咨询、宣传展览、培训考察、接受政府和其他单位委托从事相关工作等方面做了大量的工作。为企业提供关于信息化标准、发展战略等报告会、研讨会，信息化应用项目发布会，讲座的工作。有计划地组织了政府、企业参与国际交流、区域交流活动。组织中国信息化推进大会媒体宣传。热心公益事业，组织会员参与四川、陇南地震灾区的援建工作，为在京的孤儿院组织捐献了大量图书与设备。

【服务专家委秘书处】 年内，协会承担着北京市信息化专家咨询委员会（简称专家委）秘书处的日常工作，通过发挥协会的纽带作用，将政府、专家与企业三方连接起来，充分发挥专家委对政府决策咨询及行业应用指导的作用，共同推进北京的信息化建设。

【课题研究成果】 年内，依托专家委，协会开展了北京信息化方面的调研工作，完成了《北京信息化发展报告》、《北京市信息服务业发展报告》、《北京电子政务运维服务支撑系统规范》、《北京信息化》汇编、《经济危机后 IT 中小企业现状调查报告》、《关于开展“十二五”电子政务安全标准分项规划研究的建议》。

【“创新 服务 融合——2009 信息服务创新年会”举办】 9 月，国家信息化专家咨询委员会、市经济信息化委、中关村管委会指导，北京信息化协会、神州数码联合举办的“创新 服务 融合——2009 信息服务创新年会”举办。本届创新年会以“创新 服务 融合”为主题，设立了“云计算及未来”、“3G 与数字生活”及“信息安全应用”3 个分论坛。2009 年北京信息化协会首次参与创新年会活动。大会邀请到科技部、工业和信息化部、北京市政府部门的各级领导，院士及国内外知名 IT 企业高层以及政府、电信运营商、银行等行业用户及企业代表齐聚一堂，共同探讨在新的经济形势下，信息化如何促进“两化”融合及现代服务业的发展等问题。

【十大应用成果评选】 “信息北京十大应用成果评选”活动由中共北京市委宣传部、北京市科学技术委员会、原北京市工业促进局、原北京市信息化工作办公室指导，北京信息化协会作为主办单位开展。活动始于 2006 年，每年举办一次。参选成果来自于委办局、区县政府部门及企事业单位；活动的评选专家由国家、市级相关信息化领导、专家担任；评选活动的最终评选结果由专家打分与公众投票加权而得到。评选活动的社会效应显著增加，参与活动的指导单位、申报单位、评选专家、网上投票人数、媒体报道数量逐年增加，评选参与单位从 2006 年的 53 家增加到 2009 年的 107 家。评选活动网上投票参与人数已从 2006 年的 46 万人次增长到 2009 年 746 万人次。活动的举办，提供组参选单位信息化应用成果借鉴、改进、提高的学习机会，促进了北京信息化应用建设。

【电子政务运维专项】 年内，协会在北京市信息化工作办公室指导下，参加推进电子政务运维试点工作，组织 IT 运维服务支撑系统测试，推荐自主创新运维产品和企业，推动产业发展，做好推荐运维工具的基础性工作。4－6 月，组织开展了首批北京市电子政务 IT 运维服务支撑系统测试机构申请、评选、备案工作。向社会公布了测试机构。配合市经济信息化委组织召开“北京市电子政务运维培训会议”。支持电子政务运维规范上升为标准的工作。自主创新运维产品和企业推荐向中关村管委推荐自主创新信息化应用产品和企业。6 月，配合北京市自主创新政府采购政策的实施，市发展改革委、市科委、市经济信息化委、市财政局、中关村管委会联合召开了政府采购中关村自主创新产品第三次签约大会暨政府信息化项目对接会。推荐了相关企业进入北京市政务服务企业和政务信息化产品名录。向信息化主管部门推荐运维服务支撑系统工具 6 月，举办了面向全市政务部门的电子政务运维服务支撑系统工具对接会。来自北京市 50 多家政务部门的 80 多人参加了会议。会上，协会对通过测试的运维支撑工具作了说明，会员企业作了讲解并演示了运维工具。会议为运维工具使用单位和提供服务企业搭建了一个相互交流的平台，达到为政务部门拓宽选择运维产品的范围、运维企业提供市场机遇、提升协会的自身服务品质、实现电子政务运维工作的多赢格局目标。推进电子政务运维试点工作 7 月至年底，配合市经济信息化委进行试点工作的组织、协调和监督，有效推进运维试点工作的开展。通过上岗培训、考试，组成 19 个运维咨询工作组，分别对 19 家申请运维试点的单位提供咨询服务，提交的 32 份服务周报。随着试点工作的深入开展，政务部门真正理解了电子政务运维规范理念，围绕规范深化运维管理工作，在运维管理上有了跨越式进步。同时，运维企业充分了解了政务部门的需求，及时调整企业发展战略，改进运维工具产品。运维试点工作使政府与企业实现了共同进步。

北京软件行业协会

【简介】 北京软件行业协会（简称北京软协）成立于 1986 年 10 月 21 日，是经北京市社会团体管理办公室批准注册，软件产业社团组织。北京软协以北京市软件和信息服务业企业和企业家为主体，为 2000 多家软件信息服务企业提供价值服务，形成了由用友软件股份有限公司董事长兼总裁王文京担任会长、众多知名企业家担任副会长、职业经理人龙飞担任秘书长的协会领导团队。协会一直秉承着促进北京软件和信息服务业健康快速发展的理念。努力为政府、企业和社会提供有价值的专业服务，在北京软件产业中发挥沟通政府与企业、国内与国外两个桥梁作用。协会努力与社会各界建立良性合作模式，探索开创可持续发展的良性运作机制，力争成为一流的国际化产业协会。协会下设 12 家分会。金融软件及信息产品分会、过程改进分会、益智与娱乐软件分会、医药软件分会、中关村软件园分会、数字内容及信息服务分会、长风开放标准平台软件分会、丰台园分会、归国软件人员联络会、测试工作委员会、软件进出口工作委员会和投融资委员会。

【协会职能】 服务企业。为会员企业提供有价值的专业服务，包括市场服务、经营管理服务、金融服务、产业标准、行业秩序规则及评审服务等有利于企业发展的价值服务。支撑政府。支撑政府主管部门的行业管理工作，协助政府完成双软认定及双高人才申报审核工作，参与、影响重要产业规划制定，对重大政策和行业问题展开研究并提出建议，对政府新颁布政策进行宣传、培训及应用指导。回馈社会。组织会员企业参与社会公益活动、重大救助活动，在促进北京软件行业在产业升级、就业、民生等方面作出更大的贡献。

【软件企业认定和软件产品登记】 年内，北京软件行业协会共登记软件产品 2399 个，续延登记软件产品 225 个，认定软件企业 743 家，年审通过软件企业 2730 家。截至 2009 年年底，累计登记软件产品 15,577 个，续延登记软件产品 724 个，认定软件企业 6061 家，累计年审 13,423 家/次。

【高级人才专项奖励】 年内，北京软件行业协会受理高级管理人才和高级技术人才专项奖励覆盖软件企业 694 家，同比新增加企业 94 家；奖励金额 1.83 亿元，同比增加 3556 万元，增比 24%；奖励人数 19,796 人，同比增加 4499 人，增幅达 29%；人均奖励 0.925 万元；奖励金额在 1 万元以上的有 4936 人，占申报人数的 24%。；满 30 万元不再享受奖励的有 240 人。

【金融危机形势下企业发展态势政企研讨会举办】 2 月 27 日，北京软件行业协会在用友软件园组织副会长就“金融危机给软件企业造成了哪些影响”，“软件企业如何把握机会从容应对挑战”以及“当前形势下政府部门应给予软件企业怎样的政策支持”等议题，与政府有关领导进行研讨。周明陶、邵凯、贾栋等9位副会长及代表参会，市政协科技委副主任胡新生、市信息办副主任阎冠和、中关村管委会服体处处长盖玉云等领导参加了研讨。此次研讨，我们感到，总体而言，危机对软件企业有影响，但暂时影响不是很大，IT对于企业和社会的发展不是可有可无的。企业老总们还认为，我国软件产业的快速发展归功于软件产业政策的及时出台和软件企业的不懈坚持，此景之下，希望政府部门能够及时雪中送炭，帮助企业度过难关。

【参加印度软件及服务业领袖大会2009年会】 2月10－15日，北京软件行业协会组织博彦科技、软通动力等软件外包企业赴印度孟买参加一年一度的印度软件及服务业领袖大会（NASSCOM INDIA LEADERSIP FORUM 2009）。在遭遇金融危机及孟买恐怖袭击的双重影响下，会议主题定为“重整全球经济（RE-SHAPING THE GLOBAL ECONOMY）”，来自800多家公司的1200名参会代表积极参与了本次大会。

【第三届羽毛球比赛举办】 5－7月，北京软件行业协会秉承“促进会员交流，增强协会凝聚力”的理念，组织协会第三届羽毛球比赛。19家理事单位共62人参加比赛。

【“危中求机　迎在战略”高层沙龙举办】 6月30日，北京软件行业协会在柏彦大厦举办“危中求机 迎在战略”的高层沙龙。清华长三角研究院战略研究中心及参会企业提出软件企业的发展除了以市场和客户需求导向外，资本运营也是企业发展的选择之一，并抛出了“软件企业如何再提升”、“怎样经营资源”、“如何体现企业的软实力”、“企业如何能在行业中有话语权、定价权、控制力”、“如何引用‘联合国’模式来做强企业”等话题，企业家们就此分享了经验和见解，对于政府在重视软件产业的投融资、做大做强以及软件企业的突破提升等，企业高层表现出了极大的关注。

【软件企业竞争力国际研讨会举办】 8月4－6日，北京软件行业协会在中关村科技园区管委会的大力支持下，举办了中关村科技园区软件企业竞争力国际研讨会。该研讨会以“把握当前机遇，加速产业结构升级”为主题。176家软件企业的300多名代表参加了研讨会。通过本次国际研讨会，中关村园区的软件企业深入地了解了如何在金融危机和国家出台十大产业振兴规划的背景下，提升竞争力，实现产业结构升级，帮助企业化危为机。

【知识产权保护系列培训会】 8月和11月，北京软件行业协会与北企业合作举办知识产权保护系列培训会。针对软件企业知识产权保护意识相对薄弱环节，邀请国知局、北知局等相关领导针对企业商标、专利申报事项进行培训，150余人参加培训。

产业联盟

【电子商务协会理事会召开】 3月17日，北京电子商务协会召开二届九次理事会，副市长程红、市商务委主任卢彦和市经济信息化委副主任王学军出席大会并讲话。程红在讲话中提出三点要求：一要发挥现有电子商务优势，为扩大内需促进消费作出新贡献。二要加强电子商务保障体系建设，保证电子商务稳妥推进。三要紧抓机遇，着眼世界城市建设，走国际化、现代化、特色化的电子商务发展道路。

【北京动漫游戏产业联盟成立】 10月14日，

在中国动漫游戏城项目建设正式启动信息发布会上，中国动漫游戏北京动漫游戏产业联盟宣告成立，文化部党组副书记、副部长欧阳坚，北京市委常委、宣传部长、副市长蔡赴朝共同为产业联盟揭牌。

【中关村物联网产业联盟成立】 11 月 1 日，北京市中关村物联网产业联盟成立，北京市信息资源管理中心成为该联盟理事单位成员。12 月 22 日，双方签署《缔约登记协议》，黄晓斌任联席会代表、高顺尉为联系人。11 月 5 日，中关村物联网产业联盟与IEEE P2030智能电网标准联合主席 Bob Heile 进行了技术交流。Bob Heile 在会上以“智能电网的发展：核心技术、市场与标准”为主题发表了演讲，并同与会联盟企业代表对智能电网与物联网的发展，特别是智能电网发展中的技术、应用、标准等进行了研讨。同时，与会各方还对智能电网发展中的市场机遇等问题交换了意见，对北京物联网产业联盟的发展和产业应用试点进行讨论。

【3G 产业联盟筹备组建】 11 月 24 日，3G 产业联盟组建筹备会议召开，3G 产业联盟发起单位参加本次会议，讨论议定了《联盟章程》，并由发起单位投票选举了第一届理事会理事长单位及副理事长单位。市经济信息化委软件和信息服务业处参加讨论并向联盟单位汇报了近期北京市 3G 增值服务产业的发展规划和主要思路，并与参会单位就如何做大做强北京 3G 增值服务业产业进行了讨论。

园区建设

【概述】 年内，北京市不断完善信息化相关园区建设，以形成良好的信息化相关产业发展环境，促进产业的健康快速发展。年内，北京市还启动了中国动漫游戏城、电子商务产业园和“移动硅谷”建设。

【朝阳区打造“中国移动谷”】 7 月，朝阳区发布了在电子城西区北扩区域打造“中国移动谷”的战略构想，并与北京移动、TD 产业联盟签订了《战略合作协议》，合作建设“一个基地、一个平台、四个中心”。即研发服务实验基地，验证测试平台以及体验中心、创新设计中心、数据中心和产品应用发布展示中心。8 月 27 日，“移动谷”专题论坛在北京市电信行业推介会上举办后，已有星河亮点等多家移动通信企业入驻或表示入驻意向。

（杨洁）

【香港晶门科技公司入驻北京数字电视产业园】 9 月 16 日，香港晶门科技公司与京东方科技集团、亦庄国际投资公司签署《战略合作协议》，据此，香港晶门科技公司将与亦庄国际共同出资在京成立研发生产液晶驱动 IC 产品的企业，专门开发满足大屏幕 TFT-LCD 面板需要的驱动电路产品，京东方将为产品的开发提供必要支持。驱动 IC 是 TFT - LCD 面板的关键原材料之一。晶门科技是全球领先的液晶驱动电路产品的供应商，公司产品在全球移动显示器驱动 IC 的市场份额已达 20%，主要客户有：明基、LG、摩托罗拉、诺基亚、松下、Pantech、飞利浦、三星、西门子、TCL、UTStarcom 等。

【北京电子商务产业园创建】 9 月 16 日，由市经济信息化委主办，门头沟区经济信息化委承办的“北京市电子商务‘新经济、新时代’

系列论坛暨北京电子商务产业园与示范区授牌仪式”在北京龙泉宾馆隆重举行。论坛上，市经济信息化委、市发展改革委联合授予西城区、朝阳区首批“北京市电子商务应用示范区”。联合授予广安产业园、金盏金融服务园区、北京石龙经济开发区和北京通州物流基地等4园区首批“北京市电子商务园区”。联合授予联想、神州数码等6家企业“北京市电子商务应用示范企业”。

【中国动漫游戏城项目启动】 10月14日，文化部、北京市政府在首钢机电公司重型机器分公司联合举行信息发布会，国家级重点文化产业项目——中国动漫游戏城项目建设正式启动。文化部党组副书记、副部长欧阳坚，北京市委常委、宣传部长、副市长蔡赴朝，北京市政府副秘书长侯玉兰以及文化部和北京市政府有关部门、丰台区政府、石景山区政府、中国动漫集团、首钢总公司等单位负责同志，动漫企业代表和新闻媒体记者出席了信息发布会。信息发布会上，首钢总公司与中国动漫集团有限公司签署了《合作建设中国动漫游戏城框架协议》。中国动漫游戏城建成后，将成为集动漫游戏创作、生产、交易于一体，产业链完整的国家一流文化产业园区。

【北京亦庄移动硅谷入园】 12月2日，由市经济信息化委和亦庄开发区管委会联合举办的“北京亦庄移动硅谷暨入园企业签约仪式”在亦庄开发区举行。北京市副市长苟仲文、市经济信息化委主任朱炎等出席。亦庄移动硅谷总规划面积约100公顷，计划用3-5年时间，在亦庄开发区建成以大型营运商为龙头，以京芯半导体为核心，依托3G-4G核心芯片技术，集聚移动通讯产业链（制造商两端）优秀企业的高端移动通信产业园区。签约仪式上，京芯世纪（北京）半导体科技有限公司、德信无线通信科技有限公司等约20家企业与开发区签署了入区协议和意向协议，意向注册资金约40亿元。

【冠捷入住经济技术开发区】 12月28日，冠捷投资有限公司与北京经济技术开发区管委会签订《项目入区协议》，冠捷公司年产800万台液晶电视生产基地项目正式进驻北京数字电视产业园。这是北京数字电视产业园奠基以来进驻园区的一个重量级项目，标志着北京在发展数字电视产业上已取得突破性进展。市委副书记、市长郭金龙，市委副书记王安顺，副市长苟仲文等出席签字仪式。

区县信息化

东城区

【概述】 年内，东城区信息化工作坚持以科学发展观为指导，深入贯彻中共十七大精神，以“服务政务、服务民生、服务区域社会和经济发展”为目标，全面落实“保增长、保民生、保稳定”的各项任务，圆满完成了国庆60周年网络与信息安全保障及电子政务的各项任务，推动电子政务全面协调可持续发展，在政府运行管理、区域公共安全、信息资源共享等方面取得明显成效。“数字东城”网站获“2009年度北京市优秀网站”、“2009年度中国政府网站优秀奖”，东城区网格化政务图层共享服务平台获“2009 政府信息化应用推进奖”，区信息办荣获“2009 年国庆 60 周年网络与信息安全保障先进单位”和“北京市国庆无线电管理工作先进单位”称号。

（孔祥鑫）

电子政务

【信息化工作统筹推进】 3月4日，东城区信息化工作领导小组会召开。东城区常务副区长岳鹏、区委副书记冯熙、区委办公室主任边振英及全区33家单位的领导小组成员参加。会议听取了2008年信息化工作汇报，审议通过了《北京市东城区电子政务建设框架》、2009年东城区信息化工作要点、2008年“数字东城”网站群评议结果，对东城区2009年信息化工作提出了具体要求。

（孔祥鑫）

【市信息办调研互联网安全接入试点】 3月4日，市信息办调研东城区互联网安全接入工业和信息化部试点工作情况。指出东城安全保密管理做法在全市具有借鉴和推广价值，希望东城区能够在试点工作中总结成果并查找不足，积累宝贵经验，更好地促进互联网的安全接入工作。

（孔祥鑫）

【《北京市东城区电子政务建设框架》下发】 3月10日，《北京市东城区电子政务建设框架》向全区下发。《框架》由服务、业务与应用、公共支撑、信息资源、基础设施，管理体制与机制、信息安全保障七部分构成，明确了东城区电子政务建设“以发展为核心、以改革为动力、以服务为抓手、以民生为根本”的指导方针，统分结合、层级管理的原则和在未来三年内推进电子政务向基础统一、资源共享、管理规范、协调有序、惠及全民方向发展的总体目标。

（孔祥鑫）

【工业和信息化部通信保障局调研互联网安全接入试点】 8月21日，工业和信息化部通信保障局和北京信息安全测评中心调研东城区互联网安全接入试点工作进展情况。指出东城区互联网统一接入、网站整合等工作统筹了全区网络资源的管理，有效避免了重复建设和投资浪费，大大降低了信息安全风险。实名制网络接入创新了网络安全管理方式，为国家和北京市起到示范作用。

（孔祥鑫）

【工业和信息化部安全协调司调研互联网安全接入试点】 12月25日，工业和信息化部信息安全协调司组织互联网安全接入试点工作专家组调研东城区互联网安全接入试点工作情况。区信息办就东城区互联网安全接入工作的整体思路、技术体系、管理机制和试点进展情况进行了汇报。专家组组长、北京邮电大学方滨兴院士对东城区互联网安全接入试点工作表示，东城区互联网接入的统筹管理避免了重复建设和投资浪费；政务网站整合力度大，大大降低了网站信息安全隐患和风险；安全防护技术措施合理，安全管理制度执行到位；实名制网络接入创新了网络安全管理方式，为国家和北京市起到示范作用。

（孔祥鑫）

【东城区新一代协同办公平台方案通过评审】 4月9日，东城区区信息办召开了东城区新一代协同办公平台项目建设方案专家评审会。评审专家经过研究和讨论，认为方案总体目标明确，符合国家及北京市相关标准，总体架构合理，平台功能比较全面，技术先进可行，软硬件选型合理，同意通过评审。

（孔祥鑫）

【网络接入实名制接入认证二期推广工作推进】 4月初，东城区实名制接入认证二期推广工作正式启动。截至年底，全区共完成143家单位4700人的网络实名接入工作。实名制认证能够有效地规范公务人员的上网行为，节约网络资源，保障网络和信息安全。

（孔祥鑫）

【动态指标监测信息系统建设】 4月13日，东城区区长杨艺文主持召开“保增长、促发展”工作调度会。杨艺文提出五点要求：一要实现监测工作长效化，建立动态指标监测框架，逐步进行完善，形成长效机制。二要实现监测工作规范化，对监测的内容和指标进行梳理，确定监测内容、监测流程、监测环节、监测时间，形成监测指标体系。三要实现监测工作的动态化管理，确保随时随处掌握动态指标情况。四要实现监测工作精细化，通过监测数据支撑决策分析。五要实现监测工作效能化，要对各相关部门进行效能考核。杨艺文还对下一步工作进行了部署，要求由区发展改革委牵头加紧进行监测内容和指标的梳理，明确监测任务描述、标准和指标，确定督查周期，并建立问题协调和社会评价机制。

（孔祥鑫）

【电子政务和信息化发展趋势专题讲座举办】 4月22日，东城区政府办（信息办）邀请国家信息化专家咨询委员会委员就国家电子政务和信息化发展趋势进行了专题讲座。讲座解析了国家、北京市的电子政务与信息化沿革和态势，并就区县如何开展网上协同办公、信息资源共享和公共服务进行了针对性的指导。

（孔祥鑫）

【数字生活技能大赛开展】 5月10日，东城区科协、区信息办、区妇联、区教委联合组织开展“2009年东城区数字生活技能大赛”活动。该活动旨在推进《全民科学素质行动计划纲要》和《北京市提高全民信息能力行动纲要》的实施，提高北京市民运用信息技术、数字技术创建和谐家庭、构建和谐社会的水平。此次比赛通过灵活多样的试题考察了队员们计算机运用能力，“数字东城”网站对赛事的在线直播图文并茂地呈现比赛进展情况，体现了实效性和真实性，使网民身临其境地感受到赛场的热度。

（孔祥鑫）

【公共安全信息系统建设强化】 5月12日，

东城区区长杨艺文在电子政务中心机房听取了信息办关于公共安全信息系统和动态指标监测信息系统建设进展的汇报和原型演示。杨艺文指出，信息化在区域管理和区域经济提升工作中将起到重要作用，并对下一步工作提出要求：一是公共安全信息系统建设应进一步研究机制上的创新，并通过信息化支撑来促进其实现。二是动态指标监测系统是东城区经济管理的重要信息系统，应形成长期的应用模式，支持东城区今后几年的经济监测。三是信息系统建设应从实用出发，先提供最需要的简单指标，再逐渐深入，建立相应的数据报送标准，根据需求确定各项指标的报送频率和要求。

（孔祥鑫）

【“数字东城”与首都之窗网站系统对接工作启动】 6月4日，东城区信息办与首都之窗运行管理中心就“数字东城”网站与北京市政府信息公开系统对接工作进行研究。对接实现后，可简化东城区部门信息公开的操作，实现公开渠道的整合和多级信息更新的同步。

（孔祥鑫）

【东城手机报首刊】 6月15日起，东城区政府办（信息办）借助现代无线通信技术，每日通过手机彩信把东城手机报发送到全区正处级以上领导干部的移动电话终端，以方便各位领导在工作之余及时了解各个方面的舆情信息。该报充分围绕东城区经济和社会发展的热点问题，为领导提供准确、及时的资讯服务，主要栏目有《区情动态》、《区县舆情》、《北京热点》等。

（孔祥鑫）

【电子政务工作持续推进】 7月2日，市经济信息化委副主任俞慈声一行到东城区检查2009年上半年电子政务支撑“保增长、保民生、保稳定”工作进展情况，观摩了公共安全监管新模式及动态指标检测信息系统演示。俞慈声认为，东城区电子政务工作从实际需求出发，紧紧围绕政府管理和百姓需求，积极创新，取得了成效，同时也锻炼了信息化队伍。她希望东城区能够为北京市和国家积累更多宝贵经验，更好地推进电子政务建设。

（孔祥鑫）

【《东城区电子政务建设框架》培训开展】 7月8日，东城区区委组织部、区信息办在区委党校联合组织《东城区电子政务建设框架》培训。区内各单位信息化主管领导和部门负责人200余人参加培训。培训特别聘请了国家信息化专家咨询委员会委员介绍了我国电子政务发展现状与存在的问题。区信息办结合东城区电子政务发展实际情况，详细讲解了《东城区电子政务建设框架》以及正在开展的信息化重点项目相关情况。

（孔祥鑫）

【政务信息资源整合与共享工作开展】 8月9日，东城区区长杨艺文在电子政务中心机房听取了区信息办关于政务信息资源整合与共享工作的汇报。杨艺文指出，该项工作是构建东城区政府公共管理平台的重要数据支撑基础，要坚持全面规划、完整设置、重点先行的原则开展工作：一是要研究一份政务信息资源规范化管理的政府规章性文件，从长远角度规范政务信息资源共享。二是要建立一套政务信息资源更新的标准规范体系。三是要在年底前重点突破可利用空间资源、经济监测和安全监管的数据共享。四是要做好政务信息资源的更新工作。

（孔祥鑫）

【国庆无线电管理工作顺利完成】 8月14日和9月4日，东城区国庆60周年庆祝活动筹备工作领导小组组长会议召开。会议分别讨论通过了《东城区开展国庆 60 周年庆祝活动频率台站清理整顿工作方案》和《东城区开展国庆 60 周年庆祝活动无线电管控工作实施方案》，成立了国庆无线电清理整顿工作领导小组。8 月 15－25 日，普查辖区内无线电对讲机 3362 台。8 月 15 日至 9 月 25 日，共向辖区内设无线电台单位和沿长安街居住的居民发放无线电宣传手册、无线电宣传海报、无线电管制通告及市无线电管理局致首都市民的一封信各 50,000 份。建立全区无线电台站管控及沿长安街重点楼宇联系网络，并与辖区内的设无线电台单位签订了《国庆 60 周年无线电管控工作安全责任书》700 余份。这些工作确保了国庆期间东城区良好的无线电环境。

【接受市经济信息化委等机构调研】 9 月 3 日，市经济信息化委携市城乡经济信息中心、大兴区农委和市农业信息技术研究中心到东城区参观交流信息化工作。听取了东城区网格化城市管理新模式等重要信息化应用的课题研究、系统建设、运行使用等情况介绍，并就农业信息化建设等内容进行了深入的沟通和交流。参会各方对东城区的信息化工作给予了充分的肯定，认为对全市农业信息化建设具有很高借鉴和推广价值。

（孔祥鑫）

【《东城区总体发展战略规划（2011－2030 年）专栏》启用】 9 月 17 日，"数字东城"网站开辟了《东城区总体发展战略规划（2011－2030 年）专栏》。此专栏共设置《意见征集》、《工作动态》、《相关文件》等 8 个栏目，全方位地展示了东城区在制定总体发展战略方面的工作开展情况，可实现与市民的主动交流和互动，多方面收集公众意见。

（孔祥鑫）

【电子政务新机房建设完成】 10 月 8 日，东城区电子政务新机房建设完成。新机房面积 400 余平方米，采用上走线设计，分别铺设了 6 类双绞线、光缆专用走线架。机房内共可容纳机架 10 排 160 架，可容纳各类设备约 1500 台。同时，新机房依照国家标准配备了双路供电、自动气体灭火、机房动力环境自动监控、冗余空调系统、门禁安防系统等设施，可有效提升东城区信息化基础设施的运行环境，保障信息系统的稳定运行。

（孔祥鑫）

【《东城区关于推进公共管理基础数据共享服务的意见》印发】 《东城区关于推进公共管理基础数据共享服务的意见》在第 27 次区政府常务会上讨论通过，并在第 85 次区委常委会上作了专题汇报。11 月 23 日，该文件以东城区人民政府的名义在全区印发。该文件作为全区推进公共管理基础数据的总纲，指导全区各部门在"全面规划与重点突破相结合"总原则下，逐步建成东城区公共管理基础数据共享服务的新格局，为东城区实现"数字城市"的总体构想奠定了坚实的基础。

（孔祥鑫）

【接受江苏省金坛市调研】 11 月 25 日，由江苏省金坛市信息办主任贺美华带队，调研东城区城市网格化管理新模式和东城区门户网站建设经验。调研组参观了东城区城市网格化管理系统和呼叫中心，了解工作运行情况。

（孔祥鑫）

【接受四川省什邡市调研】 12 月 18 日，四川省什邡市信息办主任廖兴林等到东城区调研信息化建设工作。双方就东城区在系统建设中的经验和教训以及地震灾害对什邡市信息化系统的破坏程度、重建情况和对未来建设的基本设想进行了交流。什邡市信息办认为东城区信息化建设的经验对他们非常有借鉴意义，并希望今后东城区能够在信息化方面给予什邡市支持。

（孔祥鑫）

【网络与应用系统安全监控系统绩效优秀】 12月18日，区信息中心主持建设的网络安全与应用系统安全监控系统项目被区财政局绩效考评组评为优秀。考评组认为该项目立项依据充分，组织管理控制得当，达到了预期目标，提高了政府综合服务管理水平，绩效考评取得了93.58分。

（孔祥鑫）

【电子政务新机房迁移工作完成】 12月20日，区电子政务新机房整体迁移工程顺利完成。为了保证各个重要信息系统的正常运行，搬迁工作完全利用周末和夜间等非工作时间进行。此次迁移工程持续6周，共搬迁了各类设备280余台、业务系统37个、机柜30架、各类网络专线200余条、配合4家运营商完成了网络割接工作。迁移过程未出现一起数据丢失或系统停止运行等重大故障。

（孔祥鑫）

【新一代协同办公平台培训开展】 12月21－25日，东城区信息办举办全区新一代协同办公平台培训会。全区各机关、团体、企业共129个单位的办公室工作人员和技术骨干合计228人参加了培训。此次培训采用讲解和实操相结合的方式，让各单位详细了解了协同办公平台的特点、操作方法、试运行方案和试运行工作要求等，为平台上线试运行打下了良好的基础。

（孔祥鑫）

经济领域信息化

【区商务委举行“数字东城”网站在线访谈】 11月20日，“数字东城”网站举办了以“繁荣经济保增长，开创商务新局面”为主题的政府在线访谈活动。在此次访谈中，东城区商务委围绕东城区的投资管理、投资促进、市场管理及生活服务圈等有关商务和民生问题与企业和市民进行了互动交流。在一个半小时的访谈过程中，共有153位网民参与，在线解答问题122个。

（孔祥鑫）

社会领域信息化

【“2008·感动东城公德人物评选”网上投票举办】 3月2日，东城区信息办在“数字东城”网站首页开辟《2008·感动东城公德人物评选》专栏。3月3日，首都之窗网站正式与“数字东城”网站联合组织“2008·感动东城公德人物评选”网上投票活动。4月21日，“2008·感动东城”公德人物颁奖典礼在东城区图书馆影剧院举行，“数字东城”网站对典礼进行实时图文直播报道，网民通过网络感受到了颁奖典礼现场的氛围。

（孔祥鑫）

【《学习实践科学发展观》活动专栏上线】 4月9日，东城区信息办在东城区政府门户“数字东城”网站上专门开辟了《学习实践科学发展观》活动专栏。该活动专栏旨在积极响应深入学习实践科学发展观活动的号召，加大网上宣传力度。该活动专栏通过网络及时展现了全区学习实践活动情况，为深入开展学习实践活动开拓了新的宣传和交流平台。

（孔祥鑫）

【区民政局在线访谈举行】 4月13日，东城区副区长章冬梅、区民政局局长赵凌云做客市民中心，通过政府在线访谈的方式向市民介绍了东城区社区建设的有关情况，并与市民进行了互动交流，就居委会换届选举等相关事项回答了89位网民提出的问题。

（孔祥鑫）

【区劳动和社会保障局就业培训在线访谈举行】 5月22日，“数字东城”网站围绕劳动就业、劳动培训、职介服务内容举办了东城区2009年政府在线访谈活动。东城区劳动和社会保障局做客政府在线访谈，通过与网民进行互动交流，就公众提出的79个问题进行了在线解答。

（孔祥鑫）

【“数字东城”网站政民互动频道上线运行】 7月1日，东城区信息办与区市民中心联合建立的“数字东城”政民互动频道正式上线。政民互动频道设置了《区长信箱》、《在线咨询》、《在线访谈》、《意见征集》、《社会组织动态》等22个主要栏目，为市民搭建了内容丰富、互动性强的网上交流平台，通过信息化手段在公众与政府之间搭建了一条方便快捷、互动性更强的沟通渠道。

（孔祥鑫）

【区体育局在线访谈举行】 7月24日，“数字东城”网站围绕东城区社区体育健身设施规划、社区体育健身活动开展、区体育场馆使用等内容举办了2009年第三期政府在线访谈活动，东城区体育局局长曲力做客访谈现场，就网民提出的有关场馆设施、运动项目及如何健身等97个问题进行了在线解答，回复率为95%。

（孔祥鑫）

【区劳动和社会保障局社保政策在线访谈举行】 7月30日，“数字东城”网站围绕社保政策内容举办了在线答疑活动。东城区人才党委邀请到劳动和社会保障局社保专家高志佳做客活动现场。在为期一个半小时的活动中，专家针对网民提出的有关养老保险、医疗保险及社会保险等62个问题进行了在线解答，广大市民对东城区社保政策有了全面了解。

（孔祥鑫）

【专家学者名人协会第二届理事会网上会议召开】 7月31日至8月12日，在“数字东城”网站上举办东城区专家学者名人协会第二届理事会网上会议。这是东城区首次在互联网上组织召开会议，也是“数字东城”网站在互动方面的一次重要突破。此次会议充分利用互联网络资源，支持网上投票表决，实现了会议成员不同地点、不同时间的集中参与，提高了工作效率。

（孔祥鑫）

【区园林局在线访谈举行】 8月21日，东城区信息办、区市民中心、园林局3家单位通过“数字东城”网站举办关爱生态环境、建设宜居东城政府在线访谈活动，邀请园林部门专家围绕东城区园林植保、树木认养、花卉培植等问题与网友进行了交流。此次访谈在线回答问题共131个，有260位网民参与互动。北京市门户网站“首都之窗”网站对本次活动进行了同步宣传。

（孔祥鑫）

【公共安全监管模式创新】 8月21日，市经济信息化委副主任俞慈声、副巡视员姜毅群带队到东城区调研公共安全监管新模式建设情况。听取了安全监管新模式课题组整体研究思路、试点运行情况、信息化平台建设三方面汇报。俞慈声认为运用信息化手段实现精细化、标准化、网格化管理，可以有效地整合执法力量，强化安全监管，加快做好北京市试点工作。

（孔祥鑫）

【“东城名片”网上评选开展】 9月1日，“数字东城”网站与东城区宣传部联合开展“东城名片”网上评选活动，经过评审委员会审定的共17个入围“东城名片”开始接受公众投票。为期10天的评选活动共收到群众投票5691票，达到了预期的宣传目标。此次活动借助信息化手段，有效地提升了东城区对外宣传效果，展示了东城独特文化魅力，塑造了国际化、现代化新东城区域形象。北京市“首都之窗”门户网站对此次活动进行同步宣传。

（孔祥鑫）

【东城区社会保险经办网上预约系统上线运行】 9月4日，“数字东城”网站社会保险经办网上预约系统上线试运行。该系统是北京市首个实现精准预约功能的社会保险经办网上预约系统，实现了网上排号预约的精准化，以信息化手段有效解决了参保单位排队等候的难题，提高了政府为企业的办事效率，充分体现了服务型政府的宗旨。

（孔祥鑫）

【网上监察系统建设全面启动】 9月21日，区监察局和区信息办共同作为建设单位召开东城区网上监察系统开标会，区财政局作为监督单位参加。会议确定了中标单位。开标工作的完成，标志着东城区网上监察系统建设工作全面启动。

（孔祥鑫）

【区旅游局在线访谈举行】 9月25日，东城区信息办、区市民中心、区旅游局3家单位通过“数字东城”网站举办了“打造国际一流皇城文化旅游体验区”政府在线访谈活动。此次在线访谈围绕东城如何打造国际一流的皇城文化旅游体验区等问题与网友进行了交流。在一个半小时的访谈过程中，共有176位网友参加了活动，共回答问题84个。北京市“首都之窗”网站对本次活动进行同步宣传。

（孔祥鑫）

【区发展改革委在线访谈举行】 10月23日，“数字东城”网站举办了“以人为本，建绿色东城”主题的政府在线访谈活动。东城区发展改革委围绕东城区如何在循环经济、节能减排、清洁能源生产及废物综合利用等环境保护问题与网友进行互动交流。在一个半小时的访谈活动中，共有327位网友参与，在线解答了129个问题。

（孔祥鑫）

【数字城市交流】 12月4日，工业和信息化部科技司、市经济信息化委、中关村管委员会主办“感知中国，感知北京”2009信息城市高层论坛。区长杨艺文出席会议，并作题为《加快推进数字城市建设、提升政府管理服务能力》的主题发言。会议期间，东城区副区长毛炯与中国移动北京有限公司签署了东城区政府与中国移动通信集团北京有限公司战略合作框架协议。

（孔祥鑫）

【街道信息化工作推进】 12月9日，东城区信息办组织了2009年街道信息化工作研讨会，10个街道办事处和王府井、北京站地区负责信息化建设的相关领导和工作人员共30余人参加了会议。区信息办在会上介绍了东城区信息化推进成果、下一步街道社区信息化工作推进思路以及2010年重点工作任务。各参会单位就本地区信息化工作推进的情况、建设成果经验和对区信息化推进工作的意见和建议进行了充分的交流。

（孔祥鑫）

【“数字东城”网站绩效优越】 12 月 17 日，2009 中国政府网站绩效评估暨第四届中国特色政府网站评选发布会在北京召开。东城区“数字东城”网站在全国直辖市县区政府门户网站绩效评估中位列第十。

（孔祥鑫）

西城区

【概述】 西城区信息化工作在 2009 年取得了一系列成绩，西城区政务网站先后在 2009 年中国优秀政府网站推荐活动（由中国信息化研究与促进网、工业和信息化部电子科学技术情报研究所组织）中获得“2009 年度中国政府网站领先奖”，第八届（2009）中国政府网站绩效评估（由中国软件评测中心、人民网、中国经济网共同举办）中获“综合创新奖”，西城区在 2009 北京市电子政务绩效考核中被评为优秀，还获得“北京市国庆 60 周年网络与信息安全保障先进单位”称号。

电子政务

【全球高级电子政务硕士班来访】 2 月 12 日，来自瑞典、瑞士、波兰、印度等 10 个国家的专家及政府官员组成的全球高级电子政务硕士班（北京大学电子政务研究院主办）学员参观了西城区城市管理监督指挥中心，观看了网格化城市管理模式的演示流程，了解了西城区政务网站、交互式办公系统。学员就拓展网格化城市管理模式领域功能，提高城市问题处治能力，西城区政府网站的整体设计、为公众服务以及行政审批等问题与监督指挥中心、西城信息办进行了交流。

【信息化项目通过专家评审】 3 月 6 日，区信息办、财政局联合召开 2009 年区信息化项目专家评审会。评审专家一致认为西城区 2009 年的信息化项目和资金总体安排合理、可行，体现了“少花钱、多办事”的原则。项目建设覆盖了西城区的重点领域，符合国家和市信息化的工作要求。专家建议西城区继续加大信息化项目资金投入力度，确保项目实施达到预期效果。

【信息安全保障工作推进】 3 月 25 日，西城区通信保障和信息安全应急指挥部会议及西城区网络与信息安全协调小组会议召开。西城区承担北京市筹委会国庆阅兵服务保障指挥部部署的通信与信息化安全保障任务，协助有关部门做好本辖区通信保障、无线电监管和应急处置等组织协调工作。会议要求加强对计算机信息安全系统的监督、检查和指导，按要求做好等级保护。排查区和部门两级政务网络与信息系统的安全问题。

【网上办事服务推进】 3 月 27 日，西城区信息办主任带队到区经济服务大厅与区国税、地税、质监等单位政府服务窗口工作人员就网上办事服务工作进行座谈。此次调研工作改变了以往单一的工作部署方式，深入到政府服务窗口，与一线工作人员进行当面交流，掌握了第一手材料，促进 2009 年的网上办事服务推进方案的制定。

【区电子监察系统启动】 4月7日，西城区电子监察系统启动。区领导王祥杰、闫傲霜、陈蓓出席启动仪式并提出要求。副区长陈蓓提出：要更新思想观念，充分认识电子监察的重要作用。电子监察系统成功将行政审批有关法律法规和规章制度固化于系统内部，实现了以电脑监控代替人脑监控，具有传统监察手段不可比拟的优越性。电子监控自动性强，可以全天候24小时监控，做到自动记录、自动发现问题、自动发出督办指令和自动打分测评；电子监控工作量大，能对所有群众申请办理的事项一个不漏地进行监控，比传统人工监察工作量增加；电子监控公正性强，对所有单位一视同仁，不受人情、关系等人为因素干扰。同时，通过共享交换平台实现区电子监察平台与交互式办公系统、区街居系统的对接，将区街居系统的街道办事受理事项的2类34项信息和区交互式办公系统的4类35项行政审批信息实时交换给监察系统。监察人员将服务大厅人员的办理和办结情况，及时通过手机短信和邮件发送至各单位监察科，加强对各部门办事服务的监管。

【信息化基础设施提升工作协调小组成立】 5月27日，西城区实施北京信息化基础设施提升工作协调小组成立，西城区副区长杨培丽主持召开联席会议第一次会议。工作协调小组由区有关职能部门、各街道办事处等单位组成，协调小组办公室设在区政府信息办。协调小组主要职责是：研究制定西城区推进北京信息化基础设施提升工作的原则、总体部署、工作制度、各单位分工以及其他需要协调小组决定的重要事项。

【区网络管理员培训会举办】 7月23日，西城区信息中心举办全区网络与信息安全培训会。对全区各单位网管员就网络与信息安全国内外最新形势、区网络与信息安全管理制度的落实、安全管理工具的使用等三部分内容进行了培训。强化了全区各单位对网络病毒、信息安全方面的防范意识，提高各单位网管员专业技术水平。

【政务信息资源共享交换平台验收】 7月28日，区信息化工作办公室和区财政局联合组织《北京市西城区政务信息资源共享交换平台》项目专家验收。验收专家认为，西城区政务信息资源共享交换平台为区各部门之间信息共享交换提供了支持。西城区交换平台已经在公众服务、综合救助、安全生产、税务监管、行政监察等多领域应用中取得了效果与经验。

【网络与信息安全联合检查开展】 8月1－18日，西城区公安分局、区保密局、区信息办抽调相关人员组成联合检查小组，对全区90个单位网络与信息安全状况进行检查，同时还进行了国庆网络与信息安全保障演练。

【国庆60周年无线电管理工作推进】 8月13日，区无线电管理委员会召开扩大会议，区无线电管理委员会成员以及相关单位和各街道办事处主管领导参加了会议。会议部署了西城区国庆60周年无线电管理安全保障工作，要求区无线电管理委员会办公室和各相关单位要在月底前完成对辖区单位和个人的无线电对讲机清查、整顿，向全区单位和居民发放无线电管理宣传材料，建立无线电管理网络及重点控制部位的无线电管控体系和机制。

【新版西城区政务网站上线】 8月18日，新版西城区政务网站上线运行。网站内容进行了信息资源梳理，开辟了《区政风行风热线》等新栏目，升级和优化了部分原有栏目，提升了政务网站服务水平。

【信息资源共享研讨会召开】 11月25－26日，区信息办召开区信息资源共享研讨会，46个委办局信息化工作主管领导、信息化科室负责人和应用信息资源的业务科室科长参加了会议，副区长杨培丽出席并讲话。北京市信息资源中心介绍了北京市资源共享、交换的建设情况，区信息办介绍了区政务信息资源共享交换平台、数字证书、地理信息系统（GIS）的建设情况，与会人员讨论了区信息资源共享需求、应用、推进以及信息化建设等情况。副区长杨培丽指出：信息化要做好规划，加强部门之间的沟通协调，让领导认识到信息化建设的重要性。

【电子政务绩效优秀】 在北京市电子政务绩效考核中西城区被评为优秀。2009 年西城区完成了北京市 2009 年度电子政务重点任务：网上办事服务功能进一步扩展，提供了更多的快捷服务。综合信息服务延伸到区街居三级，街道办事处实现了 72 项服务事项网上办理，提升了公众满意度。信息资源整合共享取得进展，实现市民政、区相关部门、街道、社区居委会四级人口信息共享。西城区电子政务整体水平在北京各区县中处于领先水平。公众服务信息化建设更趋于以人为本，政民互动渠道应用深入，全部行政办事事项的办事指南和表格均可下载。各单位更加重视网络与信息安全工作，保障能力有了提高。政务信息资源共享有了突破并推动了深层次应用。开展了区级电子政务绩效考核工作，制定了《西城区电子政务绩效考核管理办法（试行）》和《西城区电子政务绩效考核指标体系》并组织了宣贯。

【区政务办公系统《全国学习实践科学发展观活动报道》专栏开通】 为配合西城区开展学习实践科学发展观活动，西城区信息办在区政务办公系统上开通了《全国学习实践科学发展观活动报道》专栏。该专栏利用西城区去年投用的北京新华社信息专供设备，每日采集全国各地开展此项活动的信息并汇总发布。由于信息内容源自新华社在全国各地的记者采访和信息汇编，信息量大且内容十分丰富，可为全区各部门开展学习实践活动提供参考。

【西城区信息中心对外服务台开通】 为提高西城区网络和信息系统的咨询服务水平，及时解决各单位在使用中遇到的问题，信息办信息中心从 8 月初开通对外服务台（88064468），通过电话语音、应答系统和人工坐席，实现 7×24 小时热线咨询，受理政府各部门关于对网络和系统的申请、意见、建议，及时解决网络故障，做好区政务网络和区级系统的日常管理工作，快速为区属委办局提供服务，为区各部门提供技术支持。

经济领域信息化

【杨培丽到中国移动北京分公司考察】 11 月 27 日上午，由副区长杨培丽带队，率全区 19 个部门到北京移动公司通信大厦枢纽楼参观亚洲最大的监督控制中心。北京移动公司展示了 3G 相关技术，介绍了移动办公和移动新业务。双方就如何通过移动办公为电子政务提供新办公手段进行了交流。

社会领域信息化

【首届社区计算机技能大赛举办】 4 月 9 日，由西城区信息化工作办公室、西城区社会工作委员会、西城区残疾人联合会主办，什刹海街道办事处承办的西城区首届社区计算机技能大赛成功举办。西城区副区长陈蓓、微软公司、社科院社会所为获奖选手颁奖。比赛内容包括网上办事、论坛发帖、电子邮件收发等。此次比赛的参赛选手由全区 7 个街道办事处选派。参赛的近百名选手绝大部分是由信息化互助行动项目和微软项目免费培训的低保人员、残疾人、失业人员和外来务工人员。北京电视台、凤凰卫视、《北京日报》、《新京报》、《妇女报》等对大赛进行了宣传报道。

【信息化互助志愿者服务队成立】 4 月 27 日，由西城区信息办、区团委联合推荐，西城区信息化互助行动志愿者服务队通过了北京志愿者协会资格审查。北京志愿者协会宣布西城区信息化互助行动志愿者服务队正式成为北京志愿者协会注册团体会员，并颁发了荣誉证书。西城区信息化互助行动志愿服务队由 30 名志愿者组成，其中 20 名为经过西城区信息化互助基础班培训自发加入志愿者队伍的社区居民，另外 10 名是北京农学院社会工作实习的大学生。

【与“首都之窗”联合举办在线访谈活动】 8 月 5 日，西城区政府网站与“首都之窗”联合举办在线访谈活动，区人口计生委副主任窦淑龄、区残联副理事长焦志强、区信息办副主任向功英、区妇保所、区民政局婚登处、北京幸福泉儿童发展研究中心等领导参加了在线访谈。活动主题是西城区探索提高出生人口素质新模式，介绍了西城区全面启动社区健康生育全程服务工程，使用新技术有效预防出生缺陷和实施干预，提高出生人口素质的社会化公共服务新模式。通过网络与市民在线交流，在服务中实现人口计生工作管理。

【地理信息系统五期上线】 8 月 13 日，西城区地理信息系统五期开通运行。系统实现了对各种比例尺地形图、影像图以及专题图的查询、浏览、编辑、对比和分析功能；整合了区规划、统计、民防、教育、体育、卫生、药监、计生、城管、旅游、司法、园林、街道办事处等 21 个职能部门的数据。形成了 236 个业务数据图层和 16 类专题应用。同时还接入了北京市资源管理中心提供的262个市级专题数据图层，为全区各业务部门提供应用支持。本期 GIS 系统还提供了强大的全文搜索功能，既支持对所有图层所有属性字段的跨图层全文搜索，也支持给定空间范围内的所有图层所有属性字段的空间全文搜索功能。开发了与区共享交换平台之间的接口，建立了与各委办局之间的空间数据交换网上通道。可通过二次开发接口方式向有关单位提供最新的GIS地图和业务数据图层实时调用共享服务新模式。

【信息化互助行动网上预约平台开通】 信息化互助行动网上预约平台开通，为居民提供网上信息化互助服务。参与信息化互助行动的人员可以通过此平台与相关部门进行便捷的交流。居民通过西城区政务网站（www.bjxch.gov.cn）访问信息化互助行动网上预约平台，及时了解互助行动各培训站点的情况和最新培训课程，方便进行网上报名。在报名信息提交后 3 个工作日内，申请人会接到工作人员的电话通知，也可以在预约平台上查询预约结果。

崇文区

【概述】 年内，崇文区信息化工作在区委、区政府的正确领导下，全力服务奥运，服务全区中心工作。电子政务的基础设施支撑能力、公众服务能力、信息资源共享能力都有提高。数字全覆盖一期工程、图像信息管理、政府信息公开等系统建成投入使用，协同办公系统的丰富完善和应用推广以及行政服务中心信息化平台、商贸服务业信息化平台的持续建设，对提高环卫、城管、综治等部门城市管理信息化水平，优化区域经济发展软环境，提高公众服务能力发挥了重要作用，取得了良好效果。崇文区信息化工作办公室（简称区信息办）既是区信息化工作领导小组的办事机构，又是负责本区信息化工作的政府工作部门，主要职责是统筹规划、综合协调、监督管理全区的信息化工作，组织实施“数字崇文”工程，全面推进电子政务、电子商务、电子社区建设和信息资源开发利用，组织有关信息化工作的行业管理、宣传、培训、技术服务和国内外交流合作。

（何一闻）

电子政务

【“两会”期间政务网络与信息安全保障工作完成】 2 月 25 日，为保障北京市“两会”期间崇文区政务网络与信息安全，按照《崇文区 2009 年度安全生产隐患排查治理工作方案》的相关指示精神，崇文区信息办提前部署，对崇文区政府机房网络运行设备进行安全巡检，并将全部业务系统进行数据备份；同时对区属 39 个部门进行网络安全隐患排查，共出动巡检人员 78 人次，填写巡检记录 39 份，力保“两会”期间崇文区政务网络安全“零指标”。

（何一闻）

【协同办公系统与服务信息化示范平台建设】 2 月 25 日，天津市南开区信息办到崇文区交流信息化建设情况。会上分别介绍了崇文区的信息化发展思路，信息资源的共享情况及重点系统的应用情况，并对协同办公系统、地理信息系统以及商业监管与服务信息化示范平台进行了演示。

（何一闻）

【短信平台科学发展观“每日小贴士”活动开展】 3 月 5 日，崇文区信息化工作办公室通过短信平台，开展“每日小贴士”活动。该活动主要包括发送重要会议精神，崇文区信息办内学习实践活动、会议培训通知，科学发展观相关知识点。

（何一闻）

【网上征集活动专题建设】 3 月 26 日，“我为崇文科学发展建言献策”网上征集专题网站向全社会网民征求意见和建议，为政府和百姓搭建了交流互动的平台。

（何一闻）

【崇文信息网改版工作完成】 8 月 11 日，崇文信息网改版工作完成。新改版网站网址仍为

www.cwi.gov.cn，新版网站主要包括政务信息、办事大厅、魅力崇文、政民互动四大板块。该网站平均每天发布信息100余条，日均访问量达5万人次，已成为崇文区党政机关政务公开、政务服务、网上办事平台，同时也是对外宣传、便民惠民和展示崇文经济发展的动态窗口。

（何一闻）

【国庆网络信息安全保障工作推进】 9月10日，崇文区召开推进作风建设、深化为民实践、争创人民满意巡回宣讲暨崇文区国庆保障工作动员大会。会后，崇文区信息办迅速传达了会议精神和崇文区区委书记夏强重要讲话内容，并对全区国庆网络信息安全保障工作提出了明确工作要求：一是提高认识，全力保障，要以高度的使命感和责任感开展国庆网络信息安全保障工作，与奥运期间的工作标准相比，只能高不能低。二是精心组织，周密安排，认真进行应急演练，并启动政府楼机房等机房双班值守制。三是立体防护，全面保障，要从制度上和技术手段上双管齐下进行防护，确保万无一失，要做好演练工作的各种后勤保障工作，为相关工作人员提供全方位保障。

（何一闻）

【信息化基础设施提升计划推进】 9月23日，崇文区副区长刘玉芳出席落实信息化基础设施提升计划协调小组专题会。刘玉芳要求：一是充分认识工作的重要性和紧迫性。二是落实责任，密切配合，加强崇文区信息化基础设施建设。三是统筹规划，创新应用，切实发挥信息化基础的支撑作用。刘玉芳强调，各单位要切实做好国庆期间网络与信息安全工作。

（何一闻）

【崇文信息网服务创新】 12月25日，崇文信息网荣获“第四届中国特色政府网站服务创新奖”。评选活动由中国社科院信息化研究中心举办。全国共有1200多个政府网站参加本届评选，崇文信息网以直辖市区县组第一名成绩当选，这是崇文区参加全国性政务网站评比的最好成绩。

（何一闻）

【政府网上办事平台全面上线】 年内，崇文区政府网上办事平台全面上线运行。该平台提供办事指南、表格下载、结果公示、在线预约、办事查询等功能。截至2009年底，崇文区政府网上办事平台已提供办理事项1000余项。崇文区政府网上办事平台的特色是以社区办事为突破口，实现部分事项全程代办。

（何一闻）

【区信息办职能扩展】 近年来，随着崇文区信息化工作的不断推进，区信息办工作职能不断扩充，工作范围不断拓宽。根据《北京市崇文区人民政府办公室关于印发北京市崇文区信息化工作办公室主要职责内设机构和人员编制规定的通知》（崇政办发〔2009〕76号）精神，区信息办职能增加两项，分别为：一是负责本区无线电子政务专网管理工作。二是负责本区无线电管理工作。

（何一闻）

经济领域信息化

【前门老字号公共信息化平台建设】 2月11日，崇文区信息办组织召开前门商圈老字号公共信息化平台及智能前门规划项目研讨会。此次研讨会针对前门商圈老字号管理及服务平台建设的实际需求进行了分析和研讨，为整个前门商圈的商业产业发展提供了支撑，提升了业态发展规模。经会议研究决定：一是进一步加强调研，摸清基础数据。二是建立例会制度，定期由调研单位向信息办及专家汇报项目情况，并由专家提出建议并给予指导。

（何一闻）

【城市区域商业健康度评估与业态规划信息化实践项目专题报告】 6月2日，在中国－欧盟信息社会项目暨电子政务/电子商务绩效评估案例研讨会上，崇文区信息办、区商务局应组委会邀请，就崇文区城市区域商业健康度评估与业态规划信息化实践作出专题报告。

（何一闻）

社会领域信息化

【“信息技术在我身边”系列主题活动举办】 3月18日，区信息办开展“信息技术在我身边”系列主题活动，宣传普及信息技术新知识，提高全民信息能力，增强崇文区干部群众的信息技术应用水平。区信息办与区党校联合举行TD数据业务暨移动政务应用交流会，进行第三代移动通信技术和移动政务应用的专题演示互动活动。区委常委、区委宣传部部长赵中原出席此会议，区委第十检查指导组、崇文区处级领导干部培训班和中青班的全体学员参与活动并亲身体验了最新的移动通信技术。

（何一闻）

【网上知识产权保护宣传工作开展】 4月21日，崇文区2009年保护知识产权宣传周活动专题网站正式启动。该网站主要包括：活动介绍、工作动态、学习园地、精彩瞬间四个部分，从多个角度展现了崇文区在保护知识产权方面所做的工作。同时，在学习园地中对重要文件以及相关知识进行了介绍，使广大网民增强了对知识产权保护工作的认知，营造尊重知识、崇尚创新、诚信守法的社会氛围。

（何一闻）

【社区综合信息服务平台二期项目通过验收】 8月4日，崇文区社区综合信息服务平台二期项目通过专家验收。该项目通过服务层次延伸，构建起一个综合便民办事服务系统、综合执法与城市管理信息共享平台，建立起门类齐全、服务质量和水平较高的城市管理和便民利民服务网络，逐步实现综合执法队伍移动执法。该平台在体育馆路街道试点应用中取得良好运行效果。

（何一闻）

宣武区

【概述】 年内，宣武区进一步落实“十一五”规划提出的建立区级信息资源中心、推进政务信息化应用、推动宣南文化信息化、推进社区信息化、引导区域经济信息化五大任务，“信息惠民”、“信息强政”和“信息兴业”效果进一步显现，整体呈现加速发展态势。以信息化环境为基础、信息资源为核心，覆盖政务、社区、区域经济以及宣南文化等四条主线的“数字宣武”总体框架基本形成。

公共服务方面。年内，在线服务水平进一步提高。提供在线服务事项1046项，覆盖所有对外服务业务。建立10类300个场景式在线办事向导服务。推进网上全程办事代理服务，整合全程办事代理与在线服务平台，实现网上全流程服务事项总数1046项，其中全程代办制的服务事项数量为780项。网上政府信息公开内容主动、及时，主动公开的政府信息86,017条，占各类公开渠道发布信息总数的82.46%。建立面向企业和个人的12类191项绿色通道办理事项。建立宣武民生网，涵盖出生、教育、工作、婚姻、生活、退休养老等6个主题，集520余项服务。推出《百件实事网上办》专栏。建立法律服务信息平台，推进远程律师进社区服务、网上受理法律援助等综合法律服务。"北京宣武"与"首都之窗－办事服务频道"实现用户及市区两级办事服务资源整合，深化全市行政许可服务事项"一口受理"。政民互动形式多样，效果明显，区长信箱来信总量和回复率均较上年增长10个百分点，开展11次网上征集活动，征集建议380余条，组织与网民在线交流多次。围绕宣武区促进以创业带动就业的重点工作，在宣武区就业综合服务平台的基础上推出了网上创业指导服务，以网上创业指导服务大厅的形式，按照创业历经阶段，面向创业人员提供了创业前期指导、推荐创业项目、实施创业的一条龙服务。公众参与度保持在较高水平，2009年全区门户网站访问量达5485万人次，是本区域内常住人口数量（53.2万）的103.1倍。

社会管理方面。年内，应急指挥平台统筹全区应急管理工作，覆盖36个应急管理单位，接入重要系统资源，形成城市应急业务门户。防汛应急服务、公共卫生应急服务实现与应急平台的对接，纳入全区应急保障管理体系。图像信息服务平台更加完善，整合社会图像资源，建立覆盖全区重点点位的模拟与数字系统相结合、无线与有线相结合、固定与移动相结合的图像监控网络，实现了政府应急、公安、民防、交通、城市管理等部门的联网共享。安全生产网络监管平台对40余家部门和区域内上万家生产经营单位实施动态管理。信息化城市管理系统继续深化应用，实施监督员监督考核评价，案件处理质量和效率大幅提高，立案和结案数量达到2008年的10倍。社会运行监管平台提供更有效的服务，公安局建立了刑侦现场勘验系统、警情会商视频会议系统等应用系统，为基层民警配发了计算机、GPS无线电台等警用装备，实战中体现了科技强警的巨大作用。

经济监管方面。年内，企业信用信息系统涵盖39个单位数据，数据总量已经达到268,758条，区法院录入数据走在全市前列。宏观经济分析系统一期完成了宏观经济和社会发展专题库的搭建工作，二期项目建成全区宏观经济数据中心和社会发展运行数据中心两大基础中心库。区房屋权属交易业务系统日均交易量百余次，一年房屋权属交易在25,000次以上，并对超过30万宗档案开展了数字化整合。区地税局自行研发的应税税源管理平台将应征税款数据与电子地图互动，将应征税款数据和入库数据进行对比，为评估和检查提供依据。区国税局通过中国税收征管信息系统（CTAIS）管理着我区两万余户纳税人登记信息。核心征管信息系统、发票税控综合管理信息系统的深入应用，为国税、地税工作提供了大力支持。以工商行政管理专网和12315信息化网络为依托，我区建立了食品、商品经营主体数据库，食品监管系统初成体系。价格监测网络系统实现全区价格监测工作的网络化。

内部服务方面。年内，建立了面向区领导的"一站式"领导信息平台，为领导决策提供辅助服务。政务门户平台与市级门户的成功对接，实现了一点登录、全网通行和统一入口、统一管理、统一服务、统一用户、统一展现的“五统一”应用模式。主题（部门、业务）信息门户建设情况良好。VOD 视频点播系统整合全区政务视频资源，接入区政务门户平台。推进知识管理系统试点工作，对政府办、信息办进行了业务梳理，形成 10 大类 81 小类业务知识体系。深化 OA 系统和移动办公系统、数字档案馆应用，电子文档一体化管理模式运行效果突出。OA 系统使用单位覆盖区委、人大、政府、政协四套班子及其所属部门，移动 OA 在领导中使用。金财系列应用系统有力支撑全区财务工作，案件比对系统、干部在线培训、处级干部考评系统相继投入使用，有力支撑部门业务工作。

社区信息化方面。年内，明确了社区信息化工作体制和机制，确定了加快基础设施建设、推进社区管理信息化和社区服务信息化的三大目标。107 个社区及其他社区级单位总计 140 余家全部以光纤专线方式接入电子政务专网。区街道社区综合服务平台梳理和整合各类社区管理和服务事项，实现了社区事务集成化管理和服务，基本达到服务下延、上传下达、数据采集的目标。椿树街道实现 WiFi 无线网络全覆盖，全区实现 WiMAX 无线网络覆盖；广内街道研究“兴业惠民卡”，把信息化服务延伸到社区居民和企业；牛街街道推进科技便民服务示范社区项目，建设了社区便民服务一卡通、家庭无线防盗、车辆无线防盗、社区便民信息发布等一系列便民子系统；广外街道研建社区精益治理模式管理系统，通过对广外街道社区网格化管理产生的信息资源进行梳理和整合，建立街道社区网格化联动管理支撑体系。建立社区服务互联网站 20 个，布放数字信息亭共计 59 台、月平均点击 99,516 次，法律和政务信息查询机 29 台。面向社区居民的“96156”社区服务呼叫系统运行良好，总呼叫量 1.27 万余个，系统服务响应率在 95%以上，服务质量优良率达到 80%以上。建立了数字电视服务平台（有线电视网站“宣武之窗”）。新挂牌 2 个数字家园，总共已建 9 个实体数字家园和 1 个虚拟数字家园（远程帮助），筹建 2 个市场化运作的数字家园，开展了 7 万人次的数字技能培训，组织了“数字家庭生活技能大赛”等多种活动。

信息资源整合方面。年内，建立和完善了政务信息资源管理机制，发布《宣武区政务信息资源共享管理办法》、《宣武区政务信息资源共享任务分工》。实现多样化信息采集模式，利用数据容器技术实现对方系统无感觉式采集，减少重复采集、降低实施难度。建立适合全区特点的资源管理和服务模式，实现服务和系统整合；建立基层应用系统集约化建设模式，明确三级（区级、专项和部门级）信息化规划模式，实现五个统一（统一申报、统一审核、统一计划、统一验收、统一评价）的信息化项目管理模式。基本形成了以资源目录为入口、以交换平台为工具、以数据中心为支撑、以认证授权系统为保障、以政务门户为资源展现平台的“五位一体”共享服务模式。

服务经济文化方面。年内，结合经济与信息化融合要求，研究拟定《2009 - 2011 数字宣武行动纲要》，研究建立宣武区投资发展服务信息系统，满足投资客商对项目的查询、比对和区内相关部门统计、反馈项目进展等各方面的需求。积极推进中小企业信息化服务工作。开展茶叶、珠宝首饰、古玩字画、服装鞋帽等行业的企业电子商务培训。

信息化管理方面（含国庆安全保障）。年内，继续加强统筹规划，把握全局。确定电子政务三级规划（区域规划、专项规划和部门规划）体系。编制了《2009 - 2011“三二九”信息化支撑行动纲要》及信息资源等一系列专项规划。组织了40余个部门的信息化规划编制工作，建立了IT运维支撑平台，推行统一的运维管理，构建了三级电子政务运维管理体系。加强项目全流程管理，发布《宣武区信息化项目全流程管理指南》，按照规划、申报、审查、计划、建设、验收、评估和运维8个阶段23个环节对项目加强全过程管理和服务。审核年中追加项目56个，审定资金4987万元，审核申报2010年度资金项目158个，审定资金5932万元。加强电子政务应用水平评价机制，完善评价办法，每年对区委政府系统78个单位进行评价。推进提升基础设施行动计划，落实29个基站建设。完善软件资产管理办法，加强资产管理。组织信息化讲座24次，形成定期开展内部学习制度。网络实现平稳运行，全年未发生重大安全事件，所有小故障均在20分钟内解决，未对宣武区政务网络和信息安全整体情况造成影响。无线电秩序良好，全年没有发生无线电干扰事件。

电子政务

【区领导信息平台建立】 年内，以实际业务需求为导向，充分依托已有政务门户平台、数据交换平台、信息资源目录系统建设成果，形成领导决策服务目录框架，建立了面向不同区领导的“一站式”领导信息平台。通过标准化的技术手段将分散在各个委办局中的各类业务数据加以整理、加工、汇总、统计，通过业务数据指标体系建设形成领导决策服务目录，并与数据交换平台、六大主题数据库、专项业务系统无缝集成，通过饼图、曲线图、趋势图、报表等灵活展现为领导决策提供辅助服务。区领导登录信息平台即可完成各项日常办公，并可及时、准确地了解到自己主管、分管的各项业务领域的发展动态和相关统计分析，为决策提供支撑。平台还对展现的目录信息实现细粒度授权控制，为将来扩展决策门户的用户打下良好基础。

【政务门户平台与市级门户成功对接】 年内，按公共用户、部门用户、城市管理、应急管理、社区服务等角色组织资源，提供日常工作待办、事务提醒、信息检索、资源共享等服务，实现了一点登录、全网通行和统一入口、统一管理、统一服务、统一用户、统一展现的“五统一”应用模式。在完成全区近30余个应用系统整合接入的基础上，继续完善政务门户运维管理规范，制定信息资源接入门户技术规范，开展了六大主题数据库、资源目录系统、数据交换平台、三大典型应用以及城市应急指挥平台、社区管理系统的资源整合工作。同时开展了市区两级门户平台的对接建设工作，实现市区两级平台用户对接、单点登录、资源授权、视图对接、栏目对接、信息元对接等目标，形成市、区、街、居一体化数据共享开发应用框架。通过市区两级门户平台对接，打通了市区两级资源统一展现服务层，有效支撑各类信息资源的统一服务利用体系建设。

【主题（部门、业务）信息门户建设情况良好】 年内，除建立区领导信息平台和政务信息门户外，还建立了针对应急办及所属各区级应急指挥机构用户的城市应急业务门户，提供包括应急处置、应急预案、应急值守、空间地理、视频影像、城市运行监测等信息服务；针对区属8个街道、109个社区用户特点开展的街道社区门户，提供街居办公、社区台账、综合数据库、网上审批等服务；针对区领导、信息办以及各资源共享涉及单位的资源共享业务门户，提供数据交换平台接入情况、资源总量、资源共享绩效评价以及人口、法人、政务地理空间系统、宏观经济、机关人员、内容信息等各类主题数据库的信息服务。完成区卫生局、司法局、广内街道等 9 个部门业务门户的建设。

【知识管理系统试点工作继续推进】 对政府办、信息办进行了业务梳理，形成了应急事件处理、非紧急接待案件、信息化项目管理、IT 运维呼叫中心以及政务活动接待服务等 10 大类 81 小类的业务知识体系，建立了知识管理支撑系统。通过与政务门户整合接入，将知识内容对全区用户开放，增加知识内容的互动，扩大知识内容的来源，提高知识内容的应用效果。截至 2009 年 11 月，对全部试点单位进行了应用培训，并对非紧急救助中心的知识管理功能进行了改造，以方便知识的添加及应用，共添加了知识文档 419 篇，知识查询应用 580 多次。

【全区视频资源整合】 继续推进全区视频资源的整合工作，对原有 VOD 视频点播系统进行完善，将系统接入区政务门户平台，实现点播信息的远程上传、按用户分时段管理、分单位上传等功能。积极与区委宣传部、区文化委以及其他重点部门沟通，确定区内重要新闻、会议、活动、各类专题片、党政教育培训资料、各委办局的工作成绩与风采能在政务门户展示。2009 年，在原有的基础框架下，增设宣武文化、共享空间 2 个板块，共 7 个视频栏目，新增视频资源 30 余个。同时区信息办增设了《信息化知识的在线培训》、《信息系统普及推广》等栏目，提高信息能力。

【办公系统应用推进】 年内，形成电子政务办公平台（OA 系统）和移动办公系统产生文档，文档中心系统暂存文档，数字档案馆永久存放文档的三步管理模式，电子文档一体化运行效果更加突出。OA 系统使用单位覆盖区委、人大、政府、政协四套班子及其所属部门，实现公文流转 125,291 件、网上会议 4457 次、信息刊物 7265 期，数据量增加到 168G，各项数据较上年增长约 5%。移动办公系统继续在 60 个处级以上领导中使用；文档中心系统为 45 个单位提供存档服务，接收 1987 年至今文档 132,268 件（卷）；数字档案馆投入使用，实现全区档案数字化和电子化管理。

【案件比对系统助力纪检监察工作】 年内，针对个别党员、公务员，尤其是一些社区党员，在因涉嫌违纪违法受到公安、司法机关处理后，对党组织和单位领导隐瞒不报，力图逃避党纪、政纪处理的现象。在摸清情况的基础上，宣武区研究出台了《关于宣武区纪检监察对象违纪违法案件线索查询比对工作的规定（试行）》（下称《规定》），并根据此规定开发了案件比对系统，确保《规定》的顺利实施。自系统投入使用以来，共查询比对辖区内发生的行政治安、刑事处理案件共计 2406 件（人），从中筛查出纪检监察对象违纪违法案件线索 34 件（人），案件性质分别涉及嫖娼、赌博、殴打他人、寻衅滋事等妨碍社会管理秩序的行为。该系统对纪检监察工作深入有效的开展，发挥了积极作用。

【干部在线培训】 年内，全区处级干部 40 学时在线学习，提高了全区处级以上干部的能力素质。2009 年底，全区有 626 人参加在线学习，466 人参加在线学习考核。

【处级干部考评系统推动组织人事工作】 2009 年底，为提高干部考核工作中民主测评的准确性和时效性，提高干部考核工作现代化水平，研制了干部绩效考核指标评价体系，进一步建成网上民主测评系统，投入到实际测评工作中。按照德、能、勤、绩、廉五个方面对处级班子和干部实行分级分类量化指标考核，客观、真实、全面地反映处级班子和干部的实际工作情况，化解了在保证无记名投票的前提下，实行分散投票和保证参评率的难题，为全区处级班子和干部年度考核提供了准确、快捷的评价依据。

【事业单位招聘系统建立】 年内，根据宣武区事业单位面向社会公开招聘工作人员工作需要，开发了事业单位招聘系统，实现了网上咨询、信息查询、报名、收费、资格审查、考场安排、座次安排、考务管理、成绩发布等招聘工作的全程网上办理。通过事业单位招聘系统为全区 27 家事业单位发布单位简介及 71 个职位的招聘信息，为参加 2009 年宣武区事业单位招聘考试的 2657 名考生提供了全程的网上服务。

【金财系列应用系统支撑全区财务工作】 国库集中支付系统承担着全区纳入零余额账户改革资金的支付和明细账处理任务，在全区 168 家预算单位使用。2009 年，通过该系统实现直接支付 2474 笔，授权支付 54,684 笔。工资统发系统承担着宣武区财政统一发放工资和人员经费预算任务，目前在全区 191 家单位使用，为全区 4652 名行政人员、1634 名事业人员、2529 名离退休人员实现工资统一发放提供保障。统一财务核算系统承担着全区各预算单位的财务、账务处理和决算任务，在全区 184 家预算单位使用，实现了财政对预算单位会计核算的动态管理和实时监督，进一步促进了财政管理的规范化和科学化发展。资产动态管理系统已在全区 250 家行政、事业单位中推广使用，为实时掌握各行政、事业单位的资产数据，编制部门预算、加强国有资产监管发挥了保障作用。此外，部门预算、指标管理和总会计系统为区财政局内部编制部门预算、下达预算指标、拨付实拨资金和预算总会计任务提供有力保障。

【协助垂直单位与市级单位网络接入】 根据市业务部门及信息化工作的总体工作要求，宣武区信息化工作办公室和相关垂直单位积极协调配合，推动了纵向系统的应用，保持上下联动、协同运行。2009 年，完成了工商局视频会议系统、司法局视频会议系统、审计全局会商系统、安全生产监管平台与市级相关单位的接入应用工作。

【系统纵向应用提升区政法领域信息化水平】 年内，法院“数字法庭”系统、公安“警务二级信息平台”、网吧、宾馆酒店及地下空间信息监控、警情会商系统的深入推广应用，全面提升了我区政法领域信息化水平。

【统筹规划把握全局】 年内，制定了《信息化规划管理办法》，确定了电子政务三级规划（区域规划、专项规划和部门规划）体系。编制了《2009－2011 信息化支撑“三二九”行动纲要》，组织编制信息资源等重点领域专项规划。组织了全区各部门，包括街道的 40 余个部门的部门信息化规划编制。确定发展路径及中长期信息化重点任务。

【信息资源共享模式和管理机制建立】 年内，发布《北京市宣武区政务信息资源共享管理办法》和《宣武区政务信息资源共享任务分工》，建立政务信息资源共享协调机制。形成了以资源目录为入口、以交换平台为工具、以数据中心为支撑、以认证授权系统为保障、以政务门户为资源展现平台的“五位一体”共享支撑模式。

【运维 IT 支撑平台建立】 年内，开展电子政务运维管理服务体系的研究和试点工作，构建了三级电子政务运维管理体系，开发完成 IT 运维管理平台（ITIL），对相关工作提供支撑。

【全流程项目管理和服务加强】 年内，发布《宣武区信息化项目全流程管理指南》，按照规划、申报、审查、计划、建设、验收、评估和运维 8 个阶段、23 个环节对项目加强全过程管理和服务。修订了《信息化项目审核办法》，明确了全区信息化项目（新建、升级改造、购置更新和运维）的审核过程和相关标准。审核 2009 年中追加项目 56 个，审定资金 4987 万元，审核申报 2010 年度项目 158 个，审定资金 5932 万元。加强电子政务应用水平评价机制，完善评价办法，每年对区委政府系统 78 个单位进行评价。

【提升基础设施行动计划进展顺利】 年内，积极配合运营商推进协调工作。加强科学宣传，消除居民担忧辐射的心理，加强与居民、物业单位的沟通，落实 29 个基站建设。

【北京宣武网站群影响力日益增强】 2008 年度（2009 年评选），"北京宣武"网站在首届中国政府区县级网站绩效评估工作中，名列全国参评的 273 家副省级以上城市所辖区县政府网站和 33 家参加评估的区县政府网站的第四名，年访问量达 5485 万人次，是本区域内常住人口数量（53.2 万）的 103.1 倍，较上年增长 5%。进行了统计局、档案局、教育系统等 20 个子网站群建设，全区有门户网站及子网站群 134 个，包括 41 个专栏。提供在线服务事项 1046 项，政府信息公开目录 896 个，网上主动公开政府信息 86,017 条，整合建立"宣武民生网"，就业综合服务平台、法律服务信息平台、网上创业服务大厅、政民互动（大信访）等服务系统，成为我区综合在线服务门户。

【应急指挥平台统筹全区应急管理工作】 年内，应急指挥系统平台覆盖 36 个应急管理单位，接入民防指挥中心、公安指挥中心、信息化城管系统、卫生应急系统、迎汛系统、区图像平台、全区视频会议系统等重要系统资源，初步形成城市管理综合信息平台。已对各专项应急指挥部办公室、各街道和相关单位全员培训并投入使用。在国庆 60 周年庆祝活动期间，系统平台在处置突发事件、日常值守、召开 IP 会议、调用监控图像等方面发挥了积极的作用。利用"值守应急"功能记录应急处置情况信息共 500 余条；利用"工作动态"记录信息 600 余条；利用"材料收集"功能接收市里 80 余条信息，下发基层单位 100 余条信息；利用"会议通知"功能接收市下发通知 200 余条，下发基层单位 80 余条通知。区应急指挥系统平台项目的建设和应用推广已达到预期效果。

【图像信息服务平台更加完善】 自 2008 年至 2009 年 10 月底，先后投入近 2700 万元用于图像服务平台的建设。全区图像资源达到 6881 路，其中公共场所 681 路（含无线 88 路），社会单位 6200 路。加强社会图像信息资源的整合，公安社会报警与图像信息资源整合平台和区图像信息平台实现对接，区图像平台可调用公安社会报警与图像信息资源整合平台的社会图像资源。68 个单位 272 路图像资源接入区图像平台。初步构建起模拟与数字系统相结合、无线（WiMAX）与有线相结合、固定与移动相结合图像监控网络，实现了政府应急、公安、民防、交通、城市管理等部门的联网共享。建立了社会图像信息系统监管和内部责任体系，完善由区主责部门、办事处或派出所主管领导和责任民警组成的图像信息三级管理体制和图像信息管理系统值守监看队伍。图像信息服务平台在奥运和国庆 60 周年等重大保卫活动的可视化指挥中发挥了不可替代的作用。图像信息服务平台先后为槐柏树街的 12.24 杀人抛尸案、大栅栏 9.17 杀人案、数十起交通肇事、撞人逃逸辨认等一系列重大案件提供了证据。

【安全生产监管平台投入使用】 年内，正式建成安全生产监管平台，并在政务专网内推广运行，包括基本信息、日常监管、隐患整治、事故情况、数据统计、通知公告 6 个模块。实现了全区安全生产监管网络的 40 余家单位对区域内上万家生产经营单位的动态管理。截至 12 月 3 日，各部门录入基本信息 458 条，包括建筑工地施工现场、人员密集场所等行业单位的基本情况，区安全监管局检查生产经营单位 399 户的具体检查情况，测试安全生产隐患 32 条，每条隐患所处状态均可清晰显示，填报月报表 9 份。

【公共卫生应急平台与北京市卫生局应急管理系统对接】 宣武区公共卫生突发事件应急指挥系统从 2003 年“非典”开始时期搭建，它是宣武区突发事件应急指挥系统的重要组成部分，系统主要是建设网络化的宣武区医疗救治系统，为区内政府各有关部门提供一个突发公共卫生事件应急反应快速处理和协调指挥的平台，在平时可以帮助宣武区卫生局管理全区的医疗卫生资源，有助于宣武区公共卫生事业的科学、合理发展。2009 年，实现区政务门户、区应急平台、市卫生局应急管理系统的对接。提供“非典”相关历史数据、区卫生资源数据、卫生执法监督管理相关人信息，供区领导、应急相关协作单位、卫生系统相关工作人员查询分析。区应急办、区卫生局应急办、区卫生监督所、区疾病预防控制中心各单位进行了联合桌面推演和相关培训，各单位使用系统各功能顺畅。

【防汛业务协同办公系统在迎汛期间投入使用】 年内，宣武区防汛业务协同办公系统实现政府协调指挥各相关部门，处理防汛事件和向公众提供社会紧急救助服务联合行动。2009 年纳入全区应急保障体系管理，实现与应急平台的对接。提供区防汛危险源信息、物资储备数据信息、应急人员信息，供区领导、应急相关协作单位、市政系统相关工作人员查询分析，在迎汛期间投入使用。

【食品监管系统初成体系】 按照“金信工程”的总体部署和 12315 信息化方案，以工商行政管理专网和 12315 信息化网络为依托，宣武区建立了食品、商品经营主体数据库，食品及重要商品数据库。2009 年，规范食品安全和商品质量监管，初步实现网上咨询、网上受理、网上查办、网上调度指挥、网上应急处置、网上动态监管、网上发布信息等功能。

【建成统一的价格监测网络】 宣武区价格监测网络系统充分利用计算机网络技术，加强价格监测信息采集、处理、传输和发布，基本实现全区价格监测工作的网络化。2009 年，价格监测网络基本达到覆盖面广、传输速度快、信息采集、计算准确、动态灵敏性高的时实价格监测网络系统建设目标。

【应税税源管理平台助力税源管理工作】 年内，区地税局自行研发的应税税源管理平台将应征税款数据录入平台并实现与电子地图互动。同时，将新税收征管系统中的基础信息和入库数据导入平台和应征税款数据进行对比，为评估和检查提供依据，为地税业务开展提供了支持。

【城市规划信息系统助力城市建设】 年内，宣武区基础地理与规划管理系统被列入建设部城市规划管理信息化示范工程。通过整合、管理城市建设基础数据，为政府提供城市规划、建设和管理等方面辅助决策，为全社会提供数据、信息、技术、管理等方面支持。系统为全区城市重点功能区建设、危旧房改造、基础设施建设、古都风貌保护、控规修编和“十一五”规划修编等工作，特别是北京大栅栏文化旅游商业区、琉璃厂文化产业园区、国际传媒大道、《法源寺控制性详细规划》以及马连道都市采购中心区等重点项目规划前期研究提供了大量的基础数据。利用规划评估模型、GIS 分析技术、虚拟现实技术等建立的规划评估系统以及虚拟城市系统丰富了城市规划、城市设计以及建筑设计评审的技术手段。

【环卫作业车辆管理系统应用良好】 年内，环卫作业车辆管理系统将最新的GSM全球数字蜂窝移动通信技术和 GPS 全球定位技术、GIS 地理信息系统以及计算机网络技术相融合，实现了对全区环卫作业车辆的实时调度、实时管理、实时监控等功能，满足了针对环卫车辆的跟踪管理、指挥调度的需要。

【完善全程办事与审批系统】 年内，继续扩大全程办事代理和网上并联审批范围，坚持绿色通道办理，继续推广使用计生委“申请生育第二子女”四单位联合审批工作，新增残疾证办理、餐饮企业营业执照办理、出版物零售企业设立许可等事项的联合办理。继续完善全程办事与审批系统功能，在政务门户系统中集成了审批受理、代理、办理人的待办信息，实现办理人员“一站式”登录和办理，各办事大厅均安装了第二代身份证读卡器，避免审批过程中人口基本信息的重复录入。2009 年度共受理全程代办制的服务事项 25,460 件，日平均办理量 102 件左右。区监察局牵头对各部门办理情况进行效果评价。

【新建和已建系统的统筹管理优化资源配置】 年内，根据宣武区信息化整体规划和信息资源整合工作的要求，在开展信息化项目全流程管理中，着力强化对在建业务系统的监管。聘请第三方集中式监理与咨询服务，梳理业务和资源。编制《教育信息化配备标准》、《政务门户接入标准》、《统一认证平台接入标准》、《网站接入标准》、《共享交换平台接入标准》，要求新建系统需按所编制标准接入已建系统，实现资源整合。对民生信息综合分析平台、社区卫生服务综合管理信息系统、警务二期平台、社会单位图像信息整合平台、投资服务系统、综合经济信息系统（二期）、椿树街道应急指挥中心建设、文档中心管理系统、校园技防图像平台等重要项目开展了业务梳理和资源优化工作。提出民生系统充分利用区现有各项基础设施、区共享信息交换平台；社区卫生服务综合管理系统变分散部署为统一集中部署，并接入政务门户和统一认证平台；警务二级平台要进一步明确项目范围和数据采集范围及可共享的信息，补充通过区共享交换平台实现数据交换的解决方案，明确本系统与公安内部其他业务系统的关系等要求和合理化建议，为今后资源共享奠定了基础。对于公安和安监无线图像监控设备，也提出全区共享使用的具体要求和办法，为优化资源配置提供了范例。

【城市网络化系统应用推进】 年内，全区继续推进信息化城市管理系统应用。实施《监督评价考核办法》，区委组织部将城市管理办理效果纳入了考核范围，提高了案件上报率和处理率。2009 年受理案件达到了 42,806 件，比 2008 年提高 7 倍多，2009 年案件立案和结案数量达到 2008 年的 10 倍，月平均按期结案率从 2008 年的 79%上升到了现在的 93%。继续完善系统标准、工作流程和统计功能，进行了数据库结构优化，实现市、区两级平台对接。

【信息资源共享总体成果】 全区基本形成了以资源目录为入口、以交换平台为工具、以数据中心为支撑、以认证授权系统为保障、以政务门户为资源展现平台的“五位一体”共享支撑模式。资源总量较大，形成了包括人口信息、法人信息、经济和社会信息、政务地理信息、档案信息、图像信息、投资发展信息、安全生产信息、应急资源信息、教育信息、用户信息、政府公开信息、电子图书、经济信息、视频资源、法律法规、新华信息（宣武）等 18 类 110 余万条记录的信息资源，支撑了重要系统应用。资源目录系统完成 70 个委办局业务资源目录的梳理工作，合计形成基础资源、主题目录、信息公开、部门目录、需求目录、共享目录六类共计 134,992 条目录资源的梳理注册。实现了区级资源目录向市级资源目录系统的注册。共享交换平台新接入 14 个单位，总计达 56 个单位，基本涵盖全区所有重点部门，并实现与市级共享交换平台对接。2009 年，共享交换数据近 1240 项，数据库记录数 1,176,075 条，数据量达 480M。实现重点系统数据推送共享，完成防汛、宏经、审批、企业信息、综合就业、专外网门户等系统中 17,300 多条数据共享推送。通过近 80,000 条共享数据，形成对税源监管、应急业务、统计证办理、政务大厅审批、运输企业管理、出租司机保险、就业等具体业务的有效支持。通过前置机等方式对接，获取市区质监法人、民政人口、园林古木等近 900 项，计 30,000 余条数据的共享应用。实现多样化信息采集模式，利用数据容器技术实现对系统数据采集。数据容器已经接入北京市流动人口管理系统和北京市劳动力市场管理系统两个应用系统。分别在白纸坊街道、椿树街道和广内街道 11 台机器上部署了数据容器。截至 2009 年底，数据容器分别采集了流动人口数据 7055 条记录、出租房屋 1230 条记录和劳动力市场 290 条记录，共计 8575 条记录。数据中心由法人、人口、政务地理空间信息、宏观经济、用户信息、内容信息六大主题库构成，提供安全受控的数据共享查询服务。统一认证平台已接入 30 多个重要应用系统，实现 4000 多个机关用户统一安全认证和单点登录，并与市级平台实现对接。政务门户平台和领导（决策）门户已整合和统一展现全区 20 多个重要应用系统信息资源，并实现与市公务员门户对接。

【跨层级重要信息资源整合共享】 年内，利用共享交换体系，实现从市到区、从区到市跨层级政务信息资源的整合和利用。

【政务信息资源目录完善】 年内，宣武区重新对全区的 70 多家单位进行共享信息资源的梳理，目前已经完成 22 家单位，368 条，4000 余项指标项的梳理。

【支撑重大主题应用和信息资源共享交换】 通过区级资源共享交换平台有效支撑了网上绿色通道、防汛协同办公以及综合经济分析系统的运行。重点支撑：一是支撑了纪检监察对象违纪违法案件线索查询比对。截至年底，共查询比对辖区行政治安、刑事处理案件 1706 件（人），从中筛查纪检监察对象违纪违法案件线索 29 件（人）。二是支撑了基层街道（社区）管理与服务建设。依据广内街道和所辖 18 个社区的实际特点，以资源采集、共享和利用为纽带，有效统筹已有信息化建设成果，支撑精细化社会管理。三是支撑了统计局综合就业情况的统计业务。统计局通过前置机完成就业数据向本单位业务系统导入，也可以通过直接访问区级人口库进行就业数据的在线查询、下载。四是支撑了统计证核查办理业务。通过市区两级平台对接，区统计局可及时调用市质监新增法人机构信息，经过比对，可对已注册尚未办理统计证机构进行专项催办，区统计局按月将已办理法人机构信息反馈予区法人库。截至年底，已完成 2 万多条法人基础信息与区统计局共享，完成近 80 家经过比对已注册但未进行统计证办理机构专项催办的工作。五是支撑了市、区文化市场联合监管。基于市区两级平台对接，完成市区两级文化机构数据共享，已经完成 564 条区级文化行业经营单位信息向市级平台推送，通过市级平台与市文化、公安、工商等部门信息共享，促进文化市场的市区两级联合监管业务开展。六是支撑了宏观经济分析系统。累计完成 511,599 条人口数据记录、26,331 条法人基础数据的共享，完成政务图层库中 138 层本地图层的共享工作，完成环保、发展改革委、劳动、卫生、建委等 9 个部门，计 1195 项数据的采集初始化工作，有效支撑了宏观经济分析系统的建设。七是支撑全程办事代理联合审批业务。支撑计生委“申请生育第二子女”四单位联合审批工作以及残疾证办理、餐饮企业营业执照办理、出版物零售企业设立许可等事项的联合办理。

【政务空间和领导决策信息资源建设、更新和利用】 年内，宣武区累计整合政务图层系统市、区 25 个基础图层，20 个重点单位图层、28 个医疗卫生图层，5 个文化教育图层，1 个遥感影像图层、1 个重点观察房图层、6 个防汛危险源图层、1 个重点税收企业图层。新建 1 个法人单位图层，完成 4 个文化市场类图层、1 个信息服务业统计类图层数据导入、标注、整理等。通过标准化的技术手段将分散在各个委办局中的各类业务数据整理、加工、汇总、统计，形成领导决策服务目录，并与数据交换平台、六大主题数据库、专项业务系统无缝集成，通过饼图、曲线图、趋势图、报表等灵活展现为领导决策提供专业的服务。区领导通过目录可及时、准确的了解到自己主管、分管的各项业务领域的发展动态和相关统计分析，为决策提供有力支撑。

【国庆 60 周年保障】 国庆期间，网络与无线电实现平稳运行。保障措施一是统筹协调，总体部署。召开了宣武区 2009 年信息化领导小组暨网络与信息安全协调小组会议，明确了宣武区网络与信息安全工作常态措施和长效机制。制订了《宣武区国庆期间应急通信保障总体预案》，明确了应急目标、应急指挥、日常工作、应急响应、信息发布、保障措施、教育培训、应急演练等各项工作。对于无线电管理工作，专门召开了无线电频率台站清理整顿工作部署会。建立无线电工作机制，调整了宣武区无线电频率台站清理整顿领导小组成员单位及职责，制定了《宣武区无线电频率台站清理整顿工作方案》、《宣武区无线电应急处置工作方案》。二是开展全区网络与信息安全检查工作。宣武区网络与信息安全协调小组办公室牵头，成立了由区信息办、区委机要室、区委保密局、宣武公安分局等单位组成的信息安全联合检查工作组，于 6－8 月在全区范围开展网络与信息安全检查工作，排查了安全隐患。三是开展全区网络中心节点的安全工作。对于物理安全，检测机关综合机房，排除供电、防雷、消防、空调等 10 余处安全隐患开展安全加固；对于网络安全，部署安全审计、防病毒、网站防篡改等系统，完善网络安全技术体系，制定网络安全策略，对 16 类网络安全设备进行加固并实施联动监管，建立并运行信息安全管理体系；对于系统安全，开展信息系统安全等级保护工作，对 114 个系统定级，其中两级以上系统 36 个，制定总体预案和 60 余个应急子预案，开展政务网站等系统应急演练渗透性测试；对于数据安全，采用 SAN 架构的存储备份系统对重要系统实行自动和定期备份，确保业务连续进行。在国庆期间实行 C 级安全保障，安排相关人员进行 7×24 小时安全值守，借助 IDS 入侵检测等工具实时检查网站、重要系统、政务专网设备、机房设备的有效性和安全性。四是开展无线电管理工作。完成辖区内 8 个街道 74 家设台单位的复查工作，共统计使用对讲机设台单位 242 家，对讲机 1992 台。建立了区、街、设台单位三级无线电管控网络，共涉及19个成员单位和全区242家设台单位；向社区和设台单位发放26,500份宣传材料；加强无线电管理工作的指导监督和检查。走访了8个街道及部分行业主管部门，检查无线电工作开展情况，及时将宣传材料送到各街道，主动解决基层无线电管理工作遇到的困难，为国庆无线电管制工作打下良好的基础。

【等级保护取得新进展】 年内，宣武区积极推动信息系统安全等级保护工作。共有114个信息系统定级，包括35个区政务信息系统（1个三级系统，19个两级系统，15个一级系统）；76个社会领域信息系统（14个两级系统，62个一级系统）；4个涉密系统（2个秘密级，2个机密级）。区政务信息系统中的2级系统已按要求到市经济信息化委备案，并通过北京信息安全测评中心的安全保护等级第二级的安全测评。

【信息化日常工作保障】 年内，建立信息办（中心）值班管理系统，确立主备班双人24小时值班制度以及模块化的值班巡检流程。培训值班人员，明确各项设备及系统的应急联络人和网络与信息安全报告制度，部署相关安全设备，建立设备与系统监控短信报警系统。

【重点业务应用系统安全运行保障】 年内，对重要信息系统，架设了网页防篡改安全设备。对重点业务应用系统进行双机备份，并对数据以日为单位进行增量备份，以3天为单位进行全局备份。对重要网络设备以及关键链路设备预留备机，对各设备备机配置定期进行与主机配置同步操作，保证应急事件快速处理。定期对应用系统、终端设备、网络情况进行巡检，详细划分系统管理员和数据库管理员的权限；开启全面的系统审计策略。还建立了专业的数据自动备份存储系统，保障相关数据的安全。

【信息安全事件应急处理】 年内，针对网络攻击事件，在政务外网以及各网络边界处架设防火墙，定期对IDS日志进行分析，对发生过攻击行为以及可疑地址进行阻断策略。建立了信息安全事件应急处理预案；制订总体预案和60余个应急子预案，保障安全事件的快速处理。按季度提前编制并印发了季度网络与信息安全工作要点，制订了信息安全应急值守计划、应急值班表。为确保重要应用重要系统的稳定运行，要求运维公司7×24小时现场值班，每30分钟定期检查网站、重要设备的有效性和安全性。还定期开展网络与安全事件的应急演练，2009年开展了网站黑客入侵和网络病毒爆发等多次演练。对于关键设备采取双机备份的方式，并准备了核心交换机、防火墙、重要系统服务器等应急资源。

【互联网出口安全管理】 年内，全区政务专网实施统一互联网出口。各单位共享互联网带宽，使用防火墙、安全审计系统、入侵检测系统、负载均衡、带宽管理等管理方式，并部署了多条互为备份的光纤。

【办公计算机安全管理】 年内，宣武区研究实施了网络接入管理系统，实现对设备和人的接入网络的身份认证，并统一在政务专网内安装了网络版杀毒软件和桌面管理系统，实现了终端安全控制。

【运维体系建立】 年内，宣武区专门设置了电子政务运维工作自查小组，包括监理、安全、网络、应用运维技术人员的自查小组，对宣武区电子政务运维工作进行了全盘梳理。按照“四清一好”（职责和任务清、资产和系统清、流程和记录清、成本和绩效清、队伍和应急好）的要求，进行电子政务运维管理服务体系研究，IT运维管理工作已列入市信息化试点项目。构建了服务台，现场运维小组，供应商、开发商、专家支持小组三级电子政务运维管理体系，并作为标准规范面向全区进行推广。

【统一运维体系效果】 年内，通过构建电子政务运维管理体系，效果显著。第一，降低了运维经费投入。实施电子政务资源集中管理，有效避免了重复投入。第二，提升了运维效益。有效梳理运维任务，对运维任务进行分类与分级，实行运维流程化管理和绩效管理，明确运维职责，进一步规范了运维管理工作，明显提升了运维质量。第三，降低了信息化的风险。通过系统开发与运维管理职责相分离，对权限进行合理分配，规避了系统性风险；通过规范化的操作，减少人为错误引发的风险；通过主动监控和预警分析，预防事故的发生；通过对重大变更的审批和授权，减少了因变更不善导致的风险；通过制订应急预案，减少重大故障的影响。第四，完善了运维机制，提升了管理水平。以业务需求和目标为出发点，建立了科学的电子政务服务管理机制和组织结构。建立了包括《信息安全方针》、《风险评估与管理程序》、《事件管理》等运维制度和流程，建立了培训－实施－报告－检查－回顾/审计的流程实施和完善机制，引入运维责任事故通报和外包公司经济责任追究制度，强化外包公司的管理。总体上提升了电子政务运维管理水平。第五，打造了过硬的运维队伍。宣武区在电子政务运维管理过程中，非常注重运维队伍的建设，建立了一支技术过硬、综合素质较高的专业运维队伍。进行社会化培训、绩效考核，不断优化人员配置，为运维人员创造锻炼成长的环境。

【制订全区信息化规划计划】 年内，宣武区编制了《2009－2011 信息化支撑“三二九”行动纲要》，提出了推进经济发展环境改善、推进现代服务业发展、推进数字化生活、提升电子政务效益、提升信息化基础设施五项行动。编制了宣武区信息资源规划及关于发展宣武区信息服务业、电子商务、社会信用体系建设等规划。组织全区各部门编制信息化规划，确定了各部门的中心工作、业务目标、发展路径及中长期信息化重点任务，做到了把握全局、心中有数，为全区信息化项目资金安排指明了方向。制订了信息资源、电子商务、提高全民信息能力及信息化支撑三保工作等计划，并对信息化规划适时进行调整，做到了实现路径清。

【开展系列研究】 年内，研究编制信息化支撑规划、编制政务信息资源共享专项规划。开展大栅栏商业街企业信用体系研究，重点推进企业信用评级模型研究工作，改善经济环境；研究创意宣武文化创意产业信息网、琉璃厂文化产业信息化建设方案；研究建设虚拟宣南文化博物馆。

【继续开展“四清三统一”】 年内，结合 IT 运维管理体系的开展，继续做好“四清三统一”工作梳理复查每年服务事项，全区对外服务事项 1046 项，对内服务事项 191 项，全部实现网上办理，做到了业务流程和协同工作清、网上服务清。形成了以资源目录为入口、以交换平台为工具、以数据中心为支撑、以认证授权系统为保障、以政务门户为资源展现平台的“五位一体”共享支撑模式，继续梳理维护资源，拥有信息资源 18 类 110 万条记录。制定 IT 资产管理办法，统一部署金算盘资产管理软件，用于对全区的固定资产进行动态管理，并在资产管理软件中通过设置 IT 资产区域，实现对宣武区信息化资产的管理。接入政务专网电脑 4000 台、操作系统 4250 套、微软办公系统 1000 套、国产办公套件不限数量、网络防毒软件 6000 个户端，做到了信息资源和资产清。召开信息化领导小组会，审议公共服务、内部服务、信息资源管理、信息能力提升等 10 项专项工作计划，并对信息化规划适时进行调整，做到了实现路径清。通过覆盖全区的电子政务网络（有线和无线）及安全综合防范体系，实施 ISMS 信息管理体系（104 个文件，一级 2 个；二级 28 个，三级 74 个），实施设备及人员接入管理，建立信息安全责任制，实现了统一的网络与安全设施；通过共享交换平台建设，基本实现了“统一的共享交换体系”；通过 ITIL 标准在运维过程中的实践，建立统一的电子政务运维服务体系。

【持续提高信息能力】 年内，继续提高领导干部、公务员信息能力培训。一是领导干部信息能力提高方面，宣武区已将信息化与电子政务培训纳入领导干部长期培训计划，要求领导干部在线学习不得低于 40 学时。区信息办还将有关信息化知识的视频课件放在内部 VOD 系统上，供领导干部自学。二是公务员信息能力提高方面，区人力社保局 2009 年在全区范围内启动了新一轮电子政务培训，重点在于增强公务员的计算机实际操作能力，提升公务员的信息安全意识。区信息办重新梳理课件资源，专门开辟了《信息化培训》专栏，集中购买和整理了相关课件，满足宣武区普通公务员的学习需求。建立 IT 运维平台和远程桌面帮助系统，对于工作人员在工作过程中遇到的一般性问题开展在线（远程桌面）帮助。宣武区还建立了知识管理体系，梳理各项业务开展过程中积淀的知识，并在区政府办、区信息办、区信访办等单位开展试点，政府工作人员可借助知识管理系统便捷地获取相关知识。三是信息化队伍信息能力提高方面，建立了每半月一次的例行讲座，组织了面向全区各单位信息化管理人员，从宏观管理到技术指导的 24 余场次讲座，2000 余人次听取了讲座。四是社区居民信息能力提高方面，继续推进“数字家园”建设，新挂牌 2 个数字家园，总共已建 9 个实体数字家园和 1 个虚拟数字家园（选程帮助），筹建 2 个市场化运作的数字家园，开展了 7 万人次的数字技能培训。红旗业余大学数字家园针对具有一定信息化基础的社区居民开展培训，计划每月培训两期（每期 20 课时，60 人）。

【加强信息化宣传】 年内，每两周一次讲授信息化促进条例。编制《数字宣武简报》12 期，稿件 250 余篇，对信息化的有关政策、经验进行了宣传。开通了网络在线宣传平台，即时发布工作动态、政策法规和有关通知。

【建立政务信息资源管理机制推进信息共享】 年内，宣武区对政务信息资源共享的原则、相关部门职责、政务信息资源目录、信息采集更新、信息共享以及监督评价等作出明确规定。拟定并执行信息资源共享操作手册，对信息资源共享工作的全过程进行规范。通过数据容器技术实现多样化信息采集。建立资源管理和服务模式，将资源注册、审核、发布，申请、审批、备案、服务、应用效果评价等功能统筹于目录系统与交换系统，制定政务信息资源共享应用业务流程。建立基层应用系统的集约化建设模式，明确“三级”（区级、专项和部门级）信息化规划模式，实行“五个统一”（统一申报、统一审核、统一计划、统一验收、统一评价）的信息化项目管理模式。

【进一步落实和完善制度标准体系】 年内，进一步梳理现有的标准体系和相关工作机制。在网络安全方面，编制了《进一步加强电子政务网络安全工作的意见》，明确了目标、机制。制定了《宣武区 800M 无线电台管理办法》、《宣武区网络实名制接入管理办法》等制度。在应用支撑方面，修订了《政务门户接入规范》、《政务网站建设标准》、《共享交换平台接入标准》、

《统一认证平台接入标准》等标准规范。在信息资源方面，制定了《宣武区政务信息资源共享管理办法》、《宣武区政务信息资源共享任务分工》等制度。在信息化管理方面，修订了《关于进一步加强项目管理的若干意见》，《宣武区信息化项目审核办法》、《宣武区电子政务水平评价办法》等制度，研究制定了《教育信息化配备标准》、《区信息办内部小项目评标办法》、《项目采购代表评标办法》、《软件资产管理办法》、《运维项目验收办法》、《宣武区规划管理办法》等规范，编制并发布了《宣武区信息化项目全流程管理指南》。在应用系统方面，修订了《宣武区政府网站建设标准》、《OA 系统使用管理规定》、《全程办代理系统使用评价办法》，制定了信息化城市管理《监督评价考核办法》。

【信息化工作机制日趋健全】 年内，推行信息化工作联系人模式；推行政务网站综合性、跨部门项目统一建设管理模式（ASP）。实行技术部门和业务部门相互配合，关注业务，整合资源；关注应用效果，在 OA、审批、网站、共享平台、信息化城市管理等系统中广泛使用评价体系。

【加强项目全流程管理】 年内，宣武区进一步规范信息化项目的整体控制，提高项目质量和绩效，按照规划、报、审查、计划、建设、验收、评估和运维 8 个阶段、23 个环节对项目加强全过程管理和服务，编制并发布了《宣武区信息化项目全流程管理指南》，修订了《信息化项目审核办法》，编制了《教育信息化配备标准》及相关的操作细则，明确了全区信息化项目（新建、升级改造、购置更新和运维）的审核过程和相关标准。

【加强电子政务运维管理】 年内，宣武区电子政务运维管理作为市信息化试点项目，进展顺利。按照区电子政务运维规划和相关规范标准，完善电子政务运维管理模式。开发建成 IT 运维管理支撑服务台。建立流程化电子政务运维服务体系，构建了电子政务资产集中式管理模式，实现了政务网络物理、系统、数据及网络四级安全集中管理，政务应用系统集中管理，共享交换集中管理。

【电子政务应用水平评价工作开展】 年内，宣武区开展评价电子政务应用水平工作。在区委、区政府系统，各委、办、局、街道，区属事业单位，群团组织范围考评，考评内容包括规划、应用系统情况、项目管理及运维水平等。考评结果在全区范围公布，结果存入档案，促进了各单位对信息化工作的重视，也促进了电子政务的发展。

【完善信息化工作架构】 年内，继续完善信息化组织架构，形成信息化领导小组（下设工作组）、区信息办、各部门、专家组、实施公司“五位一体”的信息管理和服务格局。按照北京市电子政务总体框架设置区政府信息中心组织结构，分为网络安全、资源管理、应用推广 3 个工作小组。

【领导重视是信息化工作的巨大推动力】 自 2001 年以来，区委常委会不定期听取区信息办关于全区信息化工作的汇报；区长办公会、专题会还经常研究信息化工作；每年召开一次信息化领导小组会统筹协调有关问题。区财政每年安排的信息化资金逐年增长，从 2002 年的 1500 万元到 2009 年的 9800 万元，有力保障了各项工作的开展。

经济领域信息化

【系统纵向应用推动企业管理与服务】 宣武区企业信用信息系统作为北京市企业信用信息系统的组成部分，接入39个单位，数据总量已经达到268,758条，区法院数据录入数据走在全市前列。年内，系统日均访问量达2000余人次，查询量达到16,275次，累计开通区内系统查询用户36个，实现了部门间信息资源共享，同时也为社会公众查询全区企业信用情况提供了便利。中国税收征管信息系统（CTAIS）管理着全区两万余户纳税人登记信息，处理着所有纳税人的各类认定、申报纳税、发票售卖管理等各类业务信息近百万条。2009年全年，累计通过Ctais系统顺利完成纳税人申报153,587次、流转各类涉税文书18,899份，同时成功售卖各类发票3万余户次，通过该系统已征收税款87.9亿元。地税局核心征管信息系统、发票税控综合管理信息系统登记全区正常户约23,800户，每月处理约26,000笔纳税申报信息、800笔契税信息。北京市质量技术监督局特种设备综合管理系统、计量器具检测监察系统、北京市标准网络管理系统、行政执法管理信息系统、“12365”质量监督投诉举报信息系统的深度应用，也为区质监业务开展提供了有力支撑。

【综合经济信息系统深入应用推进】 宏观经济分析系统一期项目完成了宏观经济和社会发展专题库的搭建工作。2009年，宏观经济与社会发展数据库二期项目正式启动，项目在宣武区现有宏观经济数据库项目成果的基础上，建成全区宏观经济数据中心和社会发展运行数据中心两大基础中心库，并通过建立宏观经济综合分析决策系统和社会发展运行数据分析决策系统实现全区相关数据评估自动化、数据汇总分析电子化、信息资源共享化。截至2009年底，完成对2006年年报数据整理工作。共整理专业报表65种，指标1318个。完成各专业科指标核对工作，实现各专业103个系列数据的整合工作。完成剩余专业及其他部门的数据入库工作。共导入报表52种，数据1,021,423条数据。并进行了入库数据核对工作。其中GIS部分共利用本地图层22个，调用北京信息资源管理中心图层174个，主要图层法人单位定点23,066家。其中梳理入库的2006年专业数据总共100,902条。包括：工业数据11,433条；科技数据3820条；建筑业数据18,256条；运输邮电业数据6007条；批发零售业数据38,203条；服务业数据21,803条；房地产数据1380条。

【研建宣武区投资发展服务信息系统】 年内，以区内各相关部门、街道、大型国企为依托，收集区内有关投资环境情况、全区可吸引投资项目、区内重点企业、项目发展状况等信息，建立一个全区完整的、能够及时更新的投资服务信息共享平台。提供投资客商项目查询、比对，区内相关部门统计、反馈项目进展等服务，为领导统筹区域经济发展的决策提供依据，推动和引导宣武区主导产业的发展。系统投入使用。

【企业信用平台应用良好】 年内，企业信用平台接入范围扩大到39个区级单位，数据总量已经达到268,758条。目前系统日均访问量达2000余人次，查询量达到16,275次。

社会领域信息化

【系统纵向应用推动公众服务与管理】 宣武区房屋权属交易业务系统投入使用后，日均交易量百余次，一年新增房屋权属交易在 25,000 次以上，并对超过 30 万宗档案开展了数字化整合、建立登记簿，有效地促进了权属交易系统与权属档案信息工作的规范化、标准化、现代化、便捷化管理。通过北京市医疗保险信息系统办理的医疗保险业务量超过 100 万人次，北京市劳动力市场信息系统、城乡居民养老保险信息系统等社会保障相关业务系统等相关系统的深度应用，为全区社会保障事业提供了有力支持。利用育龄妇女信息管理和服务系统，录入 14.7 万常住育龄妇女信息，实现了市、区、街级行政体系的联动运行，保障了计生服务和管理工作的开展。通过北京市基本生活救助系统，我区已录入 7055 户 13,819 人享受低保待遇的家庭和个人情况，录入 1814 人的医疗求助申请情况和 268 人的教育救助申请情况，为相关工作开展奠定了基础。

【法律服务信息平台建设推动】 年内，宣武区梳理整合了区域法律服务信息，建立法律服务信息平台，为公众提供网上法律宣传、律师服务、公证服务、法援服务等法律在线服务。积极推进远程律师进社区服务，实现律师在线答疑、网上申请律师法律援助、预约办理、网上受理法律援助等综合法律服务。实现居民与法律服务所、法援工作站、社区法律服务室、律师事务所互联互通。从 2009 年 6 月起，居民可以通过设在社区法律服务室设置的网络视频通信设备，与“12348”法律服务专线互联互通，获得律师的在线视频解答和及时的法律援助。“12348”法律服务专线由语音到视频的转变，有利于满足多样化的法律服务需求。通过网络，律师可以将相关的法律规定、法律文书的格式文本随时传送给咨询者，并实时对咨询者提供的证据进行判断。法律服务信息平台的建立最大限度地配置了律师资源，提高了律师提供公益性服务的效率，为百姓提供了便利。

【开展弱势群体就业培训】 年内，开展了 3 期 180 人电脑操作培训。利用“数字家园”等信息服务场所、社保所职业指导室，组织失业人员、零就业家庭、残疾人、老年人等群体参加电脑操作培训，提高弱势群体信息化能力。培训失业人员 32 人、残疾人 58 人，14 名受助残疾人于培训结束后，通过考试并取得全国计算机信息高新技术考试合格证书。

【牛街街道科技便民服务示范社区项目推进】 年内，建设社区便民服务一卡通、家庭无线防盗、车辆无线防盗、社区便民信息发布等一系列便民子系统。

【广外街道“社区精益治理模式管理系统”研建】 应用 GIS 和 MIS 技术，以社区网格为单元，把人、地、单位等要素关联在地图上，通过对广外街道社区网格化管理产生的信息资源进行梳理和整合，建立街道社区网格化联动管理支撑体系。

【广内街道“一户一档一图”系统】 广内街道将居民户信息结合地图信息建档，实现对辖区居民直观搜索、精、准、细管理。

【远程计算机帮助服务中心建立】 年内，居民在自己家里，通过打电话就可以享受到计算机专业人士手把手操作指导，解决计算机使用困难的问题，激发了社区居民用好网络的兴趣和信息，提高了居民信息能力。

朝阳区

【概述】 作为北京市商务密集区，朝阳区一直在电子政务以及公共事业服务信息化建设方面处于领先地位。4 月，朝阳区召开全区信息化领导小组会，对区信息化领导小组组成人员进行调整，通过 2009 年工作要点和信息资源共享管理办法。与此同时，2009 年朝阳区《关于调整朝阳区信息化领导小组成员的说明》、《2009 年度朝阳区信息化工作要点》、《朝阳区政务信息资源共享管理办法》和《关于加快推进朝阳区实有人口库建设的工作意见》等信息化建设相关文件的印发，有效地指导了朝阳区信息化建设。2009 年，朝阳区在信息化建设方面，主要围绕保障国庆 60 周年庆祝活动、推动信息服务业发展、一氧化碳无线监测预警系统等信息系统的建设展开。

电子政务

【区政府门户网站升级改造完成】 年内，按照全市国家机关网站年度考核评比要求，朝阳区政府门户网站再次改版升级。此次改版增强了网上政府信息公开、网上办事和便民服务功能，明确区政府各部门对门户网站信息更新维护责任，提高网站信息更新水平。

（杨洁）

【“双进入”工作有序进行】 年内，北京市向朝阳区下达第一批基站和宽带接入建设协调任务达 49 个。朝阳区信息办与市经济信息化委以及移动、联通、电信、歌华等企业沟通，成立由 10 个委办局和 43 个街乡组成的“双进入”协调领导小组，负责统筹协调全区范围内信息化基础设施建设，并召开专题调度会。区协调办组成两个工作组，到现场协调解决“双进入”难点问题，促使电信运营商资源共享，同时面向居民开展宣传；多次组织召开相关委办局街乡参加工作部署会，下发《朝阳区关于落实“双进入”体制推进管道、基站和宽带建设折子工程的通知》，明确委办局和街乡的职责分工。

（杨洁）

【实有人口库不断完善】 年内，朝阳区起草了区级实有人口库实施意见。与区人口计生委组织召开专题协调会和专家论证会，与区教委等 5 个部门签订数据共享协议。应用平台正式上线，整合入库人口数据 426 万条，与街道全程代办系统实现对接，与区流管办共同研究在流动人口中发放一卡通。

（杨洁）

【无线电频率台站清理整顿】 9 月，朝阳区组织长安街沿线 6 个街道办事处开展无线电频率台站清理整顿工作，通过发放张贴宣传材料、有线电视字幕播放等方式加强宣传。国庆演练期间，朝阳区无委办对国庆安保领导小组通报的 6 起擅自使用无线电对讲机干扰国庆演练活动军用频率案件和 1 起擅自使用非法频率传输无线视频信号干扰国庆阅兵空军导航频段案件进行及时处置。

（杨洁）

【信息安全应急保障工作顺利完成】 年内，按照国庆重大活动保障要求，朝阳区重点委办局均部署了相应的信息安全产品，加强信息安全应急预案、应急队伍和应急演练等方面工作。经过例行的安全巡查，朝阳区信息办信息安全应急救援队伍对重点委办局所存在的信息安全隐患做到及早发现、及早处置，并对一线网管人员进行现场技术培训。国庆前及国庆期间严格执行 7×24 小时值班制度，确保 2 小时内对出现的问题进行解决。为保障区政务专网的信息网络安全，朝阳区信息办特聘请信息安全服务外包公司和专家来提供相应的技术支持。朝阳区信息办还与区财政局共同研究将信息安全产品实行政府采购。

（杨洁）

【国庆活动信息安全“零”事故实现】 8 月，朝阳区 21 个街乡办事处统一配备了防火墙设备。9 月，朝阳区信息办组织公安、保密等部门及专家，对 6 个信息安全等保三级单位和 8 个一二级单位进行检查，发现一批信息安全隐患，提出整改意见，并对整改结果进行复查。朝阳区信息办组织运维服务单位针对区政府门户网站和区政府核心机房开展应急安全演练，部署机房环境自动监控系统。朝阳区完成了长安街及各疏散集结重点区域 170 多个监控摄像头的建设，与区级图像信息管理系统无缝对接。秀水、新光天地两个指挥中心建设图像大屏幕展示系统，将奥林匹克公园、朝阳公园、奥林匹克森林公园接入全市视频会议网络，完成了奥林匹克公园图像监控系统、智能计数和人流密度分析系统的建设。10 月，朝阳区信息办工作人员分别值守在秀水指挥中心、新光天地指挥中心、区政府总值班室、公安分局机房、奥林匹克公园指挥中心等岗位，确保图像监控等视频资源正常使用。区政府核心机房实行全时段双人值班，严密监控网络，实现信息安全“零”事故。朝阳区还抽调专人参与国庆安保领导小组无线电执法工作，全区电磁环境状况良好。10 月 1－7 日国庆活动期间，朝阳区未发生 1 起无线电干扰事件。

（杨洁）

【国庆信息化保障先进单位和个人表彰】 10 月，朝阳区信息办组织召开国庆信息化保障总结表彰会，授予公安朝阳分局信通处等 5 个单位“朝阳区国庆信息化保障先进单位”称号，全区 4 人获“朝阳区国庆信息化保障标兵”称号，4 人获“朝阳区国庆信息化保障先进个人”称号。同时，7 家运维服务企业获“朝阳区国庆信息化保障运维服务先进单位”称号，14 人获“朝阳区国庆信息化保障运维服务先进个人”称号。

（杨洁）

经济领域信息化

【《帮扶企业》工作开展】 5 月，朝阳区在全市各区县中率先在区政府门户网站显著位置开设《帮扶企业》专栏，开发网上政企互动平台，开展“千家网站、万个邮箱”活动，建立区内 IT 企业台账，帮扶企业应对国际金融危机。指导区信息化协会联系企业，向驻区 IT 企业发布政府帮扶企业最新政策，协助有意入驻朝阳区的 IT 企业办理办公场所选址等相关手续，加强政企的联络沟通。通过工商联、私个协、中小企业协会等行业组织为企业统一注册免费电子邮箱，发送政府帮扶信息。

社会领域信息化

【一氧化碳无线监测预警系统试点工作启动】 1－3月，朝阳区利用中国自主知识产权的无线传感网技术，在崔各庄乡索家村500间出租房屋开展一氧化碳无线监测预警系统的试点部署。通过技防手段减少人防工作量，提高对一氧化碳中毒事件的防控水平。7月，在索家村召开专题调研会，提出2009年10月至2010年3月将取暖季试点范围扩大到6个乡3万间出租房屋的实施方案。截至年底，朝阳区已完成大部分出租房屋系统的部署工作。

（杨洁）

【无线CBD建设推进】 年内，朝阳区信息办与CBD管委会共同推进无线CBD建设，研究通过3G、WIFI等不同方式，实现CBD 4个绿地公园无线宽带网络全覆盖方案。同时与奥林匹克公园管委会、电子城管委会分别合作推进园区信息化建设，推进网游奥林匹克、无线电子城等项目建设。

（杨洁）

【高清交互数字电视试点工作开展】 年内，歌华有线公司在朝阳区开展高清交互数字电视网络试点部署工作，已有10个社区纳入发放高清交互机顶盒试点，全年共发放3万户。与歌华有线公司合作开发数字电视朝阳政务平台，正在研究建设互动式办事服务。9月，副市长蔡赴朝视察香河园街道西坝河东里社区机顶盒现场发放情况。与歌华有线公司协商，将机顶盒生产企业注册地迁入电子城并开展相关业务。

（杨洁）

海淀区

【概述】 海淀区随着政务信息化建设的不断深入，政务系统已经基本覆盖政府业务，政府管理进入统筹、精细、协同阶段，注重运维绩效成为政府电子政务工作的重点。海淀区坚持“统筹规划，统一管理、应用主导，以人为本、政府引导，市场驱动、整合资源，加强共享、分类管理，急用先行、自主创新，推动国产”的原则，全面推进海淀区信息化建设。2009年，海淀区实现了信息化应用与区域经济社会的协同发展。第一，信息化基础设施完备，技术应用水平先进。初步建立了区、街（乡）、居（村）三级的社区网络结构，为全区提供了稳定的网络设施环境；开展了信息化基础设施双进入工作，宽带提速问题解决了70%，为建立中关村国家自主创新示范区核心区奠定了坚实的信息化支撑基础。第二，信息化应用程度继续深化，电子政务不断为各部门工作创新提供切实可行的新模式。完成了区县管理平台同市级管理平台数据上下对接工作，开展了信息公开平台和网站、全区公文管理系统的对接工作，申请公开平台已经上线受理事项。区政府各业务部门之间通过OA系统实现网上办公，实现了街道（乡镇）、社区的网上办公与电子公共服务。配合核心区建设，深化网上审批平台，实现了创新企业网上申报和专项资金网上申报。开展了政府决策支持与服务系统建设，整合经济部门数据，提供了“谋、断、行、查”的决策支持框架。第三，信息资源开发利用取得进展。以“一个平台，三种交换方式，多个功能应用”的系统构架，搭建了符合国家标准的政务信息资源共享平台。基础共享指标项达到 3249 项，共享近万次。第四，信息化发展环境不断优化。建成了与信息化发展相适应的组织管理体系、技术规范和标准体系、教育培训体系、信息安全保障体系、人才队伍支撑体系等，形成了可持续发展的长效机制，以保证全区信息化的有序、健康发展。

（梁爱民）

电子政务

【机房运维人员资格能力测评开展】 1 月 8 日，海淀区信息办组织了机房运维资格能力测评。在资格测评中，海淀区信息办综合考虑网络机房运维服务特点，结合日常运维工作中存在的不足，制定了细致的考核测试方案。测试题目涉及网络拓扑、软硬件设备资产管理以及相关专业技术基础知识，全面测评运维人员各项知识、技能和日常操作能力。海淀区网络、机房运维人员参加了考试。

【无线电频率使用情况调查工作部署】 2 月 26 日，海淀区召开全区无线电频率使用情况调查工作部署会议，动员全区各职能部门和各街道乡镇，调查本单位无线电频率使用情况。会议要求：一要真实反映本单位频率使用情况。二要提出本单位未来业务发展对频率资源的需求。三对现在使用频率进行核对和登记。为首都重大活动和国庆 60 周年无线电安全保障做好服务工作。

（付民庆）

【网上办事工作成果显现】 3 月 4 日，北京市首都之窗运维管理中心相关领导带队到海淀区信息办调研网上办事工作。此次调研从网上办事服务的现状、网上申报服务的实际效果、办事事项的全程在线办理情况、区县统一公共服务目录工作和网站建设机制这五个方面开展。

（陈镭）

【深入学习实践科学发展观专题网站上线】 3 月 20 日，海淀区深入学习实践科学发展观活动专题网站正式上线。该网站共建设了《最新动态》、《上级精神》、《工作部署》、《工作简报》、《经验交流》、《他山之石》、《媒体关注》、《海淀风采》等 8 个栏目及《我为海淀科学发展建言献策》、《问卷调查》2 个互动板块。学习实践活动专题网站的开通，为全区广大党员干部学习实践科学发展观提供了一个网络信息平台，同时也为外界了解海淀区学习实践活动情况开辟了一个窗口。

（陈镭）

【政务信息共享与地区电子政务试点项目通过验收】 3 月 27 日，海淀区信息化工作办公室组织召开政务信息共享与地区电子政务试点项目专家验收会议。该项目是 2006 年原国信办开展的试点项目，目标是围绕房地产行业监管与服务需要，梳理部门间信息交换流程，形成共享指标体系，基于统一的信息交换平台，促进跨部门的信息共享与业务协同，提高政府在房地产行业等方面的监管与服务能力，探索地区电子政务建设的有效做法与经验。该项目完成了各项建设任务。形成了《海淀区房地产行业服务与监管主题信息资源目录》，补充了《海淀区政务信息资源目录》。通过在项目实施过程中总结试点工作经验，初步形成了一套工作方法和工作机制。该项目对推进政务信息资源共享与业务协同工作具有参考价值，为区级电子政务建设探索出了有效的做法。

（杨超）

【信息化工作电视电话会议召开】 4月15日，海淀区召开了2009年海淀区信息化工作电视电话会议。市经济信息化委副主任俞慈声、区政府副区长刘长利到会作了重要讲话。全区各单位信息化主管领导、网管员参加了会议。会议总结了2008年海淀区信息化工作经验，部署了2009年工作要点，表彰了2008年在信息化工作中成绩显著的单位和个人。通过电视电话会议形式沟通情况、安排部署各项工作，有效、快速地实现了上情下达、下情上传，节省了办公时间和公务用车，提高了办事效率。

（卢诚）

【海淀区政府网站首页改版】 5月11日，海淀区政府网站首页改版。改版后的海淀区政府网站首页信息量将大幅度增加，由《政府信息公开》、《网上办事》、《政民互动》、《政企互动》、《服务推荐》、《便民服务》六大板块组成。通过整合全区各类服务资源，以网站用户需求为导向，进行版面设计，将海淀区政府网站提供的主要服务集中展现在首页上。

（陈镭）

【海淀区决策支持与服务项目启动】 5月15日，海淀区召开决策支持与服务项目启动会，标志着海淀区决策支持与服务项目正式启动。该项目是市发展改革委试点项目，目标是完善海淀区域经济指标体系和辅助决策模型体系，实现区域经济决策相关基础数据、指标数据的有序管理和科学分析。海淀区信息办会同全区10个委办局，经过一年多的深入调研与充分论证，形成了项目可行性研究报告与项目实施总体规划，并经第98次区政府常务会审议通过。

（杨超）

【新版海淀区公职人员邮件系统正式上线】 9月5日，新版海淀区公职人员电子邮件系统正式上线运行。基于身份认证、面向全区公职人员的大型海淀区公职人员电子邮件系统，具有信息安全防护能力提高；反垃圾邮件能力加强，更大程度地消除垃圾邮件带；功能进一步得到完善和扩充，邮件操作更加便捷和人性化，用户体验得到增强；容灾恢复能力提高；登录界面和邮箱布局进行了优化等优点。

（田春可）

【政府专项资金申报系统成功运行】 年内，海淀区建立了统一的专项资金受理窗口，搭建了海淀区政府专项资金申报系统。各部门工作人员在办公平台进行项目的预审工作，将项目的最终审批结果回填到此系统中。帮助企业了解各项政府专项资金，介绍各项政府专项资金申报条件、要求、流程，并组织相关管理部门进行项目审批管理工作，避免企业多次申报。领导和各部门通过系统提供的统计查询功能就可了解全区的专项审批的基本情况，为领导提供了决策分析数据依据。通过此系统已申报专项资金业务3204件。

（张喆）

【政务信息资源管理工作方案制定】 年内，海淀区信息办制定了《海淀区政务信息资源管理工作方案》（征求意见稿），并下发到全区各委办局进行征求意见。海淀区政务信息资源管理工作方案中明确了政务资源管理工作的工作目标，从政务资源的登记管理、有序采集、适度集中建设、政务信息系统整合、资源的共享交换、资源的安全、公益性和社会性增值开发利用、归档管理以及规划、保障投入、监督与考核等方面作出详细的规定，并明确了各方面的主要责任单位和协助单位。通过该方案的制定，将使海淀区政务资源的建设得到进一步规范，明确了责任和方向，为建设和完善海淀区政务资源建设打下了坚实的基础，为合理配置当前的社会资源，促进政务信息共享，有效利用政务信息，提高政府行政管理水平奠定了基础。

（付民庆）

【咨询投诉服务渠道开通】 年内，海淀区开通区长信箱系统、群众事务呼叫中心系统、企业事务服务呼叫中心受理区内咨询投诉。截至 12 月底，区长信箱共收到 1161 封群众来件，处理 926 件、退回 235 件；群众事务呼叫中心共收到群众事项 38,318 件，办理完毕的为 38,298 件，办结率为 99.95%。企业事务服务呼叫中心自 5 月份正式开通以来累计接听企业来电 28,646 个，呼出电话 30,535 个。

（陈镭）

【信息办信息安全管理体系内审工作完成】 7 月 31 日，海淀区信息办进行了内部审核。区信息办专门成立了内部审核小组并制订了详细的内部审核计划及清单，分别对区信息办部门系统、设备、工作流程等安全情况及信息安全管理体系的维持情况进行了审核，进一步完善了信息安全管理体系。

（田春可）

【国庆 60 周年无线电清理整顿工作顺利完成】 8 月 7 日，海淀区召开了新中国成立 60 周年无线电频率台站清理整顿工作布置会。会议部署了无线电清理整顿工作的重点任务：一是对设台单位进行复查工作。二是采用拉网式的方法对未登记的对讲机进行摸底并进行登记，并做好对讲机登记资料汇总和督促办理执照工作，使其无线电使用合法。三是对辖区内无线电使用单位做好有关宣传和发放张贴宣传资料，做好无线电知识的宣传，进一步普及无线电知识。四是在设台单位建立无线电管理员制度。

（付民庆）

【“两会”期间无线电台站使用情况检查】 3 月，海淀区对万寿路街道、羊坊店街道等重点地区进行了无线电使用情况检查。海淀区根据辖区内无线电的使用情况，制定了《海淀区“两会”期间无线电台站管理方案》，安排专人负责在“两会”期间配合市无线电管理局做好海淀区辖区内的无线电管理工作。通过此次对海淀区无线电使用情况的检查，以确保“两会”期间辖区内良好的无线电环境，进一步净化海淀区无线电环境。确保无线电频率管理工作能够更好地适应首都政治、经济、社会、国防和国际交往可持续科学发展的要求，为确保“两会”顺利召开打下了良好的基础。

【海淀区政府网站绩效显著】 年内，海淀区政府网站在第四届中国特色政府网站评选活动中荣获“品牌栏目”奖。中国特色政府网站评选活动是由中国社会科学院信息化研究中心和国脉互联政府网站测评研究中心联合主办的全国政府网站绩效评估活动，评选包括部级、省级、地市级、抽样区县网站等全国共 1200 多个政府网站、抽样区县网站 300 个。海淀区政府网站《群众事务呼叫中心》栏目在公众服务方面取得了突出的成果，荣获“品牌栏目”奖。

（陈镭）

经济领域信息化

【企业事务服务中心成立】 5月1日，海淀区“96181”企业事务服务中心正式运行。这是我国第一个由区域政府主办的、专门为企业提供服务的综合性企业事务服务中心。由区政府整合区域内政府为企业服务的全部资源，为企业提供全链条服务。企业事务服务中心整合了政府、企业、社会服务机构资源（包括大学、科研院所、融资、中介、信用、创业培训、市场开拓等资源），为1万余家高新技术企业以及10万余家区内企业提供联合服务。

（张喆）

【特种设备综合管理系统作用明显】 海淀区特种设备综合管理系统具有对特种设备资质许可单位和使用单位的管理、特种设备的使用登记、设备数量统计、设备检验情况等功能。截至11月4日，通过该系统办理的特种设备开工告知3147台件，同比增长5.5%，注册登记3474台件，同比增长4.5%。为特种设备的有效监管提供了强大的数据支持。

（梁爱民）

【企业事务呼叫中心开通】 年内，海淀区企业事务服务呼叫中心正式上线运行。作为北京市第一家政府为企业提供的多功能信息服务平台，只需拨打“96181”，企业就可获得方便快捷的咨询服务。呼叫中心汇集了海淀区42家委办局的1100余项与企业有关的行政审批事项和政策以及1000余条企业关心的常见问题和热点问题。企业拨打“96181”后，简单或共性的问题坐席人员当场就会解答，对于复杂的问题等，呼叫中心将通过分拣转办，最终由相关业务部门负责回复企业。呼叫中心在工作日每天8时30分至17时30分为企业提供人工服务，非工作时间提供语音服务。

社会领域信息化

【建设中关村国家自主创新示范区核心区动员大会网站视频直播】 4月8日，在海淀区召开建设中关村国家自主创新示范区核心区动员大会。海淀区信息办组织协调首都之窗、人民网等5家网络媒体对会议全程进行了网络视频直播，并在区政府门户网站制作了《会议直播专栏》。同时，《直播专栏》还设置了文字直播、会议图片直播多种传播方式，增加了政府行政管理透明度和信息公开力度。4月8日会议期间海淀区门户网站首页《建设中关村国家自主创新示范区核心区》直播专栏浏览量共749次，访问地址遍布全国各地甚至海外。

（张喆）

【建设北坞村信息化基础设施提升试点】 5月19日，区信息办、区建委、区规划分局、北京联通公司、北京移动公司、北京电信公司、歌华有线公司，共同讨论推进信息化基础设施提升计划在海淀区北坞村建设的工作要求。区信息办以北坞村回迁楼建设为试点，实现北坞村建设家庭入户20M以上，企业用户达到10千兆，基本实现数字电视双向改造，率先建成城乡一体的高速宽带信息网络。

（马硕）

【数字化城市管理建设卓有成效】 8月19日，市经济信息化委副主任俞慈声一行5人到海淀区调研网格化城市管理模式的应用情况。区信息办会同区城管中心就海淀区网格化管理的进展及成效、网格化管理的主要创新点及相关成功经验和网格化拓展应用方面进行了汇报。

（张喆）

【海淀区查处拆违建设信息平台上线试运行】 9月18日，海淀区查处违法建设信息平台上线试运行。海淀区在海淀区查处违法建设信息平台的建设中完成了用户需求调研、数据库设计、工作流程搭建、违法建设数据的初始化、系统界面设计等具体工作，实现了测试数据的全业务流转。试运行后，该平台在10月1日正式运行。

（张喆）

【查处违法建设信息平台上线】 10月1日，海淀区查处违法建设信息平台正式上线。该平台依托现有信息资源系统，按照网格划分的管理区域，确定责任主体，分派拆违任务，可以明确、快速地分拣转交到各个责任单位进行处理，并且有效地整合各个系统的违法建设问题，实现快速查询、实时监督、快速反应的高效运转机制。该平台已接报违法建设案件462件，为加强城市管理、消除公共安全隐患，优化经济发展环境提供了有力的技术保障。

（张喆）

【海淀区科技创安工程全部通过验收】 12月25日，海淀区信息办、区综治办、公安分局、区城管指挥中心共同参与了永定路街道科技创安工程验收工作。海淀区科技创安工程涉及的27个街乡和5个委办局的所有工程全部顺利通过验收。

（付民庆）

【海淀区电子监察平台建设启动】 2009年底，海淀区启动电子监察政务平台建设。平台分三期建设，平台建成后将覆盖全区各行政部门和单位，成为承载预警、督办、问责、考核等多项监察功能的立体监察网络平台。电子监察政务平台一期工程将搭建以行政权力运行监察、执法监察、纠正不正之风、廉政风险防范预警、效能监察、行政投诉、行政问责、绩效管理八大模块为核心内容的总体框架。在八大核心模块的基础上，开发建设以行政执法监察、重大决策执行监察为重点，包括政务公开监察等在内的14个主题的监察项目。

（张喆）

【地理信息共享平台工程推进】 年内，海淀区共享平台已整合9个区属部门共计183个图层，共享全市图层800余个。涉及城市基础设施、特种设备和法人单位等内容，实现了基于空间数据比对功能，海淀区筹备地理信息共享平台二期工程。二期将进一步丰富图层数据内容，整合规划、建委、市政等部门的业务需求，完成执法车辆GPS定位、热点区域三维显示、路径分析、交通流量实时显示、历时数据比对等功能，建成海淀区基础信息资源的可视化管理平台，服务各级领导分析决策。

（付海涛）

【图像信息系统应用于应急指挥工作】 年内，海淀区图像信息系统在重大活动应急指挥工作中发挥了突出的作用。在“两会”期间，通过图像信息系统对全区会议代表驻地，重点景区、主要路段进行监控，确保了会议顺利召开。国庆60周年保障期间，利用图像信息系统对重点地区进行了重点监控，圆满完成了国庆60周年服务保障任务。截至10月，通过图像信息系统共发现处置案件16,727件，其中治安防控类268件，城市管理类16,069件，突发事件176件，其他案件214件，为公安和交通部门调取录像共1621次，累计3388小时。

（李忠志）

【海淀区社会综合救助系统稳定运行】 海淀区

社会综合救助系统，整合了各类救助资源、救助信息和救助数据，实现了人性化的救助服务，达到了救助信息的共享，并通过在救助时限、标准、效果等方面全流程记录。该系统覆盖了16个委办局和29个街道（乡镇），涉及救助项目约148项，其中区级102项（法定救助62项，非法定40项），街道、乡镇46项（非法定救助财政拨款24项，非法定社会互助22项）。系统网上救助284人，实现网上监察、网上审计、阳光救助、规范救助；累计受理各类救助3064件，短信业务2138件。

（李忠志）

【海淀区流动人口和出租房屋综合管理系统（一期）建设完成】 2009年初，海淀区启动海淀区流动人口和出租房屋综合管理系统（一期）项目建设。该系统借助信息化手段对流动人口和出租房屋实施有效的管理，实现市、区、街（乡）、社区（村）四级应用，对全区流动人口和出租房屋的信息进行实时地采集、更新、查询、统计、分析，对区域内流动人口和出租房屋信息实现了底数清、情况明。通过从市级平台导入数据，已存储148万余条流动人口信息，12万多条出租房屋信息，并实现与北京市民政局148万9千余条人口数据信息共享。

（王伟）

【青龙桥街道公众服务系统建设完成】 年内，海淀区以青龙桥街道为试点，建设青龙桥街道公众服务系统。从而形成数据、服务、应用和用户目录在内的社区基础信息资源目录体系，为公众服务系统提供数据支持。实现了居民事务的“一窗式”综合受理，提高工作效率，减少了居民办事程序。该系统覆盖了街道13个科室，涉及业务63项。已累计受理各类事项1729项，办理率100%，群众满意度为100%。

（李忠志）

【海淀新区网站发挥支农实效】 年内，海淀区开发了集展示、办公、销售和办事“四位一体”的海淀新区网站。实现通过《观光采摘》、《民俗旅游》、《节庆活动》等网上宣传，为农委与各乡镇以及农口相关单位建起信息交流平台，为海淀区广大农经合作组织成员甚至农户提供了产销平台。该网站年内共发布动态信息1439条、通知公告41条，接收信息600条。

（李忠志）

【地理信息共享应用模式创新】 年内，海淀区建成地理信息共享平台。全区开展以地理信息共享平台为依托的数据采集与共享，制定并下发了《海淀区地理信息系统维护管理办法》，建立了一家采集，全区各委办局、街道、乡镇共享的新机制。已共享了市级图层800余个，区级部件数据及法人单位等200余个图层数据。

（付海涛）

丰台区

【概述】　年内，丰台区以门户网站为支撑，进一步推进政府信息公开，提高街道和社区信息化建设和服务水平，推进农业信息化进程。结合丰台区城市功能拓展区定位，突出区域信息化建设特色，应急指挥平台建设工作、人口综合管理信息系统、网格化管理系统等应用效果明显，坚持整合与信息安全保障同步规划、同步建设、同步发展。

（吴智青）

电子政务

【党政机关内网门户各类信息资源进一步整合】　年内，丰台区建立了党政机关内网门户。网站设有《丰台新闻》、《街乡动态》、《机关期刊》、《新丰台报》、《视频新闻》等栏目，为全区机关公务员提供了大量丰富及时的信息，《内网交流》栏目成为全区公务员交流的平台。区内网办公平台整合了区内业务系统及政务信息资源，系统实现了公文传输、期刊管理、会议管理、公告、电子邮件等功能，实现了全区范围内公文无纸化传输，规范了报文程序，提高了报文效率，减少了时间和资源的耗费，在全区各单位应用效果良好。区内网办公平台通过北京 CA 数字证书认证系统实行单点登录、统一认证、全网通行，实现了通用办公系统登录身份检测和公文电子签章，有效地保障了系统的安全性。

（吴智青）

【电子政务资源共享系统建设推进】　年内，丰台区积极推进区政务信息资源共享系统的建设。以统筹考虑、资源共享、管控集中、先易后难、步步见效为建设思路，结合区情，先后对全区 56 个业务部门进行了深入调研，最终明确了 4 家市级单位、29 家区级重点及 21 家街乡单位的政务资源整合。共梳理出政务信息资源指标 305 个，数据 3420 项。截至 2009 年底，包含丰台区数据资源中心，交换体系和目录体系，及丰台区应急指挥子系统、城市运行监测子系统、劳动保障监察“两网化”管理信息系统和政务信息资源门户子系统的共享平台完成原型设计、软件系统定制开发。整个项目将于 2010 年投入试运行。

（周帆）

【应急指挥平台二期建设完成】　年内，丰台区完成应急指挥平台二期工程建设。同时，建设 16 个区级专项应急指挥部和应急指挥中心，并实现了与区级应急指挥平台的互联互通，进一步完善了丰台区应急指挥体系。建设完成的应急指挥平台涵盖了有线通信系统、无线调度系统、计算机网络系统、视频图像系统、综合保障系统、移动应急指挥平台等几个部分。IP 视频会议系统整合了北京市人民政府办公厅电视电话会议、市应急办 IP 视频会议、区 IP 视频会议系统，使中央政府、北京市政府、北京市应急办的视频会议可直接传达到各街乡镇，增强了处置城市突发公共事件的能力。区应急指挥平台在春节烟花爆竹限放、国庆 60

周年安全保障等各项工作中发挥了重要作用。

（吴智青）

【国庆期间网络和信息安全保障工作顺利完成】 年内，丰台区成立了网络与信息安全协调小组，制订了《丰台区信息安全总体应急预案》，包括网络突发事故、应用系统运行保障、网站信息安全保障等多项专项预案，明确了组织机构与职责，制定了预测预警、应急响应、信息发布、后期处置、保障措施、教育培训和应急演练等内容。对政务网络核心交换机、路由器、防火墙等设备进行了全面备份，确保设备发生故障时能及时更换，保障链路畅通。同时，对原有安全体系进行了完善，增加了入侵检测、流量控制、抗 DDOS 攻击等设备及 Web 防火墙，邀请专业的信息安全服务公司针对区政务网主站及各分站点进行了深入细致的安全漏洞扫描，针对扫描结果，对含有漏洞的网站进行了整改。区政府信息中心实行 7×24 小时值班制，对“北京丰台”网站进行不间断地监控，按照“早发现、早处置、早报告”的原则，每 2 分钟刷新一次页面，每 6 小时巡视一次服务器，确保一旦发生安全事件，能够及时发现和处理。

（田鹤鸣）

经济领域信息化

【财政管理信息系统建设完成】 年内，丰台区财政局继续推进金财专网建设，实现与政务外网的并网，建立 丰台区政府采购资源管理系统和国库统一支付系统。通过系统实现了政府采购的计划安排、流程控制、监控管理，为区内单位通过政务外网实现政府采购、国库支付提供了便利，提高资源利用率的同时避免了重复建设。

（吴智青）

【中关村科技园丰台园完成“总部 e 线”项目建设】 年内，中关村科技园丰台园完成“总部 e 线”项目建设。“总部 e 线”是科技园区金园工程的核心和基础部分，是园区信息化建设、运营的主系统。以“总部 e 线”为主体的网络系统群，构成了园区完整的信息化平台，实现园区机关、直属企事业单位、企业三级之间以及各级机关部门与上级单位之间的联网和信息交流，为总部基地入驻企业提供优质的服务。后续即将建设的金园工程将以体现总部经济特色的网络信息环境为手段，提高园区综合管理和企业服务水平，把中关村科技园丰台园建设成为数字化、网络化、智能化的科技园区。

（田鹤鸣）

社会领域信息化

【社会领域信息化工作成果显著】 截至 2009 年底，丰台区共建立了 45 个信息化应用系统，覆盖了就业、教育、医疗、住房、交通和环境等多个民生领域。各职能部门通过信息化系统开展业务处理、基础数据分析、提供便民利民服务。教育部门采用信息化手段完善教育服务以及远程教育平台，2009 年共制学生证件卡 30,118 张，制学籍卡 24,123 张，在 4 个乡镇和 68 个行政村配置了远程教育学习室，有效地推动了基础教育的信息化进程。卫生部门大力推行电子化办公，虚拟专网公文系统已经覆盖全区全部 20 家直属医疗卫生机构、16 家驻区医院、37 家民办医院及 45 家私人诊所。首都食品安全监控系统丰台平台实现了食品系统的联网，各相关单位安排专人负责系统建设和数据采集，按照“早动手、严要求、高标准”的原则录入食品各项数据。截至 2009 年底，丰台区食品安全成品单位已全面应用该系统实现食品流通全流程监控。丰台区区长信箱广泛收集来自民众的意见和建议，做到了来信必复。共计收到群众各类意见建议类来信 672 封，办结 531 封，办结率达 80%，表扬类来信 62 封，在群众中树立了良好的政府形象。

（周帆）

【信息化助力公安分局完成国庆保障工作】 年内，丰台公安分局指挥中心系统涵盖了计算机网络、有线通信、无线通信、大屏幕显示、GIS 地理信息、数字录音、监控、报警、图像传输与控制、首长动态布警指挥等 14 个应用子系统。丰台区公安分局先后完成该系统的图像传输与控制子系统中 1 个分局图像二级平台和 29 个派出所图像三级平台的建设，并在全区的重点部位架设了 600 多个监控点位。区公安分局还定期对图像系统的使用情况进行检查，确保图像的录像时间、联网和控制功能均能达到市局要求。其中，按时完成的莲花池公园国庆安保图像系统实现了国庆期间对公园内部的全方位实时监控，全部图像资源均能够通过分局图像二级平台同步上传到市局图像一级平台和游园指挥部。

（周帆）

【区法院信息化支撑审判工作推进】 年内，区人民法院在审判办公大楼建设信息化管理系统。该系统由信息网络系统、庭审视频专网、数字法庭系统、庭审光盘纪实系统等构成。作为开展审判业务必要的信息平台，实现了与高院及其他兄弟单位之间的数据交换和信息共享，对于重特大案件审判可实现远程直播、点播和会审。庭审视频专网包括固定安装的视、音频采集系统及庭审刻录系统，与庭审光盘纪实系统相衔接，可对庭审纪实进行数据备份，形成电子审判档案，实现审判监督。数字法庭系统能够实现数字化举证、示证，文字、音频和视频等多种格式的数字化记录和保存，并可通过回放再现庭审过程，提高了审判透明度。当庭结案案件的裁判文书能够当庭送达，减少了当事人的“诉累”，提高了庭审管理能力。庭审光盘纪实系统对庭审全过程进行记录，有效地保护法官和当事人权益。

（周帆）

【区属绿地全部信息化管理推进】 年内，区园林绿化局利用信息系统对区属绿地进行管理，管理的绿地总面积为 5,665,147 平方米，涵盖各类绿地 300 余块，树木 211 万余株。包括行道树、绿地（护栏）、园林井盖等 8 类部件〔行道树、绿地（护栏）、园林井盖、古树养护、树池箅子、花架花钵、雕塑、街头座椅〕以及绿地保洁、非装饰性树挂等 4 类事件（绿地保洁、非装饰性树挂、喷灌跑冒滴漏、病虫害）。系统将日常管理工作细分为信息收集、任务核实、任务派遣、反馈结案等 4 个环节，各相关单位按流程将数据录入并跟踪办理结果。

（田鹤鸣）

【劳动监察“两网化”系统应用效果】 年内，区人力资源与社会保障局以全国“两网化”管理试点为契机，从抓基础管理入手，积极推进劳动监察工作责任网格化、运行网络化。通过“两网化”建设，2009 年丰台区劳动监察部门受理群众投诉举报案件、集体访突发事件分别为 2274 件和 269 件，同比分别下降了 39%和 37%。查处拖欠农民工工资案件 905 件，涉及职工 5776 人，追发工资 1403 万元，同比分别下降了 36%、31%和 29%。所有投诉举报案件均在规定的时间内得到了办结，集体访和突发事件均在 24 小时内得到了妥善处理，实现了无拖欠工资问题的目标，劳动关系保持稳定。

（田鹤鸣）

【丰台区水务站实现信息化全覆盖】 年内，丰台区卢沟桥乡、花乡、南苑乡、王佐镇、长辛店镇及宛平城地区办事处 6 个基层水务站信息化管理系统全部安装完毕，丰台区成为全市首个完成全部水务站信息化建设的区县。丰台区对全区机井进行了 GPS 定位，建立了机井数据库和内网电子地图。建立了 7 个地下水自动化监测站。在南苑大队安装了机井遥测水表，提高了农村水务管理水平，加强了农民安全饮用水、农业节水、水环境治理等水务建设。区水务局开发农村用水月统月报系统及农业水资源费用管理系统，实现与北京市水务局联网，规范了农业水资源征收管理，解决了数据统计难度大的问题。

（田鹤鸣）

石景山区

【概况】 年内，石景山区信息化建设在电子政务方面，政务门户不断完善，政务信息门户开通，集中运维管理平台开始运行，政务信息资源共享成效显著；在经济领域信息化方面，首钢搬迁工作顺利推进，中小企业发展资金设立；在社会领域信息化方面，国税网上办税服务平台、节能综合服务平台开通，高清电视示范区推进顺利，全民信息化能力得到提升。10 月，石景山区经济和信息化委员会成立。该委员会主要服务于石景山区工业、软件和信息服务业的发展，服务于首钢搬迁建设，并推进中小企业发展和信息化建设。

电子政务

【政府门户不断完善】 年内，对政府门户资源进行了重新整理和规划，结合北京市的相关要求和重点工作，对网站的结构和内容进行了进一步优化，更加注重政务公开的全面性，强调网上服务的丰富性，同时突出了石景山区在北京市的区域特点。政务公开进一步加强网上政务信息公开力度，特别是行政事业性收费信息、应急突发事件处置、为民办实事、折子工程等信息的公开。全年在石景山信息网共发布 20 余类 4369 条政务信息。进一步丰富网上服务内容，提高服务水平，完成了区在线服务事项的梳理工作，共梳理事项 861 项，其中个人 190 项，企业 671 项。积极与区内商业网站联手，发布了改版后的百姓生活频道，采集整理发布石景山区的企业、商家信息 2000 余条。通过政府引导，企业参与，为企业和公众提供便捷的服务，体现便商原则和便民意识，促进区域经济发展。

（张钦）

【石景山政务信息门户开通】 3 月，石景山政务信息门户正式开通。依托政务专网外网、区政务信息资源共享交换平台和统一认证系统，整合石景山区各类政务信息资源，石景山区政务信息门户包括新闻、刊物、应用、数据等，融合市公务员门户部分信息和辅助功能，整合形成新闻刊物服务、成果展现服务、应用导航服务和其他辅助服务等四大类服务。政务信息门户初步成为石景山政务工作人员访问 OA 和业务应用，获取信息资源和辅助功能的主要平台。

（闫金鹏）

【集中运维管理平台运行】 年内，集中运维管理平台从试运行阶段逐步过渡到正式运行阶段。运行一年来，集中运维管理平台为区电子政务网络核心机房的各类服务器、网络设备、应用系统、安全系统等提供了全方位的监控，建立了完善的故障发现和告警机制。尤其是在国庆信息安全保障期内为区电子政务信息系统运维工作提供了帮助。

（万晨）

【政务信息资源共享成效显著】 年内，在共享交换长效机制的指导下，政务信息资源在石景山区城市管理、公共服务、市场监管、政法工作、安全生产、应急指挥等领域继续深化共享和应用。累计交换数据 2,302,163 条，交换数据量约 3393.58MB。全区企业实有户数达到 12,493 户，同比增长 14%。区交通支队、区民政局和区环卫中心申请共享区电子地图资源；区司法局申请共享区电子地图、视频、人口和法人资源；区文化执法队申请共享区视频资源。为区卫生监督所制作 8 个图层共计 2783 个信息点；为区民防局制作包括区界、街道和道路的地图一张。经过不懈努力和争取，区 2007 年和 2008 年 1∶2000 航拍影像地图从市经济信息化委获取，处理完毕后入库，并分发给区城市管理监督指挥中心和区国土分局共享使用。

（王闪）

【信息基础设施提升】 年内，根据《北京市人民政府关于印发北京信息化基础设施提升计划（2009－2012 年）及任务分工的通知》（京政发〔2009〕19 号）文件要求，石景山区“双进入”工作组以学习实践科学发展观活动为契机，全面推进基站、宽带建设，大力发展固定通信、移动通信系统。累计协调基站宽带 11 个，占下达任务总数的 80%。全区累计铺设通信管道 577.4 公里，建设 2G、3G 基站 1012 个；固定电话用户为 231,661 户；移动电话用户达到 596,296 户，移动电话普及率到达 101 部／百人；计算机家庭普及率为 93%，互联网宽带接入用户 130,587 户，占全区居民总户数的 93%，家庭计算机上网率达到了 100%。

（许辰）

【国庆网络与信息安全保障】 年内，石景山区成立国庆信息保障运维小组，集中区信息化办、使用单位、承建单位等多方力量，对网络和信息系统进行检查和维护。3 月对核心机房线路进行整理和检查，对故障点进行排查和维修。4 月制定了《2009 年石景山区电子政务运维工作方案》，完成了《单位电子政务运维情况自查表》和《单位电子政务运维分析报告》，修改完善《机房值班制度》、《设备安全管理制度》、《安全事故处理制度》等各项安全运维工作制度。在 6－9 月期间加大检查密度，以保障国庆期间信息系统的正常运行。通过网络运维系统的建立，利用信息系统对网络设备、服务器的性能、关键应用服务、安全状况进行实时监控，同时建立知识库加快故障解决的时间。实现了新中国成立 60 周年庆祝活动期间，全区无线电环境未发生任何通信干扰事件，及时发现并处置各类网络安全事件 51,461 次。全区电子政务网络300个连接点、103台主机、37台网络安全设备，77个政务网站、34个重要信息系统运行正常，未发生任何安全事故。

（何勇）

经济领域信息化

【国家级重点产业项目推进】 11月12日，石景山区推进中国动漫游戏城项目，规划设计、项目启动工作顺利进行。中国动漫产业集团正式揭牌，并入驻石景山中铁建设大厦。

【中小企业发展资金设立】 11月，石景山区财政设立2000万元中小企业发展资金。该资金以补贴、贴息、奖励等多种形式支持企业发展。对于符合石景山区产业导向的中小企业贷款担保项目给予担保费用补贴；对于年内新增贷款并获得市级贷款部分贴息的企业，区政府将给予一定比例的配套支持；对于企业上市前改制成功和企业上市给予奖励；对于为中小企业提供创业辅导、管理、信息、咨询等公共服务的项目给予补贴等。该项资金为石景山区中小企业，尤其是符合CRD产业导向的高新技术企业拓宽融资渠道、做大、做强提供良好的发展平台。

（张颖莉）

【市领导首钢调研】 3月21日，北京市委副书记、市长郭金龙到首钢调研。市委常委、常务副市长吉林，副市长苟仲文，市政府秘书长、办公厅主任黎晓宏，区委书记荣华，区委副书记、区长周茂非陪同调研。在听取了首钢工作汇报后，郭金龙充分肯定了首钢为首都经济社会发展和首都经济建设所作出的突出贡献，对首钢全体干部职工的付出表示感谢。他指出，首钢是首都现代化建设的重要力量，为深化国企改革积累了许多经验。近年来，首钢积极应对市场变化竞争，努力推动增长方式转变，深入推进改革重组，着力提高自主创新能力，企业效益和运行质量稳步提升。特别是认真推进搬迁调整，在结构调整、新厂建设、富余人员安置等方面的工作卓有成效，为首都经济发展、环境保护、社会和谐作出了巨大贡献。他强调，要坚定信心，开拓进取，稳定现有生产，实现平稳过渡，努力推动首钢在新起点上实现又好又快发展。

（王崴）

社会领域信息化

【国税网上办税服务平台开通】 7月，北京市国税系统首家石景山国税网上办税服务平台正式开通，其中部分涉税申请事项实现了网上全程办结。

（张钦）

【高清电视示范区建设推进】 1月，石景山区正式开通运营全国首个高清交互数字电视社区资讯服务平台。该服务平台是石景山区与北京歌华有线公司合作，在杨庄中区开展基于高清交互数字电视的社区资讯服务试点，包含政府信息公开、社区便民服务、政策解读等服务内容。市经济信息化委副主任俞慈声、市经济信息化委副局级巡视员姜毅群、副区长付生柱、歌华有线公司及区有关单位领导出席开通仪式。年底，已累计发放6.3万台高清交互机顶盒，覆盖6个街道43个小区8.74万户32万居民，服务平台新开通交互类服务栏目16个，包含电视7日回看、与天坛医院联合开展预约挂号服务、与工商银行联合开展水、燃气、电话等缴费服务。

（赵哲峰）

【节能综合服务平台开通】 4月，全市第一家政府出资设立的节能综合服务平台在石景山区正式开通。石景山区节能综合服务平台集节能技术、节能工具、节能服务于一体，由节能服务站、节能服务网、节能服务热线和节能产业联盟构成。通过平台的建设和运作，可以为政府分析决策提供有效支撑、为企业节能工作提供便捷工具、为节能服务企业提供市场商机、为“绿能港”项目奠定产业基础，搭建政府、用能方和服务方之间的桥梁，促进节能改造需求与产品技术和产业资本的有效对接，催生节能和资源综合利用新机制。

（王崴）

【全民信息能力提高】 年内，石景山区提高全民信息能力联席会成员单位共同努力，面向领导干部、公务员、信息化专业队伍、在校师生、城乡居民等重点人群开展了形式多样、层次丰富的培训和各类活动。培训主要内容涉及信息化与电子政务，网络与信息安全，网页制作、flash 动画、access 数据库，数字生活等。

（谷蕊）

门头沟区

【概述】 年内，门头沟区不断加强区信息化基础设施建设，努力保障各项工作顺利开展。为完成 60 周年国庆期间网络与信息安全保障任务，门头沟区积极开展网络与信息安全检查工作，有效监控全区各重点单位重要信息系统的运行情况。全力推进电子政务建设向纵深发展，建成数据共享交换平台，实现市区两级平台对接，建设完成了门头沟法人基础数据库和人口基础数据库。完成门头沟区 2010 年信息化重点项目征集和项目审核工作，制定并落实《关于加强信息化项目管理的若干意见（试行）》、《门头沟区电子政务应用水平评价办法》、《门头沟区政务信息资源共享工作办法》等各类管理办法。形成《门头沟区应急通信保障预案》、《门头沟区办公自动化系统（OA）应急方案》等各类应急保障预案。

（闫平）

电子政务

【电子政务专网框架完善】 年内，门头沟区为进一步完善政务专网的纵向覆盖率，全区 177 个行政村都已光纤接入电子政务专网，全区形成纵连区、镇、村，横跨委办局的区级政务专网框架。

（闫平）

【社区电子政务专网覆盖推进】 年内，门头沟区经济信息化委积极推进信息基础设施建设。光纤已覆盖全区的所有街道和社区节点，为实现社区电子政务专网全覆盖奠定了基础。

（闫平）

【政务信息资源共享交换体系建设推进】 年内，为推进政务信息资源共享提供保障，门头沟区初步梳理形成法人单位、自然人口、宏观经济等13类、数据容量达1.5G的政务信息资源。完成一期13个委办局的资源共享需求调研，形成资源共享需求、共享资源采集指标体系；完成政务信息资源平台的功能开发建设和验收工作。

（闫平）

【信息化评价体系编制完成】 年内，门头沟区经济和信息化委员会编制了一套政府信息化评价的指标体系。利用该指标体系对门头沟区政府各部门及各区委办局使用信息系统的应用情况进行综合评价。

（闫平）

【区公务员门户建设稳步推进】 年内，门头沟区建设完成了面向本区内行政机关和事业单位的公务员门户系统，搭建了一个面向政务工作的“一站式”办公平台。该平台整合了区内OA系统、邮件系统等一系列系统，实现了统一用户管理和单点登录，能够提供政务信息、电子期刊等内容。

（闫平）

【无线电频率台站清理整顿工作开展】 年内，门头沟区经济信息化委开展了无线电频率台站清理整顿工作，累计分批次办理了50家单位340部对讲机的执照。

（闫平）

【国庆期间信息安全保障任务圆满完成】 年内，为完成60周年国庆期间网络与信息安全保障任务，门头沟区发放了宣传册、宣传海报共计7000余份，加强了对全区8家800M手台使用单位、700多台终端设备、50家单位340部对讲机的管理，并严格遵守国庆期间应急值守规定，保证网络及信息安全事件的应急响应处理。

（闫平）

社会领域信息化

【农村数字家园建设推进】 年内，门头沟区在潭柘寺镇平原村、龙泉镇琉璃渠村等12个市级新农村试点村建设农村数字家园。12个村将综合信息服务站与村级图书室、老年活动站进行整合。示范区配备了60台电脑，12个试点村的办公电脑连接到了局域网内，方便工作人员进行数据共享。同时针对农民的需求，门头沟区经济信息化委、区信息中心、区农委组织针对农民使用计算机的专题培训。

（闫平）

【基层信息化管理推进】 年内，门头沟区经济信息化委同区流管办对涉及流动人口管理工作站的村、社区信息化情况进行调研。调研涉及全区5个乡镇、3个街道办事处，共32个村、24个社区，梳理汇总了基层单位的信息化情况，逐步规范基层信息化管理工作。

（闫平）

【百万家庭数字生活技能大赛举办】 年内，门头沟区科协、区经济经济信息化委、区妇联等相关单位联合举办了门头沟区“2009年北京百万家庭数字生活技能大赛”活动。门头沟区经济信息化委负责竞赛的培训、评审工作。活动设立了“网上知识竞赛”和“数码摄影竞赛”等环节，共有2400人次参加网上知识竞赛，收到近500幅数码摄影作品。赛事的举办促进了信息化知识的普及，提高了公众对数字生活的了解。

（闫平）

房山区

【概述】 年内，房山区的信息化工作围绕“保增长、保民生、保稳定”的工作大局，为应对国际金融危机、保证房山区经济超额完成任务，提供信息化支持。以抓好基础网络建设、强化政府网站管理、加快信息资源整合、确保信息网络安全为各项工作的切入点和着力点，在改善民生、促进城乡经济社会一体化、提升城市管理水平和增强城市竞争力方面等方面取得新突破。

电子政务

【基础设施建设加快】 6月9日，房山区政府召开了信息化基础设施提升计划联席会议第一次会议。会上设立了由区政府主管部门和电信运营商等单位参加的房山区基站和宽带建设“双进入”领导小组，明确了工作，分解任务到位。通过一系列协调和各方的大力推进，各项工作正在有序推进，北京联通房山分公司年度基站需求共 26 个点需要协调，已完成 14 个点，占总量的 53.8%。北京移动房山分公司年度基站需求共 16 个点需要协调，已完成 6 个点，占总量的 37.5%。

【信息网络安全不断增强】 年内，房山区按照要求结合区网络现状，区信息中心从加强网络安全基础设施着手，切实增强网络和信息安全防范措施。就国庆安保问题进行安全测评，请相关企业人员进行内部安全测评，对隐藏安全风险进行评估，做到有的放矢；请相关企业人员对网络架构进行分析，查找网络传输瓶颈，对相应设备进行了升级，增加可靠性。国庆前夕对政务网络运营进行安全演练，在安全演练过程中及时更换、维修发现问题的模块和设备。同时为确保重要网络设备的安全运行，改善网络设备运行环境，加装了 1 台机房专用空调，保障了机房空调制冷能力。在整个国庆网络安保期间，为保证全区政务网络正常运行，区信息中心积极做好各相关单位的网络维护和修理工作，2009 年以来统一网络防病毒系统新增终端用户 112 个，全年快速响应和解决各单位政务网络运行中的问题及故障 3200 余次。

【农村党员远程教育网络搭建完成】 年内，房山区在全力做好网络与信息安全工作的同时，按照市委组织部关于构建基层党员教育网络的要求，区信息中心积极协同区委组织部和相关企业完成全区农村党员远程教育网络搭建和 462 个行政村的网络接入工作。在建设实施过程中先后 4 次对全区的乡镇、行政村网络管理员进行远程教育网的专项业务培训，完成佛子庄乡政府网络设备的管理更换，加强了网络设备的远程管理功能，并实现了房山区电子政务网络应用于视频会议网络的分割，为房山区整体网络的构建建立了示范点；完成了西潞街道办事处和交通局网络搬迁调试工作；完成了体育局、团区委、环保局、司法局、工商局的市级网络视频会议的建设；完成了北京市政务网管中心下发的电子政务网络运维服务自查报告，成立了相应的电子政务运维管理机构。

【领导决策系统平台信息增加】 年内，房山区领导决策系统平台增加了区发展改革委、工商分局、安监局、规划分局4家委办局领导决策信息。平台拥有涉及8家重点单位领导决策信息共计56类，各单位严格按照领导决策信息更新制度按时更新、及时报送。截至11月，更新领导决策信息共计53类623次。

社会领域信息化

【网站公共服务推进】 年内，房山区按照市经济信息化委和首都之窗2009年政府网站建设的指导意见，从3月中旬起，整合全区网站现有资源，着重从提升网站服务的易用性和个性化服务，将一些与民生息息相关的事项按对口单位进行了整理和比对。截至年底，对政府系统和乡镇系统的邮箱名称、区内的养老服务机构信息、新的收费标准进行了全面更新与整合，新添加社会捐助接收点查询服务、薪资纳税计算、劳务报酬纳税计算、滞纳金计算等纳税缴费服务、区内驾校相关信息、机动车维修点查询服务、免疫预防门诊、接种疫苗、社会捐助等便民服务信息。在行政办事事项方面，对所涉及网上办事事项的29家单位上报的材料与市级目录的429个事项进行逐一比对，查出全区在行政办事事项方面与市级目录在办事事项上的差异和事项名称的出入共42项，从而形成了下级部门目录与上级目录的统一。

【网上政务公开完善】 区政府网站房山信息网《政风行风热线》栏目，自2007年上线运行3年共受理来件1.8万余件，占全市政府网站政风行风热线受理件数的1/10，浏览量达150万人/次。2009年房山区继续扩大上线单位范围，在原有41个政府职能部门外，新增12个公用企事业单位和市、区政府双管单位，进一步加强了政府与市民的沟通，方便了市民对政府实行有效监督和解决生活中存在的问题。对政府信息公开系统的数据库升级1次，系统中的政府信息公开年报系统升级18次。截至年底，区政风行风热线共接到群众来信5632封，日均来信29件，按时办结率为100%，较2008年同期相比有大幅上涨；通过房山信息网《政府信息公开》专栏主动公开的政府信息达26,927条。

【全程办事代理制电子监察系统试运行】 9月22日，房山区全程办事代理制电子监察系统正式试运行。网上申报各类行政许可办事事项和查看办理结果均运行正常。

【网站更新维护工作完成】 年内，房山区全面做好房山信息网5个主频道栏目及所含170多个子栏目、功能区域栏目以及网站群所属各委办局、乡镇、企事业单位90多个子网站的更新维护。共完成各类动态信息的更新与维护共计3835条，其中法律法规45条、政府文件62条、人事任免3条、政务信息998条、公务员招考13条、发布招聘信息348条、房产信息213条、社会新闻1255条、乡镇委办局之窗899条。发布各类动态信息其他信息（居家百科、折子工程、统计信息、公交出行）2696条。完成单位发文转发共计147条，区县热点共计上传1440条，维护网站主服务器和内网服务器40余次。

【计生服务系统平台建立】 年内，房山区完成了市经济信息化委、资源管理中心在该区确定的人口库支撑部门应用信息化试点项目（房山区人口库支撑区人口计生委育龄妇女管理系统和城关街道重点人员管理系统）。根据房山区计生服务需求，依托房山区民政、卫生、劳动与社会保障等部门人口及相关信息搭建房山区计生服务系统平台。主要包括育龄妇女基本信息管理、育龄妇女生育管理、社会抚养费征收管理、独生子女奖励扶助管理等 6 个模块，在区、乡镇、村、社区建立四级信息传递机制，提高对全区流动人口计划生育、育龄妇女管理水平，并为下一阶段形成房山区实体人口库打下基础。

【重点人口信息管理平台建立】 年内，在城关街道开展重点人口数字化管理及示范应用。进一步建立区重点人口管理模式，辅助政府掌握辖区内重点人口，统计和了解人口的流向动态及变化趋势，对异常、突发行为事件和非安全因素作出预警，帮助管理部门进行有效决策和跟踪。重点人口管理系统主要包括重点人口登记注册、重点人口行踪分析、重点人口预警分析、重点人口统计分析等模块。重点人口信息管理平台由重点人口信息库、出租屋信息库、异常行为分析库支撑，构建了重点人口及住址关联、行踪管理及分析、预警业务模块，为管理部门提供人口分布、统计分析、预警支持等服务。

【共享数据库更新完善】 年内，房山区法人数据库系统通过数据交换，从市质监局得到 22,421 条法人数据，系统数据实时更新，运行良好。2009 年 10 月，根据市级有关规定，向市经济信息化委、资源管理中心提出申请，通过数据副本方式调用房山区法人最新数据，以促进房山区法人数据库基础信息数据的共享和应用。通过法人库数据支撑财政、工商、税收监管与运行等业务，支撑区经济社会发展。经过协调，空间地理信息库已获得房山区境内上水、中水、污水管线数据和良乡地区燃气管线补充数据，完成 6 个图层的数据加工工作，管线长度共计约 54 公里，使空间数据库得到进一步完善。

【空间地理服务系统应用范围进一步拓展】 年内，房山区空间地理服务系统应用范围得到了进一步的拓展。将区安监局视频监控影像数据连入系统，实现了全区 110 多家储罐区、高危企业、加油站视频监控图像的实时展示，8 路视频可实现同时展示和单独展示的相互切换。2009 年 9 月，按照市综治委“首都科技创安”工作安排，开展了房山区图像信息系统的建设。搭建社会治安防控、城市管理、公共服务为一体的综合管理平台，制定出《房山区现有图像信息资源统计表》、《房山区图像信息资源需求统计表》，并协调 21 家相关单位进行填报摸底，为加快房山区图像信息建设打好基础。完成对财政、工商、税务部门空间应用的分析调研，利用空间服务平台实现对全区财政空间可视化管理、监管市场及纳税主体，实现准确确定市场主体位置，展示属性信息、周边环境信息、属地信息、视频影像信息等。

【非紧急救助系统使用状况良好】 截至 11 月 4 日，非紧急救助系统累计受理公众诉求、意见和建议 4039 件，办结 4030 件，办结率为 99.7%。系统已与 79 家网络单位实现了案件处理的业务协同，实现了精确、敏捷、高效、全时段、全方位的非紧急救助模式，提高了非紧急救助水平和管理效率，大大提高了该区“12345”热线公众的满意度。

【张坊商务网站建设完成】 6 月 2 日，张坊商务网站建设完成，举行开通仪式。该信息化项目由市直机关工委、市经济信息化委、北京市农村工作委员会信息中心和区信息中心重点扶持。实现通过商务网站，宣传推介张坊地域文化、旅游资源、产业发展、民俗风情等，搭建起了农民与市场之间的桥梁。

【农村综合信息服务站建设推进】 2009 年上

半年，房山区完成了18个乡镇的23个市级重点村农村综合信息服务站建设方案。8月设备发放到各建设单位，从9月开始，农村综合信息服务站建设按照在23个市级重点村全面展开，截至11月，已全面完成农村综合信息服务站。

通州区

【概述】 年内，通州区信息化建设工作全面发展。通州区经济和经济信息化委员会设立，健全了信息化工作体制和机制，加强了对信息化工作的组织协调和管理。电子政务工作在提高政府部门办公效率和服务水平上取得了较大成效，政务专网支持市、区多种综合业务的稳定运行；政务门户网站所提供的政务公开、在线服务和政民互动等公共服务不断深化；政务信息资源开发利用取得初步成效；信息安全管理体制机制建设不断强化，国庆60周年庆祝活动期间的通信和信息安全保障任务圆满完成。同时，医疗卫生、劳动和社会保障、社会救助、文化、教育、公共事业等领域的信息化水平都有了很大提高。

（石强）

电子政务

【网上公共服务不断完善】 年内，通州区政务门户网站政务公开、在线服务和政民互动等公共服务不断深化，拥有国家机关和事业单位网站近50个，其中包括区人大、区政协、区纪委、区委组织部、区住建委、区民政局、北苑办事处等网站。这些网站成为各级国家机关开展政务公开、网上办事和政民互动的重要窗口。公共服务网全程代办网上服务监察系统、行风热线和阳光工程管理系统，加强对各单位行政许可、行政审批和服务事项办理情况的监督，对进一步提高服务效能，优化全区发展环境起到了促进作用，行政部门的工作效率和服务质量大大提高。

（石强）

【政务专网运维工作强化】 年内，政务专网已经覆盖通州区属工作部门154家、服务器55台，接入终端数量达7000台，能够支持市区多种综合业务。在网络规模不断扩大、网络管理难度加大的情况下，通州区经济和信息化委员会投资部署了网络流量控制系统、桌面终端管理系统，不断完善政务专网使用和运维保障机制，提高了专网管理能力。通州区经济和信息化委员会与通州公安分局、通州区保密局配合加强网络安全培训和检查，圆满完成了国庆期间安全保障任务，专网全年安全稳定运行。

（石强）

经济领域信息化

【安全生产管理强化】 年内，通州区开发建设了通州区安全生产信息化平台。实现企业信息查询、公文流转、通知下发、日常检查信息报送等功能。开发建设重大危险源视频监控网络管理系统，实现实时监控、电子地图搜索、抓拍、录像功能，38 家危化品企业接入系统；开发建设危险化学品安全信息交互管理系统，利用 3G 移动通信技术，通过手机 GPRS 上网，实现了移动检查实时传送数据和查询数据的功能。

（石强）

【电子商务发展推进】 年内，按照北京市、通州区领导要求，北京市商务委员会及市电子商务协会于 7 月组织京东商城、当当网、凡客诚品、乐友等 13 家知名电子商务企业到通州商务园进行实地考察。通州区委、区政府组织相关委办局主要领导对 13 家单位进行了回访，学习考察了杭州等市电子商务产业发展的先进经验，多次召开专题会，专项研究电子商务产业发展规划、优化政策等方面的问题，编制了电子商务发展规划，各职能部门积极招商引资，聚集电子商务龙头企业。

（石强）

社会领域信息化

【公共服务系统运行良好】 年内，通州区双拥优抚信息管理系统管理着 1200 多名优抚对象的基本信息，各种信息数据均能通过图、表等形式进行量化分析，为领导决策提供依据。北京市基本生活救助系统已登记 6155 户，低保对象 11,023 人、五保户 208 户 215 人。作为全市试点单位率先开通的婚姻登记管理系统已办理结婚登记 41,286 对，办理离婚 5826 对，办理补证 5351 件，办理收养登记 74 件。社会组织公共服务平台审批系统已办理民办企业单位成立登记 65 个，变更登记 95 个，年度检查登记 620 个。办理社会团体成立登记 35 个，变更登记 60 个，年度检查登记 440 个，民间组织服务水平得到有效提升。

（石强）

【城市规划管理综合信息平台建立】 年内，通州区建立了城市规划管理综合信息平台，采集基础数据（地形图、影像图）、规划审批数据、规划成果数据以及其他专项数据入库，实现了跨部门、跨层级信息资源共享。城市地下管线信息管理系统不断完善，实现了集中管理、动态更新和传递共享。应急指挥系统为各个应急分指挥部、乡镇、街道办事处配备了视频会议系统，配备了固定电台 800M 终端、手持电台 800M 终端和网络 IP 电话等通信设备，便于城市管理应急保障。

（石强）

【医疗卫生信息化建设推进】 年内，根据全市统一部署的北京市新型农村合作医疗信息平台系统、医疗机构管理系统、医疗人员管理系统、HIS 诊疗系统、药品零差率监测系统等信息系统的上线运行和投入使用。通州区部分医院实现了一卡通就诊和电子处方功能，为医疗人员和机构提供网上资格审批、注册、变更和查询功能，为医务工作者提供了高效的软硬件设施，为患者提供了便捷、人性化的医疗服务体系。

（石强）

【文化教育信息化建设积极推进】 年内，通州区 11 个乡镇、4 个办事处、484 个行政村全部安装了文化信息资源共享工程设备，覆盖率达到 100%。依托国家中心庞大的数据库，涵盖了《农村政策》、《农业种植》、《养殖》、《名家讲座》、《地方戏》、《中国电影》、《新书资讯》、《电子期刊》等 35 个栏目，为丰富农村群众精神文化生活和科技致富提供了全方位的强有力的保证。“校校通”工程和通州区教育信息网工程建成 122 所校园网，完成全区中小幼职成特教育系统的全覆盖。开通通州教师研修网，集教育、教学、教研、科研、培训以及资源于一体。高标准建成的通州区教育传媒工作室，为教育视频制作提供了良好的平台。

（石强）

顺义区

【概述】 年内，顺义区信息化建设成果显著。顺义区已陆续建成网上办公、电子政务办公服务平台、政务信息资源共享交换平台、计生管理等一大批应用系统。全区接入电子政务外网的单位达 800 家，其中光纤宽带接入处级行政、企事业单位 172 家，中小学、幼儿园 120 家，社区卫生服务中心 39 家，派出所 31 个，劳动社保所 24 个，主要街道监控点 22 个，行政村 392 个。互联网出口带宽达 250M，基本满足了各单位访问互联网需求。建设各类基站 1234 个，铺设通信管道 607 沟公里，铺设光纤 4843 桥公里，铺设电缆 6938 桥公里，总交换设备能力达 42 万门，宽带设备能力达 24.8 万线。发展固话用户 29 万户、移动用户 98 万、宽带用户 14.5 万户。除少数待拆迁地区和不具备施工条件区域外，实现了 2M 宽带全覆盖，4M 宽带覆盖率达到 87%，8M 宽带覆盖率达到 66%，20M 以上覆盖率达到 29%。全区铺设光纤 2500 公里，接入电子政务外网的单位 800 家，构建基础可靠，安全稳定，传输高效的综合性网络服务平台。

（赵利）

电子政务

【区经信委挂牌成立】 9 月，顺义区经济和信息化委员会（简称区经信委）正式挂牌成立。区经信委由顺义区乡镇企业局和顺义区工业局合并组成，主要职能是负责全区的经济和信息化建设。区经信委已建立政务 OA 系统，实现日常办公自动化。单位已全部接入政务外网，建成顺义区经济和信息化委员会网站。网站设有《顺义经济概况》、《动态信息》、《政务公开》、《政策法规》、《经济和信息化》等专栏以发布动态信息，并整合了顺义区企业网和汽车创新服务平台。

（赵利）

【镇级电子政务网络设备升级试点建设启动】 年内，顺义区启动了镇级电子政务网络设备升级试点建设。选取牛栏山镇为试点单位，实施电子政务网络升级改造，更换高性能的网络核心设备，使其宽带速度由百兆提升到千兆，进一步满足办公需求。截至 12 月底，试点工作继续推进。木林、北小营、北务 3 个镇也相继完成升级工作。

【基础设施不断提升】 截至 2009 年底，顺义区建设各类基站 1234 个，铺设通信管道 607 沟公里，铺设光纤 4843 桥公里，铺设电缆 6938 桥公里，总交换设备能力达 42 万门，宽带设备能力达 24.8 万线。发展固话用户 29 万户，移动用户 98 万，宽带用户 14.5 万户。

（赵利）

【顺义网城建设推进】 顺义区始终把顺义网城建设作为电子政务工作的重中之重认真抓好。顺义网城设有《花博会》、《魅力新城》、《信息公开》、《在线服务》、《政民互动》、《市民生活》、《奥运回顾》等七大板块，553 个子栏目。截至年底，发布信息 26,179 条、图片 32,304 张。顺义网城访问量突破 1099 万。2009 年，页面浏览量达 2882 万，点击数为 2.27 亿，访问量达 264 万。

（赵利）

经济领域信息化

【顺义区电子信息产业发展现状】 年内，顺义区大力推进电子信息制造业发展。拥有规模以上电子信息制造业企业 30 家，累计完成工业总产值 269.7 亿元，完成销售产值 269.6 亿元，完成出口交货值 235.6 亿元，分别占全区规模工业总量的 17.9%、18.0%、83.2%。

（赵利）

【企业信息化推进】 12 月 18 日，由市经济信息化委、顺义区政府主办的北京市企业信息化推进会在顺义举行。顺义区经济和信息化委主任吴建国向与会领导和企业家介绍了顺义区作为推进企业信息化排头兵的优势。他说，中小企业是市场经济的重要组成部分，中小企业对构建和谐社会、促进经济发展、增加就业机会、推动自主创新、优化经济结构发挥着不可替代的作用。作为全区经济和信息化的主管部门，顺义区经济和信息化委有义务、有责任全面推进区域内企业的信息化建设，为电信运营商和各类企业之间构建相互联系和合作的平台。

（赵利）

社会领域信息化

【农村信息化建设不断推进】 年内，顺义区积极推动“村村通”光缆网工程建设，促进电子政务、远程教育、有线电视、有线广播的融合发展。经过几年的建设，全区除拆迁村外，392 个村完成光纤铺设工程，实现了电子政务网络村村通，为各种业务系统实现市、区、镇、村四级联网提供了必要条件。顺义区向市相关部门争取了 115 台计算机，在区内新建数字家园 23 个，全区累计已达 66 个。

（赵利）

【数字家园相关培训举办】 年内，顺义区举办数字家园相关培训 80 余期，培训人员达 3000 人次。

（赵利）

大兴区

【概述】 大兴区自2001年开始，按照统筹规划、集约建设，统一管理、统一标准的发展策略，以构建一个门户网站、一个共享交换平台、一个数据中心、一张电子地图、一张网络、一系列应用系统、一支管理队伍、一套管理办法总体框架为建设目标，不断完善信息化建设。经过几年的努力，全区信息化普及和应用水平有了显著提高，建立了较为完备的基础设施，信息化在政府行政管理、社会公共服务、企业生产经营中发挥着越来越重要的作用，已成为党政机关、企事业单位乃至公众生活不可缺少的重要组成部分。

（李淑敏）

电子政务

【信息网络基础设施建设加快】 年内，完成了区信息网络、有线电视及广播"村村通"和农村有线电视"户户通"工程建设。截至2009年共计架设光缆800公里，光缆已经延伸到村委会，为村级政府的信息化综合利用提供了网络基础。全区526个行政村接入政务网络，8.3万户农民免费安装了有线电视，10.6万户农民享受到优惠收视政策，农村有线电视普及率达到95%以上。

（李雪莲）

【全程代办系统与电子政务网上审批系统整合】 年内，大兴区对全程代办系统、电子政务网上审批系统进行了整合，使80%的服务事项能实现在线申报；对行政办事事项进行了梳理，整合62家有关单位的服务资源，网站发布办事服务事项1380项，开设了《医疗卫生》、《婚姻办理》、《生育收养》等场景式服务。同时，网站通过《领导信箱》、《大兴区政风行风》和《行政投诉热线》、《人大代表建议》、《政协委员提案》、《意见征集》、《网上公示事项》、《在线访谈》、《专家说法》、《政风行风评议》、《在线调查》等栏目开展了咨询投诉、民意征集、在线交流。2009年大兴信息网获得了全国网站评比第一，北京市十八区县网站排名第一。

（窦炳磊）

【政府机关办公自动化实现】 年内，全区办公自动化系统的充分利用，有效提高了政府机关部门的公文、通知等信息的上报、下达的效率，实现了与130余个单位的文件传输。2009年度成功下发文件共计7458份、大兴区情1272期、参阅文件10,655份

（窦炳磊）

【安防监控系统平台建设推进】 年内，大兴区建设老年大学12个监控点、天宫院15个监控点、观音寺18个监控点、建委23个监控点和瀛海 11个监控点的数字化安防监控系统平台，在个别单位的数字化取证中发挥了重要作用。协助更新完善区图像监控管理系统，更换指挥中心控制矩阵，在新城主要街道、路口、重点部位安装摄像头60个，区图像信息系统前端摄像头共安装305个，进一步提升了全区治

安防范能力。

（李雪莲）

【四大基础数据库建设启动】 年内，大兴区着手建设人口基础数据库、法人单位基础数据库、自然资源与空间地理数据库和宏观经济数据库四大基础数据库，有力地推动了全区信息化应用水平的提高，并带动了全区信息共享、资源整合等相关工作。

（李雪莲）

【资源目录管理平台建设基本完成】 年内，大兴区资源目录管理平台建设基本完成。目录系统共梳理出各类资源 1355 项，其中 1265 项产生于大兴区相关委办局立体可视化资源台账系统，涉及资源共享平台和领导办公桌面、重大危险源、重大建设项目、公安综合应用、重点污染源 5 个专题应用。

（李淑敏）

【政民互动工作开展】 年内，大兴区信息网与“首都之窗”《走进直播间》栏目和城市服务管理广播市民《对话一把手》栏目合作，由区长和区商务局、市市政市容管理委员会的领导就大兴区建设的热点问题与市民进行了在线交流。公众参与踊跃，共有 700 多人参加了在线访谈，各位领导对网民提出的问题全部进行了答复。

（窦炳磊）

【信息化运维三级服务响应模式建立】 大兴区信息化运维管理工作主要包括：政务网络、应用系统和办公设备三大方面的维护和管理。2009 年大兴区建立了区、镇、村三级运维管理模式和日常维护、专业技术维护和外部维护三级服务响应模式。

（李淑敏）

【大兴区政府信息系统通过安全等级测评】 年内，大兴区政府信息系统经过北京信息安全测评中心系统检测、整改、复测等 3 个环节，最终测评结果达到《党政机关信息系统安全测评规范 DB11/T 171 2002》中安全等级 II 的规定。该系统初步建立了重要安全事件的处置流程及专项应急预案。

【国庆期间网络与信息系统安全保障工作完成】 年内，大兴区国庆 60 周年期间安全防范工作采用人工监管与技术手段相结合的方式开展，提高政务网站的安全性能。国庆期间执行 7×24 小时值班制度，对机房设备、应用系统政府网站进行监管，获得了“国庆 60 周年网络与信息安全保障先进单位”称号。

（李淑敏）

经济领域信息化

【电子商务系统“任我在线”启用】 年内，电子商务系统“任我在线”已在大兴区开设 20 家社区连锁超市，使农业企业的产品或农民的蔬果生鲜直接销售给社区百姓。

社会领域信息化

【社区卫生服务系统建设】 年内，大兴区共建设了 22 个一级医疗机构和 6 个二级医疗机构共 28 个站点的社区卫生服务系统，提高了卫生局下属单位的信息化管理水平和办公效率。

（李雪莲）

【农业信息化工作推进】 年内，大兴区农村经管系统、党员远程教育、劳动就业、文化共享、医疗卫生等系统已接入到村，其中283个村建立了文化共享工程基层服务点，101个村建立了村级劳动就业工作站，将北京市劳动力市场网络延伸到村，实现送信息进农村，使农民足不出村便可浏览全市所有职介中心、职介所的就业信息及市、区两级最新的就业政策。截至2009年，大兴区共建设数字家园63所，遍布9个镇、3个街道办事处，累计发放计算机783套，培训人数达到2300余人。数字家园、爱农驿站、农村党员远程教育站点等信息化应用，提升了农民的信息化应用水平。都市型现代农业门户网站的建设初见成效，在实现农副产品网上销售方面成效显著。农业信息平台作为服务农民的新渠道，实现了农商对接，年发布农产品供求信息约3.5万余条，年成交额达3千余万元，促进了农民增收。电子商务系统任我在线已在大兴区开设20家社区连锁超市，使农业企业的产品或农民的蔬果生鲜直接销售给社区百姓。同时，大兴区通过农副产品网上销售物流配送辅助系统、农村定向服务门户自主建站系统、大兴梨网等系统功能，先后为12家企业和合作组织建设了门户网站，在网上发布信息，吸引了大批商家，实现了通过信息化手段更好地推动农村的经济发展的目标。

（李雪莲）

昌平区

【概述】 年内，昌平区信息化建设工作按照年度计划，重点围绕新中国成立60周年大庆期间的网络与信息安全保障工作展开。在政务信息化基础环境建设方面，完成了区政务中心机房改造，建成了覆盖全区所有行政村和社区的有线政务网络，实现了政务外网市、区、镇、村四级联网，有效规划和利用了政务网络资源。在落实北京市提升信息化基础设施建设计划工作方面，2M宽带覆盖率大幅提升，推广光纤入楼入户，为实现20M宽带接入打下良好基础。在信息资源整合与利用方面，进一步丰富了昌平区区域信息资源数据平台基础数据，完善了《昌平区地理信息标准与规范》和《昌平区信息资源共享目录》，完成了林业、水务和城镇综合管理3个分平台建设。在公共服务方面，进行了社会化社区信息沟通与服务模式试点，完成了区政府门户网站的整合。在应急体系建设方面，完善了《昌平区政务中心机房值守制度》、《北京市昌平区应急通信保障预案（专网）》和《昌平区网络安全（政务网）应急处置预案》，形成信息化保障长效机制。

电子政务

【信息网络基础设施建设成绩显著】 年内，昌平区公共信息化基础设施建设2M宽带覆盖率达到96%，实现光纤入楼入户覆盖3029楼44,521户，宽带示范村建设率达到70%以上，光缆到楼加挂标志，增加互联网应用，为20M宽带接入打下良好基础。政务信息化基础环境建设完成了区政务中心机房改造，建成了覆盖全区所有行政村和社区的可网管有线政务网络，实现了政务外网市、区、镇、村四级联网。通过建立安全审计系统，软硬件的故障管理系统，标准客户端，使全区政务网的管理从软环境上得到的提升，形成对全区政务网络的标准管理，有力地保证系统的正常运行。新中国成立 60 周年大庆期间网络和机房运转正常。

【信息资源取得阶段性成果】 年内，昌平区已形成了包含基础空间信息、专题政务信息和专业业务信息三大门类的信息资源目录体系，并由区域信息资源平台统一进行管理，可以动态、灵活地根据实际需要对数据进行更新维护。修编了《昌平区地理信息标准与规范》和《昌平区信息资源共享目录》。对人防、地震、安监等分平台的专业业务数据进行了收集和整合，进一步丰富了昌平区区域信息资源数据平台基础数据，完善内外网发布功能。对区园林绿化局、水务局两个新开分平台的业务数据资源进行了采集、处理和入库等工作。其中，已完成处理全区各类林业产业资源、林业生态体系工程、森林防火保障和林木病虫害防护等 45 个地理图层、1165 条记录，实现了对各类文本、表格和图件数据的空间数字化管理。已完成对区水务局提供的河流、水系和险工险段 3 个 TopMap 格式的图层向区政务数据资源共享格式的转换和管理，共包含 91 条数据记录。完成了林业和水务 2 个分平台的建设工作。加强与市政务图层平台对接，集成遥感影像数据服务，整合昌平区现有地理信息平台数据，发布基础数据服务，提供基于 Web Service 的 OGC 规范基础地图服务，供各委办局调用。同时，昌平区数据共享交换平台初步实现跨部门、跨业务、跨地域的数据交换和共享，实现与市级信息资源交换共享平台对接，为全区政务应用系统的数据共享和决策辅助应用提供基础支撑，支持政府和公众方便快捷地检索和使用政府各类信息资源，提高信息资源的利用率。

【信息安全不断提升】 年内，昌平区完成了政务中心机房的整体升级，新建了基于北京 CA 的身份认证体系，从硬件的配电、消防、视频监控、机房环境监控、软件的设备管理、事件管理、报警、管理制度，到接入单位和终端用户接入实施标准化管理，形成对全区政务网络的规范管理，配以相应的管理制度和办法，有力地保证政务网络和应用系统的正常运行，保障了新中国成立 60 周年大庆活动的圆满开展。昌平区进一步强化了全区无线电管理工作，完成了新中国成立 60 周年大庆期间无线电管理的各项筹备和保障工作；完成了全区无线电频率台站设置、使用的管理工作；加大了全区无线电法规宣传工作；履行了全区无线电台登记审批手续，登记各单位手持对讲机，配合市无线电管理局对区内无线电违法行为和无线电干扰的排查工作，维护了全区无线电波秩序。按照北京市对国庆期间政务网络及信息系统安全的统一要求，昌平区结合北京市电子政务网络昌平网段运维管理的具体情况，从年初机房搬迁开始加强昌平网段的安全和应急演练。

【区公务员内网门户建成】 年内，昌平区将原有的办公自动化系统进行了全面的改造升级，形成了昌平区公务员内网门户——昌平区协同办公系统。将全区现有的 7 个区级应用系统全部集合到内网门户中，引入了北京 CA 数字证书系统，实现了统一的基础平台、统一的授权机制、统一的安全措施和统一的用户管理等功能，完善了网络身份认证和审计功能，逐步将内区门户系统建成全区的综合办公平台。

【区政府门户网站进一步加强】 为进一步加

大政务公开力度，加大了区政府系统网站建设力度。2009年对“北京昌平”政府门户网站进行了易用性改造，提供了个性化的政务信息公开目录、公共服务目录、公开档案目录服务功能。截至2009年底，“北京昌平”总信息量约为6.4万条，月均更新量1000条，月均访问量达到380万次，其中可以提供公共服务项目1730项、月均访问量达到23万次。

【全程办事代理制系统和民主评议政风行风系统广泛应用】 年内，昌平区信息化工作办公室配合区监察局进一步完善全程办事代理制网络监督系统，系统覆盖全区全部业务量的96%。全年，全区各部门共受理104,498件，其中正常办结104,372件，月平均办理3100件，一次性办结率达到99.8%，群众满意率为99%。昌平区民主评议政风行风系统同政府门户网站上的《区长信箱》、《意见箱》、《反馈栏》栏目相结合，全年共接受群众意见、建议、举报、投诉3874件，办结率100%。

【防震减灾信息指挥系统投入使用】 年内，昌平区防震减灾信息指挥系统由昌平区地震局管理及使用。该系统直接为区政府掌握防灾减灾信息、指挥调度和布置救灾工作服务，提高了地震应急指挥和地震灾害应急工作的技术水平。

【公路路网管理与应急处置系统投入使用】 年内，昌平公路路网管理与应急处置系统由昌平公路分局管理和使用，为昌平公路分局对昌平区区级以上公路养护任务的管理、路政巡查及路政案件管理提供了信息化平台。

【22项住建领域审批实现全程代办】 年内，与昌平区住房和城乡建设委员会相关的22项审批实现全程代办。包括建筑工程施工许可证核发、昌平区建设工程质量监督注册等。全程代办业务占全部业务的95%以上。

经济领域信息化

【信息产业实现工业总产值24.94亿元】 年内，信息产业已成为昌平区新兴主导产业，全区规模以上信息化企业已达几十家，主要集中在应用软件开发、地理空间系统、数据库等方面，形成了中软、高德、慧聪等一批骨干企业。2009年，昌平区信息产业实现工业总产值24.94亿元。

社会领域信息化

【社会化社区信息沟通与服务模式试点】 年内，昌平区充分发挥社区网站独特的区域优势，将社区网站作为政务门户网站的外延，建立起各级政府（包括社区居委会）与社区居民的第二网络通道。及时收集社区居民的心声，解决社区居民的各种问题，促进和谐社区的建设。

【信息管理系统确保阅兵活动万无一失】 年内，昌平区已经形成以昌平分局1个二级图像信息平台下联15个派出所三级图像信息平台的社会面图像信息系统并通过链路传输可将图像提供市局及区应急指挥中心使用。昌平区图像信息系统在国庆60周年安保图像信息系统建设过程中，实现以太阳能供电方式为主，工程设备选用高度智能化、高技术含量的产品，实现纯数字化平台，集散监控实现对机房环境的各项指标进行实时监测四方面创新，充分保障安保图像信息系统正常运行。

【农地流转信息网效用显著】 年内，昌平区开通农地流转信息网。农地流转信息网是农村管理信息化平台的又一项配套建设。网站的开通充分调动了广大农民承包经营权流转的积极性，促进了农村土地资源的合理配置和产业结构的调整，为昌平区农村规模化经营、集约化经营创造了条件。

【苹果网搭建良好沟通平台】 年内，昌平苹果网主要介绍昌平苹果的卓越生产环境以及先进的栽培管理技术。介绍昌平苹果文化内涵，苹果文化节活动等，从而进一步扩大昌平苹果知名度，为昌平果农搭建与消费者良好沟通的平台。2009 年，全区苹果观光采摘占销售量的 80%以上，较上一年度增加 10%。

【移动农网“5+2”工程助农增收】 年内，昌平区通过移动农网“5+2”工程，以移动农网为主要载体，综合应用各种信息服务手段向平原镇居民发布山区镇农产品和观光采摘等方面的消费信息。在山区和城乡结合部镇之间建立长期稳定的信息交流机制，通过缩短城乡信息链，促进山区经济发展，满足城市居民需求。2009 年，山区镇向城乡结合部镇提供各类农业信息 200 余条，两镇通过移动农网向居民发布短信息 8 万余条，为山区镇的休闲产业和农产品销售注入了强大的活力。

【信息化环境逐步完善】 年内，昌平区在已有电子政务管理规章制度的基础上，为规范值班值守工作，保障国庆 60 周年大庆的成功举办，形成信息化保障长效机制，制定了《昌平区政务中心机房值守制度》、《北京市昌平区应急通信保障预案（专网）》和《昌平区网络安全（政务网）应急处置预案》。

【人才培训力度不断加强】 年内，昌平区加大人员培训力度，党政机关工作人员信息化能力培训比例达到 100%。

平谷区

【概述】 年内，平谷区信息化建设紧紧围绕经济社会发展需求，坚持科学发展观，结合实际，突出重点，较好地完成了年初制订的工作目标，进一步提升了区域经济和社会信息化的发展水平。坚持以人为本，强化京东绿谷信息网的服务、便民、宣传功能。提高网站的一体化服务水平，促进政府部门协同网上办事，加强政府信息公开建设。基于国产基础软件的电子政务办公平台在全区深入应用，初步搭建完成了电子政务短信平台，积极探索移动办公。平谷区多措并举提高农村电脑普及率，完成农村数字家园建设，为农民学习交流搭建平台，建设完成农村合作组织信息服务平台，提高农村合作组织信息化水平，积极开展农民信息化培训，建立健全了农村信息化队伍。同时，按照市经济信息化委统一安排，进一步提高了网络信息系统的稳定性、安全性。

电子政务

【60余个核心业全部信息化】 平谷区48家政府核心部门共有核心业务系统60余个，实现核心业全部信息化。同时加强对核心业务的网上办理，以区行综合政服务服中心为支撑，对行政审批和服务事项进行梳理。以政府门户网站为窗口，开展行政审批、网上服务、公众咨询的建设。截至2009年底，平谷区政府门户网上整合了34个政府核心部门提供办事事项952项，行政许可事项469个，行政审批事项323个，服务类事项160个。同时为群众提供提供办事指南类信息483项，237个可下载表格。2009年全年累计办结53,340件，短信告知3000余次，网上公示46,840次办结结果。

【公共服务水平大幅提高】 平谷区提供各类业务相关的网站的站外导航服务，建设《热点事项》、《网上咨询》、《申报事项查询》等栏目。同时加强公众服务水平，不断完善《领导信箱》、《政风行风热线》等栏目。2009年，平谷区共受理领导信箱咨询、投诉193条，答复完成147条；通过《政风行风热线》投诉、咨询479条，答复完成475条。解决群众环境治理要求1709件。全区134家单位接受群众咨询、建议2635条，答复完成1794件。此外，创新在线政民互动模式。2009年医生在线和律师在线栏目为群众在线解答问题分别为434条和472条。1000余人次参与在线访谈节目，解答群众提问80余条；征集群众意见150条，解答政策问题150条，解答环境、救助等问题2000余条。

【政务服务功能不断完善】 年内，平谷区继续以电子政务办公平台为基础，不断完善功能，支撑领导决策，服务政府内部管理。截至到目前，全区共有150家单位进行了注册，注册人数达到4836人，平台共设栏目和应用系统35个。为各级领导提供各类信息53,169条；传输各类文件13,517件，内部邮件8857件。答复群众咨询、建议6289件。

【国产基础软件深入应用】 年内，基于国产基础软件的电子政务办公平台已在平谷全区深入应用，不断在拓展应用，初步搭建完成了电子政务短信平台，对电子政务办公平台中公文管理、会议通知、公众服务等功能加入了短信提醒功能。积极探索移动办公，完成了平谷区移动办公平台的一期开发方案。

【确保区内网络安全稳定运行】 年内，平谷区全力确保区内网络安全，与各单位签订了《平谷区网络与信息安全责任书》。组织全区各单位召开了网络安全大会，国庆节前对全区98个相关单位进行了网络、应用系统、2G、3G、网络光缆检查，并对全区的网络运营单位进行了等级确定，且全部达到一级标准，建立了平谷区各单位的网络基础档案信息库；并对平谷区无线800M的使用单位进行了摸底调查，进一步提高了网络信息系统的稳定性、安全性，为全区提供了一个良好的网络运营环境。

经济领域信息化

【应用系统开发取得突破】 年内，平谷有针对性地开发了应用系统，为提高部门办公效率提供了技术支持。研发完成基于GIS的土地流转系统，可与市土地流转网进行数据交换。完成人事管理系统的系统设计、开发、测试和修改等工作以及对系统相关文档的整理和编写，并且对原始的人事网中的数据进行了分析、整理和转换。完成基于 GIS 开发系统的政府农村信息服务系统详细设计、数据库设计和代码开发工作。平谷区地税局网站系统实现协同办公。

社会领域信息化

【农村信息化快速推进】 年内，平谷区多举措提高农村电脑普及率，实现农村电脑普及率达到 30%；完成农村数字家园建设，新增数字家园 15 个，为农民学习交流搭建平台；建设完成农村合作组织信息服务平台，提高农村合作组织信息化水平，促进农村产业健康发展；积极开展农民信息化培训。其中“信息大篷车”开展培训共计 60 次，培训 1600 余人，其他方式累计培训 5 万余次。建立健全了农村信息化队伍，实现全区 16 个乡镇 273 个行政村、重点农村合作组织至少有 1 名信息员。

【农村综合信息服务平台进展显著】 年内，平谷区农村综合信息服务平台的建设，完成 150 个农村光缆建设，100 个无线发射基站建设和 237 个无线发射塔建设；完成公众农村信息服务系统 9 个模块和 9 个信息功能模块的开发工作，农业资源信息服务、文化信息服务等 9 个信息功能模块的编码测试及文档编制工作和 3 个信息功能模块的内容填充工作，及特色农业信息及绿化环保信息两大模块的查询、定位、统计等分析功能。

【农村社区卫生资源共享示范工程项目进入实施阶段】 年内，平谷区农村社区卫生资源共享示范工程项目进入具体实施阶段，已完成项目的前期调研、网站首页策划框架图及首页效果图的制作，下一步将与区卫生局确认网站规划及网站子栏目。

【桃李春风主题游戏社区暨实景互动项目启动】 年内，平谷区以该区实景为依托，分设 16 个频道（平谷 16 景），每个频道设计 1 个游戏，游客可以在 16 个虚拟的场景中体验不同角色的变换。平谷区在发展网游产业的同时，注重大力促进平谷区旅游业的发展，走文化、民俗、特色、精品旅游路线。项目已到位资金 233 万。

【中国中小学教辅动漫项目启动】 年内，平谷联合多家权威机构，将中小学教育辅导内容和动漫技术结合，启动中小学教辅项目建设。利用平谷区信息中心的科研、人才、技术等优势，整合北京的教育、出版、市场等资源，通过建设项目推动构建集教育、动漫、影视、无线增值等多产业要素的全新的文化创意产业链。

怀柔区

【概述】 在十余年信息化建设过程中，怀柔区信息化建设勇于探索，摸索出一套与区域经济、社会发展特点相符合的信息化建设经验，创新了区域信息化模式。

【国产软件综合应用示范区建设】 怀柔区从2004年开始，坚持用国产化软件建设了并联审批与监督管理系统和全区党政办公基础平台后，又相继建立了全区地理信息系统、怀柔区政农一体化应用示范、机关效能监察管理系统和怀柔区社会管理服务中心信息系统等多个系统。上述系统全部采用国产基础软件进行支撑，截至2009年底运行正常。

【奥运信息化成果的深化应用加强】 奥运会、残奥会筹备和举办期间，怀柔区信息化成效显著，奥运火炬传递期间建立了综合通信保障指挥平台，图像信息共享平台在城市管理、社会治防和奥运安保等方面发挥了积极的作用。奥运会后，怀柔重视奥运成果转化工作，全力做好新中国成立60周年的信息安全保障，图像信息共享平台扩建，实现全区图像资源的共享整合及深化应用。

【全民信息能力提升】 年内，怀柔区全民信息能力提升工作已经圆满完成，共有2300人参加了培训。培训内容包括网上冲浪、收发电子邮件和网上视频等内容。全区各委办局办公室主任、网络管理员和信息员，全区284个行政村的党支部书记、村主任、妇联主任、村官、农村合作组织成员以及民俗户管理者参加了培训。通过培训，在全区范围内营造了良好的信息化氛围，实现发挥大学生村官的作用；送教下乡，为山区村干部解决实际困难；加大宣传力度，让更多的农民主动参与信息化培训；充分利用远程教育系统，扩大信息化培训的范围。

【荣获北京市农村信息服务先进单位】 年内，在宽带“村村通”基础上，怀柔区深入开展农村信息化应用工作。开展农村低成本无线网络覆盖、农村党员干部现代远程教育系统和文化信息资源共享工程等多个农村信息化应用项目，使农村信息化总体应用水平明显提高。区内14个镇乡、26家农民专业合作组织和14家农产品加工龙头企业建立了自己的网站，221农业信息平台发展本地会员127个，采集各类数据信息2万余条，怀柔区荣获“北京市农村信息服务先进单位”的称号。

密云县

【概述】 年内，密云县信息化工作取得了较快的发展。实现了县、镇、村三级骨干信息传输网络全覆盖，创新实现了农村数字家园100%覆盖，整合市县资源针对农村形成了区县整体惠农服务特色，移动农网实现了涉农单位、镇村100%服务。密云县经济信息化委被市信息化工作领导小组评为“电子政务服务与应用优秀单位”。2009年，密云县纵向业务系统已达68个，专网用户120家，终端计算机设备接入量增至9900台。电子政务专网应用范围逐渐扩大，实施了电子政务专网畅通工程。2009年密云县成立了由主管县长担任组长的密云县电子政务专网畅通工程领导小组，实施了网络畅通抽查、制定落实端口管理计划、强化政务网络分域管理、将村级网关下移至村级路由器等措施，实现了政务专网规范、畅通、安全的目标。

（齐城）

电子政务

【信息化基础设施不断提升】 年内，密云县落实“双进入”体制，推进管道基站和宽带建设。相关政府部门与电信运营商组成了“双进入”领导机构，信息化基础设施提升计划顺利推进。年内，中国联通、中国移动、中国电信 3 家运营商共完成基站建设 24 个。其中，联通密云分公司年度基站需求数量 20 个，已经完成 16 个，占年度需求量的 80%；移动密云分公司年度基站需求数量 11 个，已经完成 6 个，占年度需求量的 55%；电信密云分公司年度基站需求数量 3 个，已经完成 2 个，占年度需求量的 67%。

（齐城）

【电子政务共享交换平台建设】 年内，密云县组织开展了电子政务共享交换平台建设。开发建设了县域和部门 2 套办公自动化系统，对部分系统原有功能进行了修改、完善，增加了部分功能，密云电子政务共享交换平台的服务器配置到位，法人数据库和人口数据库已初步建立；建设了 140 平方米的第二机房，共有服务器 97 台，其中自主服务器 63 台，托管服务器 34 台，涉及单位 22 家。

（齐城）

【密云县门户网站成功升级】 年内，密云县对门户网站进行了升级改版，对版面布局进行了重新设计调整，强化了为民服务功能。改版后的网站增加了政民互动网络渠道，重点突出《政风行风》、《网上信访》、《县长信箱》栏目。从过去侧重政府信息公开拓展到在信息公开基础上，更加突出公共信息服务和政民信息互动，全面体现政府网站发展方向。12 月，改版后的“北京·密云”门户网站正式运行。

（齐城）

【移动教室培训试点工作开展】 市经济信息化委在密云县河南寨镇开展了移动教室培训试点工作。针对河南寨镇的产业特点，“数字家园”不能满足其培训需求的情况下，共购置笔记本电脑 21 台，无线路由器 3 台，大学生村官在全镇 28 个村开展流动培训。全镇 28 个行政村开展 52 次培训，共计培训 500 人次。

（齐城）

社会领域信息化

【农村“数字家园”建设全面推进】 年内，密云县按照接通一条宽带网络，建设一个村级综合信息服务点，组织一批信息资源，建立一支信息化服务队伍，制定一套信息化工作机制的“五个一”标准全面进行数字家园建设。在 2006 年先期进行试点的基础上，于 2007 年至 2009 年 3 年期间全面展开，共投入资金 600 多万元。2009 年 12 月，农村数字家园建设实现了全县行政村全覆盖，累计建设完成数字家园 335 个，每个数字家园配备了至少 5 台联想电脑。数字家园拥有密云县信息资源中心、密云县农村综合信息服务网、农村党员干部远程教育和文化共享工程等信息资源。

（齐城）

延庆县

【概述】 年内，是延庆县信息化工作转型之年。随着政务网络基础设施建设和升级改造工作的完成，延庆县政务网络实现了县域全覆盖。完善的政务信息网络为信息化的推广和应用奠定了坚实的基础。延庆县政务信息化工作的重点从基础设施建设阶段转向了信息化深化应用阶段，延庆县政务信息化进入一个以“互联互通、资源共享”为特征的应用深化期。2009年延庆县政务网络县域全覆盖的优势在信息化应用工作中逐步显现：新中国成立60周年庆祝活动期间，应急保障工作为新建的政务网络提供了实战的平台。基于政务网络运行的延庆县应急指挥系统、IP视频会议系统在应急保障期间运行稳定，为延庆县的应急保障工作圆满完成提供了有力的支撑。农村党员干部现代远程教育系统、农村远程教育信息站培训系统、农村剩余劳动力管理系统、农村信息资源服务系统的开通为农村经济的发展和农村信息化的普及发挥了作用。

（张文武）

电子政务

【北京延庆政府门户网站改版完成】 年内，延庆县对北京延庆网站进行了第四次全新设计改版。此次改版本着“服务性与参与性相结合、可操作性与前瞻性相结合、科学性与综合性相结合、协调统一与特色兼顾相结合”的原则，从技术体系、栏目框架、页面设计、内容规范性、用户易用性五个方面进行了重新部署建设。改版后的页面设计充分体现信息公开、在线服务、政民互动三大功能定位。改版后的网站为实现“一站式”办事平台建立了良好基础。

（张文武）

【“双进入”工程顺利开展】 年内，为了落实“双进入”工程，延庆县成立了基站和宽带建设“双进入”工作领导小组，建立了政府和企业“双进入”体制，全力推进延庆县基站和宽带建设。延庆县完成了3G基站建设48个、宽带点机房55个、有源箱17个，新安装宽带点设备13个点，开通有源箱17个，新增宽带通信能力12,000端口，宽带覆盖行政村达到235个，宽带覆盖率为62%。城区实现2M全覆盖，使全县2M用户覆盖率达到60.64%。

（张文武）

【政务网络村村通工程稳步推进】 年内，延庆县在政务网络覆盖到乡镇政府的基础上，铺设由乡镇政府至全县所有376个行政村6芯光缆，其中4芯用于行政村政务网络村村通，实现农村宽带上网和组建政务专网。2芯用于农村有线电视户户通，解决延庆县大部分农村不能收看有线电视的难题。6月30日，政务网络村村通工程建设全部完成，共铺设光缆1329.7皮长公里，376个行政村全部接入县政务网络平台，同步实现了农村党员远程教育站点建设和文化共享功能。

（张文武）

【新中国成立60周年庆祝活动期间应急保障工

作圆满完成】 年内，延庆县重新修订了《延庆县电子政务网络应急预案》，更新了各接入单位的主管领导和网络管理员，并在国庆前进行了 3 次应急演练。在国庆政务网络保障期间，暂时关闭内容较少、维护力量较薄弱的二级网站；延庆县采用双人双岗对整个网络系统进行 7×24 小时全程实时监控，值班人员每隔 5 分钟刷新一次网站页面，确保网站在安保期间未发生一起安全事件。

社会领域信息化

【有线电视村村通工程卓有成效】 2009 年底，延庆县有线电视“户户通”工程完成了 270 个行政村有线电视联网工作，35,882 户农民收看上了清晰的有线电视节目。

（张文武）

【农村信息资源整合工作稳步推进】 年内，延庆县利用政务光缆铺设到村和农村党员干部现代远程教育站点覆盖到村的资源优势，以“整合资源、实现功能、加强管理、重在实效”为原则，整合农村信息资源。整合县委组织部、文化委员会、信息中心、农村合作经济经营管理站、科学技术委员会等部门现有的农村信息资源，将分属各部门分别管理的农村党员干部远程教育系统、数字影厅、农村文化共享、新农村数字家园、农村信息管理系统、爱农信息驿站、医疗卫生信息系统、农村远程教育信息站培训系统、统筹城乡就业信息系统、农村剩余劳动力管理系统和党员活动室进行信息资源整合，对已有软硬件进行集中管理使用、利用政务网络把各种设备统一接入互联网，拓展已有农村信息资源的功能。

（张文武）

北京信息化工作领导体系

北京市信息化工作领导小组

北京市通信保障和信息安全应急指挥部领导和成员

（京办字〔2008〕9号）

总指挥：

李士祥　市委常委、市委秘书长

第一副总指挥：

苟仲文　副市长

副总指挥：

崔述强　市委副秘书长、市委办公厅常务副主任

鲁　勇　市政府副秘书长

朱　炎　市经济信息化委主任

李春良　市广播电影电视局局长

陈卫军　市通信管理局局长

杨晓毅　市公安局副局长

成　员：

严力强　市委宣传部副部长

陈　静　市国家保密局局长

许博春　市委机要局局长、市密码管理局局长

王英建　市能源与经济运行协调领导小组办公室专职副主任

付志峰　市教委副主任

王建新　市科委委员

白　新　市经济信息化委副主任

杨晓毅　市公安局副局长

张　峰　市国家安全局副局长

孟　钧　市民政局副局长

王　婴　市财政局副局长

张大发　市人力资源和社会保障局副巡视员

王荣武　市住房城乡建设委委员

柴文忠　市市政市容委副主任

薛江东　市交通委委员

李海平　市农委副主任

陈　铁　市水务局总工程师

许　康　市商务委副主任

王　鹏　市文化局副局长

邓小虹　市卫生局副局长

郝硕博　市地税局副局长

刘　健　市工商局副局长

何桂芝　市广播电影电视局总工程师

栗志纲　市金融工作局副局长

程拴牢　市民防局副局长

隋亚刚　市公安局公安交通管理局副局长

齐霖霖　市无线电管理局局长

张晋红　市通信管理局副巡视员

李宝林　武警北京市总队副参谋长

杜新安　经济技术开发区管委会巡视员

朴学东　东城区副区长

王　粤　西城区副区长

阎　军　朝阳区副区长

杨志强　海淀区区委常委、常务副区长

冀　岩　丰台区区委常委、常务副区长
王春杰　石景山区区委常委、常务副区长
罗　斌　门头沟区区委常委、常务副区长
高言杰　房山区区委常委、常务副区长
崔志成　通州区副区长
林向阳　顺义区副区长
绳立成　大兴区副区长
洪　波　昌平区副区长
李宝峰　平谷区副区长
吴群刚　怀柔区副区长
钱福生　密云县副县长
刘　兵　延庆县副县长

2009年北京市无线电管理委员会委员名单

主　任：苟仲文　北京市政府
副主任：李建设　北京卫戍区
朱　炎　市经济和信息化委员会
委　员：张燕友　市发展和改革委员会
郑　萼　市教育委员会
单志刚　市公安局
李心纲　市国家安全局
吴素芳　市财政局
张祖德　市人力资源和社会保障局
孙　卫　市规划委员会
冀　岩　市住房和城乡建设委员会
武利亚　市市政市容管理委员会
薛江东　市交通委员会
崔建立　市工商行政管理局
姚　娉　市质量技术监督局
姚　辉　市环境保护局
何桂芝　市广播电影电视局
王金山　市政府法制办公室
王连峰　市城管执法局
王黎明　市委610办公室
王　拥　市保密局
宋京雁　北京海关
夏朝征　民航华北地区管理局无线电管理委员会
韩　玮　市通信管理局
潘云生　总参三部三局
刘传忠　北京卫戍区司令部通信处
齐霖霖　市无线电管理局

北京市信息化专家咨询委员会第一届委员

（京信办〔2006〕3号）

主　任： 杨学山　国务院信息化工作办公室副主任

副主任： 周宏仁　国家信息化专家咨询委员会常务副主任

委　员：（按姓氏笔画排序）

方滨兴　信息产业部互联网应急处理协调办公室主任、工程院院士

王安耕　中信集团公司总工程师

牛文元　中科院政策研究所研究员

曲成义　航天科技集团710所科技副主任

怀进鹏　北京航空航天大学教授

李国平　北京大学政府管理学院副院长

李　明　国务院发展研究中心信息中心副主任

吴　江　人事部人事科学研究院院长

杨开忠　北京市经济与社会发展研究所所长

汪玉凯　国家行政学院教授

金元浦　人民大学人文奥运中心主任

周汉华　社科院法学研究所教授

高新民　中国互联网协会常务副会长

薛　澜　清华大学政府管理学院副院长

中关村国家自主创新示范区领导小组

（京政办发〔2009〕29号）

组　长：郭金龙　市长

副组长：赵凤桐　市委常委、市委教工委书记

苟仲文　副市长

成　员：张志伟　市委组织部副部长

张　工　市发展改革委主任

刘利民　市教委主任

闫傲霜　市科委主任

朱　炎　市经济信息化委主任

杨晓超　市财政局局长

张欣庆　市人力社保局局长

魏成林　市国土局局长

黄　艳　市规划委主任

隋振江　市住房城乡建设委主任

刘小明　市交通委主任

卢　彦　市商务委主任

王　东　市国资委主任

王晓明　市地税局局长

张志宽　市工商局局长

赵长山　市质监局局长

冯俊科　市版权局局长

苏　辉　市统计局局长

霍学文　市金融局副局长

刘振刚　市知识产权局局长

周继东　市政府法制办主任

戴　卫　中关村管委会主任

张伯旭　北京经济技术开发区管委会主任

杨艺文　东城区区长

张建东　西城区区长

牛青山　崇文区区长

王　刚　宣武区区长

程连元　朝阳区区长

林抚生　海淀区区长

游广斌　丰台区代区长

周茂非　石景山区区长

刘云广　门头沟区区长

祁　红　房山区区长

邓乃平　通州区区长

刘　剑　顺义区代区长

李长友　大兴区区长

金树东　昌平区区长

邱水平　平谷区区长

池维生　怀柔区区长

刘福志　密云县县长

孙文锴　延庆县县长

孔繁琪　市国税局副局长

杨国中　人民银行营业管理部主任

楼文龙　北京银监局局长

刘春旭　北京证监局局长

丁小燕　北京保监局局长

周其凤　北京大学校长

顾秉林　清华大学校长

何　岩　中科院北京分院党组书记

干　勇　钢铁研究总院院长

屠海令　北京有色金属研究总院院长

柳传志　联想控股有限公司总裁

邓中翰　中星微电子有限公司董事长

王小兰　中关村协会联席会主席

区县信息化工作领导体系

东城区信息化工作领导体系

（东办发〔2008〕5号）

东城区信息化工作领导小组

组　长：王学勤　区委书记
杨艺文　区委副书记、区长

常务副组长：
冯　熙　区委副书记、政法委书记

副组长：岳　鹏　区委常委、区政府常务副区长
边振英　区委常委、区委办公室主任

成　员：
邳海杰　区委办公室常务副主任、区保密局局长
张增耀　区委政法委常务副书记、区维稳办主任
杨五一　区委政法委副书记、区综治办主任
毛　炯　区政府办公室主任
于蓟生　区发改委党组书记
赵北亭　区发改委主任
彭　湘　区科委主任、区知识产权局局长、雍和园管委会主任
蔡福全　区教委主任
程永涛　区文委主任
乔世怀　区建设委员会主任
赵鹏锦　区城管委主任
田建军　区街道办主任
陈　虹　区财政局局长
王志亮　区人事局局长
许　汇　区劳动保障局局长
赵凌云　区民政局局长
曲　力　区体育局局长
王　健　区商务局局长
侯振刚　区旅游局局长
赵　刚　区统计局局长
陈　红　区审计局局长
马增欣　区安全生产监督局局长
李照宏　区行政服务中心主任
冯继宽　区档案局局长
武建军　王府井建管办副主任
李　强　东二环建管办主任
王小英　区房管局局长
高　琦　区城管监督中心主任

陈朝晖　规划分局局长

张　明　区卫生局副局长（主持工作）

杨发航　区委宣传部副部长、新闻中心副主任

单志强　公安分局副局长

连秉坤　区国家保密局副局长

倪　东　区信息办副主任

李　桦　东方文化资产经营公司董事长

东城区信息化工作办公室

主　任：岳　鹏（兼）

常务副主任：于蓟生（兼）

副主任：倪　东（兼）

东城区信息中心

主　任：倪　东

西城区信息化工作领体系

（西信息办文〔2008〕30号）

西城区信息化工作领导小组

组　长：张建东　区委副书记、区长

副组长：白云生　区委常委、常务副区长

李　江　区委常委、区委办公室主任

闫傲霜　副区长

成　员：俞　强　区政府办公室主任

李占文　区委办公室副主任

李　薇　区政府办公室副主任

王效农　区委组织部副部长

田玖龙　区委宣传部副部长

吴向阳　区发展改革委主任

田京生　区教委主任

黄　勇　区科委主任

吴铁男　区建委主任

郭柏顺　公安局西城副局长

张文桦　区监察局局长

徐　斌　区民政局局长

周慧来　区财政局局长

王明山　区劳动和社会保障局局长

牛　锐　规划局西城分局长

崔树杰　区市政管委副主任

王　新　区商务局局长

吕　丹　区文委副主任

刘劲松　卫生局副局长

皮　强　国资委副主任

颜　华　区统计局局长

王秋英　区法制办主任

郑玉冰　区信息办主任

关山红　区编办副主任

朱　伟　区保密局局长

金子成　区档案局局长

李玉庆　西城地税局局长

聂杰英　国税局西城分局局长

刘洪彬　工商局西城分局副局长

朱立谱　区质量技术监督局局长

西城区信息化工作办公室

主　任：郑玉冰

副主任：向功英　马　忠

西城区信息中心

主　任：商　燕

副主任：樊月辉　高　飞

崇文区信息化工作领导体系

崇文区信息化工作领导小组

组　长：牛青山　区委副书记、区长

副组长：王成国　区委常委、常务副区长

丁茂战　区委常委、区委办公室主任

刘玉芳　副区长

成　员：葛俊凯　区政府办公室主任

陈之常　区发展改革委员会主任

姜伯奎　区商务局主任

于　静　区建设管理委员会主任

吴金涛　区教育委员会主任

周晓沪　区科学技术委员会主任

周秋来　区法制办公室主任

张　伟　区信息化工作办公室主任

韩焕岭　区危旧房改造办公室主任

武殿国　区国家保密局局长

梁　岩　区人事局局长

王兆康　区财政局局长

李文苏　区劳动和社会保障局局长

李学会　区民政局局长

马先海　区规划局局长处主任

郭培基　区质量技术监督局局长

刘建秋　区卫生局局长

朱连富　区公安分局副局长

罗少杰　前门街道办事处主任

白金涛　崇文门外街道办事处主任

袁绣江　体育馆路街道办事处主任

暴　剑　东花市街道办事处主任

赵茂杰　龙潭街道办事处主任

李光升　永定门外街道办事处主任

郝　斌　天坛街道办事处主任

崇文区信息化工作办公室

主　任：张　伟（兼）

崇文区信息中心

主　任：何　震

宣武区信息化工作领导体系

（宣信发〔2009〕6号）

宣武区信息化工作领导小组

组　长： 杜灵欣　区委常委、副区长

副组长： 范　宝　副区长

成　员： 杨　川　区政府办主任

付贵森　区政府办公室副主任　信息办主任

艾　丽　区委组织部常务副部长

商德江　区社会办副主任

程瑞琦　区委办公室副主任

李茂福　区委宣传部副部长

张　骏　区委区政府研究室副主任

王　强　区人事局副局长

石宝春　区保密局副局长

李如琳　区人大办公室副主任

刘学增　区发展改革委常务副主任

袁　文　区科委副主任

张俊义　区监察局副局长

周春青　区财政局副局长

刘占华　区法制办调研员

金　忠　区政协办公室副主任

宣武区信息化工作办公室

主　任： 付贵森

宣武区信息中心

副主任： 左　伟　姚　薇

朝阳区信息化工作领导体系

（朝信发〔2009〕4号）

朝阳区信息化工作领导小组

组　长： 程连元　区长
副组长： 张　洋　区委副书记
　　　　阎　军　副区长
成　员： 苑文新　区委办主任
　　　　刘军胜　区政府办主任
　　　　王亚贵　区发展改革委主任
　　　　陈晓东　区农委主任
　　　　孙其军　区教委主任
　　　　王先勇　区科委主任
　　　　史素珍　区人口和计生委主任
　　　　汪　洋　区社会办主任
　　　　刘　勇　区法制办主任
　　　　梅诗曙　区信息办主任（11月离职）
　　　　邹立嵩　区财政局局长
　　　　张树安　区监察局局长
　　　　刘　野　区审计局局长
　　　　郑　煌　区人事局局长
　　　　王春平　区统计局局长
　　　　师　伟　区卫生局局长
　　　　朱宝祺　区保密局调研员
　　　　王益春　公安朝阳分局政委
　　　　吕明杰　区劳动保障局局长
　　　　张　勇　区商务局局长
　　　　张凤祥　区民政局局长
　　　　申玺朝　区档案局局长
　　　　洪继元　区投资促进局局长
　　　　关　伟　区安全生产监督管理局局长
　　　　张立新　市规划委朝阳分局局长
　　　　刘春成　北京商务中心区管委会常务副主任
　　　　王文军　中关村电子城科技园管委会常务副主任
　　　　陈　杰　奥林匹克公园管委会副主任
　　　　张永红　区城管监察大队大队长
　　　　皮定均　区城管监督中心主任
　　　　奚传斌　区新闻广电中心主任
　　　　张颖诚　区机关后勤服务中心主任

朝阳区信息化工作办公室

主　任： 梅诗曙（11月离职）
副主任： 王　臻

朝阳区信息网络中心

主　任： 黄晓辉
副主任： 熊桂梅

海淀区信息化工作领导体系

（海政办发〔2009〕26号）

海淀区信息化工作领导小组

组　长： 林抚生　区长

副组长： 刘　鸿　区委常委、区委办主任

刘长利　副区长

信息化工作领导小组成员为以下单位的主管领导：

区委办　组织部　宣传部　政法委

社工委　区政府办　财政局　人事局

监察局　保密局　公共委　发展改革委

农林委　教委　科委　建委　文化委

市政管委　海淀园管委会秘书处　文明办

法制办　公安海淀分局　劳动保障局

民政局　民防局　国税局　地税局

商务局　旅游局　卫生局　统计局

环保局　安监局　质监局　档案局

国土资源海淀分局　工商海淀分局

规划海淀分局　海淀交通支队　新闻中心

信息办

海淀区信息化工作办公室

主　任： 张泽根

副主任： 付海涛

海淀区信息中心

主　任： 李忠志

副主任： 袁宇临

丰台区信息化工作领导体系

（丰政发〔2002〕19号）

丰台区信息化工作领导小组

组　长：区长
副组长：区委常委
区委办主任
区委常委
常务副区长
副区长
区长助理
区政府办公室主任
成　员：各委办局主管领导

丰台区信息化工作办公室（区政府办公室内设机构）

主　任：高　峰（政府办主任兼）
副主任：吴智青（9月离职）

丰台区人民政府信息中心（区政府办公室下属全额拨款事业单位）

副主任：郑荣康

石景山区信息化工作领导体系

（石信发〔2008〕1号）

石景山区信息化工作领导小组

组　长： 周茂非　区长
副组长： 刘国庆　副区长
成　员： 万新恒　区长助理、区发展改革委主任
田利跃　区政府办公室主任
李　艳　区科委主任
王兰芳　区教委主任
孟凡柱　区监察局局长
刘亚泉　区财政局局长
郭　婧　区保密局局长
魏志安　区广电中心主任
富大鹏　区信息办主任

石景山区信息化工作办公室

主　任： 富大鹏

门头沟区信息化工作领导体系

门头沟区信息化工作领导小组

组　长： 李建军　副区长（6月离职）

副组长： 付军利　区政府办副主任（8月离职）

成　员： 杨玉柱　区教委副主任

张银星　区文委副处调研员

宋利宁　区卫生局纪检书记

陈连军　区旅游局副局长

李庆起　区公安分局副局长

李来喜　区规划分局纪检组长

王红霞　区农委副主任

陈广田　区林业局副调研员

贺　虹　区信息办主任（2009年9月合并到经济信息化委）

王德贵　大峪街道办副主任

韩建国　东辛房街道办武装部长

周国良　城子街道办武装部长

刘阿长　大台街道办工委副书记

高建华　龙泉镇纪检书记

石德库　永定镇人大副主席

王永利　潭柘寺镇人大副主席

贾卫东　军庄镇党委副书记

陈有芳　王平镇纪检书记

范兆来　妙峰山镇武装部长

何九忠　雁翅镇副镇长

刘贵清　斋堂镇党委副书记

张宝贵　清水镇副镇长

贺春义　歌华有线门头沟分公司总经理

梁兴生　中国联通门头沟分公司副总经理

翟　江　中国电信门头沟营业部海淀北局局长

周歆杨　中国移动门头沟分公司总经理

门头沟区信息化工作办公室

主　任： 贺　虹

门头沟区信息中心

主　任： 孙京浙

副主任： 韩　峥

房山区信息化工作领导体系

（房政办发〔2007〕41 号）

房山区信息化工作领导小组

组　长： 祁　红　区政府区长

副组长： 卢国懿　区政府副区长（常务副组长）

陈硕林　区委办主任

刘建平　区政府办主任

刘荣秀　区信息中心主任、区信息办主任

成　员： 高维魁　区政协副主席、区财政局局长

崔　山　区发改委主任（7 月离职）

赵永祥　区农委主任

段维鹏　区建委主任

苗宗启　区市政管委主任

郭志族　区教委主任

张海鹏　区科委主任

李立新　区文化委主任

张广华　区人口计生委主任

卢永春　区法制办主任

孙丽娟　区新闻办主任

杨东升　区劳动保障局局长

赵　军　区工业局局长

金守江　区人事局局长（10 月离职）

刘胜国　区民政局局长

朱仕生　区商务局局长

周德运　区安监局局长

张建国　区卫生局局长

张福志　区统计局局长

隗功勋　区环保局局长（7 月离职）

周文海　区交通局局长

胡文学　区国税局局长

万国喜　区地税局局长

王华鑫　房山工商分局局长

夏林茂　房山规划分局局长

任振秋　房山国土分局局长

隗有敏　区保密局局长

钱希杰　区质监局局长

李新华　区电信局局长

孙　泽　区广电中心主任（7 月离职）

李昌俊　歌华有线房山分公司经理

房山区信息化工作办公室

主　任： 刘荣秀

房山区信息中心

主　任： 刘荣秀

副主任： 罗　刚　郑桂敏

通州区信息化工作领导体系

（通政发〔2007〕16号）

通州区信息化工作领导小组

组　长： 邓乃平　区长

副组长： 张永明　县委常委、常务副区长

于世疆　副区长

肖志刚　区委办公室主任

马峰成　区政府办公室主任

成　员： 陈秋平　区委宣传部常务副部长

王增哲　区文明办主任

崔松光　区发展改革委主任

宋京璋　区教委主任

季志会　区科委主任

王　健　通州公安分局政委

赵潮英　区监察局局长

郭　辉　区民政局局长

刘汝林　区财政局局长

罗明光　区人事局局长

王振良　区劳动保障局局长

禹学垠　市规划委通州分局局长

张志强　区建委主任

李柏松　区农委主任

王士杰　区商务局局长

杜德久　区文化委主任

王文永　区卫生局局长

赵久治　区质量技术监督局局长

陈国庆　区工业局局长

张春良　区统计局局长

徐景发　区法制办主任

吕咸生　区国家保密局局长

苏光兴　区档案局局长

王志刚　区广电中心主任

张　朋　区信息中心主任

王树生　网通通州分公司经理

刘存明　歌华有线通州分公司经理

高　松　移动通州分公司总经理

通州区信息化工作办公室

主　任： 田恩生（政府办副主任兼任）

通州区信息中心

主　任： 张　朋

顺义区信息化工作领导体系

顺义区信息化工作领导小组

组　长：刘　剑　区政府区长

副组长：王海臣　区政府常务副区长

杨宝华　区委常委、宣传部长、区委办主任

燕　瑛　区政府副区长

成　员：刘福海　区政府办公室主任

田建国　区发展改革委主任

李国新　区市政管委主任

刘永发　区建委主任

闫志广　区农委主任

李国振　区科委主任

线长久　区教委主任

邢永富　区财政局局长

吴建国　区工业局局长

王福印　区商务局局长

董占云　顺义规划分局局长

董大明　区人事局局长

徐福元　区档案局局长

刘希成　歌华有线顺义分公司总经理

强志勇　区电信局局长

王永宝　区信息中心主任

顺义区信息中心

主　任：王永宝

大兴区信息化工作领导体系

（京兴信息办发〔2005〕1号）

大兴区信息化工作领导小组

组　长：王惠民　区长

副组长：金树东　区委常委、常务副区长

郭宝东　区委常委、区委办主任

潘新胜　副区长

成　员：李维民　区政府办主任

刘尚先　区信息办主任、政府办副主任

佟秀全　区委组织部副部长

刘素然　区委宣传部副部长

绳立成　区发改委主任

郑怀志　区财政局局长

靳文浦　区劳动和社会保障局局长

王宗刚　区人事局局长

魏文元　区监察局局长

张凤君　区规划分局局长

李亦武　区国资委主任

李克仁　区教委主任

李学元　区建委主任

孙玉恩　区电信局局长

汪宝国　区农委主任

刘士忠　区商务局局长

王自学　区科委主任

李书深　区工业局局长

汪锡锟　区统计局局长

刘　华　区卫生局局长

刘冬青　区技监局局长

张士军　区国税局局长

沈永奇　区地税局局长

侯春哲　区工商分局局长

刘景波　区广电中心主任

邱国占　北京生物工程与医药产业基地管委会主任

周淑娅　区保密局副局长

宋广臣　歌华大兴分公司总经理

郑亚君　区信息办信息中心主任

王　琦　区信息办信息化管理科副科长

大兴区信息化工作办公室（大兴区经济和信息化委员会　2009年12月成立）

主　任：刘尚先

大兴区信息中心

主　任：郑亚君

副主任：张保华　孔德刚

昌平区信息化工作领导体系

昌平区信息化工作领导小组

组　长：金树东　区长

副组长：朱光彤　区委常委、区政府常务副区长

孙　启　区委常委、区委办公室主任

洪　波　区政府副区长

成　员：刘学亮　区政府办主任

靳增立　区委组织部常务副部长

杨春山　区委宣传部部长

徐忠福　区编办主任

黄先锋　区社会办主任

任鹏举　区经济信息化委主任

于　波　区发展改革委主任

陈隽磊　区国资委主任

李永生　区教委主任

李德海　区农委主任

于　泓　区科委主任

奚增森　区住建委主任

赵亚群　区市政市容委主任

陈玉起　区文化委主任

沈树祥　区商委主任

李春菊　区人口计生委主任

裴卫东　区监察局局长

杨洪达　区民政局局长

吴小利　区财政局局长

郭自成　区审计局局长

段　刚　规划昌平分局局长

郑全智　国土昌平分局局长

赵海英　区人力社保局局长

张　岩　区国税局局长

姚敬国　区地税局局长

刘全新　区统计局局长

田国瑞　区环保局局长

余巨川　工商昌平分局局长

王建军　区质量技术监督局局长

金东彪　区安全生产监督局局长

杜高潮　区卫生局局长

董锦华　区园林绿化局局长

董　旭　区水务局局长

袁丽民　区投促局局长

赵丽君　区档案局局长

刘晓梅　区广播电视中心主任

刘　毅　区高级人民法院院长

韩索华　区人民检察院检察长

叶国清　公安昌平分局局长

汪跃明　公安昌平分局交通支队队长

李自明　路政昌平分局局长

徐德清　区经管站

崔　明　区综合行政服务中心主任

苏贵光　中关村科技园区昌平园管委会主任

昌平区信息化工作办公室

主　任：任鹏举

副主任：温海宁

平谷区信息化工作领导体系

平谷区信息化工作领导小组

组　长：秦　刚　区委书记

副组长：魏玉瑞　副区长长

昌平区信息化工作办公室主任：

张双全　区政府办办公室

史力成　区委办公室副主任

吴玉林　区经济信息化委书记、信息中心主任

平谷县信息化工作办公室

主　任：崔东辉

副主任：付　强

平谷县信息中心

主　任：吴玉林

副主任：李　云　李　强

怀柔区信息化工作领导体系

（怀政办发〔2007〕21号）

怀柔区信息化工作领导小组

组　长：池维生　区长

副组长：王仕龙　区委常委、常务副区长

田文杰　区委常委、区委办公室主任

成　员：钟百利　区政府办公室主任

金庚申　区发展改革委主任

赵学恭　区农委主任

周怀明　区科委主任（3月离职）

王玉山　区文委主任

闫充印　区教委主任

赵柏清　区政府办公室调研员

张宏宇　区财政局局长

邓连庄　规划分局局长

谢冬生　公安分局局长

邴秀海　区统计局局长

梁德元　区广电中心主任

怀柔区信息化工作办公室

主　任：赵柏清

怀柔区信息化中心

主　任：赵柏清

密云县信息化工作领导体系

（密政办字〔2007〕104号）

密云县信息化工作领导小组

组　长： 刘福志　县长

副组长： 王广双　县委常委、常务副县长

张玉鲲　县委常委、县委办主任

程文华　副县长

郑晓君　县政府办公室主任

成　员： 崔春花　县发展改革委主任

郭瑞权　县财政局局长

孙明朝　县委宣传部常务副部长

张赤兵　县建委主任

雷亚军　县市政管委主任

彭兴宝　县商务委主任

蒋学甫　县农委主任

姜　博　县经委主任

欧玉金　县科委主任

李忠勤　县教委主任

王键铨　县人事局局长

王　宇　县劳动保障局局长

赵志强　县质量技术监督局

齐立库　县国税局局长

赵增科　县地税局局长

谭凤章　县民政局局长

田长丰　县公安局局长

王怀福　县规划分局局长

曹玉冰　县工商分局局长

任向宏　县卫生局局长

宋连成　县交通局局长

郭立新　县旅游局局长

李光辉　县国土分局局长

赵力杰　县广电中心主任

郑亚民　县信息中心主任

张兴华　北京联通密云分公司经理

孙永鑫　县供电公司经理

密云县信息化工作办公室

主　任： 郑晓君

副主任： 王加学

密云县信息中心

主　任： 郑亚民

副主任： 祁树国

延庆县信息化工作领导体系

（延政办发〔2009〕67 号公布）

延庆县信息化工作领导小组

组　长： 孙文锴　县长

副组长： 胡耀刚　县委常委、常务副县长

于少东　县委常委、副县长（12 月离职）

盛桂荣　县委常委、县委宣传部部长

赵志萍　副县长

甘靖中　副县长

徐凤翔　副县长

成　员： 张留全　县政府办公室主任

王卫东　县政府法制办公室主任

臧文柱　县应急委办公室主任

孙自广　县经济信息化委主任

郭永华　县发展改革委主任

闫　广　县住建委主任

鲁世宽　县市政市容委主任

张　春　县商务委主任

程大庆　县农委主任

史绍全　县科委主任

张素枝　县文委主任

赵海江　县财政局局长

祁文广　县民政局局长

孙思升　县园林绿化局局长

王剑明　县旅游局局长

刘　泽　县公安局局长

王新亮　县交通局局长

郝晨东　县水务局局长

赵　奕　延庆规划分局局长

赵学功　延庆工商分局局长

韩　贵　县城管大队大队长

孟昭旭　县广电中心主任

韩贵海　县社会建设办公室主任

许文学　歌华有线公司延庆分公司经理

朱锦维　北京联通延庆分公司经理

谷奇峰　北京移动延庆分公司经理

朴振宇　中国电信延庆电信局局长

延庆县信息化工作办公室

主　任： 王金福

延庆县信息中心

主　任： 王金福

附录

北京市经济和信息化委员会（北京市国防科学技术工业办公室）主要职责

《北京市人民政府关于机构设置的通知》（京政发〔2009〕2号），《北京市人民政府机构改革方案》经中共中央、国务院批准，其中北京市经济和信息化委员会（挂北京市国防科学技术工业办公室牌子）为市政府组成部门。组建经济和信息化委员会，将发展改革委员会的工业管理有关职责、科学技术委员会的软件业行业管理职责、工业促进局（国防科学技术工业办公室）的职责、信息化工作办公室的职责、乡镇企业局的职责、整合划入经济和信息化委员会，不再保留工业促进局、信息化工作办公室、乡镇企业局。

一、职责调整

（一）划入的职责

1. 将原北京市工业促进局（北京市国防科学技术工业办公室）、北京市信息化工作办公室、北京市乡镇企业局的职责，整合划入市经济信息化委。

2. 北京市发展和改革委员会（简称市发展改革委）的工业行业管理和信息化有关职责。具体包括：研究提出本市工业发展战略；根据国家工业行业规划和产业政策，研究拟订本市工业行业规划及配套措施的实施意见；指导工业行业地方标准的拟订；按照规定权限，核准、备案和上报本市规划内和年度计划规模内工业和信息化领域固定资产投资项目；车辆生产准入管理；工业生产许可工作中的产业政策确认；高技术产业中涉及生物医药、新材料等的规划、政策和标准的拟订及组织实施；组织编制重大技术装备规划，协调相关政策；工业的节能、资源综合利用、清洁生产促进和落后产能退出工作；对中小企业的指导和扶持，会同有关部门对北京市中小企业创业投资引导基金使用的决策、监督和管理；企业减负工作。

3. 北京市科学技术委员会的本市软件业行业管理职责。

（二）取消的职责

已由市政府公布取消的行政审批事项。

（三）转变的职责

1. 加快推进信息化和工业化融合、高新技术与传统工业改造结合，促进现代制造业等高端产业发展，加快推进本市信息化建设。

2. 强化对中央在京企业的服务职责。

3. 加强指导本市工业、软件和信息服务业安全生产工作的职责，组织拟订有关行业安全生产方面的规范和标准，加强对民用爆破器材生产和流通企业安全工作的监督管理。

二、主要职责

（一）贯彻执行国家关于工业、软件和信息服务业、信息化方面的法律、法规、规章和政策，起草本市相关地方性法规草案、政府规章草案，并组织实施。

（二）研究拟订并组织实施本市工业、软件和信息服务业、信息化发展规划和产业政策，推进产业布局调整和产业结构优化升级。

（三）监测分析本市工业、软件和信息服务业、信息化的运行态势，统计并发布相关信息；协调解决产业运行和发展中的重大问题，并提出政策建议。

（四）按照规定权限，核准、备案和上报本市规划内和年度计划内工业和信息化领域固定资产投资项目；会同有关部门研究提出工业、软件和信息服务业、信息化方面利用外资和境外投资的重点领域和促进政策。

（五）指导本市工业、软件和信息服务业、信息化技术创新和技术进步，推进企业技术改造；组织实施国家及本市工业、软件和信息服务业、信息化科技重大专项，推进相关科研成果产业化；指导相关行业质量管理工作。

（六）拟订本市高技术制造业、软件和信息服务业、信息化和新兴产业中重点领域的发展规划、实施方案、配套政策及行业标准，并组织实施；指导工业、软件和信息服务业、信息化领域文化创意产业的发展。

（七）承担振兴本市装备制造业组织协调的责任，组织拟订重大技术装备发展和自主创新规划、政策；依托国家及本市重点工程建设推进重大技术装备国产化，指导引进重大技术装备的消化创新。

（八）拟订并组织实施本市工业、软件和信息服务业、信息化领域的能源节约和资源综合利用、清洁生产促进政策；参与拟订能源节约和资源综合利用、清洁生产促进规划；组织协调相关重大示范工程和新产品、新技术、新设备、新材料的推广应用。

（九）指导和促进本市中小企业发展；会同有关部门拟订促进中小企业发展和非国有经济发展的相关政策和措施，协调解决有关重大问题；建立和完善中小企业服务体系。

（十）指导和协调本市工业开发区的建设与发展，促进工业产业基地建设；负责镇村产业生产集中地（农民就业产业基地）建设；指导镇村产业发展。

（十一）统筹推进本市信息化工作；组织制定相关政策并协调信息化建设中的重大问题；统筹协调电子政务、电子商务、公共服务信息化和经济领域信息化的发展；推动跨行业、跨部门的互联互通和重要信息资源的开发利用、共享；统筹协调社会信用体系建设。

（十二）统筹协调本市信息化基础设施的规划和管理；促进电信网络、广播电视网络和计算机网络融合；参与统筹规划公用通信网、互联网、广播电视网和部门专用通信网；负责与国家通信主干网、军工部门及其他部门专用通信网方面的协调工作。

（十三）承担本市网络与信息安全管理责任；负责协调维护信息安全和信息安全保障体系建设；指导监督政府部门、重点行业的重要信息系统与基础信息系统的安全保障工作；协调处理网络与信息安全的重大事件；承担北京市通信保障和信息安全应急指挥部的具体工作。

（十四）负责本市无线电管理工作；负责对无线电频率资源和无线电台（网）进行统一规划和管理；负责研制、生产、进口无线电发射设备的审核工作；协调处理电磁干扰事宜，维护空中电波秩序。

（十五）组织协调北京地区武器装备科研生产的重大事项，保障军工核心能力建设，推进军民结合；协调推进本市航空航天产业发展。

（十六）开展本市工业、软件和信息服务业、信息化领域对外合作与交流。

（十七）负责本市工业、软件和信息服务业、信息化领域人力资源的合理配置，会同有关部门拟订人才队伍建设规划和有关政策措施，组织相关人才培训。

（十八）承办市政府交办的其他事项。

北京市经济和信息化委员会（市国防科工办）机构设置

根据市经济信息化委的主要职责，市经济信息化委（市国防科工办）设24个内设机构。

（一）办公室（财务处）

负责机关政务工作；负责文电、会务、机要、档案等机关日常运转工作；承担信息、信访、议案、政府信息公开、新闻宣传、安全保卫、保密、财务和后勤保障等工作；承担重要事项的组织和督查工作。

（二）研究室（政策法规处）

承担本市工业、软件和信息服务业、信息化方面重大问题的调查研究，并提出相关政策建议；承担综合性重要文稿的起草工作；负责机关推进依法行政综合工作；起草工业、软件和信息服务业、信息化方面的地方性法规草案、政府规章草案；负责行政执法工作的监督、指导和协调；承担行政复议、应诉的有关工作；承担机关行政规范性文件的合法性审核和备案工作。

（三）规划处

组织拟订本市工业、软件和信息服务业、信息化发展规划和产业政策，并组织实施；提出工业和信息化固定资产投资规模和方向的建议；按照规定权限，核准、备案和上报规划内和年度计划规模内工业和信息化固定资产投资项目；审核电子政务和公共服务领域信息化升级改造及运行维护项目；组织重大信息化项目的技术论证、评估验收等工作。

（四）科技标准处

负责推进本市工业、软件和信息服务业、信息化创新体系建设，研究拟订推进企业技术创新、产业技术进步的政策措施；组织实施行业技术标准和规范；指导行业质量管理工作；组织协调工业科技重大专项的实施，推动技术创新和产学研相结合；参与推进相关领域文化创意产业发展工作。

（五）布局处

研究拟订本市工业、软件和信息服务业、信息化布局规划，并组织实施;指导和协调工业开发区的建设与发展，参与拟订促进开发区发展的相关政策；指导工业开发区发展规划和产业定位，推进园区基础设施配套和服务体系建设；推进工业开发区的资源节约和生态建设；组织实施污染扰民工业企业搬迁工作，指导工业资源的开发利用。

（六）经济运行处（央企服务处）

监测分析本市工业、软件和信息服务业、信息化运行态势，统计并发布相关信息，进行预测预警和信息引导；协调解决运行发展中的有关问题并提出政策建议；参与研究拟订物流业促进政策和措施；研究拟订和推进落实服务中央在京企业的有关政策；协调有关部门做好服务中央在京企业、推进重大项目建设等工作；开展相关产业国内经济协作和对外交流合作。

（七）中小企业处

指导和促进本市中小企业发展；会同有关部门拟订促进中小企业发展和非国有经济发展的相关政策和措施，指导城镇集体企业改革，协调解决有关重大问题；推动建立完善中小企业服务体系；推进中小企业信息化建设；会同有关部门负责北京市中小企业创业投资引导基金使用的决策、监督和管理；指导中小企业开展国内外合作与交流；负责组织减轻企业负担工作。

（八）节能与环保产业处

拟订并组织实施本市工业、软件和信息服务业、信息化领域能源节约和资源综合利用、清洁生产促进政策；参与拟订能源节约和资源综合利用、清洁生产促进规划和污染控制政策；组织拟定工业节能节水标准；组织协调相关重大示范工程和新产品、新技术、新设备、新材料的推广应用；推进环保领域相关制造业的发展。

（九）基础与新材料产业处（北京市履行《禁止化学武器公约》事务办公室）

研究拟订本市基础与新材料产业中长期发展规划和重点产业调整、发展方案及政策措施；监测、分析产业经济运行态势；组织推进专业化招商引资工作，引导和组织相关企业开拓国内外市场，开展国际化经营和国内外交流合作；组织协调和推进行业重大项目的实施；负责农药生产企业核准、农药产品生产审批和农药生产监督管理工作；承担履行《禁止化学武器公约》的组织协调工作。

（十）装备产业处

研究拟订本市装备产业中长期发展规划和重点产业调整、发展方案及政策措施；监测、分析产业经济运行态势；组织推进专业化招商引资工作，引导和组织相关企业开拓国内外市场，开展国际化经营和国内外交流合作；组织协调和推进行业重大项目的实施；推进重大技术装备国产化，指导引进重大技术装备的消化创新。

（十一）汽车与交通设备产业处

研究拟订本市汽车与交通运输设备制造业的行业中长期发展规划和重点产业调整、发展方案及政策措施；监测、分析产业经济运行态势；组织推进专业化招商引资工作，引导和组织相关企业开拓国内外市场，开展国际化经营和国内外交流合作；组织协调和推进行业重大项目的实施，推进重大技术装备国产化，指导引进重大技术装备的消化创新；组织产业的地区配套和产业链构建，推进汽车及零部件物流等相关生产性服务业的发展。

（十二）都市产业处（食品产业处）

研究拟订本市都市产业、食品产业中长期发展规划和重点产业调整、发展方案及政策措施；监测、分析产业经济运行态势；组织推进专业化招商引资工作，引导和组织相关企业开拓国内外市场，开展国际化经营和国内外交流合作；组织协调和推进行业重大项目的实施；指导食品产业布局及结构调整，统筹协调食品加工基地建设；指导协调食品产业的技术开发、装备更新、标准化建设等工作。

（十三）生物与医药产业处

研究拟订本市生物与医药产业中长期发展规划和重点产业调整、发展方案及政策措施；监测、分析产业经济运行态势；参与推动医药物流发展；组织推进专业化招商引资工作，引导和组织相关企业开拓国内外市场，开展国际化经营和国内外交流合作；组织协调和推进行业重大项目的实施；会同有关部门拟订中药产业促进政策。

（十四）军工综合处

负责北京地区国防科技工业的综合协调；负责武器装备研制、生产和军工特殊产品的市场准入和监督管理；指导军品科研生产单位的国防科技基础工作；负责民用爆炸物品生产、流通的监督管理；负责国防科技工业相关信息统计工作。

（十五）军工运行处（核应急处）

负责北京地区武器装备科研生产运行的协调、保障；负责军工固定资产投资管理；负责北京地区地方单位军工科研项目和国防科技成果管理；负责军工安全生产监督管理；负责核应急管理。

（十六）航空航天产业处（军民结合推进处）

研究拟订本市航空航天及配套产业中长期发展规划，参与制定相关的促进政策；协调推进航空航天产业基地和重大项目建设；负责航空航天产业分析汇总工作；参与航空航天产业、企业的调整和重组；负责指导军民两用技术开发与产业化工作。

（十七）电子信息产业处

研究拟订本市电子信息产业中长期发展规划和重点产业调整、发展方案及政策措施；监测、分析产业经济运行态势；组织推进专业化招商引资工作，引导和组织相关企业开拓国内外市场，开展国际化经营和国内外交流合作；组织协调和推进行业重大项目的实施，推进重大技术装备国产化，指导引进重大技术装备的消化创新；组织产业的地区配套和产业链构建，推进相关生产性服务业的发展。

（十八）软件与信息服务业处

指导本市软件和信息服务业发展；研究拟订并组织实施软件和信息服务业中长期发展规划；组织实施软件和信息服务业的技术规范和标准；组织推进软件和信息服务业基地、园区建设；负责软件企业认定和软件产品登记；推进软件服务外包。

（十九）电子政务与信息资源处

统筹推进本市电子政务和信息资源开发利用，推动跨部门、跨行业、跨领域的互联互通和共享；组织拟订电子政务和信息资源开发利用的发展规划、年度计划和相关政策，协调推进有关试点示范工作；负责信息资源基础设施建设；负责国家机关在互联网上注册域名的审核；负责国家机关网站管理和电子政务绩效考核工作。

（二十）社会信息化处（信用管理处）

统筹协调本市社会信息化和信息化公共服务工作，推动城乡一体化中的信息化建设；组织拟订信息化公共服务和社区、农村信息化的发展规划、年度计划和相关政策，协调推进有关试点示范工作；统筹协调社会信用体系建设工作。

（二十一）经济信息化处

统筹协调本市电子商务、企业信息化等经济领域信息化推进和智能卡推广应用工作；组织拟订电子商务、企业信息化和智能卡应用的发展规划、年度计划和相关政策，协调推进有关试点示范工作；组织拟订工业化和信息化融合的政策并组织相关试点示范工作。

（二十二）网络安全处（信息化基础设施处）

负责本市网络和信息安全建设与管理工作；参与统筹规划公用通信网、互联网、广播电视网和部门专用通信网；负责与国家通信主干网、军工部门及其他部门专用通信网方面的协调工作；促进电信网络、广播电视网络和计算机网络融合；协调本市信息安全和信息安全保障体系建设；指导监督政府部门、重点行业的重要信息系统与基础信息系统的安全保障工作；协调处理网络与信息安全的重大事件；指导协调信息安全技术开发；承担北京市通信保障和信息安全应急指挥部办公室工作。

（二十三）镇村企业运行指导处

负责本市镇村产业的监测、统计和经济运行综合分析，协调解决运行中的有关问题；指导镇村企业发展，总结推广先进经验；指导镇村企业的技术进步和技术改造，促进产业结构调整和优化升级；负责镇村产业生产集中地（农民就业产业基地）发展和“一村一品”建设；组织开展镇村企业人才培训。

（二十四）人事教育处

负责机关及所属单位的人事、机构编制、队伍建设和外事工作；负责相关领域人力资源的合理配置，会同有关部门拟订人才队伍建设规划和有关政策措施，组织相关人才培训。

离退休干部处：负责机关及所属单位离退休人员的管理与服务工作。

机关党委（工会）：负责机关及所属单位的党群工作。

纪检、监察机构按有关规定派驻。

2006－2009年北京软件和信息服务业发展统计数据

2006-2009年北京软件产业业务收入规模

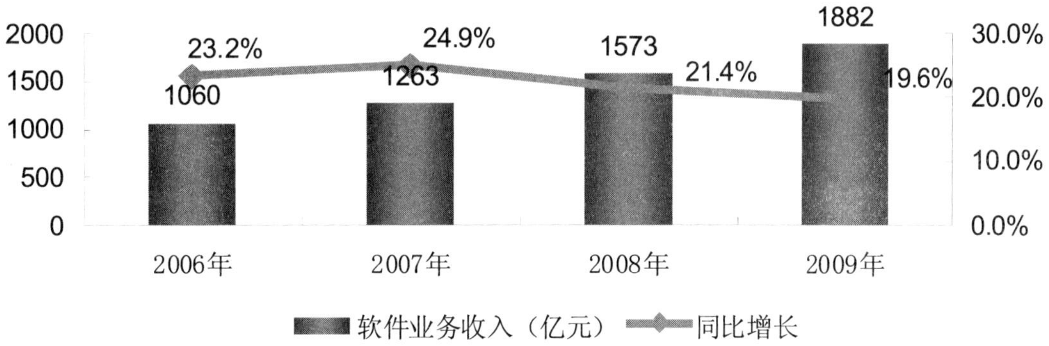

2006－2009年北京软件产业利润额与平均利润率的比较（单位：亿元）

年度	总利润额	平均利润率	业务收入超过1000万元的企业总利润额	业务收入超过1000万元的企业平均利润率
2006年	100.8	10.4%	106.7	12.1%
2007年	147.8	11.8%	151.2	13.1%
2008年	178.8	11.6%	170.5	12.1%
2009年	229	12.1%	234.4	12.8%

2006－2009年北京软件企业发明专利状况对比　（单位：件）

	国内外申请发明专利数				拥有有效发明专利数				专利授权数			
年份	2006	2007	2008	2009	2006	2007	2008	2009	2006	2007	2008	2009
数量	693	1266	1437	1992	454	662	937	1654	205	439	885	1408

2006－2009年北京软件企业研发投入情况（单位：亿元）

	2006年	2007年	2008年	2009年
研发投入	131.2	192.8	198.6	217.3
研发投入占业务收入比重	13.5%	15.4%	12.9%	11.6%

2006－2009 年北京国产基础软件利润总额、平均利润率比较

基础软件类别	年份	利润总额（万元）	平均利润率
操作系统	2009 年	746	16.26%
	2006 年	1720	42.69%
数据库	2009 年	243	8.9%
	2006 年	241	12.2%
中间件	2009 年	6341	3.40%
	2006 年	72	0.49%
办公套件	2009 年	1918	15.42%
	2006 年	675	7.36%
总计	2009 年	9248	22.70%
	2006 年	2708	9.40%

2006–2009 年北京信息安全产业平均利润率

年度	2006 年	2007 年	2008 年	2009 年
平均利润率	15.9%	17.2%	22.2%	16.3%

2006－2009 年北京市软件企业业务收入分组

业务收入（万元）	企业数				业务收入总量（亿元）				占总量规模比例			
	2009	2008	2007	2006	2009	2008	2007	2006	2009	2008	2007	2006
<1000	2544	3945	2986	3091	63	128	100	112	3.4%	8.3%	8.0%	9.5%
≥1000	1729	1395	1348	1014	1819	1409	1152	880	96.6%	91.7%	92.0%	90.5%
≥2000	1112	906	812	597	1731	1339	1078	821	91.9%	87.1%	86.1%	84.5%
≥5000	532	457	387	270	1550	1287	942	718	82.4%	83.7%	75.2%	73.9%
≥10000	281	249	206	128	1373	1143	815	621	72.9%	74.3%	65.1%	63.9%
≥50000	51	49	37	22	914	738	484	409	48.6%	48.0%	38.7%	42.1%
≥100000	30	27	14	10	736	577	327	322	39.1%	37.6%	26.1%	33.1%

2006－2009 年北京软件出口企业平均利润率与行业平均利润率的比较

年份	出口企业平均利润率	行业平均利润率
2006 年	11.4%	10.4%
2007 年	8.7%	11.8%
2008 年	14.8%	11.6%
2009 年	5.8%	12.1%

省级政府网站评估排名

排名	省份	总分	信息公开指数	在线办事指数	公众参与指数	工程建设领域指数	用户调查指数	网站性能及设计指数	日常保障指数	网址
1	北京	80.51	0.80	0.93	0.91	0.67	0.32	0.91	0.78	www.beijing.gov.cn
2	上海	77.27	0.82	0.85	0.87	0.57	0.28	0.89	0.75	www.shanghai.gov.cn
3	浙江	73.49	0.79	0.79	0.82	0.76	0.28	0.79	0.68	www.zj.gov.cn
4	陕西	72.96	0.81	0.75	0.77	0.95	0.30	0.68	0.67	www.shaanxi.gov.cn
5	四川	70.59	0.83	0.61	0.80	1.00	0.28	0.69	0.65	www.sichuan.gov.cn
6	湖南	69.04	0.69	0.73	0.78	1.00	0.35	0.67	0.63	www.hunan.gov.cn
7	海南	65.58	0.70	0.60	0.75	0.54	0.25	0.76	0.70	www.hainan.gov.cn
8	福建	63.82	0.70	0.59	0.59	0.98	0.32	0.95	0.61	www.fujian.gov.cn
9	广东	62.87	0.70	0.61	0.55	0.64	0.25	0.67	0.70	www.gd.gov.cn
10	安徽	61.10	0.62	0.64	0.61	0.54	0.26	0.80	0.65	www.ah.gov.cn
11	天津	56.82	0.68	0.45	0.57	0.54	0.26	0.84	0.59	www.tj.gov.cn
12	江苏	54.68	0.54	0.53	0.53	0.67	0.26	0.71	0.60	www.jiangsu.gov.cn
13	黑龙江	54.25	0.57	0.48	0.62	0.54	0.24	0.67	0.58	www.hlj.gov.cn
14	吉林	54.03	0.54	0.46	0.79	0.57	0.24	0.66	0.51	www.jl.gov.cn
15	云南	51.46	0.50	0.45	0.63	0.54	0.24	0.66	0.55	www.yn.gov.cn
16	河北	50.91	0.61	0.40	0.51	0.64	0.25	0.63	0.52	www.hebei.gov.cn
17	江西	50.89	0.49	0.47	0.57	0.90	0.24	0.65	0.50	www.jiangxi.gov.cn
18	河南	50.04	0.53	0.36	0.61	0.54	0.28	0.66	0.55	www.henan.gov.cn
19	辽宁	49.37	0.59	0.47	0.38	0.61	0.27	0.75	0.48	www.ln.gov.cn
20	重庆	49.29	0.59	0.30	0.63	0.54	0.26	0.66	0.49	www.cq.gov.cn
21	山西	49.14	0.56	0.41	0.56	0.64	0.25	0.64	0.46	www.shanxigov.cn
22	湖北	47.88	0.53	0.38	0.52	0.61	0.25	0.68	0.48	www.hubei.gov.cn
23	内蒙古	41.03	0.51	0.25	0.39	0.61	0.23	0.64	0.42	www.nmg.gov.cn
24	青海	36.71	0.34	0.29	0.35	0.64	0.27	0.62	0.40	www.qh.gov.cn
25	广西	34.18	0.49	0.28	0.03	0.57	0.24	0.60	0.38	www.gxzf.gov.cn
26	山东	33.01	0.49	0.25	0.08	0.38	0.29	0.63	0.35	www.sd.gov.cn
27	贵州	32.10	0.38	0.25	0.25	0.54	0.23	0.53	0.32	www.gzgov.gov.cn
28	宁夏	32.07	0.32	0.34	0.25	0.54	0.24	0.50	0.30	www.nx.gov.cn
29	甘肃	29.76	0.45	0.09	0.22	0.64	0.22	0.54	0.28	www.gansu.gov.cn
30	西藏	27.37	0.38	0.18	0.08	0.54	0.23	0.58	0.27	www.xizang.gov.cn

2009 信息北京十大应用成果评选结果

崇文区商业业态规划决策与信息服务系统

申报成果名称：崇文区商业业态规划决策与信息服务系统

申报单位：北京市崇文区信息化工作办公室 北京市崇文区商务委员会

投资主体：北京市科学技术委员会

目标任务：崇文区商业业态规划决策和信息服务系统是在充分利用崇文区现有信息化基础之上，借助 GIS 技术，依据商务部《商业网点管理条例》，探索科学有效的决策模型，以商业规划实施管理业务为主体，以其涉及的地理信息和属性信息为数据资源，形成一套以数据库和地理信息系统平台为基础的商业业态规划决策与信息服务系统。用于对崇文区商业网点、商业设施进行规划管理分析，研究商业网点的空间分布特点、经营规模、经营性质、服务范围等业务，同时面向企业、社会公众提供商业信息服务。

实施效果：建成了《崇文区商业业态分类与编码》标准规范，为商业业态规划、管理、应用等信息系统的建设提供规范参考；建成了用于商业业态规划决策和信息服务的数据库群；建成了商贸业态规划决策与信息服务子系统，实现了将商业业态规划决策与信息服务的空间可视化管理，更直观、更简洁、提高了业态空间规划分析能力。

创新性：系统地将信息化全面应用于政府商业规划领域，提高了政府的科学规划水平；将视频分析技术引入企业安全生产监控领域，提高了政府对企业的安全生产监管水平；通过商业业态规划分析模型规范了企业的审批工作；优化了资源配置，平衡了资源要素。

北京市免疫规划信息管理系统

申报成果名称：北京市免疫规划信息管理系统

申报单位：北京市公共卫生信息中心

启动时间：2007 年 3 月

完成时间：2008 年 12 月

投资主体：市财政

目标任务：该项目旨在建立一个覆盖全市免疫规划业务相关的接种门诊、疾病预防控制机构和卫生行政部门的统一免疫规划管理信息平台，全面提高本市免疫规划信息传输质量和速度，彻底解决流动人口的预防接种和免疫跟踪难题，实现全市免疫规划工作一体化综合管理，从而有效增强北京市传染病爆发和免疫突发事件的应急指挥和处置能力，为老百姓提供更优质、安全、便捷的免疫信息服务。

实施效果：该项目建设对于规范全市免疫规划工作、解决流动人口免疫和异地接种、提高免疫规划系统监测及疫苗使用效率和质量、满足社会公众对公共卫生服务的需求、实现“全市、全业务、全过程”免疫规划统一管理都具有重要的现实意义。该系统的建成为百姓及时获取免疫知识和查询接种信息提供了一个方便的平台，为业务人员综合开展业务提供了一个工作平台，为行政部门科学决策提供一个详实准确的数据来源。该系统的建设现在在全国各省（市）免疫规划信息化工作中处于领先水平。

创新性：业务管理由“条条化”变为“一体化”；信息管理由“人工管”变为“自动化”；档案管理由“纸质记录”变为“信息化”；接种管理由“属地化”变为“全市化”；报表管理由“定期上报”变为“实时生成”；实现全市免疫规划信息的统一管理；降低国家免疫接种信息系统风险；实现疾病与免疫信息综合分析利用。

北京市环保局环保信息卡系统

申报成果名称：北京市环保局环保信息卡系统

申报单位：同方股份有限公司

投资主体：北京市财政局

目标任务：通过将 RFID 技术与环保标志相结合，实现对机动车排放的精确管理，使新车登记、在用车监管、车辆报废等机动车环保管理向一体化方向发展。同时为减少机动车污染排放，改善大气环境质量，提供准确的技术保障。

实施效果：环保信息卡管理系统的建立，使新车登记、在用车监管、车辆报废等机动车环保管理向一体化方向发展，有利于相关部门协同应用。通过 RFID 读写器，可以掌握道路车流，及时准确地收集和掌握各种车型、各类车辆不同时期的排放情况，对重点高排放车辆实施有效的跟踪管理；掌握重要路段（区域）排气污染状况；掌握城市道路交通污染与行驶车辆和路况的关系、交通污染与全市环境空气质量的关系、交通污染与路面车辆构成的关系，形成对机动车污染实施有效管理的基础平台，为机动车污染管理提供可持续的决策支持。

创新性：实现了对在用机动车环保监测、管理的创新，通过后续在关键采集点布设读写装置，将可以控制高污染车辆进入，并随时报告其相关位置和行走路线，可以实时持续地掌握高污染车辆的行驶状况，有效地实施拦截处罚，对控制掌握高污染车辆和更新淘汰老旧车辆，提供一手数据，真正改善空气质量，解决污染问题。从而实现对高污染车辆的精确监管，掌握高污染车辆的行驶路线与交通环境污染的关系，制定有效的交通污染控制策略。

北石技术创新集成平台建设

申报成果名称：北石技术创新集成平台建设

申报单位：北京石油机械厂

启动时间：2003 年

完成时间：2009 年

投资主体：北京石油机械厂

目标任务：在大力推进北石厂企业信息化总体框架（管理信息化、研发信息化、制造信息化）的同时，全面推进信息化综合集成建设，带动企业不断地学习和掌握世界先进的研发技术、制造技术、管理技术、信息技术和过程控制技术；带动供应链协同商务模式和双赢机制的创新，实现产品研发模式、设计理念、制造模式、管理模式和业务流程的创新，实现研发、制造、管理和过程控制信息化，保持企业的创新能力，提高企业核心竞争力，提升企业在全球的品牌影响力，为北石厂创建科技型企业，打造数字化工厂，实施国际化营销而努力。

实施效果：研发信息化在图纸、工艺及其他技术文件方面实现了网上完整处理，大大提高了数据查询和使用的准确性；制造信息化实现了多台数控设备同时网络化运作，数控设备的利用率大幅度提高；管理信息化使企业由“树状”管理向“扁平化”管理过度，由粗放型管理向精细型管理过度，提高了企业的整体运作效率和管理手段，提高了市场的反应速度和核心竞争力。

创新性：实现了决策科学化；成本和库存实现精细化管理；采购管理更规范更科学；国际化营销效果显著；信息系统集成成效卓著。

北京高校特色教育资源库建设项目

申报成果名称：北京高校特色教育资源库建设项目

申报单位：北京市教委科学技术与研究生工作处

启动时间：2005 年 9 月

完成时间：2009 年 3 月

投资主体：北京市教委

目标任务：围绕北京地区经济建设和社会发展的需求，突出北京文化特色、以北京的支柱产业和紧缺领域为重点，以市属高校自身优势为突破口，立足高校自身已有的资源储备基础和高校学科发展规划，以高校各类特色资源整合、共享、应用为核心，建设若干具有市属高校专业特色的特色教育资源库，初步搭建具有北京文化特色的教育资源体系，为教育系统内部及社会公众提供丰富多彩的信息资源服务，进而为大学生人文素质培养、学习型社会公民素养提高、中国文化遗产传承服务。

实施效果：创新高校学科网络资源整合模式，创建高校文化艺术网络传播基地；创新了学科与信息化复合人才的培养机制，培养了一批复合型人才；从便于文化传播的角度，创新了信息资源的分类与组织模式，创建了资源的文化分类及检索模式，将高校优质资源通过网络向中小学传播，实现了全教育范围的资源共享，有效提升了资源使用效益。

创新性：创新性地总结出“整合型”特色资源建设模式，有效促进了学科领域、人才培养、建设环节、校际资源、服务对象的整合，形成了高效率、高绩效的项目分级管理模式，创建了主题型交流研讨机制，取得了良好的效果。本项目建立了完善的政策保障机制，形成了完善的资金保障模式。

国庆 60 周年庆祝活动北京市筹委会调度中心调度运行平台

申报成果名称： 国庆 60 周年庆祝活动北京市筹委会调度中心调度运行平台

申报单位： 北京市应急办

启动时间： 2009 年 5 月

完成时间： 2009 年 9 月

投资主体： 市财政

目标任务： 国庆 60 周年庆祝活动市筹委会调度中心调度运行平台。

实施效果： 在国庆 60 周年庆祝活动筹备和举办期间，依托本市应急指挥技术体系，吸收、借鉴 2008 年北京奥运会相关工作经验，为市筹委会调度中心搭建起调度运行平台，为市委、市政府领导实施调度指挥提供了强有力的技术支撑，使市筹委会调度中心统筹协调、运行调度和应急处置等职能得以充分发挥，并保证了国庆 60 周年庆祝活动各项任务的圆满完成。为此，市筹委调度中心荣获国庆 60 周年庆祝活动最佳组织奖，刘淇书记在国庆 60 周年庆祝活动总结表彰大会上强调指出，充分利用现行管理体制、市级应急指挥平台和现有社会动员机制，依托现有体制优势，实现了高效、有效运行，降低了行政成本。市应急办也多次得到市领导的表扬。

创新性： 资源整合、信息共享，系统集成、冗余备份，利用既有、力求节俭。充分利用现有资源，按照“统一指挥、功能齐全、反应灵敏、运转高效”的原则，依托市应急指挥平台现有技术手段，升级、改造现有部分设施，直接为市筹委会调度中心调度运行平台提供技术支撑，实现服务于国庆 60 周年庆祝活动的工作目标，在技术手段和应用方面具有创新性，在重大活动的指挥保障上具有先进性。

青少年课外活动管理信息系统（蓝天工程）

申报成果名称： 青少年课外活动管理信息系统（蓝天工程）

申报单位： 东城区信息化工作办公室　东城区教育委员会

启动时间： 2005 年 6 月

完成时间： 2009 年 9 月

投资主体： 区财政

目标任务： 青少年课外活动管理信息平台以东城信息网为依托，应用现代信息技术，通过对课外活动资源的数据挖掘和数据整合，构建东城区青少年课外活动的数字空间和信息共享环境，实现活动资源的数字化、数据传输的网络化、用户终端的智能化、管理内容的标准化和管理方式的集中化。为青少年提供丰富的课外活动资源，为课外活动管理提供科学的手段，为各级领导的决策分析提供数据基础。

实施效果： 青少年课外活动信息管理平台得到了全区 100%的学生、家长、资源单位的认可，并已在北京市全面推广。构建了资源共享的信息平台。生成了数据化课外活动管理系统。从报名到评价数据生成的一系列活动过程，实现半自动化和科学化，提高了工作效率。

创新性：信息化管理，实现了课外活动资源的充分整合与利用以及信息的快速传递，有效提升了课外活动的管理水平。网上资源整合，实现管理理念创新，打破校际和区域界限，建立一座没有围墙的课外校园。流程标准化，实现了管理的扁平化、多方位、全过程和高效、优质。网上实时生成评价数据，实现评价主体的多元、互动。

12396 北京新农村科技服务热线

申报成果名称：12396 北京新农村科技服务热线

申报单位：北京市科学技术委员会农村发展中心

启动时间：2008 年 11 月

完成时间：2009 年 8 月

投资主体：北京市科学技术委员会

目标任务：在原有基础上，整合丰富的农业科技信息资源，通过自动语音、人工语音，双向视频、手机短信、网络咨询等服务手段，结合北京市以农村科技协调员为核心的新型农技推广体系，面向北京农村地区进行示范推广，深入开展北京农村科技服务工作。为京郊农民提供优质高效的农业科技服务，传播科技成果、科技方法、科技政策和科学知识，提高农业生产效率和农民生活质量，促进农民增收。

实施效果：搭建了一个市级的服务农村基层的科技平台。农民和基层科技人员可以直接与市级专家进行对话，解决生产、生活中的实际问题。不仅方便了农民，也有利于地方产业发展。服务效果明显。农民通过电话语音能够收听解答一般性问题。对于较为疑难的问题，转接专家后，都能得到满意答复。网站提高了受众服务面。有效弥补了电话受众面的不足。现场服务解决生产问题直观高效。发挥了立足京郊、辐射周边的服务作用。

创新性：根据信息咨询服务机制、农民参与机制和相互交流机制的不同，实践了自动语音服务、人工坐席服务、双向视频服务、移动手机服务和网络信息服务等 5 种模式。提高了资源服务效率。服务模式和人力资源管理创新：组建了固定专家和流动专家服务团队，最大限度地发挥人力资源的服务效益，降低了管理成本。风险管理方面：管理和服务模式最大限度地降低了服务风险。

北京城市重要水源及影响区域污染预警系统

申报成果名称：北京城市重要水源及影响区域污染预警系统

申报单位：北京市水务信息管理中心

启动时间：2006 年 4 月

完成时间：2009 年 10 月

投资主体：政府投资

目标任务：主要是在重要供水水源及影响区、取水口之外建立广谱预警系统，形成由两道预警防线、三级监测方式、三级管理预警机制组成的一套适合城市管理需要的、完善的城市水源地水质监测和水源影响区域生态环境监测预警系统。重点实现北京市重要水源突发水污染事故时快速检测、准确分析、早期预警、及时处置的目的，为领导决策、现场管理提供实时的、全方位的辅助信息支撑。从而达到及时了解北京市供水水源水质状况，防止突发污染事故对城乡供水安全造成重大影响。

实施效果：以北京市城市水源和水源地影响区生态环境为对象，拟在建立并完善现有的北京市水务系统自动化监测、通讯网络以及水务综合数据管理系统的基础上，建设一套城市重要水源和影响区生态环境水质自动监测、预警系统，为领导决策、现场管理提供实时的、全方位的辅助信息支撑。从而达到及时了解北京城市供水水源的水质状况，防止突发污染事故对城市供水安全造成重大影响。

创新性：梳理了污染事件上报流程和应急处置流程，建立了水源污染事件处置联动机制，为污染事件的及时处置提供了技术手段，减少污染事件的进一步扩大和影响。

医药电子商务应用平台

申报成果名称：医药电子商务应用

申报单位：北京九州通医药有限公司

启动时间：2005 年

完成时间：2008 年

投资主体：九州通集团

目标任务：充分运用信息化的手段开展医药经营、管理、生产、开发等，进一步降低运行成本，提高效率，增强企业的核心竞争力，使得集团公司以及兄弟公司在近几年取得跨越式的发展，每年保持 50%以上的增长速度。为下游客户节省了采购成本（时间、人员等方面）。

实施效果：降低了相关成本，并为相关企业让利。为本公司每年创收 500 万人民币以上，2008 年网上销售额为 9.8 亿元，2009 年网上销售额预计为 13 亿元。

创新性：个性化的采购流程：我们为客户量身定做了多种采购方式，客户可根据自身需求选择不同的采购方式进行采购，如模板采购、导入采购、查询采购、订单再现采购、缺货蓝采购等。在价格管理方面也采用了个性化价格，主要针对客户的级别、客户区域、客户类别给出个性化价格，达到价格的合理化。优化了下游客户的采购流程。

2009 年北京市电子政务绩效考核优秀单位

（京信发〔2010〕1 号）

电子政务工作优秀单位

市委等国家机关和群团部门：市委办公厅、市委组织部、市高级人民法院、市人民检察院

市政府部门：市政府办公厅、市发展改革委、市公安局、市财政局、市人力社保局、市国土局、市规划委、市住房城乡建设委、市交通委、市农委、市卫生局、市地税局、市工商局、市质监局、市统计局、市公安局公安交通管理局

区县：东城区、西城区、朝阳区、海淀区、石景山区、大兴区

电子政务单项优秀单位

（一）“电子政务服务与应用”优秀单位

市委等国家机关和群团部门：市人大常委会办公厅、市政协办公厅、市直机关工委、共青团北京市委、市残联、市科协

市政府部门：市教委、市科委、市民政局、市环保局、市商务委、市文化局、市审计局、市新闻出版局、市旅游局、市信访办、中关村管委会、市投资促进局、市农业局

区县：崇文区、顺义区、昌平区、密云县

（二）“信息资源整合与利用”优秀单位

市委等国家机关和群团部门：市委政法委、市编办、市档案局、市对外友协

市政府部门：市人口计生委、市政府外办、市园林绿化局、市知识产权局、市劳教局

区县：房山区、平谷区

（三）“信息化管理与保障”优秀单位

市委等国家机关和群团部门：市委宣传部、市国家保密局

市政府部门：市监察局、市司法局、市政府侨办、市政府法制办、市药监局、市文化执法总队

区县：丰台区、门头沟区

（四）“信息安全与运维”优秀单位

市政府部门：市市政市容委、市水务局、市安全监管局、市广电局、市民防局、西站地区管委会、住房公积金管理中心、市公安局消防局

区县：宣武区、通州区、延庆县

（五）“信息化新技术应用”优秀单位

市政府部门：经济技术开发区管委会、市城管执法局、市监狱局、市地勘局

区县：怀柔区

北京市政务信息化产品推荐名录（第一批）

序号	软件分类		品牌名称	产品名称	厂商全称
1	系统软件	操作系统	共创开元	共创开元 Linux 服务器系统软件	北京共创开源软件有限公司
2				共创开元桌面 Linux 系统软件	
3			红旗 Linux	红旗 Linux 操作系统	北京中科红旗软件技术有限公司
4		数据库软件	人大金仓	金仓数据库	北京人大金仓信息技术股份有限公司
5		中间件	东方通系列中间件	东方通消息中间件软件 TongLINK/Q	北京东方通科技发展有限责任公司
6				东方通交易中间件软件 TongEASY	
7				东方通应用服务器软件 TongWeb	
8				东方通集成中间件软件 TongIntegrator	
9				东方通通用文件传输平台 GTP	
10				东方通安全中间件 TongSEC	
11			TRS	TRS 全文数据库系统（TRS Database Server）	北京拓尔思信息技术股份有限公司
12				TRS 内容协作平台（TRS WCM）	
13				TRS 文本挖掘软件（TRS CKM）	
14				TRS 网络信息雷达系统（TRS InfoRadar）	
15			ezONE	ezESB 企业服务总线	北京同方软件股份有限公司
16				ezBI 商业智能系统	
17				ezPortal 企业门户系统	
18				ezRFID 无线射频识别中间件	
19				ezGate M2M 网关	

续表 1

序号	软件分类		品牌名称	产品名称	厂商全称
20	系统软件	中间件	ezONE	ezStudio 开发工具软件	北京同方软件股份有限公司
21				ezFramework 企业框架	
22				ezHMI 数据采集与组态监控软件	
23	支撑软件	网管软件	神州泰岳	Ultra-NMS	北京神州泰岳软件股份有限公司
24		存储备份软件	火星 Mars	Mars Backup Advanced 企业级存储备份软件 V3.0；Mars Storage Platform/海量数据存储管理系统	北京亚细亚智业科技有限公司
25		地理信息系统软件	SuperMap	SuperMap iServer Java	北京超图软件股份有限公司
26				SuperMap IS.NET	
27				SuperMap Objects	
28				eSuperMap	
29	应用软件	OA 系统	TRS	TRS 个性化门户系统（TRS Portal）	北京拓尔思信息技术股份有限公司
30				TRS 企业竞争情报系统（TRS CIS）	
31				TRS 政府信息公开服务系统（TRS Govinfo）	
32				TRS 互联网络舆情管理系统（TRS OM）	
33			开普互联	网站群内容管理平台	北京开普互联科技有限公司
34			ezONE	ezDVR 数字录像系统	北京同方软件股份有限公司
35				ezCMS 内容管理系统	
36				ezWorkflow 工作流系统	
37				ezSSO 单点登录	
38				ezHRMS 人力资源管理套件	
39				ezCRM 客户关系管理系统	
40				ezFMS 设备管理套件	

续表 2

序号	软件分类		品牌名称	产品名称	厂商全称
41	应用软件	OA系统	ezONE	ezRIMS 实时信息监控系统	北京同方软件股份有限公司
42				ezIM 即时通讯工具	
43				ezOA GOV 协同办公套件（政务应用）	
44				ezOA 协同办公套件	
45			方正	方正博思内容管理平台软件	北京方正电子政务信息科技有限公司
46				方正博通数字档案管理平台软件	
47				方正政通办公门户平台软件	
48				方正政通基础数据库应用软件	
49				方正政通并联审批应用软	
50				方正博通电子文件中心软件	
51				方正锐思文字识别工具软件	
52				方正安全文档库系统	
53				方正电子公章管理系统	
54				方正电子公文交换系统	
55				方正电子公文编辑器软件	
56				方正领导工作日程管理系统软件	
57				方正手写批示系统软件	
58				方正阿帕比格式转换软件	
59			美髯公协同办公系统平台	协同办公系统	北京美髯公科技发展有限公司
60			神舟 OS	神舟 OS 嵌入式操作系统	北京神舟航天软件技术有限公司

续表 3

序号	软件分类		品牌名称	产品名称	厂商全称
61	应用软件	基础办公软件	红旗 2000	RedOffice 中文贰仟办公软件 V3.0	北京红旗贰仟软件技术有限公司
62				RedOffice 办公软件（专业版）V4.0	
63				RedOffice 办公软件（标准版）V4.0	
64				RedOffice 办公软件（标准版）V4.5	
65				RedOffice 办公软件（专业版）V4.5	
66				RedOffice 办公软件（机构版）V4.5	
67			金山软件	WPS Office	北京金山软件有限公司
68		运维管理软件	天元网络	IT 服务管理平台 METARITSM	北京市天元网络技术有限公司
69			中科软件	SEC IT 运维管理中心	北京中科院软件中心有限公司
70			优立普华	优立普华 IT 服务管理系统	北京优立普华计算机系统有限公司
71			广通信达	IT 运维管理平台 BROADVIEW	北京广通信达科技有限公司
72			太极	太极 SysMC 网络及系统管理软件 V4.2	太极计算机股份有限公司
73			东华合创	东华合创 IT 运维服务支撑系统 V2.0	北京东华合创数码科技股份有限公司
74	主机设备	服务器	曙光	I650(r)–H	曙光信息产业公司
75				I650(r)–H	
76				A440–FY	
77				I620r–H	
78				I620r–F	
79				I640r–F	
80				A620r–FX	

续表 4

序号	软件分类		品牌名称	产品名称	厂商全称
81	主机设备	服务器	曙光	A650(r)-FX	曙光信息产业公司
82				A840r-H	
83				A950r-F	
84				I840 r-H	
85				EP450-GFX	
86				EP850-GF2	
87				CB60-F	
88				CB65-F	
89				CB85-F	
90				I620r-G	
91				A620r-H	
92			联想	万全 T168	联想集团
93				万全 R150	
94				万全 T100	
95				万全 T400	
96				万全 T468	
97				万全 T280	
98				万全 T262	
99				万全 T260	
100				万全 T350	
101				万全 R350	
102				万全 R630	
103				万全 B300	

北京市政务信息化服务企业推荐名录和案例（第一批）

（市经济信息化委发〔2009〕8号）

序号	单位	服务内容			成功案例
		咨询	监理	运维	
1	北大纵横管理咨询公司	√	—	—	海尔集团、东莞唯美陶瓷、石家庄三九啤酒、洛阳北方易初、天津水利局、秦皇岛海湾科技集团、华北制药集团上海金仕达科技、北京市工商局等
2	北京北控三兴信息技术有限公司	√	—	√	水利部
3	北京北咨信息工程咨询有限公司	√	√		北京市水资源配置管理系统（一期工程）监理
4	北京超图软件股份有限公司	—	—	√	北京市相关委办局、科研院所和企事业单位、中国水利水电科学研究院、中国疾病预防控制中心、中国气象局、武汉市地税局等
5	北京东华合创数码科技股份有限公司	√	—	√	陕西卷烟总厂、中华联合财产保险公司、国脉中讯网络科技有限公司、山西移动、内蒙古国家税务局等
6	北京广通信达科技有限公司	√	—		人力资源和社会保障部
7	北京恒泰实达科技发展有限公司	√	—	√	北京电力应急指挥
8	北京劲马奥通顾问有限公司	√	—		奔驰中国、北京奔驰、一汽丰田、一汽大众、东风雪铁龙、东风悦达起亚
9	北京瑞尊理想软件技术有限公司	√	—		科技部、山东省水利厅、黑龙江省防汛抗旱保障中心
10	北京时代凌宇科技有限公司	—	—	√	北京市朝阳区
11	北京市国舜科技有限公司	—	—	√	中国电子口岸数据中心、内蒙古移动、北京市朝阳区等
12	北京市太极肯思捷信息系统咨询有限公司	√	√	—	北京市交通委、北京市海淀区、中国电信、广州白云国际机场等
13	北京市天元网络技术股份有限公司	√		√	国家无线电管理委员会、北京市电子政务运维服务支撑系统规范、中国联通、电信、移动、辽宁省农村信用社等
14	北京斯福泰克科技股份有限公司	√	√	—	中国教育电视台

续表 1

序号	单位	服务内容			成功案例
		咨询	监理	运维	
15	北京信息管理科学研究所	√	—	—	北京市经济信息化委、北京市科委、清华同方、北京市政协、科技部、国家高技术研究发展计划（863 计划）、北京市商务局、中国疾病预防控制中心（CDC）等
16	北京阳光春雨科技有限责任公司	√	—	√	北京市怀柔区
17	北京优立普华计算机系统有限公司	—	—	√	深圳边检
18	北京中百信工程咨询有限公司	—	√	—	金宇工程项目监理
19	北京中科领航科技有限公司	—	—	√	中粮集团、北京市朝阳区、中国网通、天津国资委、中国种子集团等
20	北京紫光华宇软件股份有限公司	√	—	√	中国船舶工业集团、北京市法院、北京市无线局
21	长城战略咨询	√	—	—	北京市经济信息化委、中关村管委会等
22	神州数码（中国）有限公司	√	—	√	国家质检总局、国税总局、科技部、国家粮食局、北京市丰台区、山东地税、扬州市民卡、海淀区、济南商行、中国银行、深圳平安银行、四川移动等
23	圣博润高新技术股份有限公司	√	—	√	光大银行、北京档案局
24	太极计算机股份有限公司	√	—	√	工业和信息化部、人力资源和社会保障部、国家气象局、中央人民广播电台、北京、湖南、福建、浙江、内蒙古、武汉等
25	万国数据服务有限公司北京分公司	√		√	人力资源和社会保障部、深圳发展银行
26	中关村科技软件有限公司	√	—	—	国办、商务部、公安部、全国工商联、国家工商总局、中国人民银行、北京市政务部门、山东工商等
27	北京中科院软件中心有限公司	√	—	√	北京出入境检验检疫局、北京科学学研究中心、北京大学光华管理学院、北京工业大学软件学院

2009年计算机信息系统集成资质认证企业名单

序号	单位名称	资质等级	批准（备案）日期	所在省市
1	北京紫光华宇信息技术有限公司	一级	2009-04-11	北京市
2	同方股份有限公司	一级	2009-04-11	北京市
3	北京和利时系统工程有限公司	一级	2009-04-11	北京市
4	北京方正奥德计算机系统有限公司	一级	2009-04-11	北京市
5	紫光软件系统有限公司	一级	2009-04-11	北京市
6	北京朗新信息系统有限公司	一级	2009-04-11	北京市
7	北京中盾安全技术开发公司	一级	2009-06-22	北京市
8	中国民航信息网络股份有限公司	一级	2009-06-22	北京市
9	北京中电飞华通信股份有限公司	一级	2009-06-22	北京市
10	长天科技有限公司	一级	2009-10-08	北京市
11	首都信息发展股份有限公司	一级	2009-10-08	北京市
12	北京鼎天软件有限公司	一级	2009-10-08	北京市
13	中科软科技股份有限公司	一级	2009-10-08	北京市
14	东华软件股份公司	一级	2009-10-08	北京市
15	北京宇信易诚科技有限公司	一级	2009-10-08	北京市
16	易程科技股份有限公司	一级	2009-12-21	北京市
17	北京同天科技有限公司	一级	2009-12-21	北京市
18	中国通广电子公司	一级	2009-12-21	北京市
19	紫光捷通科技股份有限公司	一级	2009-12-21	北京市
20	北京合力金桥软件技术有限责任公司	二级	2009-04-11	北京市
21	北京尚洋信德信息技术股份有限公司	二级	2009-04-11	北京市
22	北京首钢自动化信息技术有限公司	二级	2009-04-11	北京市
23	北京润博星原科技发展有限公司	二级	2009-06-22	北京市
24	北京网智易通科技有限公司	二级	2009-06-22	北京市
25	北京世纪东方国铁科技股份有限公司	二级	2009-06-22	北京市
26	北京兴润佳源科技有限公司	二级	2009-06-22	北京市

续表 1

序号	单位名称	资质等级	批准（备案）日期	所在省市
27	北京数源信息技术有限公司	二级	2009-06-22	北京市
28	北京超图软件股份有限公司	二级	2009-06-22	北京市
29	中航网信（北京）科技有限公司	二级	2009-06-22	北京市
30	北京通天至达科技发展有限公司	二级	2009-06-22	北京市
31	北京中经赛博科技有限公司	二级	2009-06-22	北京市
32	航天恒星科技有限公司	二级	2009-06-22	北京市
33	北京富盛星电子有限公司	二级	2009-06-22	北京市
34	中兴智能交通系统（北京）有限公司	二级	2009-06-22	北京市
35	北京凯文斯科技发展有限公司	二级	2009-06-22	北京市
36	北京川页世兴科技发展有限公司	二级	2009-06-22	北京市
37	北京中水科水电科技开发有限公司	二级	2009-06-22	北京市
38	北京东方新一科技开发有限公司	二级	2009-06-22	北京市
39	北京海鑫科金高科技股份有限公司	二级	2009-06-22	北京市
40	北京艾威康电子技术有限公司	二级	2009-06-22	北京市
41	中华通信系统有限责任公司	二级	2009-06-22	北京市
42	北京航天拓扑高科技有限责任公司	二级	2009-06-22	北京市
43	北京南天软件有限公司	二级	2009-06-22	北京市
44	北京亿海兰特科技发展有限公司	二级	2009-06-22	北京市
45	北京世纪瑞尔技术股份有限公司	二级	2009-06-22	北京市
46	中远网络（北京）有限公司	二级	2009-06-22	北京市
47	北京百勤科技有限公司	二级	2009-06-22	北京市
48	北京中网基业数码技术有限公司	二级	2009-06-22	北京市
49	北京北大方正宽带网络科技有限公司	二级	2009-06-22	北京市
50	北京康邦科技有限公司	二级	2009-06-22	北京市
51	北京趋势未来科技发展有限公司	二级	2009-06-22	北京市
52	北京合力共创网络技术有限公司	二级	2009-06-22	北京市
53	北京易诚智讯科技发展有限责任公司	二级	2009-06-22	北京市
54	华信创科（北京）科技发展有限公司	二级	2009-06-22	北京市
55	北京安达信通系统集成有限公司	二级	2009-06-22	北京市

续表 2

序号	单位名称	资质等级	批准（备案）日期	所在省市
56	北京玛斯特系统工程有限公司	二级	2009-06-22	北京市
57	北京曙光天演信息技术有限公司	二级	2009-10-08	北京市
58	国研信息科技有限公司	二级	2009-10-08	北京市
59	北京佰能电气技术有限公司	二级	2009-10-08	北京市
60	北京利亚德电子科技有限公司	二级	2009-10-08	北京市
61	北京安信创业信息科技发展公司	二级	2009-10-08	北京市
62	北京中科创新园高新技术有限公司	二级	2009-10-08	北京市
63	北京首信科技股份有限公司	二级	2009-10-08	北京市
64	北京新宇合创金融软件股份有限公司	二级	2009-10-08	北京市
65	北京先锋时代数码科技有限责任公司	二级	2009-12-21	北京市
66	泰尔文特控制系统（中国）有限公司	二级	2009-12-21	北京市
67	北京天大天科科技发展有限公司	二级	2009-12-21	北京市
68	北京同有飞骥科技有限公司	二级	2009-12-21	北京市
69	北京和利时信息技术有限公司	二级	2009-12-21	北京市
70	北京银信长远科技股份有限公司	二级	2009-12-21	北京市
71	北京联信永益科技股份有限公司	二级	2009-12-21	北京市
72	亚太安讯网络电子技术有限公司	二级	2009-12-21	北京市
73	北京华成时代科技有限公司	二级	2009-12-21	北京市
74	北京三维天地科技有限公司	二级	2009-12-21	北京市
75	北京京达来科技有限责任公司	二级	2009-12-21	北京市
76	北京四通智能交通系统集成有限公司	二级	2009-12-21	北京市
77	中信网络科技股份有限公司	二级	2009-12-21	北京市
78	北京宇电威达科技发展有限公司	二级	2009-12-21	北京市
79	北京冠林盈科智能系统集成有限公司	二级	2009-12-21	北京市
80	北京新脉远望科技有限公司	二级	2009-12-21	北京市
81	北京声迅电子有限公司	二级	2009-12-21	北京市
82	北京佳讯飞鸿电气股份有限公司	二级	2009-12-21	北京市
83	北京东华合创科技有限公司	二级	2009-12-21	北京市
84	北京网信未来信息技术有限公司	二级	2009-12-21	北京市

续表 3

序号	单位名称	资质等级	批准（备案）日期	所在省市
85	北京中油瑞飞信息技术有限责任公司	二级	2009-12-21	北京市
86	北京宝利信通科技有限公司	二级	2009-12-21	北京市
87	三星数据系统（中国）有限公司	二级	2009-12-21	北京市
88	中国国信信息总公司	二级	2009-12-21	北京市
89	北京唐朝电子集团	三级	2009-01-27	北京市
90	北京高信达通信技术有限公司	三级	2009-02-23	北京市
91	北京华商达数据系统科技有限公司	三级	2009-02-23	北京市
92	北京世纪恒安科技发展有限公司	三级	2009-02-23	北京市
93	北京数码易知科技发展有限责任公司	三级	2009-02-23	北京市
94	北京永恒信业科技有限公司	三级	2009-02-23	北京市
95	北京星源辉煌技贸有限公司	三级	2009-02-23	北京市
96	北京海泰方圆科技有限公司	三级	2009-02-23	北京市
97	北京博瑞翔伦科技发展有限公司	三级	2009-02-23	北京市
98	北京同辉无限科技有限责任公司	三级	2009-02-23	北京市
99	北京若泰科技有限公司	三级	2009-02-23	北京市
100	北京华思维泰克科技有限公司	三级	2009-02-23	北京市
101	天通计算机应用技术中心	三级	2009-02-23	北京市
102	北京乘方电子有限公司	三级	2009-02-23	北京市
103	北京汇通亚信科技有限公司	三级	2009-02-23	北京市
104	北京朗维计算机应用技术开发有限公司	三级	2009-02-23	北京市
105	北京永旺融合信息系统有限公司	三级	2009-02-23	北京市
106	北京爱维网电力电子有限公司	三级	2009-02-23	北京市
107	北京长得万众信息技术有限公司	三级	2009-02-23	北京市
108	北京方法科技发展有限公司	三级	2009-02-23	北京市
109	北京嘉和天际科技有限公司	三级	2009-02-23	北京市
110	北京创新久合成科技有限公司	三级	2009-02-23	北京市
111	北京阳光世远科技发展有限公司	三级	2009-02-23	北京市
112	北京艺中宝电子系统集成工程有限公司	三级	2009-02-23	北京市
113	北京市煤炭矿用机电设备技术开发公司	三级	2009-02-23	北京市

续表 4

序号	单位名称	资质等级	批准（备案）日期	所在省市
114	邦达诚科技（北京）有限公司	三级	2009-02-23	北京市
115	北京翰海五洲电子技术有限公司	三级	2009-02-23	北京市
116	北京波畅达网络技术服务中心	三级	2009-02-23	北京市
117	北京荣智精诚科技发展有限公司	三级	2009-02-23	北京市
118	北京金蕴萌网络技术有限公司	三级	2009-02-23	北京市
119	北京北控电信通科技发展有限公司	三级	2009-02-23	北京市
120	北京亿鑫天成软件系统集成工程技术有限公司	三级	2009-02-23	北京市
121	北京长城电子工程技术有限公司	三级	2009-02-23	北京市
122	北京中机科海科技发展有限公司	三级	2009-02-23	北京市
123	北京东方赛得科技有限责任公司	三级	2009-02-23	北京市
124	北京苍穹数码测绘有限公司	三级	2009-02-23	北京市
125	华瑞科力恒（北京）科技有限公司	三级	2009-02-23	北京市
126	北京创亿新联数码技术有限公司	三级	2009-02-23	北京市
127	北京华际信息系统有限公司	三级	2009-02-23	北京市
128	北京梦天门科技股份有限公司	三级	2009-02-23	北京市
129	北京中青联迪科技发展有限公司	三级	2009-04-11	北京市
130	北京国都信业科技有限公司	三级	2009-04-11	北京市
131	北京四合天地科技有限公司	三级	2009-05-11	北京市
132	北京合力思腾计算机有限公司	三级	2009-05-11	北京市
133	北京西普阳光教育科技有限公司	三级	2009-05-11	北京市
134	西伯尔联合通信科技（北京）有限公司	三级	2009-05-11	北京市
135	北京中船信息科技有限公司	三级	2009-05-11	北京市
136	航宇金信（北京）软件有限公司	三级	2009-05-11	北京市
137	北京尖峰合讯科技有限公司	三级	2009-05-11	北京市
138	四方电气（集团）有限公司	三级	2009-05-11	北京市
139	北京市博汇科技有限公司	三级	2009-05-11	北京市
140	北京豪义慧通科技有限公司	三级	2009-05-11	北京市
141	北京华电天成电力科技有限责任公司	三级	2009-05-11	北京市
142	北京盖特佳信息安全技术股份有限公司	三级	2009-05-11	北京市

续表 5

序号	单位名称	资质等级	批准（备案）日期	所在省市
143	北京天健源达科技有限公司	三级	2009-05-11	北京市
144	北京恒华伟业科技股份有限公司	三级	2009-05-11	北京市
145	北京辰安伟业科技有限公司	三级	2009-05-11	北京市
146	北京京天威科技发展有限公司	三级	2009-05-11	北京市
147	北京众大永泰科技有限公司	三级	2009-05-11	北京市
148	北京明道泰和信息技术有限公司	三级	2009-05-11	北京市
149	北京市振隆科技股份有限公司	三级	2009-05-11	北京市
150	北京国基科技股份有限公司	三级	2009-05-11	北京市
151	北京北纬通信科技股份有限公司	三级	2009-05-11	北京市
152	北京艾瑞信系统工程技术有限责任公司	三级	2009-05-11	北京市
153	北京中软信息系统工程有限公司	三级	2009-05-11	北京市
154	北京国正信安系统控制技术有限公司	三级	2009-05-11	北京市
155	北京中科美伦科技有限公司	三级	2009-05-11	北京市
156	北京东辉佳业电脑技术有限公司	三级	2009-05-11	北京市
157	北京朗天鑫业信息工程技术有限公司	三级	2009-05-11	北京市
158	北京华力中电科技发展有限公司	三级	2009-05-11	北京市
159	北京华夏楚天科技发展有限公司	三级	2009-05-11	北京市
160	北京维深科技发展有限公司	三级	2009-05-11	北京市
161	北京盈想东方科技发展有限公司	三级	2009-05-11	北京市
162	北京金惠利科技有限公司	三级	2009-05-11	北京市
163	北京鑫奥博科技发展有限公司	三级	2009-05-11	北京市
164	北京美髯公科技发展有限公司	三级	2009-08-03	北京市
165	北京北大高科指纹技术有限公司	三级	2009-08-03	北京市
166	北京中科辅龙计算机技术股份有限公司	三级	2009-08-03	北京市
167	北京华航创新科技有限责任公司	三级	2009-08-03	北京市
168	北京中电瑞达电子技术有限公司	三级	2009-08-03	北京市
169	北京金九源科技有限公司	三级	2009-08-03	北京市
170	北京天视网讯数码科技有限公司	三级	2009-08-03	北京市
171	北京大陆康腾科技有限公司	三级	2009-08-03	北京市

续表 6

序号	单位名称	资质等级	批准（备案）日期	所在省市
172	北京加维信通信息技术有限公司	三级	2009-08-03	北京市
173	北京汇通融业科技发展有限公司	三级	2009-08-03	北京市
174	北京龙盛兴业科技发展有限公司	三级	2009-08-03	北京市
175	北京瑞恒都通信技术有限公司	三级	2009-08-03	北京市
176	北京金至泰克科技有限公司	三级	2009-08-03	北京市
177	北京浩普诚华科技有限公司	三级	2009-08-03	北京市
178	安图特（北京）科技有限公司	三级	2009-08-03	北京市
179	北京中青旅海天数码科技有限公司	三级	2009-08-03	北京市
180	北京实利通和科技发展有限公司	三级	2009-08-03	北京市
181	北京韦加航通科技有限责任公司	三级	2009-08-03	北京市
182	北京浩丰创源科技股份有限公司	三级	2009-08-03	北京市
183	北京文德荣达科技开发有限公司	三级	2009-08-03	北京市
184	中邮科技有限责任公司	三级	2009-08-03	北京市
185	北京泰豪智能工程有限公司	三级	2009-08-03	北京市
186	北京中恒创业信息技术有限公司	三级	2009-08-03	北京市
187	蓝英通华（北京）技术有限公司	三级	2009-08-03	北京市
188	北京昆仑凯通通信科技有限公司	三级	2009-08-03	北京市
189	北京北大青鸟安全系统工程技术有限公司	三级	2009-08-03	北京市
190	北京锐安科技有限公司	三级	2009-08-03	北京市
191	北京晓通宏志科技有限公司	三级	2009-08-03	北京市
192	北京视酷伟业科技有限公司	三级	2009-08-03	北京市
193	北京华电天仁电力控制技术有限公司	三级	2009-08-03	北京市
194	神州数码融信软件有限公司	三级	2009-08-03	北京市
195	北京数字政通科技股份有限公司	三级	2009-08-03	北京市
196	中咨泰克交通工程有限公司	三级	2009-08-03	北京市
197	北京恒业世纪科技股份有限公司	三级	2009-08-03	北京市
198	阳光雨露信息技术服务（北京）有限公司	三级	2009-08-03	北京市
199	亿阳安全技术有限公司	三级	2009-08-03	北京市
200	铭基电子技术（北京）有限公司	三级	2009-08-03	北京市

续表 7

序号	单位名称	资质等级	批准（备案）日期	所在省市
201	中讯计算机系统（北京）有限公司	三级	2009-08-03	北京市
202	北京铱星世纪数字应用开发有限责任公司	三级	2009-08-03	北京市
203	北京中企开源信息技术有限公司	三级	2009-08-03	北京市
204	航天量子数码科技（北京）有限公司	三级	2009-08-03	北京市
205	北京新锐互动商业网络有限公司	三级	2009-08-03	北京市
206	北京市科瑞讯科技发展股份有限公司	三级	2009-10-21	北京市
207	北京普天和平通信技术有限公司	三级	2009-10-21	北京市
208	北京通源盈富科技有限公司	三级	2009-10-21	北京市
209	中商流通生产力促进中心有限公司	三级	2009-11-23	北京市
210	北京时代凌宇科技有限公司	三级	2009-11-23	北京市
211	信亦宏达网络存储技术（北京）有限公司	三级	2009-11-23	北京市
212	北京龙软科技发展有限公司	三级	2009-11-23	北京市
213	北京建博信通软件技术有限公司	三级	2009-11-23	北京市
214	北京圣世信通科技发展有限公司	三级	2009-11-23	北京市
215	北京友连泰科信息技术有限公司	三级	2009-11-23	北京市
216	北京中献电子技术开发中心	三级	2009-11-23	北京市
217	爱思开希恩希系统（北京）有限公司	三级	2009-11-23	北京市
218	北京华胜天成软件技术有限公司	三级	2009-11-23	北京市
219	北京航天万达高技术开发中心	三级	2009-11-23	北京市
220	北京长远智扬科技有限公司	三级	2009-11-23	北京市
221	北京智腾泰达科技有限公司	三级	2009-11-23	北京市
222	北京康辰亚奥技术有限公司	三级	2009-11-23	北京市
223	北京金冠鸿远科技有限公司	三级	2009-11-23	北京市
224	北京赛迪盈众信息技术有限责任公司	三级	2009-11-23	北京市
225	中国化工信息中心	三级	2009-11-23	北京市
226	中国华云技术开发公司	三级	2009-11-23	北京市
227	北京陆融通达科技有限责任公司	三级	2009-11-23	北京市
228	北京蓝点兴业科技发展有限公司	三级	2009-11-23	北京市
229	北京网玉金石科技有限公司	三级	2009-11-23	北京市

续表 8

序号	单位名称	资质等级	批准（备案）日期	所在省市
230	北京银河伟业数字技术有限公司	三级	2009-11-23	北京市
231	北京中天瑞达科技发展有限公司	三级	2009-11-23	北京市
232	北京中软金卡信息技术有限公司	三级	2009-11-23	北京市
233	方正国际软件（北京）有限公司	三级	2009-11-23	北京市
234	北京见龙远景科技有限公司	三级	2009-11-23	北京市
235	北京天威诚信电子商务服务有限公司	三级	2009-11-23	北京市
236	正融世纪（北京）技术有限公司	三级	2009-11-23	北京市
237	北京中达恒业科技发展有限公司	三级	2009-11-23	北京市
238	北京航星永志科技有限公司	三级	2009-11-23	北京市
239	北京思捷盈创科技有限公司	三级	2009-11-23	北京市
240	天帆创新（北京）科技发展有限公司	三级	2009-11-23	北京市
241	北京赢康科技开发有限公司	三级	2009-11-23	北京市
242	中经网数据有限公司	三级	2009-11-23	北京市
243	北京海量智能数据技术有限公司	三级	2009-11-23	北京市
244	航天科工惯性技术有限公司	三级	2009-11-23	北京市
245	北京华瑞网研科技有限公司	三级	2009-11-23	北京市
246	北京长禾嘉信息技术有限公司	三级	2009-11-23	北京市
247	北京屹海互动信息技术有限公司	三级	2009-11-23	北京市
248	北京泛润信息技术服务有限公司	三级	2009-11-23	北京市
249	北京建设数字科技股份有限公司	三级	2009-11-23	北京市
250	天维讯达无线电设备检测（北京）有限责任公司	三级	2009-11-23	北京市
251	北京数码视讯科技股份有限公司	三级	2009-11-23	北京市
252	北京有生博人软件技术有限公司	三级	2009-12-01	北京市
253	北京赛四达科技股份有限公司	三级	2009-12-01	北京市
254	北京燕禹水务科技有限公司	三级	2009-12-01	北京市
255	北京蓝波今朝科技有限公司	三级	2009-12-01	北京市
256	北京万德瑞博自动化系统工程有限公司	三级	2009-12-01	北京市
257	北京航天福道高技术股份有限公司	四级	2009-01-27	北京市
258	北京思路创新科技有限公司	四级	2009-02-23	北京市

续表 9

序号	单位名称	资质等级	批准（备案）日期	所在省市
259	北京创联信控股技术有限公司	四级	2009-02-23	北京市
260	北京金邦安讯网络技术有限公司	四级	2009-02-23	北京市
261	北京京仪自动化系统工程研究设计院有限公司	四级	2009-03-08	北京市
262	北京东方网脉科技发展有限公司	四级	2009-05-11	北京市
263	北京赛贝尔网络信息技术有限责任公司	四级	2009-05-11	北京市
264	北京银星天源科技有限公司	四级	2009-05-11	北京市
265	北京美佳合众网络科技有限公司	四级	2009-05-11	北京市
266	北京东方波泰无线电频谱技术研究所	四级	2009-08-03	北京市
267	北京鑫干线网络科技发展有限公司	四级	2009-08-03	北京市
268	北京华安通联信息技术有限责任公司	四级	2009-11-23	北京市
269	北京思奥特科技发展有限公司	四级	2009-12-01	北京市

2009年北京重点软件企业名单

序号	企业名称	序号	企业名称
1	中讯计算机系统（北京）有限公司	26	中科软科技股份有限公司
2	京北方科技股份有限公司	27	北京视博数字电视科技有限公司
3	北京中软国际信息技术有限公司	28	广联达软件股份有限公司
4	大唐软件技术股份有限公司	29	北京天融信网络安全技术有限公司
5	北京新媒传信科技有限公司	30	北京启明星辰信息技术股份有限公司
6	北京拓尔思信息技术股份有限公司	31	汉王科技股份有限公司
7	用友软件股份有限公司	32	北京数码视讯科技股份有限公司
8	亚信科技（中国）有限公司	33	文思创新软件技术有限公司
9	中国软件与技术服务股份有限公司	34	北京三星通信技术研究有限公司
10	北京赛迪时代信息产业股份有限公司	35	佳能信息技术（北京）有限公司
11	奥博杰天软件（北京）有限公司	36	神州数码信息系统有限公司
12	北京索浪计算机有限公司	37	北京用友政务软件有限公司
13	北京东方通科技发展有限责任公司	38	北京新思软件技术有限公司
14	北京市天元网络技术股份有限公司	39	北京慧点科技开发有限公司
15	北京握奇数据系统有限公司	40	北京四方继保自动化股份有限公司
16	北京日立华胜信息系统有限公司	41	东华软件股份公司
17	北京富士通系统工程有限公司	42	北京华胜天成科技股份有限公司
18	北京中科大洋科技发展股份有限公司	43	太极计算机股份有限公司
19	北京神州泰岳软件股份有限公司	44	北京利达智通信息技术有限公司
20	北京方正春元科技发展有限公司	45	北京紫光华宇软件股份有限公司
21	中铁信弘远（北京）软件科技有限责任公司	46	北京北大方正电子有限公司
22	首都信息发展股份有限公司	47	博彦科技（北京）有限公司
23	北京超图软件股份有限公司	48	北京久其软件股份有限公司
24	中国民航信息网络股份有限公司	49	理光软件研究所（北京）有限公司
25	北京联想软件有限公司	50	日电卓越软件科技（北京）有限公司

图书在版编目（CIP）数据

北京信息化年鉴.2010/北京市经济和信息化委员会编.
——北京：北京工艺美术出版社，2011.6
ISBN 978-7-5140-0045-0

Ⅰ.①北...　Ⅱ.①北...　Ⅲ.①信息工作－北京市－2010－年鉴　Ⅳ.①G203-54

中国版本图书馆CIP数据核字（2011）第096097号

出 版 人：陈高潮
责任编辑：邵　华　梁　瑶　邵晓晨
封面设计：印　华
责任印制：宋朝晖

北京信息化年鉴2010

北京市经济和信息化委员会　编

出版发行	北京工艺美术出版社
地　　址	北京市东城区和平里七区16号
邮　　编	100013
电　　话	(010) 84255105（总编室） (010) 64283627（编辑室） (010) 64283671（发行部）
传　　真	(010) 64280045/84255105
网　　址	www.gmcbs.cn
经　　销	全国新华书店
印　　刷	北京画中画印刷有限公司
开　　本	889毫米×1194毫米　1/16
字　　数	474千字
印　　张	19.75
插　　页	8
版　　次	2011年6月第1版
印　　次	2011年6月第1次印刷
书　　号	ISBN 978-7-5140-0045-0/J·945
定　　价	280.00元